Education,
Let Life Shine

教育，
让生命绽放光彩

代蕊华　主编

华东师范大学出版社
·上海·

图书在版编目(CIP)数据

教育,让生命绽放光彩/代蕊华主编. —上海:华东师范大
学出版社,2022
(全国优秀中学校长教育思想文库)
ISBN 978 - 7 - 5760 - 2975 - 8

Ⅰ.①教… Ⅱ.①代… Ⅲ.①中学-校长-学校管理-
文集 Ⅳ.①G637.1 - 53

中国版本图书馆 CIP 数据核字(2022)第 118154 号

教育,让生命绽放光彩

主 编 代蕊华
责任编辑 彭呈军
特约审读 王 杉
责任校对 郭 琳 时东明
装帧设计 卢晓红

出版发行 华东师范大学出版社
社 址 上海市中山北路 3663 号 邮编 200062
网 址 www.ecnupress.com.cn
电 话 021 - 60821666 行政传真 021 - 62572105
客服电话 021 - 62865537 门市(邮购)电话 021 - 62869887
地 址 上海市中山北路 3663 号华东师范大学校内先锋路口
网 店 http://hdsdcbs.tmall.com

印 刷 者 上海龙腾印务有限公司
开 本 787×1092 16 开
印 张 21.25
字 数 354 千字
版 次 2022 年 8 月第 1 版
印 次 2022 年 8 月第 1 次
书 号 ISBN 978 - 7 - 5760 - 2975 - 8
定 价 68.00 元

出 版 人 王 焰

序

这是一本中国优秀校长的教育演讲录,反映的是这些校长对中国教育的认识与他们的教育实践。当代中国的教育正处在激烈的变动之中,学校无疑是这一激烈变动之中的一叶小舟。校长是这一小舟的掌舵人,这一小舟能否顺利地到达理想的彼岸,校长的信仰、智慧、审美情趣与责任担当在很大程度上决定学校未来的样式以及这些学校在学孩子未来的发展。通读这一演讲录,本人深感欣慰,他们都对时代挑战给出了自己的答案。这些学校也在他们领导下得到了快速的发展。尽管本书收集的只有9位校长的演讲,但是,我相信,他们代表了我国一批校长的心声,并引领着一批又一批的校长。

校长之信仰与信仰的教育

使命是什么? 使命是人在对自己生命意义与价值认知的基础上,对自己愿意为之努力的人生目标与承担的社会责任的确认。使命让人的生命有了意义,没有使命的生命就成了"死命"。人的一生就是认识使命、确认使命、实践使命的过程。信仰则是人在生存与发展的长期过程中,对使命反复确认后形成的坚定意志,它认知于心,表现于行,在投手举足中自觉或不自觉地表现出来。

使命有高低之分,信仰讲坚定与否。

本书以广东省广州市执信中学何勇的"还师生完整的教育生活"开篇,执信中学从她诞生开始,便与国家与民族的命运连接在一起。文中,何勇引用了孙中山先生在该校第一次开学典礼上的讲话:"愿诸生人人皆学执信先生之毅勇果敢以求学,及改造未来之社会,以完成一庄严璀璨之中华民国,有厚望焉。"何勇作为现任的校长,他始终不敢忘记中山先生的嘱托,担心学校忙碌和竞争中,"因为走得太远忘记了为什么要出发"。所以,他把国家的发展放在今天学校教育上,同时把学生发展当作国家未来发展的保障,始终在尽心尽力服务学生、发展学生,同时在促进国家与民族发展。

在教育现实生活中,不可否认存在一些校长为了追求学校的声望,把教育当成实现学校名利的工具。新疆兵团小白杨中学周忠阳校长对此深恶痛绝。他尖锐地指出：在一些学校，教育以"成事"之趋，掩盖了"成人"之本。在对世界各国教育系统研究的基础上，他强调："今天世界教育令人瞩目的新动向是从能力导向朝着价值观导向转变。价值观导向归根结底就是教育学生如何对待人生、对待社会、对待国家和世界。"

山东大学附属中学赵勇校长更是直接以"做有信仰的教育——山大附中关怀生命成长的探索"为题，探讨了教育工作者的信仰对办好教育的意义。

遗憾的是，在有些学校，教育从某种意义上讲成了知识的搬运工。教师和学生都绑在"应试教育""升学教育"的战车上大喊着"要想拼过富二代，高三你就别懈怠""只要读不死，就往死里读"的口号去夜以继日地拼杀。这些学校校长的使命感出了偏差，办学行为也在不断摇摆。

教育部中学校长培训中心坚持"为党育人""为国育才"，注重以校长引领校长，以学校引领学校，本书就是以优秀校长的信念去唤醒另一批校长，从而不断推动我国教育改革与发展的举措之一，相信它有着重要价值。

校长之智慧与智慧的教育

谈起智慧校园，在信息化与智能化的时代背景下通常指的是：由 AI 赋能的校园。由 AI 赋能的校园当然给师生的学习与生活带来了极大的便利，在较大程度上也提升了学校教育教学的效能。因而，人们憧憬着 AI 能给学校师生的各种负担带来较大程度上的减轻、个性化学习的在较大范围内成为现实、教育均衡的由于信息的分享与共享能在更多区域里实现，然而，这一切还是学校教育的"应然"状态，远未成为现实生活中的"实然"现实，因为，现实有着太多的顾虑束缚着我们的教师与校长。

教育传递的是人类的智慧，传递智慧需要有智慧的方式、智慧的途径与智慧的手段。记得在本世纪初，江苏省江都中学原校长程莲就说过：把教育从智力劳动降为体力劳动是当今学校育人效率低下的主要根源。在本书中，常州北郊中学陈小平校长对其根源作了深刻的分析，他说：教育应该是充满智慧的活动，但现实中并没有达到应然状态，其原因在于"知识遮蔽智慧，让老师和学生迷失在知识本身"，"教育脱离了人的内心感受而成为标准化的模具；文化中的'师本位'等观念的影响;传统的评价学校、教师的标准",这是"教育缺少智慧"的重要原因。当然,我们教师教育专业智慧不够、教育专业化水平提高缓慢,也是重要影响因素。我国中小学因"基础扎实"而享誉全球,同样,也因创新能力培养不足而饱受诟病。因而,把创新能力的培养放在人才培养最重要的位置上,应当成为各级各类学校优秀校长的自觉追求。

当然,智慧教育需要高科技的赋能。一般而言,我不太喜欢"技术赋能教育"这种提法,事实上,技术因教育而得到传承,由此而得到发展与光大。究竟谁"赋能"谁?"技术赋能教育"有技术争夺教育话语权之嫌,说是"辅助教育"似乎又轻视了技术对教育发展促进意义。然而,可以肯定地说,在学校教师第一,教师是学校教育的第一资源。所以在本文集中,几乎所有校长都不约而同地探讨着教师专业发展的问题。这是智慧的校长办智慧教育最智慧的途径。"让教育充满智慧——以智慧教师团队引领智慧学校建设的实践探索",这就是上海市金山中学徐晓燕校长最直接的回答!该校创建的智慧型的"教育链",即:智慧型管理者—智慧型教师—智慧型家长—智慧型学生,形成了智慧型教育系统,形成学校智慧教育场。

"问题设置"则是连接接受性学习与探究性学习的重要纽带,是把创新精神培养引入课堂的重要途径,是不断提升教育智慧水平的重要手段。为此,长春汽车经济技术开发区第六中学张彤校长把设计教学问题作为教师专业发展的重要问题提了出来,决心让教师成为一个会提问题的老师。无疑,在当下的学校,这十分难能可贵。教师还不会提问?事实上,要让教师提出在书本里找不到现成答案、能充分调动学生思维激情的问题,是教师的一大基本功。

把"问题设置"引入教学,就要从提高课堂效益开始。学生的高负担往往与教师低水平高度相关。教师从"懂学科"走向"通学科",是助力学生从低效学习走向高效学习的重要途径。"以其昏昏,使人昭昭"是难以有效提升课堂教学效率的。培养一批学科素养较高的教师成为了我们这一时代明白校长提升学校教育质量的主要抓手与共同举措就不难理解了。有了这样一批教师,学校才有可能培养一大批勇于质疑、善于探索以及敏于迁移的学生。

校长之审美情趣与创造美的教育

美的教育,即美育,是旨在提升学生审美情趣和创造美能力的教育。"以德为先，五育并举"，真正懂得教育的人是不会轻视美育的。中国人民对美好生活的向往是中国共产党奋斗的目标。"美好生活"就是"美的生活"与"好的生活"。

事实上，美的教育与教育的美都是需要用心，是需要去发现与创造的。法国著名雕塑家奥古斯特·罗丹（Auguste Rodin，1840—1917）说："世界中从不缺少美，而是缺少发现美的眼睛。对于我们的眼睛，不是缺少美，而是缺少发现。"作为教育工作者，我们似乎感受到，罗丹提醒的正是我们这批"教书匠"。

学校应当是最美的世界，是世界最美的地方，现代学校不仅校园应当是美的，更应当以教师的内蕴于心的心灵美、表达于言的语言美、展示于行的行为美，唤醒学生对美的追求。

"办一所美丽学校"，是湖南省衡阳市第八中学龚彩福校长的追求，也是他的办学实践。教育塑造品性之美，铸就智慧之美，创造生活之美，激励学生追求青春之美，支持学生体验成长之美，帮助学生发展创造之美。遵循美的规律办学，成就美的教育。

浙江省春晖中学李培明校长把教育看成永无止境的精神追求的过程，这一认识是非常深刻的。他坚持认为：高尚精神的培育需要我们坚守教育理想，呵护生命成长。由此，才能让教育绽放出更加绚烂的人性之美。

福建省泉州第一中学赖东升校长也同样提出：促进人的个性的充分发展——为了每个人的生命绽放光彩。美是独特的，不可能是千篇一律。个性的全面发展，不仅是合规律的，因为，每个孩子都不一样；同时，也是合目的的，它是国家教育方针的重要组成部分。

一本演讲录写出了我国优秀校长的共同追求，又各有侧重地论述了他们的办学实践，是很值得所有校长一读的。

（陈玉琨，华东师范大学终身教授，教育部中学校长培训中心原主任）

目录

还师生完整的教育生活

广州市执信中学　何　勇

何勇，广州市执信中学校长，中学数学正高级教师，广东省数学特级教师，享受国务院政府特殊津贴。广东省名校长工作室主持人，广州市教育专家工作室主持人。华南师范大学教师教育学部兼职教授、教育博士指导老师，广东省中小学校长培训中心兼职教授，中国教育学会高中专委会常务理事。获评全国教育改革创新优秀校长、南粤优秀教育工作者，承担完成国家和省市级课题研究6项，公开发表论文二十多篇，有多篇在核心期刊和《中国教育报》上发表，编著图书5部。

从教35年，2008年担任广州市执信中学校长，提出"还师生完整的教育生活"教育理念，致力于建设多样化学校课程体系，为师生全面发展、个性发展搭建多样化平台，促进师生主动发展，教育质量办学水平高位持续提升，2014、2018年两次获得国家级教学成果奖二等奖。

一、"还师生完整的教育生活"思想的缘起

(一) 校友强烈的母校情怀促使我寻找执信中学的核心精神

在执信中学工作了 23 个年头,让我感受最深刻的就是执信校友的母校情结。无论是七八十岁的老校友,还是中青年校友,还是在大学学习的校友,他们的执信情结都十分的浓厚。20 世纪五十年代毕业的校友,现在都是七八十岁的老爷爷或老婆婆了,但每年都会回母校聚会,给朱执信先生扫墓,看他们回忆当年在母校的生活,找寻当年的足迹,依旧宛如昨天,脸上写满深深的眷恋。七十年代后的校友,每逢毕业整五或整十周年,都会回母校聚会,看望当年的老师,还印刷了精美的纪念画册;而还在大学学习的校友,会在开学前、放假前或者是校运会、艺术节期间回来学校看望老师、学弟学妹,回味中学时的生活。

在我担任校长后,两件事情促使我认真思考执信中学的核心精神。

第一件事是我刚接任正职校长不久就赶上筹备 90 周年校庆活动。这次校庆校友的热情和积极让我每每想起都会感动不已。由于历史的原因,学校的校史资料并不齐整,我们发动校友撰写他们当年在母校学习的回忆录或提供资料,得到校友的积极响应,收集到很多珍贵的资料和"口述校史",顺利出版了《执信中学优良传统》丛书。接受校友的建议,我们借学校建校 90 年校庆的机会成立"广东省执信教育发展基金会",搭建一个校友以及社会热心人士服务教育、支持学校发展的平台,短短的几个月就筹集到几百万的启动基金。在距离庆典活动只有 21 天的时候,庆典筹备组提出收集世界各地校友对校庆的祝福视频,由于时间紧,很多地方的校友的联系方式不详,只能通过校友微博的形式来征集,没想到世界各地、全国各高校的校友能在短短的一周内摄制了视频通过网络发回母校,时长超过两个小时。庆典当天,回母校参加校庆的校友达一万多人,年龄最大的已经 90 多岁,是坐在轮椅上由家人推回来的。当会场的校友看到这些视频时,感动得热泪盈眶。

第二件事是去年下半年天河区政府希望在智慧园新区引入执信中学。执信的老校区校园面积不是很大,且地处城市中心地带,难以就地扩展,制约了学校的发展。我们也希望拓展办学空间,在市教育局的支持下,开始和天河区政府洽谈合作办学事宜。天河区政府网站上也发布了这个消息,却有消息误传执信要整体搬迁天河区。经一位家长微博转发后,世界各地校友纷纷向家长、老师、同学和学校了

解情况,提出希望执信保留原有校园,各报社记者也纷纷要求采访。我们赶快利用学校的网站、官方微博作出说明,并通过报纸新闻报道说明合作的思路,教育局也用网站和官方微博作出澄清,谣言才得以终止。

执信很多校友的微博名的后缀都是"爱执信",我在思考,校友为什么会对母校有如此之深的感情,执信为什么会让他们如此留恋和牵挂?我越来越感悟到:学校存之于校友心中的是学校生活的记忆,是学校生活给他们播种下的理想和希望种子,是学校给他们人格打下的属于学校核心精神的深深烙印!

(二) 从学校历史的足迹中探寻执信中学灵魂

在这么多校友中,不少是我们的长辈,他们当年的老师已经仙逝,是什么感情把他们深深地凝聚在一起?我想还是要到学校的历史中去寻找答案。

执信中学是孙中山先生为纪念近代杰出的民主革命家朱执信先生而亲自创办的学校。用学校来纪念先烈的丰功伟绩,用教育来传承执信先生毅勇果敢、诚信正直,好学执着的品格,"愿诸生人人皆学执信先生之毅勇果敢以求学,及改造未来之社会,以完成一庄严璀璨之中华民国,有厚望焉"。孙中山先生在学校第一次开学典礼的谆谆嘱托,也表明了创办学校的宗旨。执信中学从它诞生开始,便与国家和民族的命运连接在一起。

执信中学创办以来一直坚持专家治校、名师治校、引领教育教学改革。在20世纪二十年代,执信率先推行"六三三"学制,不仅打破旧学堂、私塾的教学模式,更引入了西方科学民主的教育思想。执信中学最早开设学校课程,实施必修课和选修课制度,"以适应学生之个性"。各学科教学多采用自学辅导法,"以期养成学生自动研究之精神"。当时学校每月还举行一两次演讲会,主讲人都是当时的校董或社会名流、外国学者,让学生接受大师的启迪,以开阔学生视野。仅蔡元培先生就曾两次来校讲学,可以看出创办之初的执信校园里师生的生活,是丰富多样的,始终追寻教育意义、思考引领教育改革发展。

20世纪30年代,学校聘请了一批高学历教师来校任教,其中有美国耶鲁大学、康奈尔大学、伊利诺伊大学、法国里昂大学、日本京都帝国大学、国立北京大学、中山大学的本科生和研究生,开了"名校名师"的先河,这也奠定了执信中学当时跻身全国三十七所优良中学的重要基础。

抗日战争时期,林宝权校长带领学生辗转办学,在艰苦的辗转办学过程中,师生勤教苦学,还排演话剧、歌舞,向乡民宣传抗日,受到军民欢迎。1946 年 5 月,广东省教育厅转发教育部给予林宝权校长特别嘉奖。

新中国建立之后的第一任校长孔庆余认为,"教育的秘诀就是对学生有深爱"。学生功课跟不上,她去鼓励;学生生病在家,她上门探望;学生生活有困难,她想办法帮助解决。她所倡导的"五爱教育"(爱祖国、爱人民、爱集体、爱科学、爱劳动)成了全国影响较大的思想品德教育的基本方法。

1958 年后,诸兆祥代校长十分注重民主治校,着力营造温馨的家园氛围。面对国家的经济困难,他更加重视爱国主义教育,让师生明白不要因暂时的困难而影响对社会主义的信心和对祖国的热爱,倡导品学兼优,全面发展。当时,执信中学的升学率就非同凡响,有一年仅是考上北大、清华、北师大的毕业生就有 20 多人。

自 1978 年被确定为广东省重点中学以来,执信中学又迎来了发展的黄金时期。十年动乱刚结束,时任校长虞肯堂以他的独立人格和高瞻远瞩的目光抓住教育的正确方向,让学生回归课堂。之后的周国贤校长明确提出学校的教育思想:"教育重在全面发展,以德为先,以智为主,以体为本,以美为秀"。叶世雄校长大力推进素质教育,总结了很多宝贵的经验和理论。辛丽君校长带领学校参与《全国中学德育大纲》的研制工作。陈炽欣校长、朱健强校长都积极深化素质教育,探索素质教育的模式,教育质量不断提升,使执信中学在重点学校中脱颖而出。1997 年,李岚清副总理到学校视察时,称赞学校"素质教育搞得不错",并题词"持之以恒"。刘仕森校长积极推进新课程改革,并取得良好的成效,学校被认定为"广东省新课程实施样本学校"。

从以上的历史,我们可以感到,从执信创办以来,一直坚持把育人放在教育的核心位置,尊重学生的主体地位,尊重学生人格,关注每一个学生品行和人格的发展,积极为学生的个性发展提供条件与环境,努力为学生创造丰富多彩、难以忘怀的教育生活。

(三)对执信中学传承与发展的思考

2008 年 6 月新一届学校领导班子成立,我们面临着发展的新问题:学校的教育质量和办学水平已经达到一个相当高的高度,社会对学校的认可度和期望值都很高,学校的办学水平要上新的台阶,发展的突破口在哪里?我们认为,学校的发展必须处理好传承与创新的关系,一方面,学校发展必须植根于它的文化传统,必须站在前人的肩膀上才能再上新高;另一方面,必须根据社会的发展需要,注入新的内涵,焕发新的活力,在传承中创新,在创新中发展。

我们应该传承什么? 在一次采访中记者向我提出一个问题:执信中学的气质特点是什么? 这个问题给了我启发。气质,原本指人比较稳定的个性特点,或指人的风格、气度,学校气质,是指学校的个性特点。我们总结出了十二个字——厚重,大气,民主,包容,革新,进取。

我们要传承的,就是要保持这种气质精髓,并注入时代的精神与内涵;

如何使学校更加厚重? 继续挖掘学校深厚的文化底蕴,夯实学校文化基础;

如何更好体现学校的大气? 抓住教育的本质,不计较得失,执着追求教育理想;

如何使学校更加民主? 民主管理,师生平等,民主课堂;

如何使学校更加包容? 承认差异,尊重差异,鼓励个性发展。

如何体现革新与进取? 紧紧抓住新课程改革和《国家中长期教育改革与发展规划纲要》实施的契机,加强队伍建设、课程建设、创新人才培养模式,加强教育国际化合作,促进学校全面发展。

执信中学的气质精髓的传承需要将这样的气质融入师生的教育生活中,体现为师生共同的生活方式和价值追求,成为学校的教育自觉,作为学校的现任校长,这应该成为我的使命与追求。校长一个人的能量总是有限的,必须调动全体师生的积极性和智慧,才能促进学校取得更好的发展,必须将学校的精神融入今天的工作中,成为推动学校当下发展的力量,才能长期保持学校的核心精神,才能发展和超越学校自己的厚重历史并为这样的历史增加新的时代内涵。

执信中学已有近一个世纪的办学历程,其成功的经验之一是关注师生的精神世界、丰富师生校园的生活,为每一位学子留下校园的亲情与依恋、关爱与互助,形成凝聚在共同理想追求下的共同精神。在当下我们不能迷失自己的方向和价值,我们需要继续保持优良的成绩,但更要关注师生的教育生活,要让勤学苦读的学生生活变得更加丰富多彩,让呕心沥血、燃烧自己照亮学生的教师更有活力、更有尊严。

在忙碌和竞争中我们不应"因为走得太远忘记了为什么要出发",要回归教育本质,关注教育生活的质量,我们不应该让学校的教育缺失生活而存在! 一种自然的想法油然而生:还教师学生完整的教育生活。

二、还师生完整的教育生活的现实与理论思考

"还师生完整的教育生活"这一命题包含了三层含义：学校教育应该是师生的一种生活方式，我们不仅关注教育的工具价值，更要关注师生教育生活的质量；当前教育存在的众多问题，其实质是忽视了对师生教育生活的关注；我们的教育改革应当还给师生应有的教育生活，用丰富多彩的、有品位、有情趣的教育生活实现教育的使命与责任。

（一）教育是师生的生活方式

人的生活可以分为社会生活和家庭生活，社会生活又分为组织化的生活和个人社会生活。一个人的一生中前三分之一是在学校接受教育，中间三分之一是在工作，后三分之一是退休生活。而现在的教师，可以说前三分之二的社会生活都是围绕教育而展开的，因此教育已成为教师生活的主要组成部分。学生正处于受教育的黄金时期，他们几乎所有的生活都与教育密切相关，可以说，受教育是学生的主要生活方式。实际上，每个人除了在学校期间接受教育之外，在家庭，父母对孩子的影响，在工作中的培训与学习，都可以视为特殊的教育生活。

1. 教育的内容源于生活

教育本身是为了传承人类生产生活的智慧而产生的，并因为这种传承需要的增加而不断发展。从本质上讲，现代教育的内容全部源自人类文明的成果，人类文明的创造源自现实生活。无论是语言、艺术、体育、文学、社会科学、自然科学、科学技术、劳动技能，无一不是源自人类的生活和实践。教育源于现实生活世界，以现实生活世界为基础，最终又回归并服务于现实生活世界。

2. 教育的根本目的是服务于人的生活

教育的终极目标都是为了人类的持续生存与社会的发展进步，社会发展进步的终极目标也是为了使人过上美好的生活。斯宾塞很早就提出"教育是为将来完美的生活做准备的"，"学为生活"应该是教育的基本价值倾向，为了当下的现实生活和未来的生活，为了个体人的生活也为了社会群体的更好生活。现代教育培养了更多的人才，促进了科学技术的发展，推动了社会的繁荣，极大地提升了人类的生活水平与品质，但教育似乎也越来越远离现实生活，出现了教育的异化现象，有

的人掌握了大量知识却不能运用于现实生活,忽视了教育的终极目的是为了创造更好的生活。

3. 教育的过程是生活的过程

人在接受教育的过程中,也在同时进行着生活。把人生看成一条连续的线段,那么在其中有相当长的一段时间是在接受教育的,教育是人生的组成部分,教育的过程自然就是生活的过程。美国著名教育家杜威提出"教育即生活""教育即生长",把斯宾塞"为将来完美的生活做准备"的教育观发展到关注教育自身的生活阶段,提出了"教育即生活""教育即生长""学校即社会"的著名观点。杜威在谈到"什么是学校"时指出,"教育既然是一种社会过程,学校便是社会生活的一种形式","教育是生活的过程,而不是将来生活的准备"。

人生的各个阶段皆有其自身不可替代的价值,没有一个阶段仅仅是下一阶段的准备。尤其儿童阶段,原是身心生长最重要的阶段,也是人生中最幸福的时光,教育所能成就的最大功德是给孩子一个幸福而有意义的童年,以此为他们幸福而有意义的一生奠定良好的基础。

4. 教育生活方式影响社会生活方式

教育的首要功能是促进个体发展,包括个体的社会化和个性化,个体的教育生活方式必将影响个体的个性化发展,他的世界观、价值观,生活观念、态度、情趣等都是在教育生活的过程中形成的,这些直接影响到个体的生活方式,进而影响社会的生活方式。研究表明,人受教育的程度与人的收入、消费观念、生活态度等有很大的相关度,教育也是影响社会经济发展的基本因素,是社会伦理规范再生产的基本载体。要想创造一个美好的未来社会,就必须影响年轻一代的生活观念、生活方式、价值观念、伦理观念,这些影响在很大程度上是发生在学校教育中的。

5. 教育生活奠定个人的终身生活

事实证明,现代社会个人所接受的教育直接影响着其终身的发展状态。个体在教育生活中所掌握的知识、技能,所养成的习惯、态度、情趣,所形成的价值观奠定了人终身发展的基础,也是个人终身生活的基础。青年学生在世界观、价值观形成的关键时期,这一阶段如果没有幸福、快乐的体验,就会给他的整个人生蒙上阴影,影响其一生的幸福。如果一个教师不能够体验职业的尊严与幸福,就不会有真正的教育成就,无法给予学生真正幸福完整的教育体验。

（二）现实的教育生活是不完整的教育生活

改革开放以来,我国教育有了巨大的发展和进步。但不能否认,很多社会现象总会引发对教育的拷问:从国民素质不高到教育的功利化,从自然科学诺贝尔奖的缺失到山寨文化的盛行,从"钱学森之问"到毕业生撕教科书的场景,人们都在质问我们的教育。校园越来越奢华、教育经费越来越多,但我们教育却越来越受到社会的质疑与批判! 正如陈玉琨教授所说,"教育是什么,教育为什么,对于广大教育工作者来说,这些问题看似清楚明白,但在功利化的追求下,现实的教育却沦为为了考分的教育,为了学校声誉的教育"。

1. 教育的目标与追求忽视生活

我们的教育关注考试和分数却很少关注教育的现实意义,关注为学生未来生活准备却忽视当下教育生活的质量。现实中,相当多学校只是致力于为学生升学做准备,教育目标总是局限于如何在高考的竞争中取得较高的升学率和使更多的毕业生考取国内顶尖名校。学生也把升学当成唯一的目标,至于如何读大学,无暇顾及,更不考虑长远发展的需要。为了升学,可以放弃与升学考试无关的一切事情。

据《南方周末》记者 2012 年教师节访问北京大学退休中文教授钱理群的报道,钱教授从北大退休后,他投身中学教育十年,试图"改变人心",却得到屡战屡败的结果。2004 年 4 月末的一个下午,钱理群站在某中学的讲台上,讲授"鲁迅作品选读"选修课,偌大的教室里,稀稀拉拉地坐着二三十名中学生。但实际上,一开始,学生踊跃报名,不光报上了名的学生坐满座位,没报上名前来蹭课的学生们也在过道和后排或站或坐,将教室堵得水泄不通,但慢慢地学生越来越少。2005 年,钱教授又到另外一所中学讲课,这种情形再次上演,老先生非常纳闷,他的课在北大可是很受学生欢迎的。后来,一位学生在写给钱教授的信里说了实话:"钱教授,我们不是不喜欢听你的课,而是因为你的课与高考无关,我们的时间又非常有限;我们宁愿在考上北大以后再毫无负担地来听您的课。"

钱理群不禁悲叹,他用"针插不进、水泼不进"来形容应试教育的坚固——"它反映了中学教育的一个根本性的问题:应试已成为学校教育的全部目的和内容,不仅教育者(校长、教师)以此作为评价标准,而且学生、家长也将之视为自觉要求,应试教育的巨网笼罩着中国中学校园,一切不能为应试教育服务的教育根本无立足之地。"

是呀，全国的高中生都在为高考而拼搏，激起的干劲与豪迈、坚持与忍耐常常令我为之动容。谁说我们的孩子不能吃苦耐劳？谁说他们丧失了竞争与进取？但真正可悲的是有谁会去追问"为什么要高考？""为什么要读大学？"这样的学习方式读了大学又有多少现实意义？接受教育是为了创造更好的生活，不能创造更好的社会、不能带来更美好的生活，这样的教育、这样的拼搏意义何在？

2. 教育的内容缺少与现实生活的联系

现在的教育，大多数课程的内容是书本上的知识，用陈玉琨教授的话来说就是"用过去的知识，培养现在的人，去面对未来的世界"。尽管新教材的内容有意识地增加了不少与生活相关的背景，但那些材料都已加工成理想的模型。有些实践探究的学习内容，因为与高考无关而被老师有意无意中忽略了。不少的科学实验，都是验证性的，学生按照书本的步骤完成，观察是否和书本上所描述的结果一致，一致的就认为成功了，不一致的就认为失败了。极少实验是探究性的，更少是从实际生活中来实验探究的。也有不少家长不希望学生参加与高考不直接相关的活动，比如"学军""社团活动"等。新课程改革实施后，虽然国家课程中有规定的综合实践课程、研究性学习课程、综合技术课程、艺术课程等，但这些内容由于和高考不"挂钩"，被很多学校给"减免"了。

3. 教育的途径与方法脱离现实生活

千百年来我们都是把教育过程建立在痛苦的假设上的。头悬梁、锥刺股、凿壁偷光等故事流传了千百年，激励一代又一代人前赴后继，吃得苦中苦、方为人上人。教师苦教，学生苦学，刻苦学习是为了将来的甜。为了升学，不断地加班加点，挤占学生的时间，忽视了学生的很多现实需要。"拼十年寒窗挑灯苦读不畏难，携双亲期盼背水勇战定夺魁"，"十载求学纵苦三伏三九无悔无怨，一朝成就再忆全心全力有苦有乐"，"良辰美景惜时如金敢与金鸡争晨晖，书山学海甘之若饴誓同峨眉共比高"……这些在很多学校都可见到的激励口号、对联和标语正是苦学思维方式的直接表白。仿佛除了苦学之外，再也没有其他方法。教育方法单一，重灌输，重说教，轻体验；只重视课本知识的学习和掌握，少参加社会实践，少有生活体验的学习，对学生情感的培养、德性的养成是极为不利的；教育缺乏民主思想，教师服从学校的安排，学生服从学校和教师的管教，个人利益服从学校利益，不尊重师生的权利和合法权益；目标要求整齐划一，不尊重学生差异，不鼓励个性发展，甚至不尊重学生人格。

4. 教育的过程与评价远离现实生活

有些学校,担心教育效果出现"5≤2"的现象(5天的学校教育抵不过2天的家庭教育),为了避免学生受到外界的影响,实行封闭式的管理,关起门来教育,好像利用农业种植的温室种植方式。家长把处于高考中的孩子当成大熊猫般"重点保护起来",什么都替他们安排好了,不让自己动手,俨然把他们从现实生活中"隔离"开来。生活是丰富多彩的,学生的特长也是丰富多样的,评价也应该是丰富多彩的,学生的发展也是多元化的,但我们的评价却是比较单一的,就是学生的学业成绩、升学的比率,缺乏人性化、科学化的评价。学校之间的评价也是比较哪个学校升学的层次高,眼里只有成绩,没有学生,只关注成功,不关注成长。忽视了升学只是学生发展的一部分,而不是教育生活的全部。

5. 学业负担出现倒挂现象,不符合学生的身心发展规律

该轻负担的年龄段重负担,该重负担时反而没负担。在"不要让孩子输在起跑线上"的思想影响下,"抢跑现象"比比皆是。幼儿园开始学习小学的内容,很多家长因为孩子小小年纪能背多少唐诗宋词,能心算几位数的加减乘除而感到自豪;小学阶段开始补课,很多教育机构也借机创立名目繁多的培训项目,家长们带着孩子参加完这个班又去另一个班,学完这个项目又去学习另一个项目,孩子苦,家长更苦。初中、高中层层加码,毕业年级更是加班加点、机械训练,周考、月考、段考、模拟考,面对成绩的起起伏伏,承受着巨大的精神压力和心理的煎熬。最终考上大学后反而如释重负,找不到目标了,没有压力了,不少学生出现了心理补偿的现象,在十八九岁最该学习、也是学习能力最强的阶段反而追求玩乐,无心向学,精神萎靡,令人惋惜。

(三) 学生发展存在无限可能,不完整的教育生活关闭了学生发展的很多门窗

长期以来,人们对于智力的理解仅限于智商理论和皮亚杰的认知发展理论。这种传统的智力理论认为智力是以语言能力和数理逻辑能力为核心,以整合的方式存在的一种能力。随着人们对智力的认识不断深入,新的智力理论也不断产生,如美国心理学家斯滕伯格(R. J. Stermberg, 1985)的智力三元理论,美国心理学家塞西(S. J. Celi, 1990)的智力的领域独特性理论等,但尤为引起教育教学界重视的,对教育教学改革影响最深远的是美国哈佛大学教授、发展心理学家加德纳(Howard Gardner)提出的多元智力理论(The Theory of Multiple Intelligences)。

加德纳认为人的智能由九种紧密关联但又相互独立的智能组成,它们是言语—语言智能、音乐—节奏智能、逻辑—数理智能、视觉—空间智能、身体—动觉智能、自知—自省智能、交往—交流智能、自然智能、生存智能。这九种智能显然比智商理论所认为的言语—语言智力和数理—逻辑智力更为广阔,更可贵的是加德纳给人们提供了一种多维看待人的智力的视野和方法,加德纳认为随着研究的深入仍然会增加和删减某些智能。

多元智力理论的广阔性和开放性对于我们正确地、全面地认识学生具有很高的借鉴价值。各种智力只有领域的不同,而没有优劣之分。只是人的九个领域智能不一定是平均存在的。因此,每个学生都有可待发展的潜力,只是表现的领域不同而已。这就需要学校为学生提供完整的教育生活,在以促进学生发展为终极关怀的参照下,从不同的视角、不同的层面去看待每一个学生,而且要促进其优势智力领域的优秀品质向其他智力领域迁移,让学生的各种发展可能性变为现实。不完整的教育生活在发展学生的某些智能中可能会忽视甚至阻碍另外一些智能的发展,以纸笔测验为主要形式的考试,只能体现学生的部分智能,如果我们的教育变成一种纯应试行为,在帮助学生取得高考成绩的同时则可能粉碎他们发展的其他众多可能。

(四)什么是师生完整的教育生活?

这里的"完整"是相对当今教育现状而言的,当今的教育过于注重知识的掌握与技能的形成,唯分数为评价的标准,是片面的教育,是漠视人的身心成长和丰富的教育,我们所追求的完整的教育生活,是指在教育过程中既能够关注师生成就,又能够关注师生身、心、智统一的完整的教育生活。人应该是完整的,这必须靠完整的教育生活来成全。

我们所理解的完整教育生活,就是遵循教育规律,还教育一个本色人生,还学生、老师以生活的本真。教育目标上,既关注师生角色上的要求,又关注他们作为普通人身心发展的需要,尊重差异,体现个性发展。既关注他们的成功,又关注他们的成长——身体的成长、精神的成长、心灵的成长;教学内容上,除了国家课程,还要根据学校的特色、培养目标以及师生适应未来社会发展需要,建设多样化课程体系;教育途径与方法上,遵循师生身心协调发展循律,培养他们高雅的情趣和健全人格;教育过程中,要基于生活,立足实践,面向社会,让学生主动参与到教育教学的过程;教育评价上,注重多元化、人性化和科学化,进行发展性评价,让每个学生都能找到自己的方向与成功。

三、追求师生完整教育生活的实践

(一) 学校文化奠基师生精神生活

学校是师生教育生活最主要的场所,一个优美的、充满文化底蕴和人文情怀的校园,是师生完整教育生活的基础。执信中学近一个世纪都重视营造学校文化氛围,通过这样的"文化场"赋予学生"执信文化"。我担任校长后,决心接过文化传承的接力棒,努力把学校建设成为师生共同的精神家园。

1. **实施以提升价值追求为核心的学校精神文化挖掘工程**

深厚的文化积淀是执信中学的优势,执信的文化积淀源于执信的历史和传统,我们挖掘学校文化必须追溯到学校的源头,执信的精神文化源自孙中山和朱执信以及一批校董先贤。在这些理念的指引下,近几年,学校连续编辑出版了朱执信先生传记《划过黑夜的亮星》《朱执信纪念文册》《纪念与传承》,名校文化丛书《名校执信》等学校文化书籍。时任广州市委书记、现任广东省省长朱小丹为朱执信传记写了序。这些学校历史文化书籍成为了学生入门教育的最佳教材,也是来自学校文化最好的精神滋养。

2008 年,学校参与中国名校优良传统丛书编辑出版项目,准备编辑出版执信中学优良传统一册,由于各种原因,该项工作停顿了。新班子成立后,我觉得这是学校文化建设中非常有价值的工作,马上恢复了该书的编辑筹备工作,为该书写了序,并亲自带样书到北京请丛书的主编,原《中国教育报》副总编刘英杰老先生审稿。时已 89 岁的刘英杰老先生非常高兴,还为我校建校九十年题词"潜心育人"。经过编委会的共同努力,中国名校优良传统丛书之《广州市执信中学》在学校建校90 年之际顺利出版,很好地彰显了学校的优良传统。这种文化氛围对学生的精神引领是十分有效的。进入执信中学,就肩负了学校的历史使命,这对学生学会承担有很好的激励作用。

近几年,我校对学校精神文化的核心要素进行了梳理和解读,在传承的基础上注入时代的新内涵。老校长刘仕森校长对校训"崇德瀹智"、办学理念"主动发展"进行了深刻的解读,并发动教职员工对教风、学风、学校精神、办学特色进行了提炼和归纳,夯实了学校精神文化的基础。近两年,我们利用全员培训的机会,对学校的办学特色"人文熏陶,内涵深厚"以及学校教育价值观"育人为本,为学生的终身幸福奠基"进行了解读,继续引导教师的讨论与思考,旨在让全体教师建立共同的教育价值追求,把学校的办学思想、育人理念转变为教师自觉的教育教学行动,同时更加明确了学校的改革与发展方向。

2. 建设生态校园、书香校园和人文校园

环境也是教育的一部分,通过环境渗透的教育往往是富有影响力的教育,这种不露痕迹的教育又常常是入脑入心的教育。执信校园最大的优势是90多年来没有变动(抗战时期有搬迁办学,抗战胜利后又回到原址),没有大规模拆除和重建。其地形地貌、建筑风格相当部分得以完整地保留,由于历史的积淀而显得与众不同。为了进一步发挥学校文化对学生的熏陶影响,我希望把学校文化与校园环境建设统整融合,并把精神文化以物化的形式融入学校的环境之中,以润物细无声的方式,渗入师生的血液之中,形成师生的品质。

第一项改造工程是拆除运动场的隔离围栏,拆除一切旨在把学生与教育教学场所、自然生态隔离的铁丝网、防盗网。当时,运动场刚落成不久,草地刚刚种好,大家都有种爱惜、舍不得用的心态,再考虑到可能要对外开放,为了方便管理,所以学校就把它围了起来。但学校校园面积并不大,运动场是学校最大的空地,除了上体育课和体育锻炼课,都被围住会造成空间浪费,晚上学生想散散步都不可以,不能满足学生的锻炼和生活需要。这实际也反映了管理者的管理思想,没有明白学校的场所到底是为谁而建设,为谁发展服务的。我们颁布新规定,一切教育教学场所、体育设施都必须向教师、学生开放。在管理上我们认为,仅仅是迫于外界的限制或压力而形成的德性和行为习惯是不稳定的、不可信的,应该将重点放到学生的品行养成上。

第二项工程是统一学校的建筑风格。执信原来的建筑风格是民国时代的,红墙绿瓦,斗拱飘檐,古朴典雅,错落有致,很有书院气息。后来有的建筑未能延续这种风格,很不协调。再加上几项大的建设刚结束不久,道路没铺好,地面凹凸不平,校园显得凌乱和残破。为此我提出建设校园环境的设想:风格统一,色调和谐,结构合理,功能齐备。荷塘小桥流水,体现南国园林风光;草地花坛树林,营造绿色课堂;长廊碑刻铭牌,展现文化底蕴;精致校园景点,蕴涵教育内涵。整体规划,分步实施,逐步完善,做一件,成一件。完成了承志楼、宿舍楼的内外改造工程,外观红墙绿瓦,内部重新装修,改善师生的学习生活条件。

第三项工程是巧妙利用围墙边角,修建"文化长廊"与"科技长廊",把学校的历史、文化融入长廊的建设之中,集文化科技教育宣传、风雨通道、休闲读书、美化环境功能于一体。

第四项工程是新建一个可容纳 1 800 人同时就餐的 A 级食堂,彻底改变师生就餐时间太长的难题,提升了饭菜的质量、安全和服务水平。同时改造旧食堂,扩大了学生宿舍,增加了 300 个宿位,缓解了学生住宿难的矛盾。

第五项工程是扩建三个广场,改造生物园。该工程增加了学生的读书活动场所和活动的空间,极大地改善和美化了学校环境,整个校园环境焕然一新,为师生完整的教育生活提供了良好的校园环境。

第六项工程是对学校建筑物、广场命名。命名的原则是挖掘历史传统以和执信中学历史密切相关的人和事来命名,在校园中彰显学校深厚的文化。发动全校师生及广大校友,对执信的主要建筑物进行了命名。通过广泛征集,教师座谈会讨论,行政会议研究提出候选"名字",网上投票得出初步结果,教代会投票通过,校长批准等程序,结果产生了"厚德楼""仁爱楼""执信楼""元培楼""承志楼""奉恩堂""执信广场""厚望广场""驰光广场""醒园""真爱亭""放怀亭"等名字,并赋予楼铭记,每个名字都包含了执信独特的文化内涵和教育意义。"奉恩堂"有纪念首任校长廖奉恩女士以及学会感恩之意,"承志楼"有纪念杰出校友廖承志以及继承先烈遗志之意,"元培楼"有纪念校董蔡元培,传承其兼容并包教育思想以及培养拔尖创新型人才的寓意。

统一学校的建筑风格,使之形神兼具浓郁的历史韵味,形成古朴、典雅、大气的校园环境。让师生在教育生活的过程中耳濡目染,自然地受到学校文化的熏陶,陶冶情操。

(二) 多方提升丰富教师教育生活

1. 调整教师队伍的各种结构

由于多种原因,学校的教师队伍结构不合理,一是年龄结构不合理,50 岁以上的教师很少,绝大多数教师集中在 30 至 45 岁。如政治科组的教师绝大多数是 20 世纪 70 年代出生的,而生物学科的教师在 30 至 45 岁之间几乎是断层的。二是性别结构不合理。三是学历结构不合理,研究生学历水平教师偏少。在近两百名教师当中,有硕士学位的只有 45 人,不足 30％。从学校的长远发展来看,是极为不利的。为了解决这些问题,一是做好教师队伍发展的统筹,把好新教师的入口关;并广开门路,引进一些在职教师。经过几年的努力,结构不合理的情况得到一定的改善。

2. 加强师德建设,夯实教师专业发展的基础

教育是崇高的社会公益事业,教育回报的是整个社会,不是直接回报教育者,因此教育事业需要奉献。这种奉献应该是一种精神、一种境界,而不应是一种单向付出。这种奉献不是一时的,而是要持续的,因此,要求教师有持续奉献的能力,也就是说,教师也要不断发展和提升才能更好地完成使命。新时期的教师既要成就学生,也要成就自己。"要让每个学生走向成功,先让每个教师走向成功",这样的教育事业才能持续发展。教师之所以成为教师,不是因为他是"圣人",而是因为"闻道在先,学有专攻",如果不发展,这种"在先""专攻"可能就被后来者超越。因此我提出"学校要以教师的发展为本,教师要以学生的成长为本",推崇"教学相长"。

教育是一种特殊的工作,是一项需要用心来干的工作,教师工作是否用心,其成效相差甚远。教育效果的滞后性,导致难以对教师的工作进行即时的绩效评估。教师的工作很大程度上依靠教师的事业心和责任感,教师没有强烈的事业心与高度的责任感,就不会有工作上的高度自觉性,也就不能胜任教师的工作。

教育还需要"身教"来完成工作,教育的对象是有思想、有智慧、有情感的青少年,他们处于模仿能力很强的未成熟期,存在着各种发展的可能性,这就要求教师具有强烈的表率性,以身立教。对教师的职业道德有更高的要求是教师的职业特点和所承担的使命决定的,每一个教师首先要理解并接受这些特殊的要求。作为一名教师,我们应该为我们的工作与国家民族的前途命运如此紧密相连而感到骄傲和自豪,用使命感来驱除职业倦怠。

学校经常组织"读书活动""文化沙龙""教师论坛"以及师德建设系列活动,以提升教师的人文素养和师德水平,如观看全国优秀教师先进事迹报告视频,请学校特级教师作师德报告,举办师德建设征文比赛、师德建设演讲比赛,通过教育案例分享、出版师德建设专刊等多种形式,树立优秀师德榜样,使教师感受到身边优秀教师的召唤,增强师德意识、使命意识,自觉提升自身修养和师德水平。

3. 开阔教师的职业视野,提升教师的思想境界

教师对学生的影响是很大的,教师自身的素养直接影响学生成长,教师没有深

度,学生也就难以有深度。浅水养不了蛟龙。教师的在职培训和教师综合素养的提升应该成为教师队伍建设的常态工作,教师不断地学习,就是为了更好地教学。目前的财政制度下,教师的福利待遇不高,我提出"培训也是福利"的观点,除教师必须完成教育行政规定的继续教育学分之外,我校的策略有学校集中研修、科组研修和教师个体研修三种方式。每年暑假都有为期三天的全员培训活动,"一门三校"的老师都参加,内容有校长的主体报告,主要是学校文化、办学理念、工作设想等,旨在建立共同的教育理想;邀请国内高水平的专家、知名教师、著名班主任来讲课,提升教师的思想境界;请学校的优秀教师、班主任作经验分享,提升教师的教育智慧;同时开展三校行政、学科教师、年级教师交流活动,分享教育管理心得。

这五年我的报告有"在传承中创新,在创新中发展""人文熏陶,内涵深厚——执信办学特色解读""构建学习型学校,促进学校持续发展""育人为本,为学生终身幸福奠基——执信教育价值观解读""建设多样化课程体系,促进学生全面发展、特长发展",报告之后,分科组、年级讨论交流,意在达成共识,建立共同愿景和追求。每两年每个学科组都有一次外出学习考察机会,学科组提出考察学习方案,教导处负责协调课程安排,学校予以财政支持。学校还提供机会,鼓励教师到国内外进修学习考察,开阔教师的国际视野,我校英语科的骨干教师都有 3 个月至一年的英语国家培训学习经历。2010 年、2012 年暑假,学校分两批组织了 32 名学校骨干教师到美国进行 21 天的培训学习。个体研修,主要对象是骨干教师和省市学校的名教师,我们希望这些教师有职业发展规划,有计划有目的地制定个人研修提升计划,每年有一次外出研修的机会。

4. 以教科研引领教师专业发展,以专业丰富教师的教育生活

提高教育质量的办法,就是不断地对教育进行研究和改进。教育的对象是不断变化的,教育的外部环境也在发展变化,社会发展对人才的需求也在不断变化,如果学校教育是日复一日、年复一年的重复,提高教育质量就无从谈起。我校的教师有重课堂教学,轻教育教学课题研究的传统,为了鼓励教师积极开展课题研究,学校制定了《执信中学科研课题管理条例》,加大对教师开展课题研究的经费支持力度,并邀请专家以及学校的名教师多次给全体教师作如何从平时的教育生活中发现问题,形成研究课题,如何开展课题研究的辅导报告,要求教师多参加课题的开题与结题的报告会,培养教师开展课题研究的技能,鼓励教师总结提升,著书立说,形成自己的教育教学风格。近两年,学校教师承担并在研的国家"十二五"规划

课题一项,国家"十二五"规划教育部重点课题子课题一项,广东省"十二五"规划与教研室课题 4 项,广州市"十二五"规划课题 7 项,学校课题 15 项,课题数量虽然不是很多,但相对于过去是很大的突破。

5. 完善教师专业发展的引导激励机制

教师专业发展需要建立专业台阶,需要完善教师专业发展的激励机制。近年来我们实施了以提高新教师素质为目标的"基础工程";以培养一批教学能手和学科带头人为目标的"中坚工程";以造就一批科研水平高的学术带头人、省市名教师队伍为目标的"名师工程",促进合格的新教师、优秀的青年教师,骨干教师,执信中学名教师,广州市名教师,广东省名教师(广东省特级教师)六级教师梯队的形成,并形成良性互动的局面。现有省名教师(特级教师)8 人,市名教师(骨干教师)10 人,学校名教师 18 人,学校骨干教师若干。一批教师荣获国务院特殊津贴专家、全国模范教师、全国优秀教师、南粤杰出教师、南粤优秀教师(优秀教育工作者)、南粤教坛新秀、广东省优秀班主任、广州市优秀班主任、广东省师德建设先进个人等称号。

6. 尊重教师的权益,关心教师的身心健康,重视教师的文化生活

完善学校民主管理机制,发挥教代会的作用,在涉及学校发展的重大问题和教师切身利益的事情上,坚持公开公平公正的原则,科学民主决策,营造民主和谐的校园氛围。发挥学校工会的作用,组织各种教师体育艺术活动、教师读书会、文化沙龙、电影欣赏、专家的养生保健讲座。为退休教职员开欢送会,充分肯定他们敬业爱岗的精神,表彰他们为学校发展作出的贡献,关心离退休教职工的生活,为 80 岁以上的退休教职员贺寿,营造和谐的人际关系氛围。制定人性化的管理制度,如处于退休前两年内、怀孕期和孩子在两周岁以内的教师可以自己决定是否参加每周一的升国旗仪式,是否参加晚自习教师值班,是否参加学军、学农等其他校外社会实践活动。教师的休假制度(婚假、看护假等)在不影响学校正常工作的情况下可以弹性执行。

(三) 生活化德育与德育回归生活引导学生道德生活

广义的德育包括政治教育、思想教育、道德教育、法制教育、心理教育,狭义的德育一般指道德教育,这里主要指的是道德教育。当下德育有效性不高的根本原因在哪里? 如何才能提高德育有效性? 我们认为,究其根本是德育目标定位空乏,不贴近学生生活;德育方法陈旧:重灌输,轻体验,重防范,轻赏识,重高高在上的

说教,轻文明行为习惯的养成,不符合学生生活;德育内容只注重道德原则、道德规范,无视学生道德能力的形成,脱离生活实际。实践证明,脱离学生的日常生活,预设的德育说教犹如空中楼阁。德育只有以生活为基础,与生活交织、渗透在一起,对人的主体地位和生命给予充分的尊重和关注,才能真正走进学生的心灵,迸发出无限的生机。

1. 学校教育的目的是育人,育人必先育德

古今中外的教育家都十分重视德育,把道德置于很崇高的地位。19世纪德国教育家赫尔巴特曾说:"教育的唯一工作和全部工作都可以总结为这一概念之中——道德","道德普遍地被认为是人类最高的目的,因此也是教育的最高目的"。爱因斯坦在他的《教育声明》中指出:"用专业知识教育人是不够的。通过专业教育,他可以成为一种有用的机器,但是不能成为一个和谐发展的人。要使学生对价值有所理解并产生强烈的情感,那是最基本的。他必须获得对美和道德上的鲜明的辨别力。否则,他连同他的专业知识——就更像一只受过很好训练的狗,而不像一个和谐发展的人。"我国著名的教育家陶行知先生也曾说过:"道德是做人的根本一环,纵然你有一些学问和本领,也无甚用处。否则,没有道德的人,学问和本领愈大,就能为非作恶愈大,所以我在不久以前,就提出'人格长城'来,要我们大家'建筑人格长城'。只有这样,才能使学生自觉地创造真善美之人格。"关于德育的重要性的论述远不止这些,但从他们的论述,以及当今社会发生的很多令人惋惜、痛心的现象,应该可以让我们感受到德育工作的重要性。

2. 重视育德立人是执信中学的优秀传统

执信中学的校训"崇德瀹智"就是"追求美德广知,修养大德大智"。历史上,执信中学对学生的德行要求十分严格,也十分重视德育实践。20世纪20年代,对执信学生的操行要求是:"尊重、谦恭、诚实、忠信、勇敢、勤勉、互助、博爱、快乐、肃整、卫生。"每项要求都有非常具体且来自学生的生活的内容,如"肃整"的具体内容:①不可任意喧哗;②不可随意掷物;③不得储藏违禁物品;④不得擅翻他人衣物函件;⑤上课时不得擅离座位;⑥除在寝室、沐浴和运动时,不得赤足露臂或只穿短裤。除了操行严格要求以外,学校还组织学生参加社会服务,如成立"童子军""对外后援会",学习车衣纳鞋、救护、看护伤员,支持部队东征等。学生会举办"平民学校""平民识字班",免费传播知识。学校文化活动十分丰富,经常排练话剧和课文剧。学生参加的社会活动也很多。20世纪40年代开始,学生一律穿校服、剪短发、

不化妆,校风淳朴,这种要求一直传承到现在。

3. 生活化的德育,就是在学生的真实生活中开展道德教育,从而引导学生有道德地生活,是从生活出发,在生活中进行,并同化到生活的德育

第一,寓德育于课堂教学之中。

课堂学习是师生教育生活的主要形式,每位教师都有育人的责任,所谓的教书育人,教书是手段,育人才是目的。每门学科的内容,都有育人的功能,需要我们的教师善于发掘。多年来,学校一直坚持学科教学的德育研究,鼓励教师撰写教育随笔,记录在学科教学中进行德育的体会,形成德育案例,并把优秀的案例集中出版。

第二,寓德育于学校的日常管理之中。

过去,学生在学校里总是被管理的角色,对学校为什么要管理,如何管理并不关心,管理上往往容易走到学校的对立面,遇到问题就是校方怎样、学生方怎样。长期以来,难以形成师生之间彼此的信任与坦诚,难以形成和谐的校园氛围。我认为,要让学生有主人翁的意识,必须让学生参与到学校教育教学与管理的全过程。学校生活是大家的,需要我们一起来营造美好的学校生活。学校实行值周班制度,每周安排一个班负责全校学生日常行为规范的管理。值周班的一名学生担任值周主任,负责一周值周工作的安排和协调。值周班为全校的每一个班安排一位班主任助理。值周班的主要任务是:督促学生执行《中学生日常行为规范》,包括升旗或集会的秩序维护,校服穿着和仪容仪表的督察,"两操"的督察,食堂秩序的维护,午休期间校园秩序维护、班级的卫生监督、自习课的管理等各班的管理和评比工作。让学生在管理和被管理的角色转换中感悟尊重和被尊重,理解和被理解,养成良好的行为习惯,锻炼学生的沟通能力和管理能力。涉及学生切身利益的规章制度,学校在制定之前也让学生充分参与,共同制定与维护。

第三,寓德育于社团活动之中。

执信中学的社团活动是学生根据自己的兴趣爱好而成立的学生组织,社员自主管理,所有的活动策划、培训安排、事务管理乃至整个社团的发展方向基本由学生决定。社团以兴趣为纽带,不分年级性别,让有共同兴趣的同学走到一起,活动、学习、探究、交流提升,是最能体现自主发展和自我教育的平台。学校大力支持学生社团建设,给每个社团安排指导老师,学生会、校团委成立社团管理机构,规范社团的建设、发展与活动,发挥学校的价值引领作用。目前学校共有 28 个学生社团,包括青年志愿者协会、EDUS 社团(含英语角、模拟联合国、辩论部、演讲 4 个二级

社团）、文学社、音乐社、漫画社、同人社、科艺社、推理研究社、心理学社、武艺社、劲舞社等等。学生参与度很高，如"青年志愿者协会"，现有成员 1500 多人，每人每年的社会服务超过 100 小时。他们的足迹遍及图书馆、老人院、康复医院、特殊教育学校、农村务工人员子弟学校、火车站、博物馆以及社区的、学校的各种大型活动之中。执信"青年志愿者协会"连续三年获广州市志愿服务先进集体称号。

模拟联合国活动，更是立足广州，辐射泛珠三角，走向全国，走向世界。学生们每年举办泛珠三角中学生模拟联合国活动，吸引了来自泛珠三角的几十所学校三百多学生参与，此外学生们每年还参加北京大学模拟联合国活动、复旦大学模拟联合国、哈佛大学北京模拟联合国，每年到美国参加哈佛大学的中学生模拟联合国活动。EDUS 社团成为最热门、也是不容易加入的社团组织，因为它对学生英语水平有比较高的要求。其他社团也在学生的业余生活中发挥了很好的作用。让学生的业余生活过得充实而富有意义，同时也使学生的特长得到充分的发展。社团活动，从学生的角度出发，用自己的思维来思考问题、解决问题，既提升了学生的主人翁精神，锻炼了学生的综合实践能力，又能在实践中找到真正符合学生兴趣、特点且能使学生真正受益的活动内容和方式，使社团真正成为学生成长成才的舞台，意义非常深远。

第四，寓德育于"四大节"之中，体育节、艺术节、科技节、读书节。

我认为这些活动是学校教育生活的有机组成部分，不可或缺。一个完整的校园中，既要有书声，也要有歌声、笑声和呐喊声。

体育节：在每年 11 月份举行体育节，以"健康、快乐、文明、和谐"为宗旨，包括游泳运动会和田径运动会，持续 2 个星期，还有校长杯足球赛、执信杯篮球赛等传统项目，体育节的开幕式表演最吸引眼球，每个班都有几分钟的时间展示班服、班旗、班徽，展示执信学生独特的精神风貌。开幕式上的劲歌热舞和诙谐口号引起师生们的阵阵叫好，比赛期间啦啦队载歌载舞的"加油"使人深受感动；闭幕式上的欢乐"跑旗"更激发学生的爱校爱班热情。每次校运会，同学们除了体验体育运动所带来的强身健体，更感受到了为集体拼搏、为集体出力、为同学服务的精神，而且还享受了运动会所带来的青春激扬、快乐无限的美妙。每到校运会，毕业多年的校友都喜欢回来观赛，他们认为执信的校运很有"气氛"，那是欢乐的海洋。体育节，不仅是体育比赛的较量，更是班级文化、班级精神面貌展现的盛会。

艺术节：在每年 2～4 月举行艺术节，由美术、音乐两大类的活动组成，美术活动通常是围绕主题举办讲座、展览、书法、摄影、绘画、陶艺、手工作品比赛等,音乐活动主要围绕主题开展表演比赛。例如第 27 届艺术节音乐场,以"薪火相传 90 年"为主题,节目包括校园剧、歌舞剧、合唱、朗诵、相声、器乐表演等,大部分节目都是学生原创,活动持续 1 个多月,每位学生都参与活动,有些节目表现执信 90 年历程的经典故事;有些节目抒发当代执信学子的青春活力。在表演和欣赏的过程中,既融汇展示了执信中学 90 年栉风沐雨的办学历程,又让全体师生感受到艺术的感染和熏陶,凝聚了学生、老师热爱执信的美好感情。

读书节:正所谓文以载道,许多文学著作和社会科学作品本身就具有强大的感染力,渗透着无形的力量。为了鼓励学生勤读书、爱读书、读好书,同时也为了创建高雅有品位的书香校园,我校从 2009 年 3 月起开展了"图书漂流"活动。该活动的宗旨是:漂流知识、漂流分享、漂流诚信。活动期间大约漂流有 1 000 册图书,管理员和志愿者把书贴上标签、条形码,然后把书放到公共环境中去,让书不断在学生之中传阅,从而把整个学校变成一个开放的、活动的大图书馆。"图书漂流活动"使我们的校园更加文雅,帮助学生树立起勤学习、爱读书的好习惯。更为重要的是图书漂流让师生感受到诚信的价值,体验分享的快乐。2010 年我校被评为广东省首批"书香校园"。读书节还有看展览、看电影、听报告、优秀文学作品欣赏报告会等活动,希望这些生活情境能够唤醒学生对过去时光的追忆和缅怀,对现实拥有的珍惜和爱护,对未来幸福的向往和憧憬。我们鼓励阅读,不仅仅是鼓励对知识的广泛猎寻,更是让学生养成主动阅读的习惯,阅读是教育生活不可分割的重要组成部分,也应该成为伴随学生终身的生活习惯。

科技节:在每年 1 月举行,每届科技节都有明确的主题、详细的活动计划,是执信中学科技成果的展示,也是展现学生综合素质的大舞台。我们的科技活动共分 6 个模块:科技开放日活动、学生创意表演、专家讲座、学生设计作品展示、游园竞赛活动、头脑奥林匹克大赛。

第五,寓德育于各种校园活动之中。

执信中学的校园活动相当丰富多彩,有 DJ 大赛、Gold voice 大赛、Show your love 慈善晚会、叱咤舞会、英语节、辩论比赛、演讲比赛、跳蚤市场、志愿服务行动周、社团活动开放日等品牌活动,每年举办校级文化活动几十项,为学生提供了多种多样的文化实践和欣赏平台。这些活动能够丰富学生的精神生活,培养学生健康的生活情趣和才艺,提升学生对美的鉴赏能力和水平,还活跃了学生的课外生活,释放激情,调整情绪,愉悦心情,陶冶情操,有利于学生身心健康和健全人格的养成。

第六,寓德育于和学生的对话之中。

对于学生普遍关心的德育问题,学校通过对话与讨论引导学生的道德发展。2011 年 4 月,学校重申禁止一次性饭盒进校园,就遭到一些经常吃盒饭的高三学生反对,要联名递交请愿书,我主动约他们面对面沟通。他们上网查阅了不少资料,做了充足的准备,派代表到会议室和我沟通。他们的观点是,使用一次性饭盒是为了学习方便,吃完就丢掉,可以马上继续学习,可以节省时间,对备考有利,否则出去吃饭至少要用一个小时。我的观点则是:第一,执信中学是国家绿色学校,不使用一次性饭盒是最低的要求,执信学生要有环保意识,不能贪图一时方便而污染环境。第二,禁止一次性饭盒进校园,并不是禁止同学外出吃饭,不影响同学选择的自由。第三,盒饭的运送过程缺乏卫生保障措施,长期吃影响身体健康。第四,一天十多个小时不间断的学习是不健康的,下午用一个小时出去吃饭,正是给自己精神和身体放松的好机会,回来再学习的效率远远比打疲劳战更高。如果你连吃饭的时间都不敢拿出来,说明你缺乏自信。第五,这个规定是早就颁布了,只是学校管理上不严格,造成了学生依赖盒饭的习惯,学校有失误,要反省,要检讨。虽然有个别学生仍然坚持自己的观点,但经过面对面的交流,绝大多数学生是理解和支持的,使该项规定能顺利正常执行。

第七,寓德育于学生的民主生活之中。

我们除了非常重视发挥教代会在学校民主管理中的作用,也十分重视学代会、团代会在学校民主管理中的作用。一方面让学生了解民主政治的知识与程序,培养民主的精神,另一方面也是体现学生的主人翁地位。为了开好双代会,我亲自给学代会代表、团代会代表讲课,利用我当市人大代表、政协委员的经历,指导他们理解代表的职责,学习如何履行自己的职责,如何撰写提案。大会严格按程序举行,学校对学生提出的提案非常重视,组织行政会专门研究如何办理学生提案,做好办理分工。办理过程中要与提案的学生代表不断沟通,办理结果要集中反馈,对一些不能按要求办理的提案要说明原因。比如,学校的"校鞋更换""校长接待日制度"就是根据学代会提案建立的。

4. 德育为什么要回归生活? 因为现在的教育大多脱离和遗忘了实际生活

学校教育教给学生的基本上都是间接的知识经验,难以转化为学生的智慧与能力,必须让学生在生活体验中去理解和感悟。知识遗忘是迟早的事,但智慧与能力会伴随学生一生。学校生活与现实生活有很大的差异,在现代的家庭生活中,学生在家里受到太多的照顾和干预,学生的生活基本上是学校——家庭一条线段,不说社会生活,就连家庭生活的很多事务都没有做过,虽然不少家长也有意识地在两个假期带学生外出活动,但很难深入现实生活。杜威说:"准备生活的唯一途径就是进行社会生活,离开了任何直接的社会需要和动机,离开了任何现存的社会情境,要培养对社会有意和有用的习惯,是不折不扣地在岸上通过做动作教儿童游泳。"

德育回归生活,要求德育的目标内容方法都要符合学生的生活实际和经验,能引起学生共鸣,能走进学生的心灵,德育途径重视实践性,强调学生的体验。

第一,德育回归生活,要营造民主平等的氛围,在平等的沟通研讨中提高学生的思辨、判断、选择的能力。

辩论已经成为我校的一种文化。每年举办一次全校性辩论大赛,公开接受全校学生报名。举办大型的辩论赛,一方面能够给社团成员提供更多、更高的舞台和锻炼机会,另一方面也能极大地促进辩论文化在执信校园内的扎根。每一场辩论赛的辩题都经过精心挑选,或关注社会民生,或侧重哲学思辨,比如"是否应该取消黄金周""是否应该设立重点中学""中国人是否应该庆祝洋节日""中学阶段出国留学的利与弊""全才更适应社会竞争还是专才更适应社会竞争""人是否应该害怕犯错误""为别人活着快乐还是为自己活着快乐"等等。引导学生关注社会问题,关注学生的发展问题,关注人生价值问题,同时很好地锻炼了学生的口才和思辨的能力。

第二,德育回归生活,就是让学生在生活中学会生活,用真实的、感人的道德形象感动、激励学生,增强心中的正能量。

我们的《执信大讲堂》经常会请著名专家、社会名流、著名校友、艺术家、奥运冠军、著名记者来讲学或与学生当面交流,都产生了很好的效果,我校的"感动执信的人和事评选活动"则更容易打动每一个生活中的师生。

相信大家都看过中央电视台的"感动中国"颁奖活动,每次看我都感动得泪流满面,这些平凡的人能感动人,是因为他们是实实在在地存在于我们生活中,远比文学、电影中所塑造的形象更能震撼人心。所以每次的中央电视台"感动中国"颁奖大会,我都要求技术部门录下来,利用班课时间播给全校同学看。后来我觉得也应该挖掘一下学生身边的这样的榜样，评选"感动执信的人和事"，这种榜样就在我们的身边，更能引起学生的共鸣。所以这项活动开始实施，每年一届，至今已进行了五届。所有的事迹都从学生推荐中产生，又都回到学生中去，最后在民主投票中产生。从实施的过程来看，应该是完全达到了当初的目的。第二届"感动执信"评选结果为：

① 以诚挚和执着开启学子厚德心扉的许志强老师；

② 用关爱和奉献展现世界笑容的志愿者协会；

③ 用神圣和庄严履行护旗使命的国旗队；

④ 用强大的凝聚力汇成震撼的歌声的高二 10 班；

⑤ 从细微之中谱写平凡的感动的高二 15 班朱贝卡同学；

⑥ 以毅力和干练携手同学共同拼搏的高一 1 班高园同学；

⑦ 用耐心的坚持塑造动情的天籁的高一 16 班郑鹊同学；

⑧ 用默默的劳动永葆校园整洁美丽的后勤清洁人员。

学生推荐清洁工人为感动执信的人选，而且最后被评选上，我感到非常的欣慰。下面是评委会授予后勤清洁人员的颁奖辞：

> "当我们享受着执信优美的校园环境时，你是否会想起那幕后英雄的他们？他们是校园的环保卫士，凡是在校园最苦最累最脏的地方，就有他们的身影出现。他们用十年如一日的辛劳为校园永葆美丽，而那份对劳动默默的热爱将燃烧得轰轰烈烈。"

下面是清洁工的获奖感言：

> "在大多数人的眼里，清洁工这个职业是低微的。可是，在执信中学，我们的劳动得到了全校师生的理解、支持、关心和尊重。我们在收获劳动报酬的同时，更是收获了一份与别处不一般的尊严，让我们充分体验到一种平等和光荣。入选第二届感动执信，这是我们工作前进的巨大动力。宁愿一人脏，换来万人洁，我们充满信心，我们定将工作做得更好。谢谢。"

我想这样的表彰，一定能在师生的心中留下一份真挚的感动。

第三,"德育回归生活"强调学生的亲身体验,培养学生自己去发现生活的意义与价值,鼓励和引导学生对现实的社会和道德问题进行批判性思考,促进学生自主判断、自主选择能力的发展。

案例一:综合实践课程《领导力课程》的学习,该课程以项目学习的方式实施,兼具研究性学习、社区服务、社会实践的特点和功能。课程宗旨不在于传授传统的知识,而在于发展学生为公众事务、社会事业有所作为的使命意识,以及实现使命的组织管理能力。项目学习强调从社会现象中反省和学习,建立比较完整的跨学科视野去分析和思考复杂的社会现象,增强学生的沟通能力和自信,并由此引发学生探究问题的兴趣,增强社会责任感。

已经实施的部分项目:

①《解决广州市外来务工人员子女教育适应问题》

②《广州市城市内涝问题及其解决方案项目》

③《心心"相"惜之小洲村发展保护项目》

④《点亮灰暗,广州市三无老人救助计划项目》

⑤《关于广州市亚运场馆闲置问题及解决方案探究项目》

在项目的实施过程中,学生对所研究的项目进行了深入的调查,访问职能部门负责人和工作人员,查找相关数据,还有现场考察,与相关的人员交流,在此基础上,提出自己的解决方案。学生的活动引起了媒体的极大兴趣,广州电视台、广州日报、新快报、青年报19次对这些项目做了跟踪报道,产生了很好的社会影响。

其中,学生把他们第②和第⑤个项目的学习报告送给了广州市市长,市长批示有关部门跟进解决。市体育局、水务局领导还专门到学校和参加项目的同学沟通交流解决方案。

案例二:《青草服务学习》,通过学校与社区的合作,把学校课程与社区服务结合起来,学生通过参与精心组织的服务活动,满足社区需要,培养学生的社会责任感,在服务中学会合作,同时获得知识和技能,提高分析、评价和解决问题的能力。

学习过程:社会调查——项目设计——项目实施——项目评估——展示分享。

实践平台：青草的合作伙伴白云区龙涛中学和海珠区康乐中学。这两所学校都是外来人员子女集中的民办初中，学生们将深入了解随迁子女学生，并为他们搭建充满挑战与兴趣的"周末学习吧"，自主为初一的同学们设计每学期10个周末的丰富活动和课程。

我们这类注重体验的综合性课程还有《学生公司》《我们前进在先烈路上》《模拟联合国》《研究性课程》等等。

第四，德育回归生活，强调学生精神世界自主地、能动地生成，建构他的道德价值观和形成良好的德性，但这种自主建构需要教育者的价值引导。

2011年6月7日我收到这样一封信，令我陷入深深的反思。这封信是一个校友的爷爷写来的，主要是反映有几个穿着执信校服的学生，在公共汽车上，没有主动给站在他们旁边的几位老人让座的事。一方面，我们的家长十分关注学校的发展，令我感动，另一方面，几位学生的表现让我感到意外。开始我有点不愿意相信那几个学生是执信的学生，因为执信的青年志愿者协会有1 500多会员，他们利用周末、节假日时间参加志愿者服务，为社会献爱心，面对这点举手之劳、助人为乐的行为，怎么可能无动于衷呢？这也许是个别现象，能否以个案来处理？后来我觉得还是应该就这件事给全校师生一个引导。

2012学年的开学典礼上我就这件事作了个讲话，题目叫做"既要仰望星空，更要脚踏实地"，结合当年广东高考语文作文题目"回到原点"回到教育的原点来谈我对这件事的反思，我没有批评这几位同学，只是就这个事情谈了自己的忧虑。应该说，这次讲话还是很有效果的。开学不久，我们学校一位老教师就给我发来邮件，反映了执信学生在公共汽车上的良好表现，有一位我认识的家长，也和我反馈孩子给他们的汇报，学生的认识还是很正面的。过了两个月，我又收到江西两位老人给学校寄来的信，看那封信可以知道老人应该文化水平不是很高，信中反映了执信三个学生在他们两夫妇到广州中山眼科医院看病时，给他们帮助的事，并表示感谢。后来经了解，帮助老人的是高三的同学。原来两位老人刚到广州时人生地不熟，而且来这家医院看病的人很多，很难挂到号，有些不良的医托趁机拉那些外地病人到私人医院看病，从中牟利。三个同学了解了他们的情况后，先帮他们找好招待所住下，并帮他们挂了号，让他们顺利地看了病。这次，学校给予三位同学全校通报表扬。

这些年,我都坚持给学生讲课:新生入学教育,校长讲第一课;学年开学典礼,校长讲第一课;新生家长学校,校长讲第一课;新年伊始,校长讲第一课(新年致辞);成人宣誓活动,校长讲第一课。讲话的素材也注重来自学生的教育生活,力求言之有物,言之有理,言之有据。

第五,德育回归生活,就要让学生亲近自然,亲近生命,享受纯真青春。

这种境界,不是直白的说教,而是热爱大自然、热爱生活的无痕的情境的陶冶。新课程实施后,学校的学军、学农、春游、秋游、户外拓展、早晨清扫校园等课程和活动,不但没有减少,而且逐步增加,并且在正常的教学时间中安排,不占用学生休息日的时间。近几年,利用寒暑假期到国外游学的学生逐年增加。

(四) 基于现实生活建设学校多样化课程体系

课程学习是学校学习生活的主要方式。课程建设是学校教育的核心工程之一,因此课程改革也被认为是推进素质教育的核心工程,在落实国家高中新课程的过程中,我们把关注课程的现实生活意义作为课程改革实验的重要思想并给予强调落实。

1. 对国家课程进行学校层面的再开发

新课程改革的一个特色就是将课程分为国家课程、地方课程和学校课程,同时给予了学生部分的课程学习选择权,体现了尊重学生的差异性和允许学生差异发展。国家课程标准是统一的,课程的教材是统一的,但不同学校的办学条件、学生来源和素质基础、办学理念和特色是有差异的,因此,国家课程的实施需要根据学校的实际情况来安排,需要通过调整、选择、改编、整合、补充、拓展课程计划和结构等方式,对国家课程进行学校层面的再开发,以满足学生的实际需求。探索适合课程标准的基于信息与网络技术的教学组织形式、方法和学生学习方式。如将新概念英语、大学英语与教材交替教学,有选择地对必修课、选修课进行补充、整合,以适应执信的学生特点和发展需要,学生的词汇量和听说读写能力大大提升。

2. 开发学校课程,建设学校课程体系

学校的课程体现着学校的教育追求,体现着学校的培养目标,是实现学校教育价值的有效载体,体现学校的教育个性,是对国家课程的个性补充,为学生的多元和个性发展服务。早在1924年,学校有感于"预谋学生个性之发展,优异智能之尽量启发,毕业后能从事社会职业,及升学之充分预备",决定改革课程设置。董事会通过《高中酌改选课制意见书》，将学校分甲（文）乙（理）两部，均实行必修课程和选修课程。最早开设的学校课程，有家政、伦理、国民要义、经济思想、军事教育等，《国民要义》由胡汉民主讲，廖仲恺主讲《经济思想》，《军事教育》由何应钦主持，男生受军事训练，并随时到黄埔军校观摩与旁听。女生学习看护，请日本人原田武子当教习。

目前我校的学校课程开发，不再分门别类，而是按照国家课程的八大领域以及学校的办学理念、培养目标，遵循以学校传统文化为基础的原则，根据学生发展的多样性需求，在充分研究当代社会发展态势和学生多元发展的基础上，合理规划课程结构，提供学生自主选择的多样化课程。建立课程超市，接受"市场"调节。具体包含：

① 学校文化课程，包括显性文化课程与隐性文化课程，由学校主导开发。如朱执信先生传记《划过黑夜的亮星》《朱执信纪念文册》《纪念与传承》，名校文化丛书《名校执信》，中国名校优良传统丛书之《广州市执信中学》，文化校园的建设等。

② 学科拓展课程，由各学科组开发，如地理科的《民俗文化地理》和《从地理视角解读国家安全》等课程；历史科的《中国传统节日研究》《历史剧创编》《琥珀——漫画历史》《广东历史名人评传》等；政治科的《经济学常识》《JA经济学及商业决策模拟》《社会话题开心谈》《中学生心理教育》等；美术科的《美术与环境》《执信陶艺》《哲学思维与美术表现》等；语文科的《中国古代散文传统篇目选读》《走进经典文学讲座》《戏剧表演》；数学科的《数学史与数学教育》《中学数学建模》和《高中数学问题解决研究》等；英语科的《英语报刊选读课程》《英语写作技能训练》《听力技能训练》《英语文学欣赏》《英文电影与歌曲欣赏》《英语聊天室》《体育英语》《英语经典演讲赏析》《跨文化交际与英语学习》《语法研究课程》；物理科的《传感器和创新物理实验》《执信中学物理竞赛教程》《体验科技与创新》《创意多米诺》等；化学科的《生活中的化学》《化学实验探究》；生物科的《人与生态》《神奇的生物世界》等；信息技术科的《万维网在生活中的应用》《PASCAL语言程序设计》等；体育科的太极拳、瑜伽、健美操等校本课程。

③ 综合实践课程，由德育处牵头开发，如《国防教育》《劳动技术》《学生党校》《我们前进在先烈路上》《中学生领导力培养》《JA经济公司》《青草夏令营》《国内外游学》等。

④ 学生活动课程,包括体育节、艺术节、读书节、科技节,还有执信团委学生会每年定期举办丰富多彩的活动,如"Gold Voice 歌唱大赛""叱咤舞会""庆祝元旦:跳蚤市场暨游园活动""团队合作精神挑战赛(越野大赛)""SHOW YOUR LOVE 慈善义演""ENGLISH MASTER 比赛""辩论大赛"等等。

⑤ 社团活动课程,我校目前有 28 个学生社团,包括 EDUS 社团、青年志愿者协会、阅薇文学社、戏剧社、同人社、棋艺社、心理社等,学生参与率达 80% 以上。社团活动时间安排在学校的课程表之中,每天下午 4 点 40 分之后的时间为社团活动时间。每个社团都有章程,有组织机构,聘请校外专家或者校内有专长的老师担任辅导员,每学期有详细活动计划,每学期至少要举办一次大型的社团开放日活动,向家长和社会展示学生社团的活动成果。

⑥ 引进国际课程,近几年,我校每届高中学生有 10% 左右的学生选择了到国外升学。他们基本都是通过参加"托福考试"和"SAT 考试""雅思考试"来申请美国或英联邦国家的大学。为了满足这些学生的需要,学校引进了《剑桥英语》《SAT》课程。

2010 年 3 月 21 日下午,教育部陈小娅副部长率教育部基础教育一司司长高洪、教育部基础教育二司司长郑富芝、教育部体卫艺司司长杨贵仁、教育部秘书李华等同志到我校视察,对我校的课程改革给予很高的评价,并鼓励我们继续努力,走出一条学校特色的课程改革之路。

(五)"自主·合作·探究"创设生活化课堂

普通高中课程改革是我国高中教育的重点,走在改革前列的执信中学近年将重点转向课堂教学改革,构建教师学生共同成长的"自主·合作·探究"的生活化课堂。

课堂教学应该围绕学生的学习来展开,围绕着三维目标的实现来展开。改革的重点,在课堂教学形式上,不是关注教师的课堂表演,而是关注是否调动了学生的学习积极性和参与课堂教学,是否有利于学生养成良好的态度和习惯,就是关注"参与度"。在课堂教学的理念上,强调精神和想象的自由,以及在这种自由气氛中培养学生的独立思考和批评的能力,就是关注"自由度"。在教学思想上倡导独立思考,勇于探索,大胆怀疑和敢于批评的精神,允许学习上的错误,就是"宽容度"。在课堂教学过程中,是否能根据学生所提出的有价值的问题因势利导,联系实际,整合知识,把知识向广度和深度拓展,提升学生的认识,就是"拓展度"。在课堂上,留给学生动脑、动手,学生交流的时间有多少,就是"练习度"。

"自主·合作·探究"的生活化课堂是参与度、自由度、宽容度、拓展度、练习度比较适度的课堂。学生是学习的主体,师生是一个个鲜活的生命个体,在课堂教学这个学校生活的主旋律中,应唱响将教育与个人生活、社会生活、家庭生活及终身生活共鸣的和声,还师生一个完整的课堂生活,使执信的课堂焕发着生命的活力,使师生享受源于生活的教育而又充分感受教育过程即生活过程的体验。这才是真正的教育本质,才是学生终身发展的教育,也才是教师学生共同成长的生活化课堂之精髓所在。

基于以上的教育理念与教学思想,我校教师积极投身到教育改革的浪潮,在不同学科进行了深入的研究,共同构建"自主·合作·探究"的生活化课堂,将教育理念真正转化为教师的教学行为。

化学科开展课题"化学教学中培养学生科学素养的研究",从"培养学生化学课题研究能力""利用信息技术学习化学的能力""培养与生活相关的化学素养"以及"培养学生化学素养的学习策略"等方面展开研究,以发展学生的科学探究能力、养成科学的态度、获得科学的方法,在探究实践中逐步形成终身学习的意识和能力,逐步培养学生学会分析和解决与化学有关的一些生活中的实际问题的能力。

数学科开展课题"基于学生数学学习风格差异性的教学策略"的研究,通过研究"数学学习风格的内涵""学生数学学习风格的分析""不同数学学习风格群体的教学策略"及"不同数学学习风格个体的辅导策略",了解学生数学学习风格,探讨针对不同学习风格的教学策略,在此基础上,总结培养学生数学学习能力的指导方法。同时,提高教师教学方法的有效度,改善学生数学学习习惯,提升学生学习能力。

生物科开展"初中生物自主、合作、探究学习方式的策略研究""变革学习方式下中学生物微格教学模式与评价研究"等课题研究,研究构建"4×5教学模式矩阵及评价工具的开发",将生物课程中蕴含的思维科学、自然科学、人文科学、社会科学和综合科学内容,与自主式、合作式、自主探究式和合作探究式四种学习方式进行自由组合而构建了"4×5教学模式矩阵",以期更好体现学习方式的针对性和突显生物学科特色,从而优化课堂教学各个环节,开展优效教学的作用。同时开展发展性课堂教学评价研究,旨在打造充满生命活力、教无定法、灵活多变的课堂教学,促进师生的共同成长。

政治科开展"有效设问对提高学生思想政治思辨能力的实证研究",从"思维方法方面的理论""深入挖掘高中思想政治课的思辨精神""研究思想政治复习课的课堂教学""编制《高中生思想政治思辨能力测评量表》"五个方面展开研究。在了解思辨能力的界定、主要特征、培养思维能力的一般方法途径的基础上通过问题的设置提高学生的思辨能力,培养学生的批判精神。

英语科开展"大学、中学合作开展高中英语课堂有效教学模式的实证研究",研究不同课型的教学策略,将英语课分为"语法课、语言点/词汇课、读写课、文学欣赏课、听说课"五个课型进行研究。秉承科组优良传统,团结个体成合力的熔炉效应,教师理解和把握高中英语课程改革的教学理念,制订和落实英语教学发展规划活用教材,课堂教学中注重创新,高层次引领学生(公开课敢于探索和创新),超越高考要求,课内外通过多种途径促进学生主动发展关注学生情感态度,帮助学生形成有效的学习策略,培养学生终身学习英语的能力。

语文科开展课题"中学作文评价标准研究"的研究。通过反思学生思维水平偏低的原因,从兴趣入手,从学生自身实际入手布置训练题目,引导学生多角度多侧面思考问题。研究外国学生思想训练方式方法,建立时评写作的思想认识及分析的序列和评价交流模式,研究根据不同的写作任务和目标建立不同的时评写作要求和评价方式,以促进学生时评写作能力并提高学生思维认知水平,克服作文学习的简单性,解决作文单一和模式化的问题,培养学生严谨、周密的写作风格;促进学生思想和个性及创造能力的发展。全面提升学生思想素质。

我校过去每年举办一次教学开放日,只是提供给兄弟学校老师来听课观摩,去年开始进行改革,教学开放日改为开放周,前半周是各学科邀请学科专家来学校听课指导,开展"同课异构"课堂教学研讨,科组教师一起评课以及学科专家进行点评指导。后半周由各学科邀请兄弟学校科组来进行同课异构教学观摩活动,或接待公开听课。

执信中学各学科根据学校的课堂教学改革理念,积极探索"自主·合作·探究"生活化课堂的魅力。这里有教师的"循循善诱"和"关爱引领",有学生的"独立思考""勇于探索"和"积极投入",他们共同乘着精神和想象的自由翅膀打造着充满生活气息和生命活力的课堂教学生活。

（六）基于国家创新发展需要培养创新型人才

作为一所示范性高中,对培养更多优秀创新型人才有着义不容辞的责任。学生的创新素养应该有哪些方面,现在没有一种很科学全面的结论,但就高中阶段,我们应该为学生奠定一些最为重要的基础,如健康的体魄,健全的身心,独立的人格,良好的习惯,强烈的求知欲,合作精神,创新意识,创新思维,创新能力等等。

执信中学的学生,基本来自广州市中考前10%的初中毕业生群体,都有可能成为各领域、各层次的创新人才,学校应该为他们打下牢固的基础。

1. 培养学生健康的体魄,健全的身心

20世纪初期,张伯苓在积贫积弱的中国创办南开中学时,提出"强国必先强种,强种必先强身"的主张,开了重视体育的先河。虽然现在的中国不再是积贫积弱,但青少年身体素质下降已是不争的事实。如不加以重视,会造成教育的重大失误。2102年广州马拉松比赛,一个21岁的大学生倒在10公里的终点上,再也没有站起来。不少英才英年早逝,是国家与民族的重大损失。

我校十分重视学校体育运动的开展,除了前面提到的拆除体育场的围栏,体育场所延长向师生开放的时间外,为了更好地发挥学校场馆的优势,服务师生的身心健康,建立国家级的阳光体育俱乐部——执信中学青少年阳光体育俱乐部。我校利用节假日开展各种运动项目的指导活动,支持运动队建设,带动学生群众体育运动的发展。游泳运动会,田径运动会、校运会、执信杯篮球赛,校长杯足球赛等体育活动连续不断地进行,运动场是同学们最为喜欢去的的场所。关于校运会的竞赛项目设置问题,因为项目多,比赛的时间长,有老师提出是否减少比赛项目如取消3 000米中长跑这个项目,理由就是不少中学生因参加长跑比赛出现安全事故。这确实是个很大的责任和压力,但是我知道,现在取消3 000米,下次可能就要取消1 500米,再接下来不知运动会还有什么项目可以设置。我们不能因噎废食,关键是平时学生要经常锻炼跑步。另一方面,做好比赛前的体检工作,凡是报名参加1 500米以上项目的学生,都组织他们到医院做心电图等项目检查,符合条件的学生才能参加比赛,同时要求相关老师要指导学生做好中长跑训练和做足赛前准备活动。针对现在实行选项教学,不少学生的运动量不足的问题,体育课采取了新的课前热身准备活动:集体跑步800米。坚持开展大课间活动,创新大课间活动的方式,学校连续两年在区、市的大课间活动评比均获得一等奖。

体育不仅仅能提高学生的体质,更是磨炼学生意志,培养合作精神、竞争意识、规则意识以及良好心理素质的有效载体。

2. 激发学生的求知欲和创新欲,培养学生的创新精神

学校利用科技节、艺术节举办各种创意比赛,充分发挥学生的想象力和动手能力。物理组举办了科技幻想表演、科技绘画活动,科技摄影活动。利用艺术节举办创意艺术现场设计制作大赛,头脑风暴"OM"大赛等等。加大学校科技教育的投入,加大科技教育教师培养力度,创新科技教育的项目,目前我校有主持科技教育特色项目5项,广州市青少年科技教育大使进校园项目2项,教育局科技教育特色课程1项。在刚结束的广州市第28届青少年科技创新大赛,我校有六个项目获一等奖,有四个项目选送参加省的青少年科技创新大赛。

3. 探索初中、高中、大学衔接培养拔尖创新型人才培养模式,为优秀学生最终发展成为拔尖创新型人才奠定基础

纵观世界教育,普遍地认为,培养拔尖创新型人才必须从幼儿教育开始。中国拔尖创新人才的培养,与中国的整个教育体系有关。首先是我们教育孩子的方式,我们在孩子儿童想象力、好奇心和探索欲望最活跃的时期,给予孩子非常"周到"的照顾,剥夺了孩子尝试的机会,错过了很多孩子素质发展的时机,直接影响孩子一生的发展。同时对孩子过多地干预,按成人的意志强加给孩子很多所谓正确的认识,限制了孩子的想象力。初高中只重视孩子对知识的掌握,孩子其他的天赋都被忽略了。大学只是高中课堂的延续,授课、学习、评价的方式也没有太多的改变。

国家课程是针对全国中学生整体平均水平而设计的,而可能成为拔尖创新型人才的,只是其中10%的学生。如果这些学生也和其他学生采用一样的培养方式,对他们来说,是一种时间和生命的浪费。以高中为例,现在基本上是高一学完必修课程,高二修完选修课程,高三复习备考。每个学科,用一年的时间,对知识和技能进行简单重复的训练,就是为了两个小时左右的高考,不能不说是一种严重的浪费。当然,学生对高中的知识是熟练了很多,但这对在大学里的学习又有多大的意义?

在科学知识不断更新、科学技术日新月异的信息时代,学生在学校学习的大多数知识在今后直接派上用场的可能性很小,高中阶段的学习目的应该不是学以致用,而是学习知识的过程本身,在学习中学会学习,成为有智慧的人、文明的人、有高尚精神生活的人。就像爱因斯坦曾说过的"如果一个人忘掉了他在学校里学到的每一样,那么留下来的就是教育"。

最近,1997届的一位校友、建筑学博士和我聊孩子的教育时说,对他这个学工科的人来说,高中的数学已经忘得差不多了,那些学文科的同学,可能早就把知识还给老师了。所以,我认为,对那些优秀的中学生来说,应该给他们更多的时间和空间,让他们冒出来。我对近三十年的教育生活做了个反思,觉得,真正优秀的学生不是教出来的,而是学出来、"冒出来"的。所以我们不必为他们规划什么,只需要为他们发展提供更多的资源和平台,让他们自己吸收足够的养分,自己冒出来。于是我提出了学校培养拔尖创新型人才的"元培计划",理念就是"为优秀的学生最终能发展成为拔尖创新型人才做准备"。计划之所以用"元培"命名,一是因为蔡元培先生是学校的校董,二是计划中体现他兼容并包的思想,三是有培养"状元"的意识。这里的"状元"指拔尖的意思,不是高考状元。

由于学生高中毕业都面临升学的问题,这是不可回避的现实,因此我们提出与著名的高校合作,一方面是利用大学的教师资源和设备资源,二是争取学生在升学时有些特别的政策。目前已经和中山大学、香港大学达成了合作意向,中山大学工学院已经指派 9 位教授参与了这个计划,香港大学也同意为学生提供暑假课程,现在也在争取国际著名大学如美国哥伦比亚大学、加州大学等的支持。"元培计划"的课程计划不是以高考为目标的,学生可以选择参加高考、大学自主招生,也可以到国外高校升学。市教育局已经批准实验方案,目前也在争取广州市教育局就该计划给予我校配套的支持措施。

根据前面的分析,高中才开始这一计划已经晚了一些,能否从初中就开始实验,开展初、高中和大学衔接培养优秀学生的实践?我校在 2003 年因为创办示范性高中而停止初中招生,所以首先必须争取恢复初中招生。经过三年多的努力,广州市政府于去年同意学校与另外一所完全中学合并,从去年开始招收初一学生。

4. 加强教育的国际交流与合作,拓宽学生发展渠道

由于全球经济一体化的进程加快,教育的国际化水平也在加快,越来越多的学生选择到教育发达的国家升学,参加国内高考升学已经不是学生唯一的发展选择。尤其近几年,我校有一批优秀的毕业生直接被哈佛大学、斯坦福大学、香港大学等世界著名学府录取,让更多的学生点燃了到世界一流大学深造的希望。过去是成绩不怎么好的学生为了避免高考的压力而选择出国升学,现在是很多学业优秀的学生为了入读世界名校而中途出国或参加一些出国培训机构的国际课程学习,以期能申请到国际名校就读。

《国家中长期教育改革和发展规划纲要》明确提出，鼓励有条件的学校开展国际教育交流与合作，引进世界优质的教育资源，为学生服务。我们抓住这个机遇，争取教育行政部门的支持，在国际教育合作方面迈出脚步，为学生的多元发展提供课程支持。学校先后与美国校联盟组织、美国加州圣何塞州立大学、英国哈特尔普尔学院、美国汉美国际学校及澳大利亚西摩顿学院就师生互访、学术和文化交流、学生游学等时下热点问题签订了《友好协议》。积极探索及谋求学校教育国际化的有效途径。我们先从提供国际课程入手，进一步探索学生短期交流、长期交流，到合作办学，承认双学历等，不断开拓教育国际合作的深度和广度，为学生提供更多的发展选择。

2012 年我们引进哥伦比亚大学 PCP 高中国际课程，(PCP International Secondary School Program，以下简称 PCP 课程)，该课程是由哥伦比亚大学及众多中、美教育界专家、学者经过研讨和论证，结合日趋变化的中国高中教育现状和学生特点所开发的适合当代中国高中学生就读的高中国际课程项目。PCP 课程开发理念、培养目标是：以培养国际化人才为己任，以培养学生综合素质为核心，以强化英语课程、融合中、西双课程优势为基础，培养中国高中学生进入全球顶尖大学为目标，为中国高中学生最终成为即具有中国文化基础底蕴，又具有国际视野的领袖人才奠定基础。学生在高一、高二两年修完国家必修和选修课程和学校选修课程，同时修完 PCP 项目课程，参加托福英语水平考试、美国大学入学考试 SAT 的考试；高三开始，学生到哥伦比亚大学学习半年至一年的时间，其中可以选修 AP 课程，或者哥伦比亚大学的预备课程。然后在大学相关老师指导下，申请美国大学。

课程实施半年多来，选修的学生反映很好，不少学生的英语成绩、英语表达能力、阅读能力和自信心都有很大的提升，学生参加托福和 SAT 的考试，成绩有大幅度提高。今年 7 月，第一批参加 PCP 项目的同学将到哥伦比亚大学学习。

近几年来，学校的办学理念得到师生家长的高度认同，师生的归属感、荣誉感、凝聚力明显增强。学校的高考成绩保持稳定的高水平，一本上线率、本科上线率、高分段人数等各项指标均保持在广州市的前两名。每年有近百名学生被世界著名大学录取。学生全面发展，综合素质不断提升。仅去年一年，学生在各类学术、体育艺术竞赛中，共计有 1 069 人次获奖。尤为突出的是，我校万宇欣、胡倩韵同学荣获第二届"丘成桐中学数学应用数学奖"的银奖，刷新了该赛事南部赛区的最好成绩纪录。今年 8 月，执信中学合唱团受邀赴维也纳参加联合国参与举办的国际和平合唱节活动，他们在维也纳艺术殿堂金色大厅的杰出表现，获得了观众和组委会的高度评价,在来自多个国家和地区的 27 个合唱团中,被授予唯一、也是最高的合唱节大奖——"金橄榄"奖。学校舞蹈队、管弦乐团分别获广州省第四届学校艺专项比赛一等奖,管弦乐团被省选送参加 2013 年第四届全国中小学生艺术展演,获得二等奖。今年 2 月,舞蹈团参加文化部项目"文化中国,中国非物质文化遗产美国展演活动",在美国纽约林肯艺术中心、哥伦比亚大学演出,并荣获金奖。学校羽毛球队参加广东省传统项目羽毛球锦标赛,获得两项冠军、四项亚军。初三年级的关天朗同学在 2012 年 11 月份夺得高尔夫亚太业余锦标赛的冠军,获得高尔夫顶级比赛——今年 4 月 11 至 14 日举行的美国大师赛的资格,成为该项赛事年龄最小的参赛者。高一年级的刘涛同学获得 2012 年亚洲青年滑轮锦标赛的季军。

学校特色课程初显成效,学生特长发展初现锋芒。在 2012 年 JA 中国"社会创新挑战赛"全国赛中,执信中学获全国最佳团队奖,是华南广州赛区唯一一支进入全国前十强的团队。在第二届全国中学生领导力大赛中,张卓同学获最高荣誉奖"中学生领袖奖"。第三届全国中学生领导力大赛,执信三个项目分别获得一等奖、二等奖和优胜奖,执信中学获"综合评比特等奖"(全国五所学校之一)。模拟联合国社团同学参加在美国哈佛大学举行的哈佛国际中学生模拟联合国活动,陈文萱同学荣获最佳代表奖,成为中国 500 多名学生代表中唯一的获奖者,也打破了华南地区从未获过此殊荣的记录。黄婷与江璐同学因表现出色,被授予第三届"责任中国 2012 公益盛典""公益人物"奖。

(七)家校社会结合营造生活化教育环境

教育是个系统的工程,对个体的教育而言,是家庭教育、学校教育、社会教育综合作用的结果,就学校教育而言,如何构建学校、社会与家庭结合的教育环境,对让学生过完整的教育生活十分重要。

1. 建立有效的沟通机制和渠道,增进家校的了解,形成教育共识

学校教育生活是学生教育生活的主要部分,但不是学生教育生活的全部,他们还有家庭的教育生活,还受社会的影响。要让学生有完整的教育生活,必须得到家长的理解和支持。加强与家长的沟通,让家长了解学校的文化传统、办学理念、培养目标、教育方法等非常重要,最低限度是让家长理解接受,最好是能够建立共同的教育价值追求,一起来营造良好的教育氛围。

每一届的高一年级第一次家长会的第一课都由校长主讲,主要是介绍学校文

化、育人理念以及途径方法,并与家长有个现场的互动交流。这几年,学校还把这种沟通交流前移,在学校招生的说明会上介绍,每次招生前,在学校举办的两次招生开放咨询日活动中,我都会给到来的学生与家长先作一个讲座"如何选择适合自己的学校",同时介绍学校的文化、理念、特色和要求,让学生和家长自己判断和选择。每年,根据不同年级的学生的具体需要,邀请学校名师和校友教育专家为学生家长作报告和交流。如邀请教导处金庆莉主任给高一的学生与家长作"如何迈好高中第一步"的报告,高二由校友组成的励志社的成员与学生、家长谈选课、专业选择与人生规划,高三年级则是请心理专家给学生家长作辅导报告。

除了开学时的交流外,建立平时的家校沟通机制,如果是集体的诉求,则举办座谈会,如果是个别意见,则是利用校长接待日个别沟通。比如开学之前,有部分成绩比较优秀的学生的家长找到学校,要求分班时特殊照顾,为此,我和他们展开了一次对话:第一,在校长的眼里,每个孩子都是独一无二的,都是优秀的,只要因材施教,他们都可能成为某一领域的优秀人才。第二,学业成绩优秀,只是优秀学生的一个方面,我们要培养的是全面发展的学生,学生的全面发展是不能靠隔离来培养的,必须在现实的生活中历练才能有持续健康发展的能力。很多圈养的动物,到了野外都无法生存。我们的教育不能剥夺学生独立生存的能力。第三,对学有余力的学生,学校会提供丰富教育资源,以满足学生发展的需要。第四,大家既然选择了执信,应该对执信的教育有信心,同时也欢迎家长平时多参与学校的教育教学工作,为孩子的健康成长共同努力。

2. 恢复家长委员会的建制,建立学校与家长沟通交流的桥梁和纽带

家长是一个庞大的群体,如果每次沟通交流都全体参加的话是不现实的,而且都有个性化的利益诉求,难以形成共识。而且网络技术发达,利用网络进行交流已成为家长日常交流的主要方式,几乎每个班都会有家长 QQ 群。如何正确地引导家长的价值取向,传达正能量,必须依靠家长自身的力量。为此学校恢复了因各种原因而中断了多年的家长委员会,2009 年重新成立了学校、年级、班级三级家长委员会,并修订了家长委员会章程,以及家长委员会工作规程。几年来,家长委员会为学校发展献计献策,奔走联系,调动各方面力量,与学校联手,与班级合作,关心、支持学校教育的发展。学校每学期召开家长委员会一次,介绍和宣传学校教育教学情况、不断征求家长对学校工作的意见和建议。同时,也不断挖掘家长教育资源,参与学校课程的开发和建设。

3. 加强家长学校建设,帮助家长树立正确的教育观念,提升家长家庭教育的实效

著名教育学家苏霍姆林斯基曾经说过:"最完备的教育是学校与家庭的结合。"为了更好地发挥家庭教育的作用,与学校教育形成正向合力,更新教育观念,统一教育思想极为重要。我们重新修订家长学校章程,完善家长学校课程建设,落实家长学校课程实施,每学期原则上安排两次课,每次课1小时。

开办家校合作项目,举办家长教育心理沙龙活动,邀请家长交流家庭教育的心得体会,分享成功的经验与失败的教训,使家长与教师及时沟通,加深了解,解决在学生成长过程中出现的各类问题,探讨教育方法,提高教育艺术,增强教育效果。如2012届高一年级开展"家长教育心理沙龙"活动。通过项目的活动,丰富了家长与家长、老师的交流与理解,并把活动的成果以刊物的形式加以传播。2011年11月,《起航》第一期尽情地展示学生的心灵世界,让老师和家长全方位地、深刻地了解我们的学生孩子。2012年5月,《起航》第二期介绍了家长在家庭教育中的思想观念、想法做法,特别是苦恼和困惑,将家庭教育的问题置于我们的沙龙中。2012年9月,《起航》第三期展示了老师、家长与学生、孩子共同成长的故事,让这些故事不断地发酵、扩散,传播我们家庭教学的思考和实践,传播正确的家庭教育观念、良好的教育心态心情和科学的教育方式方法。

学校每年以各种活动为契机,邀请家长参与学校教育教学活动,如参加学校的升旗礼、艺术节、体育节、科技节、成人宣誓仪式、壮行动员和毕业典礼等,教学开放日也接待家长一起听课,让家长走进学校、走进课堂、走近教师。通过听、看、思去感悟学校教育,去观察、体验孩子的学习生活,了解学校、了解教育、了解孩子,进而作出评判,并向学校提出建设性意见。在理解交流中加深了家长和学校之间的情感。让家长参与学校的教育生活,体现了教育的开放性、合作性,使学校教育开展得更有活力、更见成效。学校家长学校多次被评为广州市优秀家长学校。

4. 加强实践基地建设,充分发挥社会的教育平台作用

抓好教育实践基地建设,为学生的教育生活提供更广阔的平台。广州是一个具有两千多年历史的城市,是岭南文化的发祥地,有着深厚的文化教育资源。广州也是近代革命的发祥地之一,有着丰富的爱国主义教育资源。除了教育行政部门确定的学生社会综合实践活动基地之外,学校还根据教育教学实践的需要,确定了学校的教育实践基地,包括革命传统教育基地、生态实践基地、爱心实践基地、环保

教育实践基地、科技教育实践基地等。为学生参加社会实践提供了很好的平台。如学校的传统实践活动"我们前进在先烈路上",就是充分挖掘学校所处社区资源而开展的爱国主义教育活动。先烈路上有众多的近现代革命的历史遗址,还有中国科学院广州分院,广东省地震局,黄花科技街等单位,有着丰富的教育资源和平台。

以社区为依托,积极利用社区教育资源,丰富学生的教育生活。学校的周边,有众多的高校、大医院、研究所、报社,以及省市机关、法院、检察院、部队大机关等等,学校积极动用社区力量,邀请院士、教授、各类专家和各行业的翘楚到校举办各种讲座和报告,开阔学生视野,激发学生的兴趣,启迪学生的智慧,引领学生的精神成长和身心协调发展。

四、感悟与反思

学校教育如何服务学生的发展,如何让学生在中学这段人生最美好的年华不要留下遗憾,是我一直在思考并努力探索的问题。从现实的角度来讲,现在的中学有两种责任:一是让学生顺利地升入下一个学段的学校,这是显性的、有限的、短时间内可检测的责任;二是为学生可持续发展奠定良好的素质基础,这是隐性的、无限的、短时间内不可检测的责任。一所真正的名校,不仅要尽好第一种责任,更要尽好第二种责任。中学的教育经历只是学生生命历程中的一个阶段,学生一生的发展,会遇到更多在学校生活中所没有的挑战、困难和机遇,需要他们不断地学习、判断、选择和坚持,走好人生道路,创造幸福生活,这些更多的要依靠学生自己。学校的教育生活应该为学生的终身持续发展奠定全面而厚实的根基。面对众多的校友,我最愿意看到的是,当他们回忆人生的道路历程,感觉到在母校学习生活的这段时光是充实的、愉悦的,对他(她)的成长有很多正面的积极的影响,这也是我坚持这种教育理念的力量源泉。最近,我收到了在香港大学就读的 2011 届毕业生张靖潇的来信,汇报自己在香港大学学习生活的体会,信中有这段话:

"执信是一个太让人怀念的地方,千言万语都道不尽我对他的情感。执信赋予了我们太多的特质:勤奋、脚踏实地、落落大方端庄、不卑不亢、遇难而上、乐于合作……学校的每个安排都潜移默化地培养学生的综合素质。我想港大和许多世界学府之所以青睐执信学子，正是因为大家对'全面、综合、合作'的理解如出一辙……"

"在港大，这里不再是一个靠重复工作(刷题、背书)能解决问题的地方，这里讲求效率和方法……这里不再是一个有人告诉你对和错、应该和不应该的地方，这里讲求你需要什么，你想让自己变成什么，并勇于为自己的判断和选择承担后果。这里没有班集体，没有辅导员，没有班主任，自己设计着自己的生活，面临着独处的压力和文化的差异……面对这样的环境，执信学生的特质及优势会更加明显。殊不知在大学之前，在更稚嫩的高中时代，我们已经在尝试、练习着以上的能力，而且我们的老师也以包容的态度，允许犯错，鼓励尝试。"

著名学者徐惟诚先生在李镇西先生的《爱心与教育》一书的序言中写道："教育者首先要认清自己教育活动的目标，不是一张张的成绩单，不是一堆分数，不是高一级学校的录取通知书，而是活生生的人，是人才，是能够在未来社会中站住脚跟，开创事业的人才。这样的人才，不仅要在学校里读书，通过读书获得一定扎实的知识，更需要终身有读书的兴趣，求知欲望，并且有能力自己学习，有能力找到所需的知识，有能力吸取这些知识。"

面对教育的各种问题，批评与指责是很容易的；在经历重重困难之后，成为一个愤世嫉俗者，也是很容易的。但是，要成为一个仍然心怀梦想，怀着根本信念的人，则是艰难的，而这正是校长的使命之所在。罗曼·罗兰曾经说过："我看透了这个世界，但我仍然热爱它。"这正是校长应该具有的智慧与勇气。我们认为，在目前阶段，坚持和践行"还师生完整教育生活"的理念，是我们回归教育本源、坚守教育梦想、实现教育使命的关键。

学校回归完整的教育生活必须拒绝功利的诱惑。当前学校面临的功利性诱惑太多，高中教育中的众多问题，归根结底是功利问题，功利遮蔽了光明的眼睛，学校为功利而发展，政府以功利办学，社会以功利评价学校，家长和学生以功利眼光选择学校教育。还师生完整的教育生活需要有克服功利的勇气，也要有在当前社会的功利环境里生存下去的智慧。我个人认为，坚守教育理念、不以功利为指导思想和追求，而在发展成果中体现功利，即"以理想为追求、结出有用的果"这可能是协调矛盾的关键，我们通过全面实施素质教育提升学生的能力、通过理想信仰激励学生的干劲,加上专业化的短期应试训练,就有可能在使学生得到最好发展的基础上实现高水平升学,这是我们努力的方向!

教师回归完整的教育生活需要专业的持续发展和进步。 教师教育生活的不完整,一方面是社会和学校的压力,另一方面也与教师的精神追求、专业素养有关,还教师完整的教育生活。需要通过提高教师的精神追求、丰富教师的精神世界,从而使其教育生活变得丰富而有意义;通过持续不断的教师专业发展,可以大大提高教育教学的有效性,使教师从单纯的脑力体力付出中解放出来,获得更多的生活空间;通过对教育教学专业的持续研究,获得自我满足、形成愉悦体验,从而提高教育生活的品质。

学生回归完整的教育生活需要树立全面的成才观,需要以理想信仰支持发展。 学生教育生活的质量并不是全部取决于学习时间的,对于当代社会的拔尖创新后备人才,高中阶段需要完成的学习准备早就超过了历史上的任何时期。提高学生教育生活的品质,关键是使学生体会和感受学习的意义,将学习、现实世界的改造与个人的现实生活结合起来,将个人发展与祖国命运结合起来,在为承担更大社会责任的准备中体会教育生活的意义和价值,并不是简单增减学习的量。提高学生教育生活的品质需要改进学校课程教学,需要形成更加符合学生特点的教学方式,在教育教学改革中体现主动参与、合作互动、探究生成,这是提高教育生活质量的重要方面,是我们积极探索的方向。

相信种子,相信岁月。如果说种子意味着希望、愿景,那么岁月就是坚守、就是意志。现行的教育改革是在并不完善的教育生态中前行,教育功利化思想仍然很严重。对于承担文化传承和培育民族振兴人才重任的学校和教育者来说,应正视我们的教育存在的问题与不足,切实转变教育观念。不应从职业感而是从使命感的角度来思考教育改革,静得下心,沉得住气,坚守教育信仰,不要使自己的工作太过功利化。

教育是师生的一种生活方式
——何勇办学思想感悟

教育部中学校长培训中心　戚业国

（根据录像录音整理）

　　应该说认识何勇校长时间比较长了,执信也来过几次,在我的记忆深处,执信中学是一本厚重的中国近代历史的教科书。刚才何校长的介绍中,前面的片子放了一段校友对执信中学的祝福,说实话我是感动的,我相信在座的校长们也被感动了。

　　那么,教育追求什么? 我想这种对母校的情感,对于教育人来讲,它给我们的回报已经足够了。执信中学已经成为了执信校友心中的精神栖息地。一边听一边思考,执信中学何以能成为执信众多校友共同的精神家园? 在很长一段时间里,我在思考一个问题,何勇校长也在思考一个问题。我想我们两个人的答案是相近的,那就是因为执信中学给每一个校友的灵魂深处留下了一个深深的生活的印记、生活的要义,是执信提供的生活使他们记住了执信。执信办学的灵魂,在于关注了每一个执信学子的生活的品质、生活的质量。关注生活、关注教育生活的事业是执信的灵魂,也是何勇校长办学所追求的一个方向。

　　从他的介绍中,我们感受到何勇教育思想的核心体现了教育的生活化。我想从教育是师生的一种生活方式这个角度来解析一下何勇办学思想的内涵。

　　刚才在同学代表的介绍中,我注意到她一直提到这样一个问题:今天,信息时代的技术统领正在改变着几乎一切。我们的学校面临着前所未有的挑战。在线学习使知识的传授越来越高效,成熟的在线学习在拷问着我们学校传统知识的应用价值。虚拟的交往已经成为年轻人主要的交往方式。前一段时间,我路过一个咖啡馆。从外面看进去,两个情侣在谈恋爱,但每个人手上拿着一个平板,对面无语地谈恋爱。虚拟的网络已经成为了年轻人最重要的交往方式。现在学生获得的经验更多地来源于网络而不是老师或者长者。有问题问谁？我们高中生回答最多的是问"度娘"而不是老师。

那么在这个时代，学校的意义和价值究竟在哪里？我想这是何勇教育思想所探寻的根本问题。那么何勇怎么去理解教育的意义和价值呢？我想主要从这几个方面去理解：第一，他把教育看成是师生的生活方式；第二，他强调学校的意义在于给师生创造今天的快乐生活、准备明天的幸福。办学，更应该关注师生的教育生活，"教育生活"一词应该是何勇教育思想中最核心、最本质的代表。第三，他理解的教育是要还师生一个完整的教育生活。

教育源于生活、兴于生活、为了生活而且创造生活。教育源于生活知识的经验积累和传承的需要。而几千年来教育发展的根本动力不是考试，是现实生活、生产对教育的促进。教育的意义和作用在于赋予个人、社会一个更加美好的真实的生活。应该说教育生活是师生最为重要的生活方式。而教育生活的幸福与否，关系到师生终身的幸福。刚刚何校长发言提到，如果学生在经历生命历程的生活中不幸福，人终身怎么能幸福？更何况不幸福的教育无论取得多大的成绩，在未来都很难获得真正的精神幸福。而就社会而言，教育生活影响和改变的是师生的生活和整个社会的生活方式，这是教育对社会的反作用的体现。

那么怎么去看待学校？何校长在教育思想中突出了"教育生活"一词。教育是社会的一种文化现象，它具有工具性的价值，但更具有人文与文化的本体价值。对教育来讲，最重要的是传承文化、丰富人的精神世界。教育存在于哪里？教育应该存在于一种生活方式。我们都赞成学校是给学生为未来做好准备的地方。但我们也不能否定，学校同时也是师生共同生活的地方。教育生活，应该是师生最为重要的生活方式。学校是什么地方？学校是师生共同生活、共同成长、共同实现梦想的地方。我想这就是何勇对于学校的理解。

"教育生活"一词的提出，为我们观察和理解教育提出一个新的视角。就像关注教育生活的目的一样要关注教育生活本身作为一种资源的价值。何勇提出了教育生活的概念，在他看来，今天的教育问题是忽视教育生活造成的。未来的教育改革关键是还给师生一个正常的、健康的、应有的教育生活。从教育生活的角度，理解教育改革、理解学校发展、理解办学追求，是何勇教育思想最核心的地方。当下的教育问题归根结底源于脱离了教育生活、轻视了当下的生活、远离了真实的现实生活。我们的教育内容脱离学生真实生活的体验，背离了当前现实的生活真实状况。这两天上海在讨论初中的一道例题，认为这道例题本身已经远离了学生的生活经验了。我们的教育目的总在强调为未来的生活作准备，但忽视当下生活的体验与感受。我们的学生关心知识和经验在考试和分数中的意义，却很少关心其在生活中的意义。我一直在想，美国的学生学科知识学得可能不如我们的中学生多，一样创造了辉煌灿烂的现实意义。我们掌握了那么多学科知识，到底有多少应用于我们的真实生活？我们关心的是知识，而不关心知识的生活意义，我们的教育生活远离了它真实生活这一本质。我们学校很多教育生活甚至是反生活、逆生活，该学的不让你学，不该学的必须学，背诵、记忆、做题、重复训练，什么都关心，就是不关心我们生存中的现实世界。

我们学校改革究竟改什么，往哪里改？何勇教育思想对学校改革的理解是还师生完整的教育生活。怎么去还师生完整的教育生活？教育改革的根本追求，应该是用丰富多彩的有情趣的教育生活来实现教育的使命和责任。过去我们用痛苦、用放弃今天的生活去换取教育的使命和责任。实践证明，这样一种痛苦的假设并不一定能带来未来的幸福。今天我们应该让教师在体验教育生活的幸福和快乐中发扬生命的意义和价值，成就老师美好的人生，使学生在健康快乐的教育生活中成就自己，而不是为了明天的幸福而放弃今天的幸福。要让我们学校通过多样个性的教育生活成为师生共同的精神家园，成全每一个师生个人的梦想与追求。

在学校改革的追求下，怎样去还师生一个完整的教育生活，怎么样去办教育办学校？在何勇的概括中，他提出了，建设共同的精神家园，提升师生教育生活的品质，在他的教育实践和思考中，大概有这几个途径：第一，用价值凝聚，通过共同的价值追求成就共同的教育生活目标。从他在执信中学就任校长开始，就在追求国家的宪法这种核心价值。第二，以文化为引领。用学校的历史文化引领今天教育生活的追求。教育生活的追求应该体现历史文化和中国梦的追求。环境熏陶，与学校的物质文化、陶冶情操、情趣形成匹配。我时隔三年再来执信，感觉校园的文化品位确实提高了很多，一直在变动。第三，优质化管理，把教育生活选择和决定的权利还给老师、还给学生。强化人文管理，让教育生活充满人文关怀，体现师生之间精神的交流。第四，让师生教育生活充满温馨、理解与关爱。

落实还师生一个完整的教育生活，在何勇的实践中体现为六个方面的思考和实践。在德育方面，强调德育回归现实生活，面对真实情境，立足人格建设，他们构建了生活化的德育体系，让德育直面现实生活的挑战。很悲哀的是，我们的德育中，多数存在回避现实生活，回避现实挑战的问题。在真实的生活情境中才能体现德育的存在。他们把德育工作融合到学校各方面的育人中，始终坚持育德、立德的传统，这是执信中学一贯的传统。以人的建设作为德育的目标和追求。在课程方面，他们建设生活化的学校课程体系，立足于师生快乐生活、立足于学生健康成长。他们的工作中包括活动化的课程改善师生教育生活，国家课程校本开发结合到师生的教育生活中去，建设生活化的校本课程，给予教育生活意义，以课程落实的目标推动健康快乐的成长，以课程来丰富师生的教育生活。这就是何勇在执信课程建设中的基本指导思想。在教育教学中，体现了生活化的实施，健康生活、关注体验、丰富生活。刚刚在介绍中，他们做到了遵循合作，探究生活化课程建设，在教育生活中培养学生健康的体魄，他们始终把体验作为教育生活中重要的内容，在教育生活中营造创新的环境，提升创新素质，利于培养创新人才。

戚业国，教育学博士，现为教育部中学校长培训中心教授、博士生导师，华东师范大学教育领导研究中心主任。主要研究方向为教育管理，尤其专长于学校管理诊断与改进、区域教育规划、学校发展规划等领域的研究，在区域教育发展、教育规划、教育质量保障体系建设、学校管理诊断、学校指导提升、学校课程与教学改革等方面积累了众多研究成果，具有丰富的实践经验。2006年入选教育部新世纪人才计划，获第三届全国教育科学成果二等奖，主持多项国家重要课题，发表论文140多篇，出版专著十余部，担任多所名校管理咨询专家。

做有信仰的教育

——山大附中关怀生命成长的探索

山东大学附属中学　赵　勇

赵勇，正高级教师，享受国务院政府特殊津贴，教育部基础教育教学指导委员会跨学科副主任委员，山东省政府督学，首届齐鲁名校长，首届济南市特级校长，现任山东山大基础教育集团总校长，山东大学附属中学校长，济南山大实验学校校长，教育部首批国培计划专家，山东大学管理学院合作培养导师，山东师范大学特聘教授，全国校长领航工程导师，第二、三批齐鲁名校长导师，首批齐鲁名师名校长领航工作室主持人，山东省地理学会副会长。

　　教育部第四期全国优秀中学校长高级研究班学员、全国教育改革创新优秀校长、山东省创新教育先进个人、山东省教师教育先进个人、山东省教育国际交流与合作先进个人、山东大学爱岗敬业十大模范人物、山东大学先进教育工作者。获山东大学十大新闻人物提名奖、山东省优秀地理教师、山东省优质课一等奖。获山东省第四届中小学教育科研优秀成果一等奖、"创新教育的研究与实验"课题研究先进个人。

　　最近几年来在各级教育报刊上发表：《教育博客与教师专业成长》《在实践中凝炼核心价值观》《构建特色课程体系，促进学生和谐发展》《做有信仰的教育》《教育可以影响未来——源于教育信仰的思考与实践》《课堂是一窗口》《期待深度变革的课堂》《我心目中的学校教育》等多篇文章。主编著作有《青少年健康与发展研究》《做有信仰的教育》《共享生命成长》。2013年4月10日教育部中学校长培训中心于广州为本人举行了"做有信仰的教育——赵勇教育思想专题研讨会"。

我之所以选这个题目，是基于我个人的教育实践经历和思考。近几年我带领山大附中向前走了一步是因为我致力于"做有信仰的教育"，坚信"关怀生命成长"是教育的核心内涵。

我和各位校长一样是从一线教师一步步走过来的，但作为一名教育工作者，我的真正觉醒是在分管学生工作之后，期间我接触到了一些所谓的"问题"学生，当然这些学生出现的许多问题就是这个年龄段应该会出现的问题，但也不乏因厌学而迷恋网络、逃学、甚至离家出走的情况，这使我陷入了沉重的思考：学校本应是孩子们的快乐之所，却何以成了一些孩子背负着家长期盼的"炼狱"？我们常提倡要与孩子们建立一种平等的师生关系，把学生当朋友，但当孩子有烦恼时，老师能成为孩子倾诉烦恼的首选吗？当我们埋怨商人为了利益而丧失道德底线时，是否想过咱们高升学率的价值和成本……

2006年初我走上校长岗位，开始思考办什么样的学校、怎样办学校的问题。

"齐鲁名校长培养工程""教育部中学校长培训中心的研修"给了我一次又一次提升的机会，让我渐渐明白：学校教育的目的是培养人，其首要任务是关怀人，根本任务是立德树人。

关怀教师发展，关怀学生成长，致力于把学校建设成为"教师发展的沃土，学生成长的乐园"，是我坚持不懈的追求。

回顾走过的路，我体会到，只有坚持做有信仰的教育，将尊重人、关怀人、发展人、成就人视为一种信仰，并使这种信仰在管理和教育的实践中得到全体师生的认同，才能够有效达到教育的目的。

一、信仰是教育的灵魂

（一）信仰是价值观念的一种基本形式

按照辞海的解释，所谓信仰就是对某种宗教或主义极度信服或尊重，并以之为行动的准则。[1]它具有知、情、行三个层面的含义。所谓"知"，指的是信仰者对信仰具有清晰的认识；所谓"情"，指的是信仰者对信仰对象具有积极的情感体验；所谓"行"，指的是信仰者对信仰对象深信不疑，不仅能接受其理念，还能将这种理念转化为行动。信仰是人选择的一套价值体系，是人生信念的体系化。一个人的诸多信念，在最高或最核心的信念统领之下，形成有机体系后，就会形成一种明确而自觉的状态,从而实现思想和行为的一致性。

信仰有习俗意义上的信仰和科学意义上的信仰之分。习俗意义上的信仰是在日常生活中自然而然积淀下来的,这种意义上的信仰是有限制的。科学意义上的信仰指的是经过理性检验了符合规律的认识,是建立在专业研究基础上的。作为校长,信奉的应该是科学意义上的信仰。

一个人要形成自己科学意义上的信仰,往往会经历长期而艰苦的探索。他要对其所从事的工作充满情怀,全身心地投入。在竭尽全力、不断追求创新、卓越的过程中,产生越来越丰富的体验和感悟,并逐渐积淀为越来越坚定的态度和越来越理性的认识。在情感、感悟、行动不断多维互动、彼此交融中,信仰逐渐形成并不断完善。就此而论,一个人信仰形成的过程,就是心性修炼的过程,也是从职业上升为事业的过程。

(二) 教育是一项需要信仰的事业

德国思想家雅斯贝尔斯早在 80 年前就指出:教育需要信仰,没有信仰就不成其教育,而只是一种教学技术而已。19 世纪的教育思想家乌申斯基也曾说过:"……任何教学大纲,任何教学方法,不管它是多么完善,但如果不能变为教育者的信念,那就只能成为教育者的一纸空文,而在实际上不能起任何作用。……教育指示不经过个人信念的加温,就不可能具有任何力量。"[2] 由此可见,教育是一项需要信仰的事业,教育者应成为具有教育信仰的人。

1. 信仰是学校教育工作的价值标杆

教育是一项价值活动,信仰首先体现为价值选择。信仰不同的人,对教育有着不同的理解,教育的价值观就会不同,由此而导致的实践层面的教育就会有不同的表现形态。信仰是一个标杆,它不仅为教育者选择什么样的教育教学路线提供外在的价值依据,而且还能为教育者合乎道义地开展教育教学工作提供内在的价值依据。教育若没有教育信仰作为灵魂,就会陷入盲目、草率、浮躁、平庸状态,难以发挥出应有的功能;教师若没有教育信仰导航,就会迷失方向,精神匮乏,不能有效地发挥陶冶情感、提升人格、开发潜能的作用。[3]

教育信仰具有价值性,与其他事物价值相比,教育价值是人类的最高价值,教育的价值功能与教育信仰的功能是融为一体的,正如顾明远教授所言,"教育价值的本质即培养人、发展人、提升人的生命质量"。

2. 信仰是学校教育教学工作的一面旗帜

信仰为教育工作指明方向，教育工作者要自觉在信仰的指引下开展工作，向着一个明确的方向努力。学校不是工厂，有标准化的流水线、标准化的工艺、流程、生产标准件；在学校，教师的工作具有自主性、独立性的特征，可以说一名教师就是一所学校，教师是关起门来上课、单独面对学生教育，是人对人的活动，如果没有信仰的引领，学校的育人工作就会"碎片化"，甚至误入歧途，不可能达成预期目标。每一个工作个体拥有了信仰就犹如细胞拥有了生命的全部信息。信仰是凝聚大家的一面旗帜，在它的引领下，分散的教育力量就可以集结起来，担负育人工作的相关者们就可以前后一致、首尾相顾地朝着共同的目标而努力。

3. 信仰能够为教育者提供工作的动力

信仰表现为一个人拥有内在精神动力。这种动力具有明显的方向性、目的性和指导性，它可以弥补物质动力的不足。教育工作具有艰难性、复杂性的特点，教育者往往会产生枯竭感、无力感。一方面，教育作为一项与人的心灵、精神打交道的工作，需要教育者具有持久的职业激情和工作热情。另一方面，教育是一项百年树人、极具挑战性的复杂职业，这本身就需要勇气，需要教育者具有坚忍不拔的毅力。如果教育工作者缺乏上述品质，其育人工作就会缺乏持久的动力，对工作会缺少激情和责任感，在复杂问题或困难面前容易产生畏难情绪，会随着时间的流失产生职业倦怠感。而拥有教育信仰的人，能够把教育作为事业，全力创造教育辉煌；能够把教育作为科学，潜心探索教育规律；能够把教育作为艺术，不断创新教育活力。

总之，对于教育者来讲，信仰的形成和坚守意味着职业的成熟。这不仅表现为教育工作者对"什么是教育""教育应该培养什么样的人"以及"怎样培养心目中理想的受教育者"有了自己独特、丰富的思考，而且，在他的心中还形成了一种体系化的信念，具备了将这种信念付诸行动的热情、智慧、勇气和毅力。

（三）教育工作者必须自觉建构并积极践行教育信仰

1. 教育工作者的首要责任在于建构自己的教育信仰

任何教育工作者都面对着培养什么人、怎样培养人这样的重大教育问题。从终极意义上说，学校教育的目的在于发展学生的情感、态度和价值观，使受教育者形成正确的世界观、人生观，形成合乎社会发展方向的崇高信仰，树立正确的人生目标，成为合格的公民，成为对社会有益的人；在于培养学生终身学习的热情和能力,使学生能够适应快速变化的职业和社会生活的需要;在于发现和发展学生的潜能,促进学生人生价值最大限度的实现;在于促进学生身体心理的健康发展。教育工作者要完成教育任务,实现教育目标,促进受教育者全面而富有个性的发展,自己首先必须有明确的信仰,即教育工作者要自觉建构信仰,完善自己的价值体系,树立坚定的职业信念,把育人为本、促进人的发展作为教育的根本目的去追求。这既是教育职业的要求,也是教育工作者走向专业成熟的重要标志。

2. 教育工作者必须积极践行教育信仰

信仰指向行动,没有付诸实践的信仰不是真正的信仰。对于教育者来说,教育信仰最重要的表现不是价值体系或思想理论体系,而是真诚的心向和行动。教育信仰作为价值体系或思想理论体系,不仅代表着教育工作者的教育价值选择,同时也代表着教育目的、目标的选择,代表着教育实践策略和方法技术的选择。教育工作者只有将教育信仰付诸实践,身体力行,努力将自己投身教育所选择的价值转变为实现价值的教育行为,教育信仰所珍重的价值才有可能得以实现,教育信仰才会具有现实意义。如果空谈信仰却不践行,知行脱节而不自省,不仅无助于教育信仰发挥引领作用,反而会削弱甚至消解教育信仰的指导意义,使教育实践成为没有正确方向、没有鲜活灵魂的随意行为。

强调教育工作者对信仰的践行,其原因还在于,对于受教育者来讲,信仰不是依靠灌输、直接教授信仰知识获得的,而是通过对话、引领、互动等手段获得的。无论是对话还是引领等,都需要教师发挥榜样示范作用,都需要教师用一颗真诚的心打动学生、用真诚的行动感染学生。同样,在校长——教师这对关系中,校长心中的信仰也不能依靠简单发号施令的手段使教师接受,必须有足够的耐心和改革智慧,采取对话、营造支持性的氛围等方式,教师才有可能接纳、认同、践行校长的教育信仰。因此,教育工作者要想实现自己的教育理想,让教育对象形成所期望的信仰,必须摒弃说教、强迫、发号施令等非教育意义的手段,以"相遇者"的姿态,在真真实实地践行自己的信仰中感染、引领受教育者。

3. 教育工作者必须在实践中不断完善教育信仰体系

教育工作者的教育信仰来自他们对教育工作的认识,是其在投身教育的过程中不断感悟、发现、选择、升华而逐渐形成的。一个人的教育信仰既可能来自理论的启发,也可能来自实践的感悟,但教育信仰的最终形成,是教育认识与教育实践不断互动的产物。就信仰的科学性、体系性来讲,在起初的时候,也许是自发的、凌乱的、不成体系的,有时候甚至可能是天真幼稚的甚至是错误的。但是,恰恰是这种自发形成的不完善的教育信念,指导着教育实践,构成了教育信仰生长的基础。信仰一旦产生,就会对教育实践产生重大影响,直接决定教育实践的性质、方向、任务和途径,代表社会发展方向、反映社会发展需求、符合历史发展潮流的信仰,能够对教育实践起到积极的引领作用。反之,不恰当的信仰,则会误导教育实践,妨碍教育目的的实现,甚至把教育引向歧途。因此,教育工作者应当在践行教育信仰的过程中,及时根据教育科学的认识成果和教育活动的实践结果检验自己教育信仰的正确性、合理性,并通过积极的总结反思,不断修正、充实、丰富自己的信仰体系,坚定自己的教育信念。

强调教育工作者要不断完善教育信仰,还在于教育实践的复杂性。由于社会环境和教育本身的复杂性,教育实践有时候会脱离、扭曲甚至消解正确的信仰。教育工作者完善自己的教育信仰,一要认真贯彻落实党的教育方针政策,自觉抵制实践中那些"上有政策,下有对策"式的功利性做法和其他错误的思想行为,二要坚持通过实践检验真理的原则,在投身教育的实践中不断学习、不断反思、坚持真理、修正错误,确保自己的信仰不断完善,人生境界和事业境界不断提升。

以上的论述,强调了教育需要信仰。前提是教育工作者要有崇高的信仰,更重要的是教育工作者要自觉地践行并不断地完善代表社会发展方向、反映社会发展需求、符合历史发展潮流的教育信仰。

二、我的教育信仰——关怀生命成长

(一) 我的教育信条

教育的目的何在?学校教育的使命是什么?这是每一个从事教育工作的人都不能回避的问题。在长期的教育实践中,在尝试回答上述问题的探究中,我逐步形成了下述一系列基于个人教育感悟和理性思考的教育信条。

1. 我心目中的教育

立德树人,促进学生健全人格的发展。《国家中长期教育改革和发展规划纲要(2010—2020年)》指出:把育人为本作为教育工作的根本要求。教育必须致力于学生人格品质和学习品质的培养,学习成绩只是学生发展的衍生物。健全的人格和学习品质也包括责任、担当、奉献、创造精神等,如果缺少对这些精神的培养,所培养的就不是一个完整的"社会人",并且很容易走向狭隘和自我的孤立,乃至贻害社会。

让学生享有生命的尊严。教育是一项直面生命的事业。每一个生命都是无比珍贵的,生命没有优劣,只有差异,而"差异"就是不可替代的。每个生命都有个性,每个生命都有尊严,尊重个性才能体现生命的尊严,只有这样,我们每个人才能享受有尊严的生活。无论家庭还是学校,爱充盈其中,但只有真爱才能让孩子有生命的尊严,才能让孩子享受生命的幸福。只有关怀并尊重每一个生命个体的独有性,才算是真爱。那种"驯兽式"的教育不可能达成上述高贵的教育目标。

提升国家与民族的尊严。学校教育的目的在于"为国家图富强,为天下储人才"。中华民族的复兴不仅仅是经济的繁荣,更应该是国民素质的提升、社会制度的进步和民族精神的壮大,为此必须更多地依赖建树崇高的价值观和高尚的民族文化,只有这样,中华民族的复兴才能赢得尊重,享有尊严。响应全球范围内人文精神重建的号召,充满自信地传承中华民族几千年来积淀下来的优秀文化,在与世界各国优秀文化的对话中进一步完善我们的价值观和传统文化,并力求创造一种新的、具有生命力的、适应时代发展的新文化,也是学校教育者必须承担的职责和使命。

2. 我心目中的学校

致力于核心价值观的引领。学校核心价值观的确立,是一所学校可持续发展的内在精神动力。学校核心价值观源于对教育本质的理解,更源于教育实践中的不断凝练。

确立道德领导的核心地位。首先是要在学校形成道德风尚,其次强调校长的人格力量,第三强调以尊重、对话、倾听等为主要形式的工作方式。通过尊重、对话、倾听等方式,与教师进行深度会谈共同制定合理的学校管理制度和学校发展规划等,让教师们切身体验到自己也是学校的建设者,增强他们的责任感和成就感。这样,教师就会心悦诚服地按照校长的期望去行动,而不是迫于名利的追求。如此,校长所认可的价值观只能在与师生们的不断对话中生成、完善,教师们才能对校长所信奉的教育价值观深信不疑,并能把上述价值观即信仰践行到教学层面去,有信仰的教育才有希望。

学校文化建设要充分体现教育的价值追求。文化是学校的灵魂,文化的作用既是基础,又是制高点;文化浸润心灵,文化提升的是人们的精神境界。有信仰的校园一定会有这样的特质：在这里，因为有自由，所以思想活跃；因为有民主，所以积极参与；因为有倾听，所以善于表达；因为有宽容，所以敢于挑战；因为有责任，所以乐于奉献；因为有真诚，所以产生信任；因为有原则，所以规范有序。

3. 我的育人观：养心育德、养根育能

"德""能"是目标，"心""根"是途径，"养"是原则与方法。"养"意味着欣赏与等待。

"心"是什么？

"品种"决定了是什么？优与劣。或者说是价值取向、精神、修养、品性。

"根"是什么？"心"——是主根，"人格品质""学习品质"是侧根。

"养"借用名人的话语体系：教育的本质意味着：一棵树摇动另一棵树，一朵云推动另一朵云，一个灵魂唤醒另一个灵魂。雅斯贝尔斯反对采用强迫的方法使学生学习。他强调说："所有外在强迫都不具有教育作用，相反，对学生精神害处极大。"他指出："只有导向教育的自我强迫，才会对教育产生效用。"清华大学老校长梅贻琦先生认为："学校犹水也，师生犹鱼也，其行动犹游泳也，大鱼前导，小鱼尾随，是从游也，从游既久，其濡染观摩之效，自不求而至，不为自成。"许慎在《说文解字》上面对教育有着这样的解释："教者上所施，下所效……育者养子使做善也。"要求长辈或教师对于学生要以身作则使他们知道做人的道理，这才是真正的教育。

教育如同养树，养树重在"养根"，只有让"根"长得壮实了，参天之树才能长成，自然硕果累累。

4. 我心目中的学生

有强健的体魄、独有的个性特长

健康的生活方式、强健的体魄是人生之根本。尊重每个人的独特性是教育的首要原则。

有敬畏之心

敬畏之心指的是一个人对他人、法纪和职业以及自然和社会规律怀有的一种敬重与畏惧态度。敬畏之心具有自省与自律作用，有利于规范和约束人们的言行举止，对于养成良好的道德品质具有促进作用。敬畏之心是高尚的基础，是爱的前提，更是社会和谐的核心。要构建和谐社会，必须在青少年时期就让孩子们对法律、制度、规则有敬畏之心，对科学、规律、生命、大自然有敬畏之心。一个有敬畏之心的人才是有德性的人。

有爱心

只有有爱心的人才有同情心,才会懂得感恩。

有远大的理想

只有有远大的理想,无论他物质上是富裕还是贫穷,他才能有坚强的毅力过一个充实而富有成就的人生。

有富足、完美的精神世界

一个具有富足和完美精神世界的人,他的生命才能充盈而有活力,他才能懂得人生的价值;只有有丰富的情感世界的人,他才会有浪漫的情怀,只有有浪漫情怀的人,他才会懂得幸福,追求幸福,追求美好的人生;只有懂得美好人生的人,他才乐于创造自己人生的幸福。

有欣赏美、追求美、创造美的能力

懂得美、追求美是人生的境界。

有强烈的责任感和奉献精神

只有有社会责任感和家庭责任感的孩子,他才懂得感恩社会、感恩父母,他才懂得回馈社会、回馈父母,他才懂得不断为世界创造美好。

有自主发展的意识及能力

鲁迅在《一点比喻》中写到一群胡羊:"领的赶的却多是牧人,胡羊们便成了一长串,挨挨挤挤,浩浩荡荡,凝着柔顺有余的眼色,跟定他匆匆地竟奔它们的前程。"先生说,看到这种认真的、忙迫的情形,总想开口询问:"往哪里去?"——教育者不应当是牧羊人,孩子们更不应是牧羊人鞭子下的胡羊,只是盲从,不知走向何方,不能把握自己的前途与命运。让学生拥有独立思考和批判的能力,学会自我抉择,这是未来社会要求一个人必须具备的品格。

有自己独立的人格

其实,我们学校、家长给予学生太多的爱,尤其是我们的家长。我们几乎包办了孩子的一切,怕孩子摔着,牵着孩子的手;怕孩子吃不到嘴里饭,拿着勺子一口口地喂;怕孩子忘了带东西,前一天晚上帮着孩子装好书包。其实我们在给予孩子这些所谓的爱的时候,也让孩子失去了人生成长所必备的自由生长的空间,让孩子失去了独立的人格。我们培养社会至上的社会主义接班人,但并不是否定人格的独立性。人只有独立的人格,才会具备批判、质疑的精神,才会让我们的孩子在人生中有了选择的能力。拥有独立人格的人,能够在复杂的外部现实面前保持清醒的意识,并能够作出正确的判断和恰当的行动;拥有独立人格的人,才能享有生命的尊严,才能有创造力。

有一定的冒险精神

国家提倡培养创新型人才,如果没有冒险的精神,谈何有创新的意识和能力?有冒险精神,是具有创新能力的一个最基本的素质。

作为生活在现代社会的人还必须具备的一个素质就是善于合作

5. 我心目中的课程与教学

学校课程的设计与开发一定要遵循"基于社会需要,适应学生需求,激发学生兴趣,开发学生潜能,促进学生发展"的原则,以期达到"让学生享受课程,让课程成就学生"的目的。

教学是学生、教师以学习内容为媒介的对话过程,是人与人之间心灵的对话,是智慧的碰撞过程,是师生生命的共生过程。

6. 我心目中的教育方法

对话。对话首先发生在自我以及与他人之间。最高水平的教育是学生进行自我对话。学生们只有在自我对话中才能不断修炼品性,不断"致知、诚意、正心、修身"。对话还发生在教师和学生之间。教育是"一朵云推动另一朵云"的事业,容不得灌输和强迫。教师只有用自己的精神品格去熏染、启发、唤醒并进而带动学生,学生们才有可能获得所期望的成长。除此之外,对话也发生在学生与他人,与动物、植物等世界万物之间。试想,当人们以对话的姿态出现的时候,他的生存状态将是多么的健康而美好,整个世界也将会呈现出一幅和谐向善的美景。

实践。我认为经历即成长(教育即生活)。我们反对把孩子们封闭在狭隘的教室里和校园里,主张开放办学,让孩子们走进社区、走向社会、走进广阔的大自然,把课堂学习与社会学习结合起来,学生只有在与他人、社会、世界万物的多维互动中,才能运用知识,磨炼心性,经历成长,感悟人生。

7. 我心目中的教师

关爱学生。教书育人是一门艺术,教师的魅力在于睿智,教师的伟大在于宽容,作为中学教师真正的力量不在于他是知识的权威,而在于他懂得真爱,有大爱之心。教师须掌握关爱的技巧,提高关爱的品质。只有始终脸上充满阳光,心中装着学生,满怀激情地去爱学生的教师,才会从学生成长的角度出发,尊重他们的人格和个性品质,信任和赏识他们,才能真正地走进学生的心灵,获得学生的信任和支持。

　　善于发现和发展学生的潜能。我认为真正的教育就是让学生在知识、智慧、人格等方面不断地增值。学生的头脑不是有待填充的容器，而是需要被点燃的火把。教师要做学生头脑里火种的"点火者"，而不是"灭火者"。开发学生的潜能，必须从鼓励学生质疑开始。要通过激励，帮助学生建立积极的心态，建立对自己潜能开发的强烈自信心，这样，外力就会变为内力，学生就能永远前进。

　　在单纯朴素中体会幸福，在崇高信仰中感受幸福，在专业提升中获得幸福。对于教师来讲，幸福可以很简单，只要保持一颗真善美之心，以"关怀生命成长"为信仰去工作，不断追求卓越，就会源源不断地获得幸福。

　　8. 我心目中的校长

　　坚守教育信仰，引领发展方向。我坚信教育也许不能左右现在，但一定会影响未来。坚守教育信仰者，会始终坚持仰望星空，脚踏实地，开拓创新。

　　专注研究教育，探究发展规律。创新是殚思竭虑后的灵感，灵感产生于思维的间隙。有信仰的教育者必定致力于教育事业的发展，他会从哲学、历史、文化、社会、教育的多个维度去思考学校教育；他（她）会用全部的精力思考学校的发展、教师的发展和学生的发展。

　　创造和谐环境，支持师生发展。校长要坚持用爱唤醒爱，通过真诚实现沟通，送出欣赏得到卓越，给予信任获取力量，给予宽容张扬个性的信念。坚持以人为本，突出人文关怀，创设朴素、向上充满人情味的环境，实现师生和谐发展。

　　9. 我心目中的家长

　　家长是学校的伙伴。家长也是重要的教育者，做有信仰的教育，必须让家长成为我们的同行者。孩子健康成长，快乐学习，拥有幸福人生，应是学校和家长的共同愿望。而达成此目的的教育理念、原则、途径和方法，家长和学校应该达成一致。

　　家长与孩子朝夕相处，家长的一言一行、一举一动都潜移默化地对孩子的成长产生重要影响，家长的榜样作用尤其重要。

　　家庭是孩子的人生观、价值观和人格品质形成更重要的场所，家庭教育应该成为学校教育的正能量。

　　由上述教育信条构成的"信念体系"，反映了我对"何为教育"及"如何做教育"的认识，它们作为一个整体代表着我的教育信仰。我把自己对教育的这种理解，概括为"关怀"。我期望，无论是学校还是与学校相关的学生、教师、校长、家长，都必须具有人文关怀之情,所有教育者都必须用体现人文关怀的教育方法或者手段与受教育者互动,只有这样,才能最终实现培养有人文关怀素养的人这一教育目的。这样的人不是知识的容器、考试的机器,而是有着正确的价值观,能和谐地与自我、他人、世界万物对话,形成和谐的关系,并能诗意地栖居在大地上的人。要培养这样的人,作为教育者,必须以关怀的理念重新审视教育的功能和学校的定位,树立新的学校观、学生观、教师观、学校管理观、课程与教学观、家校合作观等。这种以"关怀"为核心信仰的教育,我称之为"关怀教育"。

(二) 以关怀为核心的教育信仰的思考和感悟

上述教育信条主要源于我在教育实践过程中不断产生的教育感悟。虽然从学术研究的角度来看,它们之间的逻辑性可能还不够强,内容还不够丰富完善,但这些"原生态"的思考恰恰真实地反映了我的教育心路历程。

1. 基于时代背景和学校教育使命的思考

20 世纪 90 年代初,美国进行学校改革运动,改革的重点集中于建立统一的课程标准和推行标准化考试。斯坦福大学内尔·诺丁斯教授(Nel Noddings)尖锐地指出:教育信奉一种"喂养"哲学。近乎残忍的学术训练,忽视人的情感历程,忽视具体思维,忽视实际活动和道德行为。年轻人正在接受的是"道德上贫困的教育"。

可以说从我上中学到我教中学始终经历着中国的"应试教育",其结果现在已经是不言自明。面对中国的问题,钱学森发出了世纪之问,更有人将社会道德伦理的沦丧向教育发出了质疑。的确,这种现状不仅困扰着教育,还困扰着整个国民经济和社会的发展,究其原因,乃在于信仰的缺失。

如何重建人类的精神家园,这是全球范围内各个国家、民族都需要思考的问题。正是在这个背景下,联合国教科文组织于 1989 年底在我国北京召开的"面向21 世纪教育国际讨论会"上,把会议报告的主题确定为《学会关心:21 世纪的教育》[4]。主题词是"关心"。这样,继 20 世纪 70 年代初联合国教科文组织提出"学会生存"之后,又向世界发出了"学会关心"的呼吁。

而"关怀"恰恰是"人间"重建人类精神家园最为现实的途径。只有在彼此的关怀中,只有把他人、动物、植物等世界万物看作平等的对话者,只有在彼此和谐的关系构建中,人们才能感受到存在的意义,人性才能重新焕发出美好之光。

作为教育者,对此我们要有清醒的认识。教育不仅要传承人类文明,还要担负起再造人类文明的重任。在人类重建精神家园的行动中，我们教育者要充分利用人类文明转换的这一契机，发挥自己本民族传统文化的优势，率先有所作为。把关怀作为一种信仰，系统指导学校教育教学的改革，应该成为当代教育的重要命题。

2. 基于教育实践的思考

把关怀作为教育信仰，也是我在校长这一工作岗位上不断思考、探索的结果。

最近六七年来是山东大学附属中学发展比较快的一个时期，学校的办学质量得到了学生、家长、社会和领导的高度认可，目前已成为一所有着独特办学追求的学校。反思这些年来的发展，山大附中之所以取得如此之好的社会声誉，乃在于把"关怀"作为教育信仰追求的结果。当然，我们对"关怀"的理解也经历了一个由感性到理性、由片面到全面、由零散到系统的过程。

2006年4月，就任山东大学附属中学校长伊始，我就在思考：如何在前任校长有效领导的基础上，继续推进学校办学质量的提高？那时候，我很朴素地认为，校长办学主要依赖于教师队伍，作为学校行政领导，要学会尊重他们，多关怀他们，如此必能赢得他们的理解和支持。况且，学校作为山东大学的附属中学，素有人文关怀的传统，历届校长一向比较关怀教师，干群关系相对处于和谐状态。于是，我把这样的管理理念运用到实际工作中去，不仅关怀教师们的专业发展，还关怀他们的生活和家庭事务，凡是教师在生活上或者家庭事务上需要帮助时，我总是尽力而为；另外，我还尽可能把关怀做到细节上，如每一个教师什么时间过生日，学校都会有专门人员负责，献上一块生日蛋糕或者一束鲜花等，尽管东西不多，但人情味蛮浓。靠着这种关怀、尊重，学校内部的人际关系更加和谐，教师们的凝聚力更强了。

2008年，我提出了"做有信仰的教育"的办学追求。我认为，教育必须为学生一生的幸福奠基，而要实现这样的教育目标，就必须摒弃应试教育的思维方式。教育不只是教会学生学习知识技能，还必须在学生的人格养成上下功夫。人格是一个学生终身发展的"根"，作为学校，必须实施"养根的教育"。为此，我们开展了教师人文素养校本研修工程，期望通过扩展教师的视野、提升教师人生境界，更好地完成教育的使命。那时，我主要把信仰理解为对教育改革的坚持，尽管也涉及学生的终身发展，涉及教育者的人文素养，但这种信仰仍然是基于经验的一种感性理解。

2009年之后,我开始系统学习教育理论,期间接触到美国学者诺丁斯的关怀教育思想。诺丁斯教授的论述引起了我深刻的思考。要做有信仰的教育,那么,我期望学生们形成什么信仰呢? 或者说,我所期望的理想的受教育者的形象是什么呢? 只有把这个问题解决了,学校的发展才是更加明确的。在全球范围内寻找终极关怀的时代,学校必须优先思考信仰的价值取向,因为这关系着学校的顶层设计。没有这样一个聚焦点,学校就会在发展方向上处于迷茫状态。根据诺丁斯教授的论述,结合我们自己思考与实践,特别是结合学校一以贯之的人文教育传统,我们最终确定了"培养关怀者"这一主题。

(三)"关怀教育"的理论意蕴

多年以来,我信奉并践行上述以关怀为核心的教育信条,精心营造有利于教师成长和学生发展的和谐氛围,努力把学校建设成洋溢着浓郁的人文关怀氛围的圣地,使之成为"教师发展的沃土、学生成长的乐园"。近年来,我在接触了美国内尔·诺丁斯教授"关怀教育"的论述之后,使自己的感性认识更加理性化,更加坚定了自己的信仰。我认为,内尔·诺丁斯(Nel Noddings)教授提出的"关怀"概念,集中体现了人文精神或者说人类精神家园重建的追求,她所提倡的关怀教育思想与我的教育信仰殊途同归。

诺丁斯教授所提出的"关怀"概念,不同于我们日常生活中的"彼此关怀""相互关照"。她是从时代精神的角度来阐述这一概念的。这一概念具有以下含义。

1. "关怀"是一种存在方式

诺丁斯教授认为,我们所生活的时代,人们只是关怀自己的名利,忘记了人生的最终追求是什么;人类太注重物质的追求,精神的关怀严重不足,这使得整个世界都处于紧张乃至于"敌对"状态。人类要走出困境,必须把关怀作为人类的一种存在方式,在人与人之间、人与世界万物之间、人与自我之间等形成普遍存在的关怀者——被关怀者关系。

2. "关怀"注重和谐关系的营建和维持

"关怀理论"主张在自我与自我、自我与他人、自我与世界万物之间形成"关怀者——被关怀者"即"我——你"关系。这一关系的含义首先是让每一个生命都有尊严。有尊严的生命注重内在品格的完善、自我精神的完满。在自我完善的基础上,个体就会把这种品格向外辐射,他(她)希望与他人、社会乃至与世界万物都形成一种美好的关系。只有在这种和谐而美好的关系中，作为"一半是天使一半是魔鬼"的人，就会自觉地抑制人性中"恶"的部分，而不断把"善"的部分呈现出来。可以想象，当我们每个人都不把别人当作手段，也不把动物、植物等世界万物作为手段的时候，这种关系之下人的生存状态该是多么美好。

3. "关怀"提倡人的生存回归本真

由于现代人过于功利化，不仅人与人之间被异化为利用与被利用的关系，而且，大自然也成为了仅供人类利用的东西，更为可怕的是，即便一个人在对待自己时，也可能忘记了本来的目的，比如，知识的学习只是一个手段，而知识学习内在具有的智慧、乐趣、价值观等却被忽略了。当知识学习内在的智慧价值、人格价值等被剥离之后，学习就处于异化状态。再比如，一个人整日忙忙碌碌地追逐名利，忘记了生活的本来意义，这样的人生就如同上述知识的学习一样，失去了本来的意义。

4. 教育的目的是培养具有关怀能力的人

诺丁斯在《学会关怀——教育的另一种模式》中指出："关怀和被关怀是人类的基本需要。"[5]"关怀是一切成功教育的基石。"[6]教育的目的应该是培养具有关怀能力的人，培养关怀型的学生，促进学生健康成长。"必须有一种广角的教育引导所有的学生关怀自己、关怀自己身边的人们，关怀人类，关怀植物、动物、环境、工具和思想。这样定义的道德生活应该成为教育的主要目的。"[7]

关怀的理念与我国传统文化具有一致性。在中华传统文化当中，"关怀"的主张源远流长。"己所不欲，勿施于人""己欲立而立人，己欲达而达人"等，既是"关怀"的主张，也是"关怀"的方法。"仁者爱人"——当"我"像儒家学说所提倡的"君子"那样自爱、那样修炼自己时，"我"就有可能把这样的态度、情感扩展到他人身上，从而形成普遍的关怀者与被关怀者的关系。而"天人合一"的文化，则把这种关怀关系扩展到了人与自然、人与世界万物的关系中。

放在整个世界文化背景下，我们也很容易发现，所谓的关怀，与人文主义者所提倡的尊重、理解、对话等也具有内在的一致性。关怀者与被关怀者是平等关系，不是相互利用的关系，双方是以尊重为前提的；形成关怀关系，重要的是双方要心心相通，彼此理解。因此心灵对话就是不可缺少的了。可见，关怀概念并不是孤立存在的，而是与整个世界范围内人们所提倡的人文精神一脉相承。

"关怀教育"其核心内涵是"关怀生命的成长"，关键词就是"关怀"；"关怀教育"

强调教育者要有关怀情怀和关怀能力,并且能以信仰之心坚持做"关怀教育",但终极目的是培养具有关怀素养和关怀能力的被教育者。

三、关怀教育——把信仰付诸行动

有了教育信仰,我们将它变成可操作的教育信条——理解人,关怀人,发展人,"让每个孩子成为有尊严的人",让关怀教育的信念充盈到我们工作中的每一个环节之中。具体地讲,我们从关怀学生、关怀教师、关怀家长入手开展教育探索,致力于使学生、教师、家长成为关怀者。

(一)关怀学生:致力于完整人的教育

很多走进山大附中的人都会感叹,这里的学生阳光灿烂,他们的脸上洋溢着自信的微笑,他们待人彬彬有礼,尤其在课堂上,他们以积极的状态表达学习收获——为什么会这样?答案在于我们把"关怀"渗透到了孩子们学校生活的点点滴滴。

1. 打造有生命活力的课堂

(1)鼓励质疑——培养学生独立思考的能力

从教育的意义上看,教学应该是让学生在探索中寻求自我成长的一个过程,也就是说,教育应该唤醒学生的潜在力量,促使他们从内部获得自我意识,并积极参与到学习过程中。雅斯贝尔斯说:"教学活动中的读、写、算的学习并不是技能的获得,而是以此参与精神生活,细心地把握其中的美,而不是外在的手的动作和理解运算。"[8]作为关怀者,我们实施的关怀教育拒绝强迫和灌输,而是注重培养学生的独立思考能力和批判意识,也就是独立的人格和质疑的精神。

问题是学习的核心。爱因斯坦曾经说过:"提出一个问题比解决一个问题更重要,因为有问题,才会有思考,有了思考才有可能找到解决问题的方法和途径。"我强调"只有学生产生的问题才是课堂上需要解决的真问题"。山大附中许多学科都开展了质疑式教学的探索。所谓质疑式教学,就是引导学生自主进行课前预习,通过阅读文本和探究活动,由学生提出困惑或提出有价值的问题,并通过小组合作交流、班内质疑提升,师生共同解决疑惑,最终使学生体会成功的喜悦的一种教学方式。这种教学探索已初见成效。

数学学科形成了"以学生为主体,以问题为主线,以质疑为特征"的课堂教学方式。在课堂上学生会提出许多有价值、有深度的问题,比如,在刚开始学习几何内容时,学生提出公理为什么不用证明? 在学习勾股定理时,学生提出满足"$a^2 + b^2 = c^2$"的三条边组成的三角形是直角三角形吗? 学生的问题恰恰是下节课要学习的内容。为此老师们加强了对学生问题的研究,从"问题指向、问题成因、释疑策略"三个方面设计"问案",三个年级循环设计修改,形成了完善的"问案库",使得"以问题为主线"的课堂教学更加有效(参见表1)。

表 1　基于"问案库"的教学设计

问题	问题指向	问题成因	释疑策略
tanA 中的 A 是一个角还是一个角度?	对于正切函数中的角的含义的理解	学生初次接触三角函数,对于函数的内涵和意义理解不清	从中可以看出学生对于角及角的度数的理解还是割裂的,角是一个表示法,其度数是一种度量方式,在此表示的意义一样,有了锐角当然其度数也就确定了,两者都可以在三角函数中表示。
在直角三角形中,角 A 确定,其对边与斜边的比值确定吗?	对于相似概念的理解和猜想	学生学习了正切函数的定义,对于与之相近的表示方法产生了自己的猜想	引导学生反思勾股定理的内容,既然对边与邻边的比值确定,当然斜边与他们的比值也就确定,我们把对边与斜边的比值称为正弦函数,即 sinA。
是否直角三角形中的锐角才有三角函数?	对于概念中的核心问题——自变量的理解	教材中给出的定义只是限于直角三角形中,而学生知道在一般三角形中也有锐角,他们有没有三角函数	结合对于角度不变正切值不变的解释,学生体会只要是角度不变,我们就可以通过构造直角三角形来求它的对边和邻边的比值,因此只要是锐角就有正切值,不一定非得在直角三角形中,单独的一个锐角也有正切函数。
……	……	……	……

语文课上在读过诺贝尔奖获得者丁肇中先生批判王阳明的"心学"(出现在初中的语文课本上)的文章之后,我校 2007 级的张倩昀同学就提出了不同的意见。她以批驳丁肇中先生的这篇文章为依托,写了一篇题目叫做《存天理何必灭人欲》的文章发表在《中学生》报上。不迷信,不盲从,并能结合自己的读书和思考大胆表达出自己的观点,是山大附中许多孩子都拥有的素养。

（2）培养审美情趣——提升学生的人文情怀

我们在教学中不断渗透人文情怀的润泽，让孩子们更多地关注小我之外更广大的世界。以语文学科为例，语文教研组的老师们开展了以建构《文化视野大课堂》为专题的课题研究。依据《语文课程标准》："语文是最重要的交际工具，是人类文化的重要组成部分。工具性与人文性的统一，是语文课程的基本特点。"我们认为文化是语文课的内核、源泉和母体。在实践与研究中，我们确定了文化视野大课堂的内涵：以汉语文化为背景，把语文课堂打造成一个足够广阔和自由的文化空间，通过言语实践活动培养学生独立的价值追求与文化意识，以母语内在的文化内涵为学生打造精神的底子，建构学生的文化生命。我们的语文课堂理念是：用文化抹亮学生生命的底色，以文化奠基学生精彩的发展。这样的课堂具有以下四个特征：①文化渗透，深度涵养心灵；②教学相长的文化共生与共进；③教学方式的有机灵动；④动态、多向、互动的文化建构。我们追求做这样的语文老师：精深的专业知识、深厚的理论功底、开阔的人文视野。我们坚持这样的语文观：对孩子进行抵达心灵的教育。我们追求培养这样的学生：具有丰富美好的内心世界，较高的文化修养与品位，快乐、宽容、合作，有个性善思索，具备创新的思维，同样具备批判精神的独特个体。我们追求这样的语文课堂：以"立言"来"立人"的文化视野的课堂。

在讲授《我的母亲》时，李彦老师没有走传统的先让学生读出母亲的艰难而后再概括人物形象特点的教学套路，而是首先唤起学生对这样一个女人命运的关注，开启那个时代久远的文化场域。她引导学生从一个女性的命运角度出发，特别强调"这个女人有自己的名字"，而那个时代的众多女子是没有名字的。当我们唤出她的名字，还原到她作为一个女性的本我——一个完整的"人"时，她的生命顿时呈现出更丰富、更立体多样的姿态。当学生在情感的波澜中，进入她的多重身份的生活，以一颗柔软的心和她相遇时，有关这位母亲的文字就不再是简单的符号，而是被赋予了生命的温度。

王爱侠老师在执教《那树》一课时，也没有停留在让孩子们赏析文字的精美上，而是引领孩子们对人与自然关系作深层思考。课堂的最后是深度引领环节。王老师出示了济南老火车站的图片。济南老火车站作为哥特式建筑曾是亚洲最大的火车站，却不幸在 1992 年的某一天突然被拆掉了。结合生活中的这个实例，王老师把一段话打在电子字幕上：《那树》所承载的是历史，更是一种古老的文化，是现代文明的来处，而我们如果忘记了自己的来处，就会找不到回家的路。由此而引发学生对都市文明发展的利弊进行反思，并深度思考我们究竟该以什么样的态度来对待我们的文化。这样的课堂，一种文化意识和文化情感自然而然地在学生心中沉淀下来，成为滋养其精神成长的养料。

数学老师汤华财老师在讲授《认识百万分之一》一课时，这样做结束语：今天我们通过生活中具体的例子从宏观世界走进了微观世界，感受了较小的数的奥秘。因为它小可能被我们所忽视，但小得不起眼的东西可能会产生大的影响，请谨记以下几句古语：一屋不扫何以扫天下；勿以善小而不为，勿以恶小而为之；千里之堤，溃于蚁穴；不积跬步，无以至千里。诗人杨辉隆在他的著作《震撼的证词——汶川大地震祭》中这样写道："一点善心乘以 13 亿就会变成爱的海洋，再大的困难除以13 亿都会显得微不足道。"希望同学们能够辩证地看待大与小的关系，能够从更多角度认识较大的数与较小的数。在此引用部分古语和汶川大地震的证词，让人在心生震撼的同时，感受到了数字的力量，从而使这堂课升华到了一个新的高度。而这种升华，既不脱离所学的知识，又给学生以心灵的震撼。

2. 开发适应学生的课程

这些年来，我们以国家课程的校本化与校本课程的开发为依托，努力让课程适应学生。山大附中的校本课程包括德育活动课程、学科拓展课程、衔接教育课程、国际交流活动课程、家校合作课程、创新实验课程、选修课程七大方面，形成交叉融合、互相渗透、相辅相承的课程结构体系。

（1）学会选择

学生如果一直处于"被规划、被成长"的状况，他们往往会产生隔阂心理，甚至有可能拒绝接受这样的教育，因为缺少主体的主动参与，很多看起来非常精致的教学都会产生负面效应。这些年来，我们以开发校本课程为依托，努力让课程适应学生，期待在这方面有所突破。

比如选修课，分为人文社科类、自然科学类、科技创新类、学科拓展类、艺术修养类、生活实践类、运动拓展类七大门类，共计 60 多门。选修课由老师们根据学生的需要和自己的专长来开发。在孩子们眼里，这些选修课充满魅力。听一听这些选修课的名字吧："走进考古""战争奥秘""服饰之美""探索与飞翔""电影魅力""我爱烘焙""光与影""手工作坊""朦胧诗""小水滴工作室""动感少年舞蹈队""Football Club""NBA 俱乐部""排球俱乐部"……这些选修课，针对传统教育中学生的个性特长不能得到充分尊重的情况下而开设,要求学生自主选择、全员参与,充分发展他们的特长。

当众多选修课海报张贴在壁报栏上的时候,学生常常兴奋不已。

参加考古选修的李骋宇同学说:"学校的选修课让我眼花缭乱,我从没想过还会有'走进考古'课,我并不想成为一名考古学者,我只是单纯喜欢,喜欢考古那种说不出的、很朦胧的沧桑之美。""初秋时节,老师带领我们前往汉代平陵城遗址发掘现场参观。画在黑板上的'布方''作图''地质层'真实地展现在我们眼前。参观之余,我们也亲自下到探方中,与考古工作者们一起挖掘陶片。一年的考古选修课,我曾触摸真实而悠远的历史,曾体验风吹日晒的考古工作,曾站在历史故事的讲台……考古已不再是一个抽象的词语,变得立体充实。选修课的时光,使我开拓视野,丰富心灵,令我久久不忘。"

（2）经历过程

生物课本八年级上第一章内容是"绿色开花植物的一生",可是对于生在城市、长在城市的学生,头脑中缺乏实际的认识和感受。为了弥补教材在这一方面的缺陷,学科老师在每年暑假前给初二学生布置特别的暑假作业——聆听花开的声音（植物培育大赛实施方案）,让学生自己种植一棵植物,用心照料它成长,亲身经历和亲眼所见绿色开花植物的生长的全过程,使生活经验和理论知识紧密结合在一起。这样的课程设计,才能真正达成课程三维目标的要求。

为了使学生在学习科学的过程中感悟科学的魅力,我们的理综学科开设了系列科学创新实验课程。许多学生还取得了可喜的成绩。比如:运用塑造和减退技术,训练仓鼠的识别汉字能力;可控、可见、节能的自动鱼缸喂食器,获山东省第四届初中学生创新实验大赛一等奖。

我们每年都根据学生的个人需求进行海外游学活动。截止现在,我们已经在具有不同地域文化的八个国家与十所学校建立了友好学校关系。通过这样的活动,学生收获的不仅仅是知识,更是一种跨文化的视野与意识。07级的李瑾同学在赴澳洲游学返回之后,深有感触地说:"通过这一次外出游学,我感受和了解到了很多有别于我们的文化,尤其重要的是一种学习方式的不同。我们在学校里研究鸟类和它们的栖息地,因为学校就是建立在自然环境里的。将来我也愿意致力于我们国家学习方式的改善。"

教育要能引领学生把目光从窄小的教室里转移开来,投向辽阔的星空。大师名家的学识、风范和气度具有巨大的影响力和感染力。为此我们利用山东大学丰厚的资源为孩子们开设了"大家讲堂"课程。

在 2008 年全球金融危机爆发后,我们请山东大学经济学曹廷求教授为孩子们作了"次贷危机与金融危机"的专题讲座。听完讲座后许多同学对经济学产生了浓厚的兴趣,其中张金石同学阅读了马歇尔的《经济学原理》,在他的读书笔记中写道:"在我这样一个学生的眼里,马歇尔的《经济学原理》最大的特色就是:异常强调心理因素在经济生产中带来的决定性影响⋯⋯每个人都是平等的,没有人生来就是奴隶,那些穷人的受苦就代表着制度的落后和不合理,根本没有什么推卸资本主义社会责任的理由"。

远大的理想、不懈的追求、探索创新的精神、持之以恒的学习习惯是学生从大师们的成长轨迹中得到的激励和启迪。在听完蒋民华院士"从晶体到人工晶体"的报告后,一位家长在来信中写道:"以往晚上孩子回来都比较晚,回到家先要打开电脑玩游戏,今天,从来没有过的,按时回到家。走进家门,儿子非常郑重地望着我和他妈妈,说:'爸,妈,从今天开始我要做一名物理学家,就像蒋民华院士那样。'我激动地几乎要落泪,因为儿子从来没有这样认真地考虑过自己的未来,从来没有像今天这样拥有梦想。第二天,他拉着我俩到书店,经过电子游戏柜台时,他看都没有看一眼,那天他买的是《时间简史》和《趣味物理学》。"

我们的学生面对专家,总是敢于发言、敢于提问、敢于质疑。在刘杰教授"哲学与人生"的讲座中,学生向刘教授发出了"人为什么活着?"的提问。

彭实戈院士的报告让学生们了解大师人生、感受大师精神,并化为了以执着的精神追求人生理想的不竭动力。

大师名家高水平、宽视野、有深度的系列学术讲座,提升了学生人文和科技素养,塑造了学生人格,营造了良好的校园文化氛围。

3. 开展磨炼心性的活动

为解决"培养什么人、怎样培养人"的问题,使学校的德育工作科学化、系统化,我们与山东大学哲学与社会发展学院联合成立了"山东大学青少年研究所",并以此为平台开展了"中学德育理论与实践的研究"。经过对当代中学生应树立什么样的价值观的研究,形成了当代中学生"十大价值观体系"。在此基础上并按照"经历即成长"的德育理念,确立了我们的德育活动课程。表2是我们设计的感恩教育系列主题活动:

表 2　感恩教育系列主题活动

一级主题	二级主题	德育活动内容	德育活动形式	活动时间
感恩教育	感恩父母	爸爸妈妈,你们听我说	学生与家长谈心	八年级上
		为人当思父母恩(一)	调查与座谈	八年级上
		为人当思父母恩(二)	与父母书信交流	八年级下
		今天我当家	实践体验	八年级下
		感恩的心	主题班会	八年级下
	感恩师友	致敬,亲爱的老师	尊师活动	教师节
		同窗情深共勉励	临别赠言	九年级下
		我们走向美好的明天	毕业典礼	九年级下
		我为母校献一计	总结与交流	九年级下
	感恩自然	义务植树活动	实践体验	七年级下
		义务保洁活动	实践体验	八年级上
	感恩社会	泉城义工活动	实践体验	节假日

我们相信,只有当个体的精神不断完满的时候,他们才能像关怀者那样与他人、社会、大自然等形成关怀关系。我们坚持一个原则:学校搭建平台、创造机会让学生进行自我修炼,引导学生不断进行自我反思、自我对话,强健自我的精神,纯化自己的心灵,提升自己的境界。我们相信,只有当个体的精神不断完满的时候,他们才能像关怀者那样与他人、社会、大自然等形成关怀关系。

每年的四月份,我们都组织 30 公里远足活动。

孩子们一早从学校出发,开始遥远的征程。背包里背着的是一天的水和食物,全部路程需负重前进,长长的队伍穿过半个济南城,从城市走向乡村,从柏油马路到尘土飞扬的田间小径,历时 9 个小时。在路上,体能不好的同学走得慢了,会有人过去陪在一边,会有人默默接过他沉重的包,有人递上一瓶水,但决不让一位同学掉队。这样的队伍暖意融融,每个孩子的心里都有一个信念——"不抛弃、不放弃",不抛弃可能掉队的同学,不放弃征服远方的梦想。

丈量这 30 公里的,不仅仅是他们的双脚,还有责任与担当、爱心与互助——身体的磨砺与精神的成长同时在体验中获得。

参加完活动,2008 级的学生会主席李晨曦同学这样写道:"平日里不爱说话的女同学,发现她们其实很坚强;平日里嘻嘻哈哈的男同学,发现他们其实很有责任感。我们明白了,只有集体是坚不可摧的,集体的力量鼓舞我们战胜了一切。"

家长们说,参加完活动的孩子们似乎一下子长大了,孩子们的父母有说不出的感动。有的家长深情地写道:"有些道理,靠讲是没有用的。只有靠自己亲身经历才会真正理解。坚强的性格要靠磨炼来塑造,而不能靠宣讲来灌输。我相信,参加远足的孩子们以后遇到困难,只要想想自己曾经走过的30公里,这个自己都认为不可能挑战成功的距离,就一定会充满自信地去面对一切。"

除此之外,我们还有"600公里的自行车之旅""泉城义工""爱泉护泉""义务植树""随父母工作一天体验活动",让孩子跟随父母一天,体验父母的工作。有的同学这样写下了感受:"我不希望被人认为我们这一代人是被惯坏的一代,是不能吃苦的一代。我们要承担将来,就要现在不断地磨炼自己。这一天的工作,我体会到了工作的辛苦,体会到了工作需要认真、需要责任、需要坚持。"面对学校周边交通拥堵的现状,在老师指导下学生进行了实践调查研究,并利用所学知识撰写了调查报告,给交管部门提出了合理化建议,他们的建议得到了高度重视,并被采纳。孩子们在体验与实践中得到锻炼,同时又打开了视野,增强了社会责任感。

(二) 关怀教师:促进教师的精神成长

关怀行动并不只限于教师和学生之间,学校领导者和教师也是关怀者与被关怀者的关系。在传统的等级管理中,管理者把教师作为控制的对象,依靠制度、发号施令强制教师开展工作。如此,干群之间的人际关系被扭曲为"我—他"关系,而不是关怀教育所信奉的"我—你"关系。我认为:管理者不是高高在上的发号施令者,而是"俯首甘为孺子牛"的"服务者""支持者""关怀者"。反思这些年来的心路历程,我愈发强烈地认识到,正是依靠服务、支持与关怀的领导意识,山大附中才取得了非凡的成就;如果要想把学校引领到一个更高的境地,更需要我绝不质疑、毫不动摇、永不懈怠地坚持这一管理原则。

我在我们学校的教师博客群组用的博客名是"春风",这不是随意取的,它来自我特别喜欢的杜甫的一句诗"随风潜入夜,润物细无声"。——我认为一位校长的管理工作也应该是春风化雨式的,这种尊重体现在一个个具体的细节上,体现在一举一动、一言一行中。

1. 支持是一种态度——致力于教师生命质量的提升

教育是一项指向人心灵的事业。试想,如果教师心灵充满了焦虑、浮躁,呈现浅薄甚至苍白的状态,又怎能培育出一颗颗美好、丰富、饱满、滋润的心灵呢？所以,一所学校的优劣,就要看老师的灵魂,看老师的境界,看老师生命的质量。

近些年来,我们通过人文研修提升教师的文化修养,通过外出考察拓宽教师的视野,通过搭建各种平台激发教师的创造力,同时又尽量细致周到地关怀老师的日常生活——总之,我希望我们的每一位老师都能在有尊严的生活中不断发展自己的职业愿景,不断提高专业的水准,不断提升生命的质量。为此,我们于2010年开始实施系统的"山东大学附属中学教师人文素养研修计划"。我们把教师的人文素养研修内容确定为四大课程板块:哲学、文学、史学、艺术。通过专家讲座、经典阅读、观看影视作品、人文考察、专题沙龙等多种途径和方式学习、研修。在研修的内容上,我们邀请名家大师开设讲座,推荐经典名著供教师阅读……表3是第一期的专家讲座:

表3 第一期专家讲座目录

《中国哲学简史》导读	山东大学哲社学院	李延仓教授
《论语》导读	山东大学哲社学院	李延仓教授
周易与中国文化	山东大学哲社学院	王新春教授
老庄哲学专题讲座	山东大学哲社学院	邓联合博士
哲学的价值与当今世界	山东大学哲社学院	刘杰教授
古希腊哲学专题讲座	国际中国哲学学会主席	余纪元教授
康德哲学的现代意义	山东大学哲社学院	傅永军教授
海德格尔究竟说什么	山东大学哲社学院	李章印教授

仅以刘杰教授所开设的西方哲学讲座为例。他讲到苏格拉底时引发了大家关于苏格拉底式教育的一场讨论:我们对于学生能够做到像苏格拉底那样平等吗？这样的思考激活了老师们对于教育理念的重新界定。通过人文素养的研修,使老师们不断提升自己的工作境界、人生境界,最终提升教师的文化自觉力和教育自觉力。我相信,只有教师自己不断进行人生的修炼,他们才有可能对于教育产生一种

深度的关怀。

有人说,一个人走过的路决定了他生命的高度,我相信是这样。我们除了将名家、大家请到学校开设讲堂来拓展教师的文化视野之外,还尽一切可能为教师创设游学天下、遍访名师的机会。目前学校已经有半数教师有过出国研修的经历,而国内的外出研修也已经有多年历史——这些经历使得老师们在课堂上多了广博的知识。比如,学习鲁迅文章的时候,语文老师将自己拜访鲁迅故居的图片以及感受传递给学生,学生感受到了别样的亲切。

我们也鼓励老师积极地参与学校的科研和管理,培养他们的主人翁意识。比如,实施"基于问题解决"的课题负责制,开展小课题研究。课题成果转化实施"项目负责制",引导教师彼此合作,相互支持,将课题成果转化为教育教学实践。我们的基本做法是:教研组、班主任团队常态活动解决"小问题",大家认为具有普遍性且具有研究价值的问题转化为校本研究课题,上报学校教科室备案。然后,教研组、班主任团队围绕确定下来的课题进行研究,寻找解决问题的"招数",在反复尝试的基础上,最终定格"招数"。最后,召开成果发布会,认证教师的研究成果,并将此成果整理归档,供其他教师借鉴采纳。伴随这一个个难点问题的解决,教师们不仅看到了改革的希望,而且,他们还享受到彼此作为领导和专家的幸福!

我校的教师博客群组是 2006 年 8 月中旬创建的,建博客的初衷是为了增强教师的科研意识和反思习惯。而经过几年的实践证明,建立教师博客群的意义完全超越了创建的初衷。老师们在博客群里相互交流,相互鼓励,相互促进,共同提高。有的教师写了四五百篇原创性文章,博客为教师专业发展提供了广阔的舞台。借助这一平台,学校引领教师改变教育教学方式,走上了一条自我创生的专业发展之路。一位教师曾经说:"它像一位朋友,为你承担着喜怒哀乐,记载着你的探索,疑惑,所思,所得。"

我校的闫星华老师用诗一般的语言写出了自己写博客以来的变化:

"有谁会想到,一个疏于书写的数学老师,每天会有一份文字的牵挂。"

"有谁会想到,一个曾经对工作厌烦的人,会重新爱上自己的工作。"

"有谁会想到,一个脾气急躁的人,心儿会在这里沉稳,学会俯下身子与学生共处,学会有思考地实施教育,学会乐观地看待人生。"

这些话说出了许多老师的共同心声,这正是自我成长的快乐。

2. 评价是一种引领——致力于教师多元发展的公正评价

传统的教师评价,往往通过学生的考试成绩来评价教师。我们一改传统的做法,充分尊重教师的个性特点、特长,并为他们提供展示这种优势的舞台。我们的教师评价侧重关注教师个人优势的发挥,为其提供适宜的发展平台。在认真分析每一位教师的现状及其发展态势的基础上,帮助教师提升"长板",克服"短板",为教师的发展献计献策。比如有的教师并不擅长写论文,评价方案就引导他们注重对平时的课后反思、教师博客的写作,这些同样在职称晋级评比中得到体现。这样,针对教师发展需求提供支持性服务,实现以评价促进教师发展的目的,调动广大教师的主动性、积极性,使他们各自的优势得到了充分发挥,并最终促进教育教学工作发展。

丰富评价内容,突出过程性评价,引领教师专业发展。我们认识到,要想让所有教师都成为全面发展的名师是不可能的,因而评价方案研究不同教师的成长规律,结合学校的需要、教师发展规律和教师个人的优势制订了多样的评价内容。例如,有的教师有优秀的课堂授课素质,在外在形象、普通话、语言表达、组织能力等方面具有较强的优势,善于调动课堂气氛,而且具有较强的教材处理能力,评价方案就引导这部分教师可以在做好常规工作的基础上,逐步形成自己的课堂教学风格,体现自己的价值,走上一条充满自信、富有课堂教学成就的道路。同样,针对科研型教师、管理型教师等,也制定有相应的评价要求。这样,通过研究教师发展的规律,制定适合各类人才脱颖而出的评价方案,有效调动了教师的主动性、积极性,使他们各自的优势得到了充分发挥。同时评价方案还突出过程性评价,每一部分又有详细的过程性评价细则,这就通过评价引领教师把专业发展做到了细处、实处。

促进个体评价与团队评价的结合。在对教师个体工作情况进行评价的同时,对以班主任为核心的教师育人团队以及教研组、备课组等教学团队进行评价,提升教师合作文化,实现教师整体发展。

通过上述改革措施,每逢教师职务晋升时,我们把教师历年的评价结果累计起来作为基本的依据,谁该晋升,是清楚的,不存在争议。更为重要的是,我们的教师评价制度改革不仅没有导致教师的内部争斗,还把教师们的精力有效引导到了专业发展和工作改善上。教师评价制度为弘扬正气、引领教育改革奠定了基础。

3. 底线管理是一种智慧——致力于宽松和谐氛围的形成

多年以来,我们山大附中从未启用过老师到校签到等检查制度,那是因为我们愿意用少之又少的底线规范为教师成长创造良好的条件。"最低限度的限制、最大程度的自由"是我们学校管理的特色。我们认为,教师都有积极谋求专业发展的需求,他们中的每一个人都期望把工作干好,赢得领导、学生和家长的认可。教师的这一现状,需要一种人性化的管理方式与之匹配。也就是说,要想更好地促进教师专业发展,使其不断地进行心性的修炼,重要的不是强迫、管束,而是不断改善学校的制度设计,给教师们的内在需求提供发展条件,创设温和宁静的文化氛围。我们在学校内部实施"底线管理""最小限制"等策略,就是遵循教师发展规律之举,在彼此的尊重与信任中,使大家都有长足的进步。不遵循这个规律,将会事倍而功半,甚至会出现难以想象的糟糕结果。

我们崇尚自主,实施底线管理,但是自主是有条件和前提的。"底线"也有其"刚性"的一面。这些年我们一直致力于各种规范性管理制度的完善,从教师备课到作业批改,从教师的考核评价到教研活动,从总务管理到班主任管理等,我们都建立相应的管理制度。建立这些制度的目的在于:第一,突出育人为本,一切为学生的发展服务。第二,规范各个部门、组织和个人的行为,步调一致,首尾相顾,形成教育合力。在制定这些制度时,我们的基本思路是,抓住关键,理清每一个方面不得违规的要素,只要不触及这个"底线"就可以。而且,我们还把底线制度的设计放在各个部门、各教研组,由教师讨论制定相关条目。这样,制度对于教师来讲就不再是限制,而是引导、解放。这样的制度设计不是"防"教师的,不是为了让教师获得一个好的评价分数而设计的,而是为教师更好更快地发展,更顺心地工作"量身制作"的。教师完全用不着挖空心思地想着如何逃避制度的惩罚,从而能够把更多的精力用在教学活动的研究上。

无论是教师评价制度还是底线管理,其目的在于不让教师把眼睛盯在人际关系上。在学校内部创造简单的人际关系,让教师们把精力集中在自我的心性修炼上,集中在教育教学工作上,这不仅是提高教学质量的必然举措,也是提高教师幸福度的应然举措。

的确,关怀教育理念的种子,使得附中这棵大树越来越枝繁叶茂。它成为我们学校和教师创造与发展的不竭动力,仅仅最近两年,我们学校的老师已获得国家奖励55人，省级奖励114人，市级奖励120人；在各类优质课评比中，获得省级优质课评比奖励的14人，市级28人；在国家省市重要刊物上发表文章23篇。同时，在我们的关怀教育理念和指导思想之下，学校实现了跨越式的发展：我校先后被评为中国特色教育示范基地、省级规范化学校、山东省素质教育先进单位、山东省教学示范学校、山东省教师教育先进集体、山东省电化教学示范校、山东省教育国际交流与合作基地、省级绿色学校、济南市首批"义务教育课程改革先进单位"、济南市教学示范学校、济南市教书育人先进单位等等。

我想，看得见的是荣誉，看不见的是理念、是信仰。

(三) 关怀家长：让家校携手同行

教育是一个系统工程，只有把学校教育和家庭教育结合起来，形成教育合力，才能真正促进孩子健康快乐的成长。这已经成为我校教师的一个共识，我们就在这一理念指导下开展家校合作工作。

1. 多元参与中认同并践行学校理念

家长是促进学生成长的重要资源。大部分学生家长对于参与学校的教育有很高的热情，但是不知通过什么渠道怎样正确地参与，基于此，我们近些年来一直积极地搭建家长关怀教育的平台。

我们召开家长代表大会，成立家长委员会，健全了组织，完善了制度建设。家长委员会的制度化建设，目前已经步入正轨，并正在有效地发挥作用。制定"十二五"规划时，家委会组织"我为山大附中献计献策"活动，同时家委会成员定期列席学校的工作会议等。我们还组织了"家长一日进校园活动"，请家长们分批走进校园，走进课堂，陪孩子听课一天，然后填写记录本，政教处每月集中把情况反映给办公会，把存在问题的解决方案再反馈给家长。通过听课，家长们理解了孩子，也促进了学校教育教学的改善。

家委会与学校一起策划、参加学生的集体活动。如春季植树、十四岁集体生日庆典、三十公里远足、"随父母工作一天"的体验活动等。通过共植一棵树、互写一封信等活动，引导家长关注孩子的成长，关心学校的教育活动，增进家长、孩子、学校间的相互了解。活动后家长要对孩子参加社会实践活动的情况进行评价。最后在填写《综合实践活动手册》时，家长都会作出评价或写出感想。这样，引导家长关注孩子的成长，关心学校的教育活动，增进家长、孩子、学校间的相互了解。

家委会安全部成立了"家长护卫队",每天上学放学时有家长在校门口执勤;同时还创建了家长博客,征集与编辑教子心得文章,共享教育资源;这些活动也是家长参与策划管理的:组织学生参观济南西郊军用机场、高端实验室,带领学生走进田间,体验劳动的艰辛;同时吸引更多的家长走进"大家课堂",给孩子们讲法律、讲哲学、讲金融、讲自救自护知识⋯⋯家长们的参与有效提高了学校的教育效果。

总之,在学校实施素质教育推进课程改革的过程中,家长始终是学校"关怀教育"的同行者,家庭教育成为学校教育的有益补充。

2. 特设的课程中认同并践行学校理念

苏联著名教育实践家和教育理论家苏霍姆林斯基说过:教育的效果取决于学校和家庭的教育影响的一致性。如果没有这种一致性,那么学校的教学和教育过程就会像纸做的房子一样倒塌下来。为此,我们坚持使"培养关怀者"的工作不仅成为学校的事业,也要成为家长的事业。

我们在学校教育中强调培养孩子们"关心人、体贴人、待人诚恳、对一切有生命的东西抱善良的态度"这些品质,但是,如果孩子们在家庭里不能发展这些品质,学校教育收效会受到影响。为此,我们成立了家长学校,设计了系列化的家长学校课程,改变家长的教育观、成才观、幸福观,根据不同年级孩子可能出现的问题给家长以教育方法的指导。

在长期教育实践研究的基础上,家校合作课题组自编了《家长手册》。《家长手册》用朴素的语言告诉家长孩子在不同的学段可能会遇到的学习、生活、心理、情感、行为等方面的问题,并通过生动的案例,就事论理,提供问题解决的方法,具有很强的可读性、实用性。初一新入校学生的家长拿到《家长手册》后,高兴地说:"有了这本书,我就有了抓手,教育孩子也有底了。""真为山大附中的老师们而感动,谢谢他们想得如此周到,替我们费心,付出了那么多心血。把孩子交到这样的老师们手里,放心!"

"妈妈课堂"成为最受家长欢迎的课堂之一,主讲的赵克芳老师说:

推动摇篮的手也推动这世界。我想,如果能把我阅读积累下来的跟家庭教育有关的教育智慧跟大家分享多好,如果有一个时间跟有共同愿望的妈妈们聚在一起,大家讨论一些彼此都关心的教养孩子的问题多好,神奇的是这些"好"在一个下着小雨的周末上午开始了。之所以能够开始,是因为学校整体气氛的开明,想做一件好事,当然被允许。从那天开始,"妈妈课堂"在周末一节一节上下来。谈论"理性的母爱""家庭文化的影响力""母亲角色——如何营造家庭温馨环境"等话题,课上妈妈们用心记笔记、会意微笑,还有大笑和掌声,这是对我巨大的鼓励。有的家长说:"有'妈妈课堂'的日子,不再那么多焦虑⋯⋯"

3. 多维互动中认同并践行学校理念

家长沙龙是家长与老师、专家共同探讨孩子成长的平台,在这里家长们与教育工作者平等对话与交流,他们倾诉教育孩子过程中遇到的烦恼,畅谈成功的教育经验,分享与孩子共同成长的幸福。每次家长沙龙根据家长的要求或共同感兴趣的问题确定主题,如第一期家长沙龙的主题是"如何面对青春逆反期的孩子",家长自愿参加,来了一百多人。期间,家长们积极互动、真情交流,动情之时潸然泪下。有一位父亲听到激动处,又打电话叫来孩子的妈妈一起听。活动结束后,家长们争相留下参加沙龙的老师及其他家长的联系方式。第二期的主题是"与孩子谈性说爱",还是自愿参加,来了三百多人,很多是两个家长一起来的。我校的两位老师作为"嘉宾"应邀参加了沙龙,并为沙龙提供了生动的案例。

近年来,我们学校的很多班主任都主动在网上建立"班级交流厅",利用 QQ群,老师与家长在某一确定时间一起在群里就某个问题进行沟通、讨论。在群里,老师与家长以及家长们彼此之间分享好的经验,分享自己读到的好书,分享近期可能有的好的讲座⋯⋯可以说这些点滴的小细节都极大地促进了家校合作的进度和力度。有位老师这样说:"在'班级交流厅'里,大家'如切如磋,如琢如磨',为什么能如此,因为我们有一样的情怀。"

在刚刚过去的 2013 年 1 月,我在家长学校作了一场名为《爱——要从长计议》的家庭教育讲座,我从自己的成长经历谈起,引发同龄人对于童年的美好回忆。接下来,我结合自己对外交流的经历,通过对比中西方文化的差异,剖析了我们教育的优势和劣势,启发大家要"重视培养孩子的独立人格和自由精神,要真正尊重孩子"。同时,我结合家长委员会做的问卷调查数据,给出了自己的看法:"关注孩子精神世界的成长,从儿童阶段开始。这将影响孩子的一生。""孩子最具备哲学家的气质。保护孩子的质疑精神。"最后,我与大家分享了自己一直以来追求的教育理想:我们教育的责任在于"养根"——为了孩子将来有个幸福的人生,我们有个幸福的社会,我们应该超脱功利与凡尘,做有信仰的教育!

很多家长给我来信谈感受,其中一位家长这样写道:

> "两个小时的时间感觉太短了,您一定有很多的理念还未与大家分享。您提到'做好榜样——孩子是您的影子',由于时间关系讲了三点但没有展开,非常希望能够在这一方面得到您的教导,也非常希望如果您的时间允许的话,能够在寒假前再安排一次家长课堂,与家长们分享您的理念。难得假期里父母和孩子有充裕的时间交流、沟通,促进相互理解。非常渴望能够早日再次来到您的家长课堂,这样我们可以比在下学期听课提前一个月甚至两个月得到您的教导,早日受益。"

家长的肯定与期待使我很受鼓舞,由此我也坚定地相信,我们的教育理念是正确的,我们所走的是一条通往孩子幸福人生的教育之路。在与家长们的互动交流中,他们的智慧与热情不仅增加了我的教育动力,而且还完善了我的教育信念。的确,社会的赞誉也给我个人带来一系列的荣誉,但对于我来说,"齐鲁名校长工程人选"的光环,以及"全国教育改革创新优秀校长奖"的美誉,都无法胜过山大附中校园中孩子们那一张张灿烂的笑脸,是他们给予我无上的幸福。

结语

我相信,教育是科学,也是一门艺术。教育的改变既需要热情与冲动,更需要冷静与理智。把关怀作为一种信仰,实施关怀教育,需要我们心怀梦想,执着追求,更需要我们科学设计,有序推进。

回顾我们走过的路,我们以关怀为学校的首要任务,坚持做有信仰的教育,并且在教育实践中取得了显著的成效。但是,我们也清醒地意识到,我们的"关怀教育"实践更多的还停留在感性的层次上,距离"关怀教育"的理性追求还有相当大的距离。正视这种差距,我们还需要继续不断总结教育实践中生发出的鲜活的经验与方法,努力深化、完善"关怀教育"校本化的理论体系,坚守正确的教育信仰,坚持边实践边思考边学习,实现从思想到行动的不断跨越,做到知行统一。

"路漫漫其修远兮,吾将上下而求索。"前进路上,我们将把学会关怀作为教师和学生共同面临的学习任务,帮助学生学会关怀,在帮助学生获得关怀他人的积极体验、引导教师感悟教学的幸福等方面,继续积累具有创新价值的实践方法,形成具有山东大学附属中学特色的"关怀教育"的校本道路,弘扬以"关怀"为核心的校本精神,凝聚"关怀者"和"被关怀者"的校本力量,努力完成好立德树人这一教育的根本任务。

参考文献

[1]《辞海》,上海辞书出版社1989年版,第280页。

[2]乌申斯基著.乌申斯基教育文选[M].北京:人民教育出版社,1991:100-101,转引自石中英.教育信仰与教育生活[J].清华大学教育研究,2000,(2):32.

[3][4][5][6][美]内尔·诺丁斯著.于天龙译.学会关心——教育的另一种模式,北京:教育科学出版社,2003:1,38,64,32.

[7]联合国教科文组织.王一兵译.学会关心:21世纪教育圆桌会议报告[M].教育研究,1990,(7).

[8](德)雅斯贝尔斯著.邹进译.什么是教育[M].上海:生活·读书·新知三联书店,1991:30.

信仰为什么如此重要？

——赵勇校长教育思想感悟

教育部中学校长培训中心　沈玉顺

信仰是最近一段时间在我们国家被经常提到的一个话题。在今天的中国，我们有时会听到这样一句话：中国人没有信仰！为什么说中国人没有信仰呢？有人举例说，你看西方人有基督教，所以他们有一种很强的伦理精神，遵纪守法，社会和谐；而中国人呢，因为没有宗教就没有信仰，尤其是没有宗教的信仰，所以中国人做事天不怕地不怕，什么事都敢干。

可这些人说这话的时候却忘了，布鲁诺被宗教裁判所判为"异端"烧死在罗马鲜花广场；伽利略被罗马宗教裁判所判处终身监禁，他的著作《对话》被焚绝，并且禁止出版或重印他的其他著作。中华文明在历史上相当长的时期，是处于人类文明发展顶峰的，在世界上长期处于领先地位。那么，现在说中国人没有信仰，到底是什么意思？前几天，原国务院新闻发言人赵启正讲，中国人有信仰，儒家、道家一直是中国人的信仰。这也算是一个关于信仰的解释。但是中国人的信仰问题是不是因此就得到解决了？

今天，我们依然觉得中国人的信仰是个问题，但这个问题究竟是个什么性质的问题？是中国人从来就没有信仰，还是我们有信仰，后来把它丢失了呢？或者说中国人原来有信仰，现在这个信仰不适合了，需要我们建立一种新的信仰？还是说当我们与世界其他国家其他民族相互接触以后发现，我们的信仰不行，要用别的信仰来替代？当我们说我们中国人没有信仰的时候，到底是你没有信仰，我没有信仰，还是他没有信仰？到底是谁没有信仰？今天的中国谁没有信仰？

赵勇校长今天下午的教育思想报告会，提出了一个对当今中国而言非常严肃而重大的问题,也就是信仰问题。赵校长围绕着教育需要有一种怎样的信仰这一主题,系统地介绍了他在山东大学附属中学的教育领导和实践。我想从另外一些角度对这个问题作一点扩展论述。

一、信仰的力量

(一) 信仰有什么用?

这个问题,如果用三句话概括的话就是:定位价值,凝聚人心,指导行动。

第一,信仰为社会和人定位价值。信仰这个问题非常重大,赵校长已经通过他的演讲来告诉我们在教育领域信仰起什么作用。在这里,我只是想重复一下,信仰为我们的生活,为我们的社会,为我们的世界,做一个价值的定位,做一个意义的解释。我们所做的事情,我们的行为,我们的情感,我们是谁,我们在干什么,我们做这样的事情有什么意义等这些问题,都和我们的信仰有关。正是信仰让我们的思想、行为具备意义。所以信仰是为价值定位的,是为人生定位的。就像赵校长所说,它是价值的标杆,用来衡量我们的生活,衡量我们的生存到底有什么样的意义。

第二,信仰可以凝聚人心。它可以把人的激情调动起来,可以把一个组织的人凝聚成一种力量,甚至可以把一个社会、一个民族凝聚成一股力量,能够去完成在其他情况下不能完成的任务。

第三,信仰可以指导我们的行动。信仰不仅指导我们的价值定位,而且指导我们选择达到目的的具体方法和技术。

(二) 人的信仰从哪里来?

人的信仰不是天生的,它来自于宣传教育、社会影响和个人感悟。在我看来,人的信仰主要是教育的产物。从这个意义上来讲,如果说今天的中国人没有信仰,那就是我们的教育没有做好。可以说,教育作为专门设计出来系统地改变人的思想和行为的一种活动,其主要的目标就是建构人的信仰。宣传和教育是人的信仰的主要来源。

人是社会的产物,是社会环境的产物,比如各种各样的媒体都会对人产生各方面的影响,最终会影响我们信仰的形成。

最后,信仰作为个人情感的价值偏好,它最终是要由个人来选择的,个人对价值问题的体验、感悟和选择也是信仰的来源。

(三) 有信仰的人和社会是什么样的?

那么,信仰到底有多大的力量?从中国历史来讲,孟子有一句话,大家可能都记得，叫做"富贵不能淫，贫贱不能移，威武不能屈"，这样的人就是有信仰的人。其实中国古代有很多关于一个人为了某种崇高的理想、崇高的目标应该怎么做的论述，这些都是有信仰的表现。

从国外的情况来看，俄国的十二月党人，他们原是一帮贵族，为了推翻农奴制度和沙皇专制制度在1825年发动了武装起义，起义失败后，他们中许多人被流放到西伯利亚服苦役或定居。十二月党人被列宁称作是"贵族革命家"，他们背叛了自己的家庭，背叛了自己所在的阶级，非常自觉地把自己的命运和俄罗斯国家的前途、命运连接在一起，并因此放弃了家庭财富，放弃了个人舒适的生活，甚至放弃了他们的生命。是什么力量在支撑他们去这样做？我想这就是信仰。还有十二月党人的妻子们，拒绝沙皇要她们与"罪犯丈夫"断绝关系的命令，绝大多数十二月党人的妻子坚决要求随同丈夫一起流放西伯利亚，一直追随他们，坚贞不屈。我想这也是一种信仰的力量。

实际上，在中国，最能够表达信仰力量的生动而熟悉的例子，是中国共产党领导中国人民闹革命的故事。在广东海丰，农民运动领袖家彭湃是海丰的第一大户，彭湃作为富家公子，要什么有什么。但是，就是这样一个人，为了中国的劳苦大众，散尽家财，投身革命，在35岁就献出了自己的生命。最近，中共中央组织部拍了一个片子，名字就叫《信仰》，里面讲述的第一个例子就是彭湃的故事。可能很多人还记得，过去中学课本上有一篇革命烈士方志敏写的文章，题目叫《清贫》，课文的最后一句话是："清贫，洁白朴素的生活，正是我们革命者能够战胜许多困难的地方！"为什么有一些人能够在艰难困苦的条件下，矢志不移地去追求某一个目标呢？这就是信仰力量的支撑。

我讲这些是要想要说明，一个人，一个集体，一个阶级，一个国家，一个民族，有没有信仰，那是完全不一样的。所以，有信仰的人，有信仰的社会，有信仰的民族，可以战无不胜。那么，没有信仰行不行呢？

（四）没有信仰行不行？

今天，有人说中国社会没有信仰，但大家的生活好像过得还不错，似乎证明没有信仰也没什么关系。事实是不是这样？去年12月7日至12日，习近平总书记到广东考察时有一个内部讲话，主要是讲苏联亡党亡国的教训。习总书记说，苏共在20万党员的时候建国，在200万党员的时候赢得了卫国战争的胜利，但是在有2000万党员的时候，苏联这样一个国家就灭亡了。苏联共产党宣布解散的时候，整个苏联2000万党员，没有一个人站出来说一句话。所以总书记引用了一句古诗，"14万人齐卸甲，宁无一人是男儿"。几千万人的一个大党，因为失去了共同的信仰，轰然倒塌，这就说明有信仰和没有信仰是完全不一样的。所以我们今天讲信仰，讲教育信仰，是一个非常重大的问题。

二、信仰与教育

（一）教育的首要任务就是建构人的信仰

关于信仰和教育的关系，赵勇校长在他的演讲中作了论述。我自己的理解，教育的首要任务就是建构人的信仰。我们经常说学校教育的根本任务是立德树人。那么，我们的教育要立什么德，树什么人？《国家中长期教育改革和发展规划纲要（2010—2020年）》告诉我们，教育的首要问题是培养什么人的问题，中国教育几千年的传统也是强调育人。但是教育到底育什么人呢？我认为，要回答这个问题，首先要解决的就是信仰的问题。

1. 教育工作者的信仰与受教育者的信仰

从教育的分工来讲，信仰的问题是要通过我们教育工作者的努力，使我们一代又一代的受教育者具备我们期望的信仰。但是，就像赵校长说的，要让他们有这样的信仰，我们教育工作者自己首先要有信仰。那么我们有没有信仰？或者说我们的信仰是什么？我们能不能够培养出来我们所期望的人？这是一个非常重要的问题。刚才我们讲了，信仰是宣传教育的结果，是社会环境影响的结果，是个人认知启悟的结果，那信仰会不会错？坚信不疑的东西会不会错呢？

2. 正确的信仰与错误的信仰

我们都知道，信仰有正确的也有错误的。正确的信仰能够给人一种强大的精神的力量，错误的信仰却能把人引向毁灭。那么，我们怎么知道信仰正确与否？对此有三个简单的评判标准。第一，一种信仰是否正确，有一种主要的判断标准，我们可以把它称作是法律上的标准。比如在座的各位都是中国公立学校的校长，我们的信仰应该说是非常明确的，因为它写在我们的宪法里，写在我们的教育法里面，写在我们的教育政策文件中，这个就叫法律正确。第二个标准应该是认识上的正确。从知识的角度来讲，我们信仰什么，是与人类到目前为止所取得的认知成果一致的。第三个是实践正确。一种信仰是不是正确的，要看它把我们引向哪里。如果把我们引向一个更好的未来，我们说这种信仰是正确的。如果情况相反呢，很可能我们的信仰就是成问题的。

3. 信仰自由与信仰选择

我国宪法规定中国公民有宗教信仰的自由。我认为，信仰自由是相对的自由。比如说在中国，你想信仰法轮功行不行？你想信仰法西斯主义行不行？肯定是不行的。在中国不行，那么在美国行不行？比如说，在美国信仰共产主义行不行？也是不行的。最近有一个影响很大的新闻，是说美国教育部下属的教育统计中心网站主页上，有一小块地方是放"每日箴言"的，就是每天发布一句名言警句，供大家学习。结果有一天，挂出来的警句是毛主席的一句话"对自己，学而不厌；对人家，诲人不倦"。这句话挂出来以后，马上就受到一些美国网民的攻击，其中一位美国议员就提出质问，说美国教育部的网站为什么要引用共产主义者的话，要追查责任。结果，美国教育部在巨大的压力下撤销了这句话。撤销以后，原来放警句的地方写了一句话"今日无警句"。无警句又变成一种新的尴尬，后来只好又找了美国总统林肯的一句话挂上去了。你看，在美国，不要说信仰共产主义，就是公开引用一句共产主义者的话都是不行的。再比如，在座的各位校长我估计95%以上是中共党员，其中也有十八大代表。中共党员是不能信仰宗教的。实际上任何社会的教育都要为一定的目的服务，这个目的，不是我们个人的目的，而是一个社会特定时期的印记。

（二）我们的教育信仰是什么？

我们说信仰这个问题重要，说到底，还是希望大家能够认真思考一下，我们自己的教育信仰究竟是什么？扪心自问，我们应该信仰什么？应该教我们的孩子信仰什么？我们今天教孩子信仰的是不是我们真正信仰的？中国的学校到底要教学生信仰什么呢？

据我个人的观察，在这一方面过去我们可能言行不太一致。我们教孩子信的东西，我们自己不是很相信。我们信那些我们认为对的，但是未必是法律正确、认知正确和实践正确的。比如，我今天问大家，大家可能会觉得很好笑，你信仰共产主义吗？我国的每一所学校，都有一个叫做中国共产党党支部或党委的机构，这样的政治机构干什么呢？它的宗旨是要实现共产主义的。我们每一所学校都有一个叫做中国共产主义青年团的组织，这个组织是干什么的？我们的每一所小学、初中都有中国少年先锋队，中国少年先锋队的队歌是什么？第一句，我们是共产主义接班人。到底，我们还信不信这个主义？如果不信，我们还要它干什么？如果信，为什么我们不去做？不久前召开的党的十八大开始重提社会主义信念，重提共产主义理想。按照十八大的部署，接下来，在全国范围内，要开展社会主义信念教育和共产主义理想教育。社会主义、共产主义，这才应该是今日中国学校教给学生的信仰。

我这里提出的问题，大家可能觉得有点空。但我认为，今天中国教育的问题，实际上不在技术层面，而在信仰层面。大家说今天的中国人没有信仰，这句话，在一定的意义上还是有它的道理的。至少今天的中国人，可能失去了共同的信仰，一部分人还在坚守着共产主义信念，但是也有一部分人可能只相信"人不为己，天诛地灭"。前北京大学中文系主任钱理群教授有一句批评中国教育的非常著名的话，叫做"我们的学校正在培养精致的利己主义者"。我们这么崇高的教育追求，怎么会培养出利己主义者？到底是什么样的信仰在支撑着我们的教育政策和实践呢？这是值得认真思考的重大问题。

（三）教育需要坚守信仰。

教育工作者要警惕信仰被置换、被抽空。信仰迷失的时代更需要坚守信仰，而坚守信仰的最好方式是身体力行。在我看来，今天整个社会，尤其在教育领域，我们的理想所依据的建立一个没有剥削、没有压迫、人人平等的社会这样一种信仰，正在逐步被我们自己抛弃，被一些人刻意地置换，被另外一些势力精心地消解掉。我们的理想信仰是怎么被置换的？有一个我们甚至可以认为是系统的行为，它发生在我们的教科书中，发生在我们教师的教学言论中，甚至发生在我们某一些校长的政策宣言中。我说的每一种情况都有具体的例子。我们的信仰是怎么被抽空的？我们甚至要向国际接轨，一切要以国际标准为依据，甚至连审美都是依据西方的标准。这样长期以往，我们就失去了判断力，把西方的标准当成我们自己的标准，用西方人的价值观念来消解我们自己的价值观念。实际上，我们所反对的历史虚无主义和普世价值，都是用来消解我们国民信仰的。

信仰问题的重要性就在于，对今天的中国来说，对教育来讲，这是一个我们究竟要建设一个什么样的社会、我们到底要走向哪里的问题。

三、"关怀"作为一种教育信仰

（一）"关怀"是道德的基石

赵勇校长把关怀作为他的教育思想的核心，就是关怀人的生命成长。我想，把关怀作为教育思想的核心，有着道德上非常崇高的理由。"关怀"在我看来，它是一种情感和行为的模式，表现出对人的尊重、关心、支持和成就。如果你关怀一个人，你就会重视他，就会注意倾听他的想法，了解他的需求，设法满足他的愿望，支持他去做他想要做的事情。如果你真正地关心一个人、关怀一个人，你就不会去伤害他，而是去设法帮助他。对人的这样一些要求，构成了整个道德的基础，所有的道德原则基本上都可以从中引申出来。关怀的肯定性道德义务就是关心、支持、帮助和成就，它的否定性道德义务就是我们不要去伤害学生，不要打击学生，不要讽刺学生，不要挖苦学生，在学生有困难的时候，不要冷漠等等。所以，关怀作为道德的基石，是所有道德的基础。

（二）"关怀"具有丰富的内涵

关怀教育本身，通过赵校长的演讲，我们可以了解到有着非常丰富的内涵。我们的关怀，不是关怀抽象的人，而且是关心人的许多方面。不光关怀个人，还要关心人际关系，关心群体关系，关心社会，关心国家，关心环境，关心世界等等。所以，关怀这样一种情感倾向，可以指向与我们有关的所有对象。从这个意义上来讲，关怀教育具有非常丰厚的内涵和非常大的拓展空间。赵校长的演讲已经初步展示了它的力量。

（三）"关怀教育"的前景

那么，关怀教育作为赵勇校长提出来并且在山东大学附中进行长期实践取得丰富成效的这样一种教育思想，它将来可能会有什么样的发展呢？这里我提出三个观点与大家分享。

1. 人、生命与"关怀"

最近我们提得比较多的是关怀人、关怀人的生命。在提到关怀人、关怀人的生命的时候，一定不要忘了，人不是抽象的人，不是孤立的人，他是社会的人。这里我引用一句大家都耳熟能详的话，就是马克思关于人的著名论断："人的本质不是单个人所固有的抽象物，在其现实性上，它是一切社会关系的总和。"任何一个人都是一个社会的人，都处在一定的社会关系之中。所以当我们讲关心人的时候，需要明确，你关心的是哪一些人？你关心这些人的哪些方面，他们将来为谁服务？将来，他们在这个社会上，在这个国家，在这个星球上，他们会是什么样的人？当我们把人当做一个人去关心的时候，要考虑人的社会属性。

现在有一种倾向，把个人价值无限地绝对化，把个体生命的价值看做高于一切。我们把生命的价值看做高于一切有没有问题呢？听起来似乎没有问题，但是实际上我们都知道世界上有比生命更珍贵的东西，比如说爱情。裴多菲的诗我们都知道吧？生命诚可贵，爱情价更高。还有比爱情价值更高的东西，就是自由。很多人讲，不自由，毋宁死，命都不要了。所以关怀也要考虑，如果你把人当成抽象的人，把个体生命价值无限地放大，可能就看不到更广阔的社会，看不到更大范围的公平和正义问题。这样一种无限强调个体生命价值的教育理念，从哲学层面上来讲，主要是一种个人主义，而这样的个人主义，和我们中国社会的情况，和我们教育的政策基础，和我们今天中国教育的政策目标都是不相符的。所以，这里我要强调一个观点，中国教育是要培养对社会有益的人，而不是培养自我实现的人。我们关怀人，要从这个角度去关怀，这样培养出来的人，才是真正有价值的人、大气的人。我们非常高兴地听到山东大学附中两位学生在他们的发言中把社会责任感放在很重要的位置加以论述，赵校长演讲中也提到了这一点。

2. 时代，国情与"关怀"

在今天的中国，我们讲关怀的时候，还要考虑到时代对我们教育的需求，考虑到中国国情需要我们培养什么样的人。我们要在这个意义上去思考、关怀和我们的时代，和我们国家、民族的发展，和全体中国人福利的增加究竟是一个什么样的关系。

3. 走向关注国家命运、民族兴衰的教育关怀

在我看来，关怀教育最大的启发之一，就是给我们开启了一扇大门，使得我们不仅要思考关怀个人，而且要思考关怀我们这个国家、这个民族，甚至要关怀中华民族复兴的时候，中国如何在世界上发挥领导作用，如何引领整个人类社会走向更加光明的未来。在这里，我衷心祝愿赵勇校长和他领导的山东大学附中，能够在关怀教育的思想和实践探索中持续进步，不断取得更大的成就！

　　沈玉顺,教育学博士,华东师范大学教育学部教授,教育部中学校长培训中心学术委员会主任。学术和社会兼职包括中国教育学会拔尖创新人才基础培养专业委员会副理事长、上海市教育评估协会理事、上海市中外合作办学认证委员会委员、第六届郑州市政府督学、第七届河南省督学、中小学校长国家级培训专家库首批入选专家、第四期"上海市普教系统名师名校长培养工程"专家团成员、广州教育家培养工程导师等。2009 年 5 月至2018 年 4 月任教育部中学校长培训中心副主任。

让教育充满智慧

——以智慧教师团队引领智慧学校建设的实践探索

上海市金山中学　徐晓燕

徐晓燕，1984 年毕业于上海师范大学化学系，1984 年至 2000 年任职金山区教师进修学院，担任中学化学教研员。2000 年调入上海市金山中学，任副校长、党总支书记，2007 年至 2019 年任上海市金山中学校长，2019 年实施党组织领导的校长负责制后转任党总支书记。先后获评上海市特级教师、上海市特级校长、上海市首批正高级教师、上海市督学、全国三八红旗手、全国特色教育先进工作者。上海市普教系统第三期"双名工程"化学基地主持人，第四期"双名工程"徐晓燕名校长基地主持人，被教育部校长培训中心推荐作"徐晓燕教育思想研讨会"并获得好评。

什么是智慧?《新华字典》中这样写道:对事物能迅速、灵活、正确地理解和解决的能力。从教育学的视角来看,智慧是个体生命活力的象征,是个体在知识、经验等习得的基础上,在感性、知性、理性、情感、实践等多层面上生发,在教育过程和人生历练中形成的应对社会、自然和人生中问题的一种综合的能力系统。它不是一般意义上的聪明,也不是心理学概念中的智商,它是生命个体安身立命、直面生活的一种品质、状态和境界。

智慧需要在获取知识、经验的过程中经由教育的细心呵护而不断得到启发、丰富和发展。因此,教育在人的智慧发展,特别是人的早期智慧发展方面,发挥着不可替代的重要作用,而智慧的发展只有在富有智慧的教育下才能实现。

什么是教育的智慧?我们认为,教育智慧是良好教育的一种内在品质,是解决教育问题的一种综合性的能力,表现为教育的一种自由、和谐、开放和创造的状态,表现为真正意义上尊重生命、关注个性、尊重教育规律、追求教育本来价值的教育境界以及由此形成的应对能力。作为教育的一种内在品质,教育智慧渗透、内化在教育目的、教育价值、教育过程、教育环境、教育管理等所有教育活动中,体现于应对和解决教育中问题与情景的综合能力。

今天,我的汇报分我们的认识、主张、行动、开拓和思考五部分。

一、我们的认识:教育为了人的智慧

1. 教育本质在于启迪智慧

教育的本质是获取知识还是启迪智慧?知识与智慧有区别吗?我们认为,知识是人类对有限认识的理解与掌握,智慧是一种觉悟,是对无限和永恒的理解和推论。一个人的知识是有限的,即使再博学的知识在无限面前也会黯然失色。智慧是富于创造性的,其不被有限所困,面对无限反而显得生机勃勃。知识关乎事物,智慧关乎人生。

有知识不一定有智慧,但有智慧一定有知识,知识必须转化为智慧,才能显示其真正的价值,能够灵活运用知识的人便拥有了智慧。如果把知识比作米,那么智慧就是酒。酒不是米的累加,智慧也不是知识的简单积累。知识本位的教育不是真正的教育,真正的教育应建立在知识基础之上,并最终"酿造"出人生的智慧。

我国最早的教育家孔子认为,教育智慧关涉对人和人生的体察认识,关涉对教育公平的追求,关涉学习,关涉心智之门的开启,关涉师生关系。苏格拉底告诉我们,教师的智慧不在于传授多少知识,而在于无限度地激励学生思考,激发学生对真理的热爱和追求,启迪心智的师生辩论和引导才是智慧的活动。夸美纽斯认为,人们受了教育就可以认识真理,学到智慧,并且学会把知识正确地运用于一定的目标上。杜威认为,教育就是智慧的传承与分享,教育的职能在于根据社会的要求对未成熟者进行抚养、培育和教养,使其成为社会资源和理想健全的托管者。

古今中外的教育先贤哲人们无疑给了我们很大的启发:教育的真谛在于帮助学生形成智慧——现在的智慧和未来的智慧,知识与经验都是推动智慧形成的手段,教育应当立足于那些能够形成智慧的知识与经验的传承,重视在传承中形成智慧,因此,教育的真谛在于启发智慧。

2. 教育过程是智慧的创造活动

早期教育,由于知识与经验处于"短缺"中,传授的过程与方法显得不那么重要。随着教育的发展,现代教育面临知识与经验"相对过剩"的状况,学生发展受社会影响因素越来越多,教育在社会发展中的作用越来越大,这些特点使得教育自身变成一种高度专业化的智慧性的活动,教育的过程成为智慧的创造过程,教育发展对这种智慧的依赖越来越高。

教育过程是教师根据教育目的、任务和学生身心发展的特点,通过指导学生有目的、有计划地掌握系统的文化科学知识和基本技能,发展学生智力和体力,形成科学世界观及培养道德品质、发展个性的过程。在教育过程中,涉及教师与学生的关系、学生与学生之间的关系、教师与教学内容与方法之间的关系、学生与学习内容与学法之间的关系、教育与教育支撑等关系。每一种关系的科学、合理、和谐的解决,都需要教师和学生的智慧;每一种关系的科学、合理、和谐的解决,也增添了教师和学生的智慧。

3. 现代教育追求专业的智慧

自从联合国教科文组织 1965 年明确提出把教师作为一个专业看待以来,教师的专业性逐步得到广泛确认。教育的历史很长,但教育作为独立的专业学科被认可的历史并不长,其根本原因就是教育没有被当成是专业的活动。可以说,现代教育已经从"经验的教育"走向了"专业的教育",如果说以往的教育智慧更多体现为教育者个人的经验智慧的话,现代教育的智慧已经变成一种专业的智慧,智慧的教育首先是专业的教育,智慧的教育应当是教育专业知识经验用于应对教育的各种问题与情景的能力。

21世纪作为知识经济的时代,知识和信息将逐渐成为社会主要的资源形态。知识创新已超越了传统的知识文化观而成为社会进步的主要推动力量。知识创新离不开教育,因此人类生产方式的这种变革必须要求对以往教育功能的内涵和作用进行相应的调整。"高度专业化"已经成为现代教育的一个鲜明特征,现代教育智慧更多体现为专业化的水平。

4. 教育的异化:知识遮蔽智慧、体力替代专业

审视当前的教育,教育的异化现象比比皆是,知识与经验本来是形成智慧的手段却被异化为教育的目的,教育应当是充满智慧的专业活动,但现实中的教育更多被当成"体力活",拼时间、拼体力而不是研究教育的专业性、提升教育的智慧含量,知识本身遮蔽智慧,让老师和学生迷失在知识本身,忘记了知识的价值在于运用。教育应该是充满智慧的活动,但现实中并没有达到应然状态。

我们的教育为什么会缺少智慧?第一,我们的传统教育脱离了人的内心感受而成为标准化的模具。第二,受传统教育文化中的"师本位"等观念的影响。第三,传统的评价学校、教师的标准本身缺乏智慧。第四,教师教育专业智慧不足。第五,我们的教育专业化水平提高缓慢。

二、我们的主张:让教育充满智慧,让教育回归智慧

1. 回归智慧:教育的理想与追求

理想是人们奋斗的目标,有了它才有了前进的方向。有一则故事:三位砌砖的工人正在干活,有人问他们在做什么,他们的回答各不相同。一个说"砌砖",一个说是"赚钱",而第三个则自豪地说:"我正在创造世界上最富有特色的房子。"正是有了这一远大的理想,后来第三个砌砖工成了一位著名的建筑大师。

教育是需要理想的事业,没有理想的教育就不可能具有追求卓越的精神,不可能在教育活动中洋溢激情、诗意和活力。

我心中理想的教育是充满智慧的教育,是激发追求真理真实的教育,是培养美德与健全情感的教育,是传承并发展人类文明的教育,是启蒙追求生命意义的教

育,是促成对美好未来想象的教育。

2. 让教育充满智慧:以专业与智慧破解当前教育困局

教育是一门专业,需要专业智慧。教育部最新颁布的《中学教师专业标准》指出,中学教师是履行中学教育工作职责的专业人员,需要经过严格的培养与培训,具有良好的职业道德,掌握系统的专业知识和专业技能。《中学教师专业标准》中对"中学教师的专业知识"有了清晰的界定,它包括教育知识、学科知识、学科教学知识和通识性知识等。对"中学教师的专业能力"也有明确的界定,它包括教学设计、教学实施、班级管理与教育活动、教育教学评价、沟通与合作、反思与发展等。作为一名中学的合格教师,除了学科专业知识和能力外,更多的是必须具有教育专业的知识和能力。要将学科知识和教育学理论知识并重考虑,要研究学生,突出教书育人的实践能力,是对教育是一门专业作了很好的诠释。

要走出"知识遮蔽智慧、体力替代专业"的教育困局,更需要重视发挥教育智慧和教育专业的作用。尊重教育规律,严格教学规范,不随意侵占学生的自主学习时间和休息时间。运用教育专业,探索高效课堂,严禁用"题海"战役应对高考。提升教师素养,丰富教育智慧,用智慧破解教育教学过程中的难题。当然,要彻底改变现状非一朝一夕之功,需要我们朝着既定目标持续努力才行。

3. 让智慧引领教育:智慧教育从智慧的教师开始

(1) 造就智慧型教师,提供高质量的教育

人们常说:校长是学校教育的灵魂,而让这"灵魂"落地得靠教师,教师是校长(学校)办学思想的主要实践者。离开教师,校长(学校)的办学思想便成了无本之木。在这方面常有三类教师,第一类教师称为游离者,无论谁做校长、无论在哪所学校,他都按照自己的经验从事教育工作;第二类称为服从者,服从校长(学校)的要求,完成既定的任务;第三类称为追随者,能根据校长(学校)的要求,主动地、富有创造性地开展工作。我认为,校长的威信高低正是取决于第三类教师比例的高低,而这第三类的教师,往往是富有教育智慧的教师。

教师是学校教育、特色、文化的传承者和创造者,学校的生命力在于教师的成长。课堂教学文化是校园文化中的重要组成部分,它对社会的影响力和吸引力无法估量。课堂教学文化是学校中几代教师的共同努力所致,传承和创造教育特色,弘扬优秀文化,仍需要一代又一代富有智慧的教师的实践创新。

世界著名的麦肯锡公司在调查了包括新加坡、芬兰、日本、波士顿、芝加哥、纽约等世界顶级学校体系后，得出了上述学校获得成功的三点共同要素：（1）让合适的人成为老师；（2）将这些老师培养成为最有效的指导者；（3）确保为每一个孩子提供最好的教学。其中，有两点是关于教师素质的。这让我们再一次明确了提高教育质量的"牛鼻子"是提高教师素质。丢了这个本，任何措施都是缘木求鱼。

然而，目前的教师队伍的现状并不理想。有人将教师的职业存在状态分成三种：即以教谋生和养家糊口的生存型、体验人生和品味幸福的享受型、服务社会和完善自我的发展型。一所学校中三类教师的比例，可以看出教师队伍的整体水平。作为中学校长，自然是希望在自己学校中，第三类的"发展型"教师比例尽可能多一些。然而，事实上第一类教师普遍存在，甚至占有不小的比例。在"生存型"的教师身上，我们经常看到的是对职业的厌恶和疏远。2005 年，各地进行了有关教师职业倦怠的调查，其结果让人担忧。86％被调查的教师出现轻微倦怠；58.5％被调查教师出现中度倦怠；29％被调查教师出现比较严重的倦怠，也就是每 10 个被调查教师中有 3 个会出现比较严重的工作倦怠。

不理想的教师队伍，还体现在教师普遍缺乏有效的教育教学策略。教育学和心理学的理论停留在书本之上，在繁重的教学压力之下，科学、耐心、长效的教育策略被简单、粗暴、短效的办法所取代。强制代替了说理，书本代替了实践，教师讲述代替了学生感悟……

"生存""享受""发展"，从"功利"到"非功利"再到"超功利"，体现了教师职业状态的升华，智慧型教师在探索、研究中成长起来，又在追求、提高中逐步完善。我国高质量的基础教育，需要更多的教师尽快进入"发展型"，智慧型的教师是基础教育高质量的保证。

（2）我们对智慧型教师的理解

金山中学是一所具有 85 年历史的老校，长期以来一直是金山县的重点中学。1997 年，撤县建区后，区政府南移至石化城区，金山中学远离了区域的政治文化中心。1997 年至 2007 年的十年中，学校为了稳固全区高中校中"老大"位置，也是为了学校的进一步发展，在"严"字当头的校训指引下，全体师生发扬"勤学、苦教"的优良传统，学校得到了跨越式的发展。2004 年搬入新校舍，成为上海市 15 所高标准、现代化寄宿制高中之一，2007 年成功创建成上海市实验性示范性高中。在巩固全区高中"老大"位置的同时，学校也拥有了一批金山区最优秀的初中生源。

面对上海基础教育提出的五大转型，面对区域优秀生源渴望的眼睛，面对相对滞后的师资队伍建设，面对"县中模式"的管理和教育教学方式，"金中人"陷入了思考，我们自我拷问了三大问题：我们要培养什么样的金中学子？我们以怎样的教师去培养理想的金中学子？我们要通过怎样的环境与载体塑造理想的金中学子与优秀的金中教师？

我的从教经历比较特殊，1984年作为应届大学毕业生，我被直接分配当了县教研员。长达16年的教研、师训、管理岗位的实践，让我对教师队伍建设有了更深的认识。我认为，教师是学校生存和发展的第一生产力，学校取得的每一项成绩都是靠教师辛勤劳动换来的；学校的办学理念不仅要挂在校长的嘴上，更要落实在教师们的行动上；学校的生命力也在于教师的成长，教师成长的速度决定着学校发展的高度。2000年12月，我被调入金山中学担任副校长，次年在老校长的支持下组建了学校教科研室，成立了"青年教师研究会"，着力培养青年教师。2007年接任校长后，正式提出了"打造智慧型教师团队建设"的想法。

所谓"智慧型教师"是指具有较高教育智慧水平的教师。智慧型教师的教育智慧是教育科学与艺术高度融合的产物，是教师在探求教育教学规律基础上的长期实践、感悟、反思的结果，也是教师教育理念、知识学养、情感与价值观、教育机智、教学风格等多方面素质高度个性化的综合体现。

基于我们对智慧型教师的理解和学校办学实际的思考，我们将学校智慧型教师团队建设的标准浓缩为八个字：尚德、博学、善教、深研。尚德：师德高尚、情趣高雅；博学：善于学习、善于思考；善教：钻研教法、不断创新；深研：学有专攻、教有特色。我们提出，以教师对"尚德、博学、善教、深研"的追求，托起全体学生"成人、成事、成才、成功"的精彩。

（3）个体智慧与群体智慧

教师的智慧来自哪里？就教师个体来说，教师的智慧来自好学敬业，来自天赋底蕴，来自勇气胆识，来自实践创新……各人的背景不同，基础不一，智慧的形成往往带有个性化色彩。就教师群体来看，如果具备一定的环境和条件，也会形成教师的群体智慧。我们认为，在学校中既要鼓励教师展示个性化的智慧，又要重视教师团队中的群体智慧培育和成长。

群体智慧是一种相互作用而共享的智慧，它是从许多个体的合作与竞争中涌现出来的。群体智慧在动物、人类以及计算机网络中形成，并以多种形式的协商一致的决策模式出现。

如何开发团队的群体智慧呢？我们认为，首先要团结协作。团结是协作的基础，团队中教师的从教资历有长短，个体智慧水平有多少，体能基础有强弱，但是彼此人格是平等的。各展其长才能互通有无，才能扬长避短和优势互补。其次是求真务实。为了共同的目标，大家在科学理论与方法的指导下，讲究实际，致力于实在的或具体的事情，不断地认识事物的本质，把握事物的规律。第三是实践创新。在原有基础上，运用各种理论、技术和方法在教育教学的实践中进行创新。第四是追求卓越。追求卓越是一种人生态度、是一种境界，卓越就是不放松对自己的要求，就是在别人随波逐流时自己仍有所坚守，这是一种高度的责任感和敬业。"团结协作、求真务实、实践创新、追求卓越"被冠以"金中精神"，成为全体金中人的精神追求。

一个合作型的智慧型教师团队的效率远远大于各个教师的简单相加，在良好的团队中，蕴藏在每个成员身上的精妙创意会得到较充分的发挥和利用，团队的智慧有助于个体更加努力地去理解问题。教师群体智慧的积聚将加快学校智慧型教师培养的步伐，只有一批又一批智慧型教师的涌现，才能有效而全面地推进素质教育的实践。

三、我们的实践：培育智慧型教师团队

本着智慧教育从智慧的教师开始，本着让我们的教师更具专业富有智慧，我们依靠教师群体智慧的力量，走出了富有"金中"特色的智慧型教师团队建设之路。

1. 打造智慧管理团队，引领智慧教师成长

在金山中学有一支很有特色的管理队伍，它由校级领导、各职能部门的正副主任、年级组长、党总支委员和各党支部书记等25人组成。这支队伍被称为"学校管理中心组"的团队，是学校发展的领头雁。为了让中心组的管理更具智慧，我们利用每两周一次的中心组会议，开展了三轮智慧管理的专题学习和研讨。"运用平衡计分法原理，科学经营部门工作""哲学小故事，找寻大智慧""巧用管理学原理，学做智慧型管理者"等专题研讨有序开展，每次专题研讨都有一位主讲、两位助讲，然后是集体研讨。通过智慧管理专题的学习，让管理者的方向更明确了，管理更具科学、精细、人性和有效。

作为校长,我坚持放权和监督相结合,校内的常规工作实行部门主任负责制,分管校长主抓改进项目的落实。我经常用欣赏的目光,鼓励管理成员充分施展各自的才华。坚持中心组的学习制度,在学习教育、管理理论的同时,也使学校工作上通下达,部门间工作交流互助,减少了矛盾和扯皮。建立了教代会代表每年评议校级领导和中层领导制度,让中心组领导更具服务学校、服务教师、服务学生的意识和能力。

2. 提升教育境界,塑造智慧教师"尚德"之魂

尚德:智慧从心,德由心生。"集美身垂范,率真道可师。"今天,当我们用智慧的眼光重新审视教育的时候,我们感到教师的"尚德"更是智慧型教师的基础。

建立教师队伍发展的共同愿景。在学校"关注师生生命质量,拓展师生发展空间"的办学理念指导下,我们确立了"通过智慧型教师团队建设,让每一位教师的课堂充满真、善、美,都能享受诗意教学之快乐"这一教师队伍发展愿景,在不久的将来努力实现"上海一流、全国知名高中"的办学目标。

建立学校文化引领运行机制。一是完善学校文化内涵,引导全体师生认同学校文化。二是借助一月一主题的工会活动,在"展我智慧、秀我风采""扬高尚师德,创和谐校园""做幸福的金中人"等主题活动中,崇尚敬业爱岗精神、浓厚师生情、师徒情。三是丰富教职工的业余生活,在活动中深化爱校情。

建设学校文化品牌。继续弘扬金中精神,践行"爱生、求实、创新、协作"八字教风,遵守"金山中学教职工八项修炼"制度。收集提炼教师中的教育智慧,将教师智慧固化并传承。以智慧型教师团队催生出优秀的金中学子,打造金山区资优生教育文化品牌。

用好考核评议机制。学校制定并实施"金山中学教职工发展性评价制度",这一由"教师自评""学生评议""同事互评""行政评议"等环节组成的评价体系,有利于教职工的专业发展。实施了"合格、特色、优秀"教研组的评审制度、"和谐备课组"的评议工作、制定富有学校特色的绩效工资考核体系,进行"魅力教师"评选等,让一批教育教学成绩优秀同时又在学生中具有高人气的智慧型教师及团队的优秀事迹在校内外得到弘扬。

3. 倡导读书文化,聚集智慧教师"博学"之气

博学:智慧日知,学而有知。苏联著名物理学家郎道曾画了一张有趣的人才

分类示意图(见图1)。

图1　郎道人才分类图

他解释道,第一种正三角形,象征爱因斯坦等诺贝尔奖获得者,头脑尖锐且知识基础宽厚,特别是创造性思维品质优良,所以能做出重大的发明创造。第二种菱形,表示有尖锐的头脑,没有宽厚的知识基础,因而有发明创造但并不深刻。第三种"哑铃图",表示知识基础宽厚,头脑却不尖锐,但宽厚的知识可以弥补这一缺陷。第四种倒三角形,表示头脑迟钝且知识基础单薄,这类人一事无成。郎道的人才分类图给我们的启示是:我们要成为智慧型教师,必须具备宽厚的知识储备,才能迸发创造智慧,并向尖端发展。所以,必须引导教师勤读和听辩。

为了促进教师的阅读和思考,学校将寒假定为"教师读书月"。每年向老师推荐一定书籍,并列出阅读指导和阅后思考题。教师们在阅读的基础上,撰写读后感。"教师读书月"中另一个重要环节——读书论坛,读书论坛分享读书收获、触发教育思考、碰撞教育智慧。围绕着"读书、阅世、塑己、育人""我们也能创造奇迹吗?""读书论课品三学,导助督学促三研"等专题,老师们阅读着、思考着并不断地实践着。此外,校园中还有"教师育德论坛""创新人才培育论坛""今天怎么布置作业"等多专题的听辩活动。读书文化,促教师真正成为终身学习的行动者,为智慧教师聚集"博学"之气。

4. 践行教学改革,培育智慧教师"善教"之能

善教:智慧贵行,行于善教。顾泠沅博士曾说过,医生的功夫在病床上,教师的本事在课堂上。智慧型教师理应富有教学的智慧,即知道如何智慧地对待教学、如何智慧地进行教学。深刻认识学生,深刻认识教学内容,在此基础上巧妙取法,便是智慧。

虽说,上海市第二期课程教材的改革启动至今已有十多年了。但是,课堂教学的现状仍然不容乐观,"满堂灌"的现象依旧普遍存在。课堂,依然主要是教师展示其个人才华的舞台。我们认为,改革课堂教学的重点,是在彰显学科特点的基础上实现教学范式的转变。为此,我们从改变教研机制和课堂教学模式创新两方面作

了一些研究和尝试。

教学即研究——"导学导教导课"的教研机制。"导学导教导课"(简称"三导"课)教研模式,即每周每备课组先行推出 1 至 2 节课,在集体备课的基础上,由一位老师负责撰写学案、教案并先行上课,课后集体评议修改学案、教案供备课组分享。据不完全统计,每年"三导"课合计 1000 多节,每年人均听课 50 多次。

"三导"课教研机制带来诸多好气象。首先,教研气氛浓厚,教学研究深度力度增强;其次,高频率的轮流开课,全面提升了教师课堂教学的设计能力;第三,组内团结协作氛围更浓;第四,青年教师成长迅速。学校修建了两个"全自动摄录播专用教室",鼓励教师自我录课、研究自己、反思教学。倡导教师在"金山中学网上课堂"上晒课,供同事评议,营造相互学习、相互研讨的浓厚氛围。

另一种喜欢的研训模式是"同课异构"。有当场"同课异构"的课堂教学,也有事先在摄录播教室录制好,教研活动时间"比课讨论"等多种形式。"同课异构"还跨出了省市的边界,学校先后与山东、江苏、浙江等地的学校和教师进行"同课异构"教学研究。跨地区、跨教材"同课异构",让参与者收获颇丰。同时,所有的研究课也成为我校校本培训的内容,通过观课比课,让全体教师得益匪浅。

学生是课堂的主人——"三学三研"课堂教学模式。所谓"三学三研"课堂教学模式,即教师的课堂角色为"导学、助学、督学",学生的课堂角色为"自学自研、互学互研、深学深研"。我们还分新授课、复习课和讲评课等不同课型,分别研制了"三学三研"课堂教学模式基本环节。为了使教师在课堂上更重视学生的学,我们特制了"三学三研"课堂教学评价表,表中教师教学行为最高 50 分,学生的学习行为满分也是 50 分。借助"三导"课教研机制,"三学三研"课堂教学模式的实践正在"金中园"蓬勃开展,富有学科特色的"三学三研"课堂教学范式也正在各教研组、备课组内积极探索中。

为学生的成长定制服务——校本课程和校本作业。在基础型课程方面,以备课组为单位,以导学案、教案和教学研究课为抓手,鼓励教师对上海市二期课改的教材进行二次开发,以满足本校学生的学能需求。在拓展型课程方面,学校实行了"四星级课程评价体系",以此鼓励老师们持续钻研和开发拓展型课程。借助"绩效工资"政策,鼓励教师多承担研究型和社团课程的导师工作,助推教师成为某一研究领域的专家。

鼓励学科备课组长和骨干教师领衔,编写既符合上海市学科课程标准又适合生源实际的校本作业。校本作业由学校统一付印,免费提供给学生使用。

5. 促进专业成长,夯实智慧教师"深研"之基

深研:智慧促研,弥坚弥深。由于教师的年龄层次和经验水平等个性化差异,教师职业的关注点不同,教育智慧的含量也会各不相同。

从职初教师到专业成熟教师,教师的专业成长有其规律,一般来说,一位优秀教师至少需要经历两次成长飞跃。

第一次成长飞跃是从职初教师走向成熟教师,熟悉教材、对教学的基本步骤与方法的掌握、对学生的关注、有与同伴合作的强烈愿望、开始追求学生的考试成绩是这一阶段成长的标志。第二次成长飞跃发生在专业成熟期内,教师不仅对教学问题感兴趣,而且对教材、对课程资源、对教学评价、对师资队伍建设、对一定区域内的教学管理问题开始感兴趣。开始对某一种理论有热情,甚至成为某种理论的追随者。非常注意对自己的教育教学过程中产生的一些资料的收集。开始在内心怀疑自己过去的一些信念,能接受他人对自己的批评甚至否定等是这一阶段成长的标志。

第一次成长方式主要是模仿;第二次成长方式主要是反思。第一次成长主要表现在行为方式的变化;第二次成长更重要的是看问题的立场方法的变化。第一次成长所依靠的外部支持主要是同伴的示范;第二次成长所依靠的外部支持则主要是专家的指导。第一次成长几乎是自觉、自愿、自发进行的,第二次成长多半是在外力的推动下或受到较大挫折后开始的。当然,也有一部分教师止步于第一次成长,最终只能成为一位平庸的教师。

基于教师职业生涯的阶段规律,基于教师二次成长理论,学校坚持以创建学习型组织为抓手,遵循专业引领、同伴互助、自我反思等有效性原则,不断探索促进教师专业发展的各种研修途径和方法。

职初教师研修机制,为智慧型教师的成长开好步。一是"新进校教师培训"工作,做好学校文化的宣传,落实学校工作规范。二是针对0—5年教龄的职初教师的培训,落实"一徒多师"的带教模式,"亮相课""研究课"和"新苗杯"教学大赛等常规培训,设计"微格培训"课程,引领职初教师尽快掌握课堂教学技艺。

经验教师研修机制,分享教育智慧。以青年教师教学研究会为主要平台,积聚志同道合的青年教师进行读书交流、教学研讨和课题研究,为教师的第一次成长打下坚实的基础。九届研究会培育了一批市、区、校三级教育教学骨干。

专家教师研修机制,提炼教育智慧。教师评到高级职称之后,容易步入职业发展的"高原期",似乎"革命"已"到头",若不加引导,职业的高原期很容易演变为职业倦怠期。为此,学校推出了名曰"金山中学名师孵化培育项目"的培训,由外请教育专家和校内特级教师组成导师团,花大力气推进高级教师的第二次成长。培训项目使教师们在教育、教学、科研等方面提高素质、提高知名度,成为具有自己教学特色的区内外教育教学名师。提炼教学特色、带着特色上示范课、围绕特色撰写文章,让"高级教师"又忙起来了,在"忙"中,他们又在成长。几年中,先后有 14 位教师跨入上海市"名校长、名教师"培养的行列。

同时,学校定期进行"大师茶座",让全体教职工与教育名家面对面交流。开展"柘湖春秋"教师沙龙系列培训。在"金钟晨曦"中,教师们跳操、晨跑,健体强志。在"午间一刻"中,教师们能者为师,家政培训、艺术欣赏、实用技能、心理辅导等,内容丰富、精彩纷呈。在"晚间 90 分"中,各类教师培训和教育教学交流、教师协会和社团活动,校方和民间相结合,交流智慧、增进友谊。学校还经常组织教师出国游学,拓宽教师的国际视野。

教研、科研、师训——"三维度"校本研训体系富有成效。学校搭建了由组本研修、校本研修和网络研修组成的教研维度,形成了以四级课题的实践与研究为抓手的科研维度,完善了由四类常规培训和五大课程模块组成的教师职业生涯发展的师训维度。

教科研年会文化和科研成果。俗话说冬储夏收,寒假读书,储备能量,暑假则是总结经验、教育反思、提炼成果的季节。学校从 2001 年起,连续 12 年在校内开展教科研年会。年会上除了表彰年度优秀论文获奖者外,还有教育专家讲座、校优质课题的报告、热点问题的研讨、校教科研的总结和下年度课题研究指南等。一所中学,连续十二年召开教科研年会,在专家们眼里也比较罕见。

年会文化浓厚了学校教科研的氛围,促进了课堂、课题、课程"三课联动"的校本科研特色的形成。如今,每年市级以上课题有 10 多个,更多的区级和校级课题的研究正扎实有序地进行,一批教师用科研的方法研究课堂、研究教学,学有专攻、教有特色的教师队伍正在形成。学校连续两届获上海市教育科研先进单位,2011年被评为"全国教科研先进单位"。

四、我们的开拓：建设智慧学校，让学生沐浴智慧春风成长

金山中学地处上海市最远的郊区，区财政收入处于全市的较低水平，金山区还是全市唯一没有高等院校的区，在教育强校如林的大上海实在是没有任何教育优势。然而，近年来，学校教育教学成绩显著提升令世人刮目相看。从 2012 年的高考成绩看，本科录取率达 100％、重点大学录取率为 71％，一批学生升入国内外名校，教学质量位于全市的先进行列。2013 年初，在"喜欢金中的理由"征集中，"师生和睦、校园和谐"高票位于第一。学生和教师喜欢学校，社会各界对学校的满意率也很高。回首走过的路，我们感到取得突出办学成绩根本在于重视教育智慧。

在学校"十二五"发展规划中，我们构建了智慧型的"教育链"，即：智慧型管理者—智慧型教师—智慧型家长—智慧型学生，形成了智慧型教育系统。我们对学生提出了"培养崇文通理，兼具领袖气质与百姓情怀的优秀高中生"的目标，对教师提出了"培育教有特长，兼具理性与个性、灵性与善性的优秀教师"的目标，对学校确立了"传承'三会'教育，培育实验性示范性高中智慧型团队，建设智慧课堂、智慧校园"的目标。围绕上海高中教育的"优质、特色、现代化、国际化"的要求，形成学校智慧教育场。

1. 以"三会"教育提升学生的人生追求智慧

20 世纪八十年代初，学校就提出了"会做人、会学习、会生活"的育人目标，进入 21 世纪，在审视生源变化的基础上，将学校的办学特色确定为"区域资优生特色教育"。育人目标也在"三会"的基础上有所发展，提出了"培育崇文通理、兼具领袖气质和百姓情怀的优秀高中生"的目标。

崇文通理，从低至高、由易至难包括三层意思。第一层是崇尚文科，通晓理科，积累人生发展的知识。第二层是推崇文化，通达事理，积聚人生发展的智慧。第三层是追崇文明，通悟哲理，追求人生发展的境界。

领袖气质是指学生具有远大的理想与抱负，具备海纳百川的胸怀与气魄，具备卓越的组织能力与领导才华，具备国际视野与创新精神，具备强劲的竞争力与独特的前瞻意识。领文明做人之先，含爱国爱乡之情；领勤奋学习之先，含帮困助学之情；领科学探究之先，含执着奉献之情；领高雅情趣之先，含纯洁高尚之情。

百姓情怀是指真诚关注普通百姓生存状态，自觉尊重维护百姓各种权力，以提

升百姓的生存质量为己任的情怀。一方面要试着了解社会,了解百姓的生存、需求。另一方面将学校作为一个模拟社会,了解同学们的生存状态、了解同学们的综合需求,并通过自己的努力,提升同学们的价值判断和学习生活质量。

培养"领袖气质"和"百姓情怀"从让学生自主管理学校开始。在金山中学凡是有学生在的地方,都能看到学生自主管理的身影。校内有四个学生自主管理体系,除了学生会和校团委这两个普设机构外,金山中学还有"学生自主管理委员会"和"四级学生助理制度"。我有八位学生助理,他们可以代表校长接受学生的意见和建议,也可代表校长对一些事情作出解释。每周一中午金中的"书香轩"里有一固定的栏目"和校长喝咖啡",学生可以自由报名与校长"零距离"沟通。

高中是基础教育的末端,让学生学会选择未来应该是学校的责任。于是,我们制定了为期三年的"金山中学学生生涯规划课程方案"。由知己、知彼、抉择、目标、行动五大要素组成。经过团队辅导课程、生涯测试、职业体验、高校一天、生涯规划五环节,引导学生根据自身条件和外界机遇,确立自己的职业方向,并制定自己的发展计划、学习计划及实现生涯目标的具体行动方案等。有理想、有目标、有追求,成为智慧型学生的良好动力。

为了鼓励学生在完成学业之余,发挥个性特长、身心健康发展、为学校同学服务、积极投身社会公益等,学校制定了"金山中学学生综合评价制度"。"综合评价"分为基本评价和特别贡献加分两部分,从道德素养、文化素养、综合实践、身心健康、艺术素养和个性特长等六方面考核学生的校内外行为。以"综合评价"考核为主要指标,设立了"车镜—柘湖奖学金",每年约15%的学生获奖并得到隆重的表彰。

2. 以"地平线式"的课程体系激发学生学习智慧

智慧的学生是"会学习"的学生。首先,学会做课堂的主人。刚入校时,学生大多习惯上上课听老师讲,下课完成作业。不主动参与课堂活动,课堂回答声音很轻,缺乏自信。在学校"三学三研"课堂实践的推动下,学生们逐渐学会了课前预习找问题、学会了利用学习小组找答案、学会了利用课堂展示锻炼自己。

其次,学会选择课程。经过"生涯规划"的训练,学生们知道选择课程就是在选择未来的专业。为了给学生提供丰富的选择,学校为学生定制了"地平线式的课程"体系。它是由宏观课程(会做人、会学习、会生活)、中观课程(社会人文、科学探索、综合素养)以及微观课程(基础性课程、拓展型课程、研究型课程、社团课程、社会实践类等五大类课程群组成的近百门课程)组成。

第三,基于创新人才培育的思考,学校做强了区域资优生教育的特色。建立和实施了"宝塔型"创新人才培育方案。塔基是面向全体学生的创新人才培育实践。一方面,各学科在实践和研究的基础上,编出了"学科渗透创新人才培育的实施大纲",配以"三学三研"课堂教学模式的改革,学科渗透创新教育扎实进行。另一方面,基于创新人才培育的拓展型、研究型、社团、社会实践等课程的实施,为每个孩子的成才提供了可能。塔中是以上海市市级课题"城郊重点高中资优生课程结构重组的实践研究"为引领的创新试点班的实践与研究。学校共有六个创新试点班,积聚全校富有创新潜质的优秀学生。创新班在拓展知识的深度和广度、加强实验课题的研究和实践、强化各项能力等方面借助课程结构的重组,做出了自己的特色。塔尖是以承办金山区高中创新素养培育数学、物理、化学学科三个基地以及与高校联办富有特色的"虚拟班"为平台,引入高校师资、整合全区资源,为学有余力且具学科研究兴趣和能力的学生提供服务。学校为资优生建立了"光电物理实验室"等九个创新实验室,成立了"金山中学学生科学院",学生可以在自己的科学院,在科学家零距离的指导下,拥有科学研究的宝贵经历。相信,从小小的学生科学院起步,未来一定会出一批真正的科学家。

我校的创新人才培养,除了加强基础知识、人文与科学素养外,还加强科技、劳动技术教育。以"上海市科技教育基地""智能机器人工作室"等工作为重点,开展小发明、小制作、小创造等科技活动,科技竞赛成果显著。2007年以来,学校组织学生参与市级以上各类比赛30多次,累计获得一等奖有56人次。五年中涌现出一位上海市青少年科技创新市长提名奖,两位上海市明日科技之星,四位上海市科技希望之星,上海市科技教育特色示范学校称号等。

3. 以"十大节日"为主的活动展现学生自主发展智慧

我们深知将学生困在教室中,"领袖气质"和"百姓情怀"只能是纸上谈兵。给学生一个舞台,我们的学生就会灿烂!为此,学校根据本校的德育特色和高中学生的特点,精心设计了"十大校园节日文化"。

"金中杯"论辩赛和"思哲杯"演讲赛是深化我校"三会"教育的一大特色品牌,它能培养同学理性思辩能力、口头表达能力、活跃学校人文气氛、提高同学人文素质。两大赛事落户金中园已有15年,年年举办年年火爆,既符合时代背景又契合高中生所思所想的"辩题(主题)"是它们成功的秘诀。

社团是学生发展的沃土，是多元校园文化的有机组成。经过多年培育，我校社团文化氛围日渐浓厚。

学校承诺为有专长的学生搭建展示的舞台，两周一次的"金中长廊才艺秀"让能歌善舞者、善吹拉弹唱者有了固定的舞台。同时，长廊也是书法、美术、摄影爱好者展示的场所。新疆班有一位维族学生叫艾孜买提，他擅长音乐，能作词作曲，能弹能唱。在音乐老师的建议下，学校精心为他打造了个人演唱会。作为首次上海市高中学生个人演唱会，艾孜买提在现场乐队的伴奏下，在400多位观众的欢呼声里，先后完美演绎了十首歌曲，演出在人们的啧啧称赞中落幕，留下的不仅仅是一个多小时流光溢彩的华丽声光影，更是我们对学生的承诺和期许。学生有才华和智慧，学校就有舞台。

以理解和信任、尊重和融合为基础，通过与美国、英国、加拿大、澳大利亚、韩国、日本等海外学校的交流，积极创造条件开展假期游学和联合办学，派遣学生代表团参加国际交流，开拓我校学生的国际视野。2010年暑期，学校承办"华夏基金·2010哈佛大学AUSCR中美学生领袖峰会"。300多名经过严格选拔的全国各地高中生作为中国未来精英代表参加峰会，来自哈佛大学近60名年轻学者担当授课人。我校有十多位学生参加了峰会，更有一批学生承担了会务志愿者。与世界上最优秀的青年一起学习和活动，着实让我们的学生开了眼界、锻炼了能力。

4. 以学生"义工"为品牌的社区共建智慧

生活本身是智慧之源，当我们呼唤教育要回归智慧的时候，理所当然呼唤教育也要回归生活。20世纪80年代，学校成立了学生敬老爱老的志愿者队伍。长期的志愿者服务让我们深深感受到，现代城市中的独居老人最缺少的不再是物质上的帮助，而是精神上的慰藉。一份关爱、一份牵挂、一份热言热语能缓解老人的孤独。于是，学校和居委会联合组建了以"模拟家庭"为特色的敬老爱老活动。6—7位学生与一位独居老人组成"祖孙模拟家庭"，孩子们每周都去老人家，在给老人们享受别样的天伦之乐之余，学生们收获更多。年复一年，学生换了一届又一届，不变的是"模拟家庭"的形式，不变的是浓浓的祖孙情。今年，是"模拟家庭"社会实践15周年，此项目也荣获了"全国'葆春杯'敬老爱老助老优秀奖"。

2009年，学校又将志愿者服务从倡导型走向责任型，实施了"金山中学学生义工制"。截至2012年9月，金山中学的学生义工总计服务时间达到12万小时，义工服务单位376家，服务范围遍布金山区乃至上海市。服务的领域涵盖了敬老义工、交通安全义工、图书馆义工、社区服务义工、政府机构义工等社会各领域,1万2千多人直接获得了金山中学义工的服务和帮助,义工课程获得了社会的广泛认可与好评。

5. 以"学习型家庭"为抓手的家校合作互动智慧

苏霍姆林斯基说:"教育的效果取决于学校和家庭教育影响的一致性。如果没有这种一致性,那么学校的教学和教育的过程就会像纸做的房子一样倒塌下来。"

家长的知识和技能不是与生俱来的,要做一个合格的家长必须学习。自2001年起,学校便以"创建学习型家庭"为抓手,精心办好家长学校,培育智慧型的家长队伍。我们给家长和学生讲高中生的心理特征,讲家庭良好沟通的技巧,讲优秀家庭教育的案例。我们提出"孩子好好学习,家长天天向上"的口号,在家庭中营造平等沟通的氛围、读书学习的氛围、和谐互助的氛围。组织"亲子互动"游戏,在游戏与互动中,家长与孩子间、家庭与家庭间彼此交流经验、增进感情。编写并出版了《放飞明天的希望——高中生家庭教育指南》读本,让更多的家长加入学习的行列。评选和表彰"学习型家庭",以评促育、以评促优。学校连续多年荣获上海市优秀家长学校的称号。十二年来,一批又一批"学习型家庭"在金中开花,香飘"学习型社区"。

酷盘联合创始人兼CEO,暴风影音联合创始人,青年才俊顾志诚先生就是我校首届"学习型家庭"中的典范,他们家庭的案例"网络时代的家庭"被收录在《放飞明天的希望》一书中。

当然,家长学校不能代替家访制度,我们要求班主任全员家访。新学期从家访开始,班主任带着学校中心组成员走家串户,了解学生假期生活学习情况,征集家长们对学校教育的建议。学校有8个新疆内地高中班,虽然新疆和上海远隔十万八千里,却阻挡不了教师家访的脚步,老师们的足迹遍及新疆南北。

五、我们的思考:追求教育的专业智慧感悟

1. 智慧源于内心——如何进一步激发师生的精神追求以实现智慧的教育

人必须要有精神、要有追求,人活着才有价值、才快乐。思想决定行动,有了好的思想,就会有好的行动;有了好的行动,就会取得好的结果。人要学会比较,要选好参照物,以精神追求为参照物,比出的就是干劲;以物质追求为参照物,比出的就

是怨言、牢骚。基于以上的认识,学校在教师队伍建设上,做到思想建设和专业发展两手抓两手硬、两落实两促进。运用学习引导、榜样引领、个人帮扶、话题谈论、网络交流、论坛讨论等多种策略,大力培育教师和学生的精神追求,营造属于学校全体的"金中精神"。

然而,精神终究是属于个体和私人层面的。不同个性气质和不同年龄层面的个体,对"精神"的理解和外显各不相同。智慧的发生源于内心的感悟,个体的精神追求直接制约着内心的智慧。进一步激发师生的精神追求、进一步提升教师的教育境界、进一步提升教师的责任感和使命感,是实现智慧教育的关键。

2. 智慧扬于管理——如何进一步提升管理的智慧以实现智慧的教育

智慧基于现实,现实中学校教育有智慧,但是远未达理想状态。进一步提升管理的智慧是实现智慧教育很重要的因素。智慧的管理其核心应该是确定人的主体地位、弘扬人的内在价值,通过管理服务使人得到充分全面和谐的发展。首先,校长是智慧跑道的领航人,校长的素质修养和文化底蕴,对智慧型管理是否有效起到关键作用。其次,坚持以人为本的管理理念。管理者要强化领导的求实创新精神,要具有同步协调的艺术,要竭诚为教师构筑智慧平台。第三,构建校园资源管理体系。开发网络资源、整合课程资源、建立教育资源评估体系。第四,凸显教师的管理智慧。指导教师科学策划人生,实现自我管理。善于发挥教职工的聪明才智,全面参与学校管理。第五,引领教师走向智慧与创造之路。推动教师自主建构"智慧与创造",勇于与智者对话,孕育好课堂智慧,在反思中成长。第六,锁定学生的智慧教育目标,在课内外、校内外为学生多多搭建实践的舞台。

3. 智慧因于评价——如何科学地制定评价策略,让评价引领实现智慧教育

因为教育评价有鉴定、导向、激励、诊断、调节、监督、管理和教育等功能,所以有怎样的评价就会塑造怎样的教育,有怎样的评价就会塑造怎样的教师和学生。

在教育系统内部,我国教育评价的发展滞后于教育本身的发展,如果不改变现状,评价会拖累和限制教育的发展。在教育系统外部,社会上对中学教育的评价更是简单,基本上只看高考与中考的成绩,而且千校一尺。

在学校内部,受上述评价系统的影响,对学校的评价、对教师的评价、对学生的评价也存在许多与智慧教育相背离的情况。不少学校认为,只要将学生成绩搞上去就可以一俊遮百丑。

能否科学有效地制定智慧学校、智慧型教师和智慧型学生的评价策略? 能否

在评价指标中增加有利于智慧教育的鉴定、导向、激励等功能？这些都是有待于教育同仁们共同研究和解决的重要问题。

教育是一种影响，一种积极的影响，一种对人类认识和改造客观世界及自身的积极的影响。教育的最终目的是达到教是为了不教！即教会学生自我反思、自我管理的生存和发展的能力。

智慧是人类教育的最高目标和永恒追求，智慧型教师是教育的主要承载者和体现者。让教育充满智慧，让教育回归智慧。理想与现实之间的路还很漫长。其间，我们要始终牢记教育的本质属性，才能不迷失方向。

六年的校长岗位，常有诚惶诚恐之感。常常自问，作为金中校长除了让学生升入理想高校之外还能为学生做起什么？怎样办学才能做到"让人民满意"？在高考激励竞争的背景下，如何让教师们体验职业幸福，让孩子们体验成长快乐？我在寻找破题的智慧，我期待教育智慧与我同行！

从经验智慧到专业智慧

——徐晓燕办学思想浅析

教育部中学校长培训中心　戚业国

徐晓燕校长提出了一个十分现实而深刻的教育命题——"让教育充满智慧"。这一命题的意义在于当下教育丧失了智慧，变成了没有多少智慧的"体力劳动"。学校发展的核心是不断积累和提升教育智慧，用教育智慧助推学生的智慧，其关键是提升教师智慧、建设智慧教师团队！

一、教育本质是传承发展智慧

人类的教育活动起源于传承智慧的需要；当智慧凝练成知识并以某种形态得到记录以后，教育活动的主要形式是知识传承。人类漫长历史时期积累的知识总量有限，教育传承知识，由受教育者自己将知识转化为智慧。知识是教育活动的基本"原料"，但促进和帮助学生形成智慧才是教育的目的（知识是创造美好生活的手段而不是目的）。

二、教育的经验智慧与专业智慧

早期的教育帮助人们形成智慧，但教育活动本身并没有多少智慧可言。随着教育重要性的提高，对教育智慧的要求提高，教育活动的智慧主要体现在教育者个人的经验智慧。近代社会知识迅速增长，如何有效地传承知识成为重要问题，教育开始走向专业化，形成基于专业的教育智慧。

三、现代教育的智慧迷失

近代科学技术的发展，社会的专业化程度迅速提高，社会对知识经验的需求和依赖越来越强。知识与智慧长期的高关联度，形成"知识崇拜"，作为"能力信号"的文凭开始主导教育，教育异化为服务于知识而不再是智慧。现代社会的知识爆炸导致知识与智慧失衡,知识转化为智慧的转化率不断降低,这推动了对教育本质的反思,教育为了知识还是为了人的智慧?

我们讲"一切为了学生",是为了学生的什么呢? 就是为了帮助学生形成全面智慧,用智慧创造美好的未来。

现代教育体现为专业的智慧。现代社会保存和传承知识本身变成一种专业性的活动,基于个人经验的教育智慧逐步走向基于教育科学的专业智慧。在"信息溢出"的当今社会,知识不再短缺,我们缺乏智慧而不缺知识,提高知识转变为智慧的"转化率"更加具有现实意义。教育智慧需要体现在帮助学生获得把知识转化为智慧的能力,既有当前的转化能力也含未来的转化能力。

四、教育专业智慧呼唤智慧教师

现代教师从事的是专业工作,专业性体现为育人的教育智慧,落实在智慧教师身上。智慧教师是一个概念,它是指具有更多教育智慧的教师。教育智慧体现为解决教育情境中的问题,更好地、更有效地帮助学生发展的综合性能力。智慧教师本质上是具有更高教育专业水平和能力的教师,也就是具有更高的专业智慧。

五、智慧教师的形成发展

智慧教师体现为教育的专业性,而教育的专业性需要持续的专业发展。智慧教师建立在对时代、教育、教师、学生深刻的理解与领会中,建立在教师个人的教育科学知识与教育智慧基础之上。当然,上述两点是必要的,但并不是必然的。教师需要将教育的知识转化为自身的教育智慧,教师在教育实践中总结、尝试、积累教育智慧。

六、从个体智慧到团队智慧

无数经验告诉我们,教育成效主要取决于学校团队而不是个别名师。学校如何在机制、氛围、文化等层面将教师的个体智慧发展、串联、网络化到全校,以形成富有学校特色的团队智慧,才能创造出智慧的教育。上海市金山中学以"导学导教导课"的教研模式在教研中提升教师教育智慧;以"三学三研"课堂教学模式是实践在教改中提升师生教育智慧;以"学校管理中心组"和"尚德、博学、善教、深研"等智慧策略打造智慧团队。

七、智慧教师创造智慧教育

徐晓燕校长的教育实践,以智慧教师创造智慧教育,提升学校智慧水平,建设智慧学校。智慧教育使教育者更加深刻地理解教育的本质与意义。智慧教育是学习型学校组织的建设。智慧教育要求为学生设计科学的教育活动(课程)。智慧教育使教育者更有效地组织和实施教学教育活动。智慧教育使学生更有效地学习、个性更好发展。智慧教育是更加丰富、快乐、有效的教育生活。

八、智慧教育引领智慧学校建设

让学校充满智慧,智慧地选择教育价值并付诸行动。让教学充满智慧,用专业提升成效,以教师专业减轻学生负担,以教师智慧破解教师倦怠、升学矛盾。让学习充满智慧,以智慧解放体力,提升教育生活。让校园充满智慧,使校园的每一个角落都是智慧的。让学校智慧迁移并融合到社会智慧,与家庭结合、与社会结合,在智慧地欣赏、体验与行动中健康成长。

我们对知识关注太多,忘记了为什么要学习和掌握知识,迷失在考试的苦海中! 教育在提升着学生的智慧,而我们自己却经常不关注和提升自身的智慧。教育科学知识本身同样不会无条件转化为教育智慧,教育智慧需要教育知识、教育经验、教育实践在特定的教育情境中去发酵酿制,醇香绵长的教育智慧才是教育的瑰宝!

戚业国,教育学博士,现为教育部中学校长培训中心教授、博士生导师,华东师范大学教育领导研究中心主任。主要研究方向为教育管理,尤其专长于学校管理诊断与改进、区域教育规划、学校发展规划等领域的研究,在区域教育发展、教育规划、教育质量保障体系建设、学校管理诊断、学校指导提升、学校课程与教学改革等方面积累了众多研究成果,具有丰富的实践经验。2006年入选教育部新世纪人才计划,获第三届全国教育科学成果二等奖,主持多项国家重要课题,发表论文140多篇,出版专著十余部,担任多所名校管理咨询专家。

学校：师生共享幸福的精神家园

江苏省常州市北郊初级中学　陈小平

陈小平,常州市中学语文学科带头人,常州市陈小平名校长基地领衔人。常州市五一劳动奖章获得者,被评为常州市最受拥戴的好校长,被《中国教育报》评为 2010 年度全国十佳年度校长,教育部中学校长培训中心兼职教授。第 15 期全国初中骨干校长高级研修班学员;第四期全国优秀中学校长高级研修班学员。2013 年 4 月,在广州召开了主题为"学校——师生共享幸福的精神家园"的陈小平教育思想研讨会。曾被江苏省江阴市、广州市黄埔区、宁夏银川市等地受聘帮带二十多所学校。主持多个国家级课题与省、市级课题,撰写的多篇论文发表在各级各类杂志上,主编了 3 本论著。

　　我的教育观:追寻关怀师生生命福祉的教育!

2004年8月,我开始担任北环中学校长。2011年8月,我被调任北郊初级中学校长。近十年的校长生涯,让我深感校长的教育思想对一所学校的发展起着决定性的作用。在我看来,学校就是一方"植根文化沃土,师生共享幸福的精神家园",我始终把它作为学校发展的美好愿景,并为此不懈地努力着。

生命的终极目标是什么?是幸福,它高于其他所有目标。乌申斯基说:"教育的主要目的在于使学生获得幸福。"因此,教育最本质的关怀应该是对学生幸福感的关注,也就是生命的关怀,只有从这一视角关爱学生,才能提升教育的境界。今天的学生被学不完的"知识海洋"淹没,在一种生命缺失的状态下忙碌而茫然,我以为,这样的学校教育即使让学生获得了骄人的分数也没有让学生真正感受到幸福。学校教育中比传授知识更为重要的是给予学生对幸福人生的追求。辩证地思考并看待学生的当下幸福与未来幸福的关系,关怀学生鲜活生命的当下存在,培育他们具有正确的幸福观,具备感知幸福、享受幸福的能力,是学校教育的使命。

学生对幸福的追求是靠教师传递的。而教师的成长源于内心的觉醒,只有发自内心的觉醒才是幸福的。努力让教师在安全的氛围中,充分感受到人文关怀,对工作充满热情,关注真实的课堂,注重理论学习,更注重通过研究提升自己的专业素养,并最终在工作中感受幸福。

师生幸福的维系是在学校文化场中固化的。优秀的文化可以推动我们的价值观和态度,影响我们在不同路径中作出选择,指导我们的情感、我们的抱负、我们的忠诚。"文化的力量"已逐渐成为21世纪世界发展的软动力。同样,在教育领域中,"文化的力量"也正成为推动教育进步与发展的动力。"只有优秀的学校文化才能孕育出优秀的学校教育。"因此,学校文化是学校的灵魂,是一所学校能否保持长久的竞争力,能否保障学校具有先进性和发展优势的关键因素。它是学校发展的原动力,"买不来、拆不开、带不走、流不掉、变不了",它指引着师生的行动方向和奋斗目标。作为校长,我力图帮助每一个成员融入其中,并以自己的行为践行学校文化倡导的价值取向,只有这样,学校才有可能成为师生共享幸福的精神家园!

一、价值选择——导航幸福

"学校不改革是死路一条""学校不切实际的改革同样是死路一条",学校改革核心是教育价值的选择。只有突破对功利价值的过度追求,才能回归对人性的关怀。建构一种属于学校自身的文化应逐渐成为一种内在需要和内部动力。

学校文化的核心是一种价值观，它引领着我们一起努力，追寻着我们的共同愿景，它构成了我们工作乃至生活的意义。转变狭隘的幸福观，建构一种属于学校自身的幸福文化应成为我们师生的内在需要和内部动力。我特别喜欢左拉的一句名言：每一个人可能的最大幸福是在全体人所实现的最大幸福之中。只有当师生形成这样的共识——凡是创造自己幸福的人，应该做全体北郊人幸福的匠人和创造者。当我成为全体师生幸福的匠人与创造者时，我就会成为我自身幸福的匠人和创造者了。

学校文化构建的目的是给学生提供个性多元发展的平台，让学生心里充满阳光和希望；搭建教师实现个人专业价值的舞台，让教师展示风采和才华；让学校彰显超凡的气质和品格。让师生把个人的痛苦与欢乐融合在学校大家园的痛苦与欢乐里。终极目的是营造师生守望相助的价值平台和有强烈归属感的、幸福的精神家园。

因此，不论在北环还是在北郊，我都发动全体教职员工开展关于学校文化建设的大讨论，从而确定学校文化建设的中心词，即北环的"和"与北郊的"理解"，然后，再通过上上下下几次反复的讨论与修改，构建体现以"和""理解"为核心的学校核心价值体系。因为"和"与"理解"是价值观引领下的"和"与"理解"，没有价值观的引领，"和"与"理解"就会失去动力，就会失去方向。具备这样的价值追求，是保障把学校建设成实施共享幸福的精神家园的必要条件。

例如，北郊初中以"理解"为核心的文化顶层设计：

文化核心

主题语：理解

诠释：

"理解"一词，最早见于元朝末年编纂的《宋史》："心通理解"，是指从内心上明白、从道理里了解。理解，从字面来看，就是理性的思考和解读；从认知层面上讲，认识得越全面，了解得越透彻，理解得就越深刻，使我们对人、客观事物把握得更准确。北郊初中学校文化的主题"理解"，就是要运用科学的精神、理性的心态、辨证的思维去认识学校管理的问题，认识教育的问题，解读北郊初中存在的意义。

德国思想家马丁·海德格尔说:"理解,是人的生命,追求理解就是对生命意义的追求。善于理解,是对自身意识和行为的突破,是对生命的扩展和延续。"

理解,在本质上是一种德行。东汉经学大师郑玄说过:"德行,内外之称。在心为德,施之为行。"作为内心之德,理解以意识的形式存在,提醒人们对待自我,必须宏德宏善、求真尚美、善待自己;对待他人,必须将心比心,消除误会,关爱别人,善解人意;对待工作,必须至诚至精、善学善喻、崇尚卓越、情智共长。作为外在之行,理解要求对别人的言行保持大度、宽容;对集体,要担当责任、自主合作。北郊精神"至诚至精 融心融情 善学善喻 宏德宏真"诠释了这个传统文化哲理的价值涵义。

理解对教育而言,既是教育手段,又是教育目的。首先,理解是教育的有效手段。处于理解教育中的师生,能更好地理解自己与同伴、学生,因而也能被别人更好地理解。同时,理解也是影响其他教育手段更好发挥作用的手段。其次,加速师生理解品质的形成是教育的重要目的。不断增进理解,减少误解就是教育质量不断提高的过程。

理解包括自我理解与相互理解两个纬度。内容上包括教师对教育的理解与误解、师生之间的理解与误解、教师对自我的理解与误解、学生的自我理解与误解。理解有认知、情感、行为三个层面的含义,理解作为认知手段,指理解知识或理解他人、理解身处的集体、世界。认知层面的理解更多的是指心理层面的理解,认知上的理解是一种把某事物与其他事物联系起来的心理企图,即把新获得的信息与已知的东西结合起来,把零星的知识进而整合成有机的整体。没有认知上的理解,学习就不可能发生;情感上的理解是指对他人表现怜悯与仁慈,将心比心。认知与情感上的理解只有转化为行为,才具有意义;行为上的理解是将意识层面的理解转化为行为。行为上的理解表现为一种道德品质,理解他人从来都是一项重要的道德品质。没有理解,就没有高质量的生活,没有理解就没有高质量的教育。

理解是处于教育世界中的师生与理解对象的沟通,在认知、感情、行为上筹划并实现生命可能性。理解就是不断解读自己的生命可能性,就是自我实现。理解教育的内涵:师生同益、感情先行、强德富智。理解教育就是要把由误解造成的痛苦降低到最低点,尽力谋求师生幸福,努力提高师生的教育生活质量。因此,从北郊初中的发展来讲,就是要通过理解把大家凝聚起来,最终实现北郊的共同愿景:"和谐共同体,幸福北郊人。"

一个团队要增进团结,需要理解。成员之间要善于沟通、勤于沟通,多一些理解,多一些信任,多一些支持,补台不拆台、成事不败事。恪尽职守,形成合力。只有这样,这个团队才有凝聚力、向心力、战斗力,就能创造出一流的业绩。一个人要融于群体之中,需要理解。要用辩证的思维去正视问题的存在,并进行正确的解读;要用发展的观点处理面临的一切矛盾;要用学习的态度去对待别人,理解个性差异,承认"人无完人",善于博采众长,学习别人的优点;要用约束的意识解读自己,坚持修身克己,经常自我反思,警示自己,完善自己。只有这样,才能使自己更好地融于群体之中,成为团队的有效成员。因此,理解是一种态度,是为人处世的儒家哲学。只有做到了这些,才能真正践行我校的校训:"明德、敦行、致远。"

要增强理解,就必须遵循辩证思维。按照唯物辩证法的观点,一切事物都是"一分为二"的。我们看待一个人、一件事的时候,都要遵循辩证思维方式,用全面、发展的眼光来观察事物,分析问题,绝不能以偏概全。真正的理解是对一个人、一件事的全面把握,所以,我们对一件事,既要看到它的正面,又要看到它的反面;对一个人,既要看到主流,又要看到支流;对一个问题,既要看到主要矛盾,又要看到次要矛盾。要增强理解,就必须坚持求同化异。要增强理解,就必须加强沟通交流。沟通和交流是理解的前提,如果总是"鸡犬之声不相闻、老死不相往来",理解从何谈起?"人怕见面,树怕扒皮",一个团体的内部成员之间只有抛却成见、勤于沟通,经常交换看法,经常坦露心声,才能相互理解、相互体谅。要增强理解,就必须学会换位思考。人们的日常行为不可能像自然科学中的测量那样有严格的计量标准,想要理解别人的行为,就必须学会"换位",把自己放在对方的位置和立场上来解读其思想和行为,拉近距离,求得认同。一个人,若不善于理解别人,骄傲自大,不讲诚信,缺乏融和性,那他就要牺牲生存空间为自己的行为"埋单"。因此,学校把"理解 分享 传递"作为管理策略,其目的就是能够最大限度地把人的优点发挥出来,建立一个彼此宽容、相互关爱的世界,分享每一个人的智慧,传递北郊优秀的思想,只有这样,我们才能会实现共同的管理目标:"同进 互赢 共生"。

要增强理解,就必须倡导理性心态。一个事物的发展过程,往往是得失并存,利弊共生。随着课程改革的不断深入,各种新情况、新矛盾会不断出现,这是教育发展的基本规律。学校教育改革不可能一帆风顺,不可能尽善尽美。为此我们要有理性、健康的心态,要有共同的教育理想和办学使命,北郊初中把"办有灵魂的理解教育　育全人格的未来公民"作为我们共同的教育理想和办学使命,这就要求我们必须坚守我们的办学理念:"立德固本　和爱润心　知行一体　实践创生",充分理解并把握教育的内涵与本质,懂得教育的规律性、科学性,理解和欣赏每一位学生,促使他们发现并发展自己的潜能。只有这样,才能践行"用心育人、用爱润心、大爱无痕、小爱无声"的育人理念,一切为了孩子成长的教育,让北郊初中成为学生快乐成长的家园。

子期伯牙成绝响,老骥长鸣遇伯乐,人只有在彼此的理解和需要中才能印证自身的价值,感到自己是人们所需要的和亲近的人——这就是生活最高的享受、最大的喜悦。理解精神,应该常驻北郊初中所有人的心灵,成为北郊人的人格框架中必不可少的一部分。

共同愿景

主题语:和谐共同体　幸福北郊人

诠释:

和谐共同体,意味着学校成员间的联结形式就像家庭,是家庭中人员的那种紧密结合的联结。每个人都受到关注,同时每个人也关注别人,师生和谐,生生和谐,校内外和谐,学生与知识的和谐,学生自身生命状态的和谐。

苏霍姆林斯基说过,"理想的教育是培养真正的人,让每一个自己培养出来的人都能幸福地度过一生,这就是教育应该追求的恒久性、终极性价值"。

学校是师生精神幸福的家园,学校是师生工作学习的福地。因此,站在学校的角度诠释学校的愿景,即要求我们遵循教育规律和师生发展规律,坚守理解教育思想,建设理解型管理、理解型课堂、理解型师生关系等等,让我们的校园被理解所温暖,人人都能感受到理解的温度,这样的校园才是一个真正的和谐共同体!这样的校园才能成为每个生命个体诗意的栖息地,充满安全感和幸福感的精神家园!

让学校成为学生心存感激的地方,让老师成为学生心中最柔软的存在,让每一个生命都幸福绽放!创造一个"尊重、包容、支持、和谐、幸福"的成长的家园!让学校成为师生另一个温馨、温暖的家!有家有爱有发展,立德成才创品牌,争创一流名校——让北郊初中成为百姓放心、家长安心、学生开心、有品位的、幸福指数高的优质学校。

北郊精神(核心价值观)

主题语：至诚至精　融心融情　善学善喻　宏德宏真

诠释：

至诚至精、崇尚卓越、拒绝平庸的敬业精神；融心融情、担当责任、自主合作的团队精神；善学善喻、感情先行、理解相伴、情智共长的教育科学精神；宏德宏善、求真尚美、善解人意的优良人品精神。

校训主题语：明德　敦行　致远

诠释：

"明德"语出《大学》，谓"大学之道，在明明德"，意旨在追求光明正大的独立品格。要求全校师生学以明德，都能发扬与生俱来的光明德性，自新其德，敦品励行，积学储宝。

"敦行"取自于《礼记·曲礼上》中"博闻强识而让，敦善行而不怠，谓之君子"。"敦"是敦促、勉励的意思，"敦行"就是勉力去做，强调动手的能力、实践的作风和对道德的践履。坐而论道、光说不做，只能是语言的巨人、行动的矮子。为学者不光要志存高远，而且还要身体力行，在实践中展现自己的知识与品格，远大抱负只有通过脚踏实地的行动才能实现，只有认认真真、实实在在地行动并在行动中勇于开拓创新，将知和行、理论和实践、认识世界和改造世界统一起来，才能算是完美意义上的人，才能算是真正对社会有贡献的人。

"致远"语出《诫子书》，谓"非淡泊无以明志，非宁静无以致远"，意思是只有保持平稳静谧心态，不为杂念所左右，专心致志、静思反省，才能厚积薄发、有所作为，实现更远更高的目标。这体现了一种矢志不渝的精神，它要求我们正确认识和处理理想与现实的关系，既立足现实，又不为浮云遮望眼。办学，要"面向现代化、面向世界、面向未来"；做人，要站高一点、想宽一点、看远一点；做学问，要耐得住清贫与寂寞，锐意进取，勇于开拓创新。

办学使命主题语：办有灵魂的理解教育　育全人格的未来公民

诠释：

德国教育家雅斯贝尔斯认为，教育是"人的灵魂的教育"。学校以"明德、敦行、致远"为校训,以"至诚至精、融心融情、善学善喻、宏德宏真"为学校精神,通过以"理解"为核心的学校文化建设,教育学生以"理解"的眼光来看待周围的一切,追求无限广阔的精神生活,追求人类永恒的终极价值:智慧、美、真、公正、自由、希望和爱,建立与此有关的信仰;通过建设理解性教学、理解性德育、理解性管理、理解型师生关系,充分发挥学生主动、合作、探究的学习精神,留足时间让学生博学、审问、慎思、明辨、笃行,让学生享受文化、品味经典、修养内涵,使他们"懂情理、明事理、求真理",成为有骨气、有志气、有才气、有锐气、存静气、扬正气的未来公民。

"理解教育"的学校教育应是闪耀人性光辉的教育,是以"学生为本"的教育,是"为了每一个学生成功"的教育,是"学习性质量""发展性质量""生命性质量"同在而且俱高的教育,为学生"终身学习""终身发展""终身幸福"奠定坚实基础的教育。

办学理念主题语:立德固本　和爱润心　知行一体　实践创生

诠释:

办学理念是学校从事教学活动的指导思想和行动指南。我校师生在创建以"理解"为核心学校文化建设中,确立了"立德固本、和爱润心;知行一体、实践创生"的办学理念,她分为"立德固本、和爱润心"的德育理念,"知行一体、实践创生"的教学理念。

坚守"立德垂范、固德根本、铸德成才"的育人思路;坚信"德为才之帅,才为德之资"的做人原则;践行"用心育人、用爱润心、大爱无痕、小爱无声"的育人理念;坚持理解型德育的核心理念——教在心灵。只有这样,才能最终实现"源静则流清,本固则丰茂,内修则外理,形端则影直"的最高境界。

奉行"见之不若知之,知之不若行之"(《荀子·儒效》)的教学思想;坚信"在行中学,方可明真知;在行中问,方可得灼见;在行中思,方可悟出新意;在行中辨,方可明真理"的教学准则;恪守"纸上得来终觉浅,绝知此事要躬行"(陆游《冬夜读书示子聿》)的实践原则;坚持"实践是检验真理的唯一标准,实践是知识向能力转化的有效途径"的教学真理。只有这样,才能最终实现科学性和创造性相结合的教学艺术,创建北郊初中"理解型"教学品牌。

坚守"立德固本、和爱润心;知行一体、实践创生"的办学理念,才能最终实现北郊初中"办有灵魂的理解教育　育全人格的未来公民"的办学使命。

管理目标主题语：同进　互赢　共生

诠释：

　　找准了学校管理的目标，学校管理就有了前进的方向。在学校的管理实践中，我们不难发现，学校管理目标存在三个核心，它应该是学校管理者始终不渝的追求：

　　同进：学校要成为"和谐共同体"，其核心是整个学校团队的发展。不让一个教师掉队，应该成为学校管理者始终坚守的管理信条，也只有不让一个教师掉队，方能实现不让一个学生掉队的学校教育的最高境界。

　　互赢：学校办学的最高教育质量指标，就是师生的互赢，家校的互赢，这是实现办人民满意的教育必然的要求。

　　共生：自然界有这样一种现象：当一株植物单独生长时，显得矮小、单调，而与众多同类植物一起生长时，则根深叶茂、生机盎然。人们把植物界中这种相互影响、相互促进的现象，称之为"共生效应"。学校是由不同的个体构成的一个组织，因此，学校中人与人应该是共生的关系，通过合作、互利的机制，把全校师生有机组合在一起，相互促进，共同发展，形成"共生体"，最终实现这样的"共生效应"。

管理策略主题语：理解　分享　传递

诠释：

　　理解学生，教在心灵；理解教师，勤学奋进；理解自己，塑造人生；理解教育，育人育己：让"理解之风"充盈校园。加强合作，分享智慧；共建班级，分享快乐；共担责任，分享感动：让"分享之风"吹遍校园。师友互助，传递友谊；小组合作，传递成长；润心教育，传递梦想：让"传递之风"渗透校园。

　　要实现学校"同进、互赢、共生"的管理目标，学校的管理过程必然是需要通过组织与塑造教师的才华，以实现学校愿景的过程。

　　人是管理的核心要素，因此，仅用制度、计划、监督来管理，尽管体现了科学管理的规范性、实效性，但却忽视了人的本质特征，即人的个性、需要及人的发展，甚至容易窒息人的创造性，仅知道服从。苏霍姆林斯基认为："人的心灵深处有一种根深蒂固的需要，就是希望感到自己是一个发现者、研究者、探索者。"作为一名教师，他的职业角色决定了他的追求价值取向，得到别人的尊重与理解远甚于物质利益。因此，把"理解、分享、传递"作为学校的管理策略，才能最终实现"同进、互赢、共生"的管理目标。

教师形象主题语：广博识　善喻世　乐为师

诠释：

身正为师，学高为范。作为教师要有广博的知识，包括本体知识、心理知识和经验知识，从而具备胜任力；教师的职责古云：传道授业解惑，教师应善于用引导、比喻、循循善诱等教育手段来教会学生认识世态万象；教师一定是一位诲人不倦的、以教为乐的人师。

学子形象主题语：懂情理　明事理　求真理

诠释：

学子形象核心字："理"，是指学生要学会知书达礼。懂情理，就是懂得"情"的价值，感情先行，理解尊重他人；明事理，就是善于把握和运用事物发展的规律，明白事物蕴涵的道理，也就是事物发展的规律性。求真理，是因为世间万事万物，大到自然界、人类社会，小到我们所从事的每一项工作，都有其自身发展的规律，对待未知不解的学问要保持一颗孜孜以求探寻真理的进取心。

家长形象主题语：尊师教　重身教　会喻教

诠释：

家长形象核心字："教"。家长要尊师重教，理解支持配合学校老师的做法，注重家校携手。日常生活中家长在孩子面前要注重言传身教，并在遇到孩子成长中出现的问题时，家长能有方法、有思想地对孩子进行开导教育，做好家庭教育的责任人。

课堂准则主题语：除误解　增理解　促善解

诠释：

结合学校理解性教育，理解性课堂。课堂是教学第一阵地，是师生互动的智慧乐园。课堂教学就是消除师生间传递交流知识时的误解，增进师生间的理解，增进对知识的理解，增进对方法的理解。以此促进能达成越来越善于慧解，解疑释惑，触类旁通。

活动准则主题语：砺学志　行认知　长情智

诠释：

教育教学活动都是教育的载体，目的在于磨砺学生的意志，让每一位学生喜欢学习；行为认知是万事之源，是人类认识客观事物，获得知识的活动，有了认知,行为上就知道该不该做,该怎么做;通过知情意行的活动,让学生能情智共长,励志敏行。

教师守则:

> 教育以树人为宗旨;爱生以宏德为要义;
>
> 团体以理解为兴盛;待人以至诚为基石;
>
> 处世以负责为根本;处众以融心为有理;
>
> 精进以善学为准则;学问以勤思为入门;
>
> 诤议以宽恕为旨要;健康以运动为良药;

学校文化的顶层设计,像一面迎风招展的旗帜,展示出强大的内聚力,它能够把学校所有成员都团结在这面精神的旗帜下,具有强大的熏陶功能。人民教育家陶行知曾说,熏染和督促两种力量比较起来,尤其是熏染更为重要。俗语说:"铁打的营盘,流水的兵。"为什么一届又一届,不同时代、不同经历、不同个性的学生,都能从本校的学校精神、校风教风中受到陶冶和启迪,甚至终身受益、铭志不忘呢?其重要原因就在于文化选择、价值取向、导航幸福,最终产生潜移默化的影响力。

二、管理变革——保障幸福

学校文化重塑是一个发现价值观冲突和解决价值观冲突的生存与发展之道,面对学校宏观与微观、个人与团体、利益与奉献、人和事等价值观的重塑,必须建立起与之相应的管理的战略与哲学。

简单的说,管理就是把一群人组织起来,完成一个共同的目标。在学校中,有许多要素在影响着学校管理,如何将这些要素调配好,这直接关系到管理的效率与管理的质量。

人是管理中的核心要素,事在人为,校长的重要任务就是如何调动所有教职员工的积极性。校长水平再高,如果没有全体教职员工的努力,肯定是一事无成的。现代学校管理的真谛在于发挥人的价值,发掘人的潜能,发展人的个性,尤其在呼唤以人的发展为本的时代,学校管理更应当最大限度地发挥教职员工的积极性、主动性和创造,让全体教职员工都能够全心全意为学校和学生的发展提供优质的服务。这正是学校文化发展的必然诉求。

现代教育理论认为,教育的本质是促进人的全面发展,这就注定了现代教育必须以人为本。叶澜教授曾说:"教育是直面人的生命、通过人的生命、为了人的生命质量的提高而进行的社会活动,是以人为本的社会中最体现生命关怀的一种事业。"因此,学校,作为实现教育目的的主要机构,其管理的特征和策略更需要集中体现"人本管理"的色彩。

人本管理就是"以人为本"的管理思想,是指在管理活动中把"人"作为学校管理活动的核心和学校最主要的资源,把学校师生作为管理的主体,特别关注师生的生命、弘扬师生的价值、激发师生的潜能、发展师生的个性,具有管理权力下移,管理人性化、开放式,培养团队精神等特点。

我深知,学校教育是一棵树摇动另一棵树,是一个灵魂唤醒另一个灵魂的人心教育。因此,学校管理的根本就是经营人心,只有充分地团结人心、净化人心、调动人心,学校才可能万众一心,才可能产生跨越式、可持续发展的不竭动力。如果没有充满活力的人才资源生成机制,没有与质量接轨的运行机制,一流的学校、一流的质量、一流的人才是不会凭空产生的。因此,"人本管理"是保障每个人幸福权利的核心机制,并引领着学校每个教育者取得成绩,并将向着更精、更新、更高的办学目标不断迈进。

(一) 以领导作风的转变推动幸福校园的建设

现在的教师最大的焦虑来自于不良的人际关系,首先是干群关系,是管与被管的关系,而不是平等的民主关系,同事之间可能存在着文人相轻或同行必妒的不良风气,所以,在传统的环境中,我们说话做事时,经常要多一个心眼,提防着别人,怀疑着别人,猜测着别人,议论着别人,而提防、怀疑、猜测、议论都是私下里悄悄地进行。这样,学校就存在着两套话语系统,一套在公开场合正式说,一套在私底下说。更令人厌恶的是同一个人说这两套话不仅可能不一致,而且前一套往往非常冠冕堂皇,而后一套却可能卑鄙委琐。所以,我始终要求教师别背后议论别人,别去观察谈论别人隐私,别去搬弄是非,每个人都去做自己,别人归老天管,你管着自己。如果是由于工作上的问题向校长反映。涉及教师,学校领导班子有一个要求,那你必须首先说这个人身上至少三条优点,然后讲问题。这是学校的生态环境,这个生态环境里大家都在阳光下,不在阴暗角落里。否则,怎么能顾大局? 怎么能和谐合作? 怎么会成为幸福的精神家园? 所以,在我所在的学校,见到最多的是赞美者的感激与被赞美者的喜悦,听到最多的是赞美者的柔音与被赞美者的谦词,不信任的阴霾被赞美声渐渐驱散,每个人的心中都有阳光,我希望学校是充满阳光的地方!

具体做法有以下八个方面:

第一,聚拢人气,凝聚人心。

人心向背是管理成败之本。所谓人气,就是一个单位,员工所呈现出的精神风貌与活力——学校文化的体现。人气旺,则处处呈现生机与活力,教职员工充满自信与亲和,蓬勃向上;反之,则是低靡不振,死水一潭。人气旺,则正气上升,邪气下降。学校校长室的首要任务,就是聚拢人气,凝聚人心。只有心往一处想,才能劲朝一处使。所以,学校经常开展一些有意义的活动。比如,开展征集"我的教育名言"活动。让每位教师原创一条教育名言,作为信念和准绳,学校将这些"教育名言"制作成宣传牌,张贴上墙,时时勉励和鞭策教师。比如,在学校校庆等大型活动上,让每一位学生上舞台,包括残疾的学生,让每一位教师上舞台,老师们都以极大的热情参与活动,个个显露自己的才华,感受到学校生活的美好。

第二,互换角色,换位思考。

作为一个管理者,要能够站在被管理者的角度思考问题,"公道不公道,打个颠倒",尤其是学校的重大决策,既要从学校的利益考虑,又要从员工的角度体察,"从群众中来,到群众去",多来几个轮回,才能确保决策的科学。对在工作、生活中有困难,甚至是犯了错误的员工,学校不是"铁面无私",不是一棍子打死,我们都是从帮助的角度关心他们。无情的制度,有情的管理。多年来,学校每一位教师都能自觉地遵守制度,更谈不上因为违反制度而扣过一分钱。这样的生态,才能让教师感受到尊重与幸福。

第三,用人所长,容人所短。

人无完人,人才不是全才,正如一首歌唱道:"到哪里去找这么好的人。"作为管理者,在用人的时候,一要大胆,二要包容,只要是金子,我们就要使其发光。一个人只有他的长处得到充分地发挥,他的短处才能得到充分地修正与抑制。我们要多看一个人的"虎气",少看一个人的"猴气"。如果管理者始终把目光盯在一个人的缺点上,就会怨天尤人,最后成为孤家寡人。所以,学校提出:"人用对了地方就是宝,用错了地方就是垃圾。"这里的"对""错"就是指用一个人的长处与短处。在北环中学,学校提拔了五位中层,四位教研组长;我到北郊初中一年后,学校一下子提拔了8位中层干部,这其中的一些人以前存在着这样那样的缺陷,但到了新的岗位上,他们就自觉或不自觉地修正了自己的缺点。

第四,平等待人,平易近人。

管理者与被管理者之间仅仅是职位、分工和责任的不同,人格上都是平等的,我们要尊重所有教师的个人尊严,尊重他们的知识和学养。和蔼可亲者,人亲之;平易近人者,人近之;盛气凌人者,人远之。比如,学校的教师,主动要求学校领导去听他们课,如果校长在一个学科中多听了某几位教师的课,那被少听到课的老师就会有意见,一定会邀请校长去听课,他们希望自己能够尽快地进步。这也是教师对自身专业发展有了内在的需求。

第五,面对面谈,手把手教。

对有问题的干部与教师,学校的做法是面对面地谈心,做工作,从来不搞"背对背",表扬可以在背后,但是批评一定要在当面,在工作中,没有什么不可以放到桌面上来谈的,坦坦荡荡,光明磊落,但校长绝对不会就此看死这个人,因为工作从来是对事不对人。当然,对一些工作中的新手,学校一定是本着"少批评,少埋怨,少指责,勤鼓励,多指导"的原则,手把手教。这是一个工作方法的问题,更重要的是学校文化建设的必然要求。

第六,培养教职员工的自信心。

我任校长的第一所学校并非热点学校,甚至在一定时期,学校在整个社区乃至教育局,都处于一个相当弱势的地位。教职员工表面上是很坚强的,但心理是非常脆弱的。作为学校的管理者,一方面从正面引导,培养所有教师的自信心,激发教师的积极性,多支持教师的工作,给每个人公平的机会,"你有多大本事,就给你多大舞台"。在一定意义上,管理就是为员工搭建平台,平台越高,员工表演得越尽兴,越有成就感;平台越低,则很扫兴,越有失落感。比如,有一些教师由于性格温柔,在传统观念看来不适合做、或者是做不好班主任,但我们通过班级文化建设的平台,大胆任用,积极鼓励,恰当帮助,这些教师现在都做得比较优秀。这样的班主任有很多,他们看到自己的成功,极大增强了自信。同时,他们通过自己的成功,获得了群体的认同,提升了自身的幸福感。学校还经常开展"夸夸我们的老师"的活动,在教工大会上,由学校的干部、教师来诉说我们教师身上的动人之处,请教师的家属到学校大会上来"夸夸我的爱人",教师"夸夸我们的学生"的活动,这些措施,极大地增强教职员工的自信心与敬业精神。还有班级文化建设这个平台,教师在这个新的舞台上尽情地展示自己的才华,做出了新的成绩。全校 75％的班主任被许多兄弟学校邀请去介绍经验,现在学校,老师们争着要做班主任,暑假的时候,学校领导要找不给做班主任的教师谈话,说明不让做的理由。

第七,改变自己,接受变化。

管理者要学会在工作中改变自己,而不是拒绝变化。把改变作为一种积极的力量,"智慧都是碰撞出来的",在学校管理中,要善于、敢于听取群众的意见和建议,从善如流,自我否定,尤其在重大事情的决策上,不能唯我独尊。记得《谁动了我的奶酪》书中写道:"变化万岁!"这是学校文化建设对领导者的必然要求。

第八,针对个性,设计舞台,成就教师。

教师不是全才,有的老师是班级管理的老手,连续多少年做班主任,做得也很好。但是学校会让他暂时不做班主任,开始很多老师包括他本人都不理解。学校领导帮他分析个人专业发展的缺陷,指出他一直不敢评高级教师的原因在于自己论文上不够数量,不够级别。今年虽然不让他做班主任,但是要求他每学期必须写出 2 篇高质量的论文来,同时安排善于写论文的老师与他共坐一个办公室。经过交流,老师不但理解了学校的安排,而且更加感激这样的安排。从今年开学到现在,不到半年时间,这位老师已经有两篇文章在省级刊物发表。成就教师,教师一定能从职业中获得幸福。

(二) 以领导方法的转变促进自主发展氛围的形成

1. 环境塑造策略。学校转变工作策略,创造出一种利于教师与学生成长、利于教育目标和管理目标实现的环境,塑造一种有助于人全面发展的环境氛围。以道德规范、行为准则规范人,以学校的愿景和特色引导人,以学校精神凝聚人,以良好的学校形象和教师全面发展的形象向社会展示出充满自主创新、和谐向上的文化氛围效应。环境塑造具有熏陶功能。人民教育家陶行知曾说,熏染和督促两种力量比较起来,熏染则更为重要。它能够潜移默化地将学校成员的需要和动机、兴趣和爱好、智慧和才能、人生观和价值观、理想和信念、性格和气质都导向理解追求,享受提升幸福。

2. 有效激励策略。学校管理必须转变工作策略,以育人为本,促进人的思想、心理、行为朝着人的自由、全面发展的方向转化。实施有效激励,激发了师生动机而提高工作、学习的绩效。学校"人本管理"要求学校领导成员对所属成员,进行有效激励,激发人的进取精神,从而发挥了他们最大的主动性、积极性和创造性。

第一,目标激励。美国哈佛大学心理学教授斯金纳提出的强化理论告诉我们,对于庞大的、复杂的目标,如果分成若干阶段性目标,通过许多"小步子"逐步完成,对每一小步取得的成功,管理者都给予及时强化,就能长期保持员工实现长远目标的积极性,而且通过不断地激励也更能增强员工的自信心。所以学校围绕三年主动发展规划,制定《教学质量目标与评价方案》,实施目标考核,加强常规课堂的管理,强化目标达成;《学校校本教研实施方案》,规范校本教研活动的形式和内容,把校本教研落到实处,促使教师专业化发展;制订每一学期全校性学术活动总体方案,使培训有目的、有计划;制订"教师发展自我设计与评价表",引导教师追寻专业自主发展,将教师自我发展和学校发展统一起来;制订《＿＿＿＿特色教师指标》,搭建教师专业成长的阶梯;制订《学科教研组建设行动建议》,规范教研组建设。根据目标的制定,实行目标滚动发展,有了集体的发展目标,且目标具有时代感、使命感,目标具有实践性、操作性。

第二,情感激励。人本管理,实质上是一种对人的自尊与受人尊重的情感的激励。成功的管理者一定会重视情感激励,沟通与管理对象的感情渠道,彼此交流,互相了解,相互信任,愉快协作。当然,在学校管理中,不可能没有规章制度,而学校在执行各种规章制度、考核指标时,以"无情决策、有情操作"为指导方针,注意教师的情感变化,善于疏导,常谈心,常交流,常帮助,在教师有突出表现及时表扬,有好的做法时及时向其他教师推介;发现教师有不良表现时,做个别谈心帮助其改正,以保护教师的自尊。同时以情动人,把温暖送到教职工的心窝,切实解决教职工的后顾之忧。学校努力节约一切不必要的费用,用于提高教职工的经济待遇,改善教职工的物质生活条件;充分发挥党支部、教代会、工会的职能,深入了解教职工的生活疾苦,关心教职工的身心健康,主动为其解决一些生活困难,把生日送蛋糕祝福、生病住院看望、节日慰问、教职工运动会等活动常规化、制度化,组织好教职工参加各种积极有益的文娱体育活动,把制度、管理、尊重、关心、情感高度统一起来,使教师勤教、乐教,以学校为家,在学校充分感受到"家"的温暖,营造出一种和谐的人文管理的环境。

第三,成功激励。成功的力量是无穷的,形成校内优秀教师成功的示范机制,帮助教师寻求专业自主路径。每学年学校将进行综合评议,评选、表彰学校"＿＿＿＿"特色教师;学校图书馆开辟校内优秀教师文献专栏,将校内优秀教师专业成长的原型经验形成文字编辑成册,作为学校图书馆的永久收藏文献,并给予这些教师相应的稿酬,对于具有特别推广价值、学习意义的,学校将提供出版经费,鼓励教师出书立著;每学年,学校都编辑"教师文集",将一学年来全校有价值的教育教学心得、教育教学论文、教育故事、教案等编辑成册收藏图书馆;学校制作"教师教育教学活动光盘集",将一学年全校有价值的各种教育活动、教师课堂教学、教学课件等制作成光盘收藏图书馆,对教师教育教学实践进行知识管理,使它们成为鲜活的教师校本研修教材。在校园网上开设学校优秀教科研成果专栏,将教师的优秀案例、论文、研究报告、方案等材料上网,向校内、校外推介,增加校内外交流,提升教师知名度;学校也定期为校内优秀教师召开教育教学思想研讨会、教育教学经验推介会、教育教学示范观摩活动等,挖掘教育教学优秀案例,在全校范围内进行推介,树立优秀教师专业发展的尊严,同时把一部分优秀教师专业成长的原型经验转化成学校大部分教师的实践性知识,学校每学期都会组织安排一系列不同主题和形式的课赛,全校参加,整体动员,评出优秀者给予表彰。

3. 主体参与策略。学校转变工作策略,要求学校领导成员、教师、学生全员参与、主动参与,在参与中充分发挥主体作用。三者的参与形成互动、互助,最后达到共同进步。大力推进民主管理,一是信息沟通,即校务公开;二是共同决策,学校的重大事情必须由校长室、党支部和教代会共同决策,并保证每一个代表的有效参与;三是表决的程序必须每一步都是公正的;四是教师的自我管理,要相信教师能够对自己的工作进行评价,对自己的工作负责。民主管理能够让教师为沉重的工作和学习负担提供良好的理由,沉重的工作和学习负担使人的生命质量下降不在于负担本身,而在于这种负担是否出于一种强制,特别是出于人对人的强制。在民主管理制度下,教师的负担可能也很重,但是却出于本人自愿,如果是自愿的,沉重的负担便有了良好的理由,同时,又使校内人际和谐,幸福就是有理由的"痛苦"。

在学校的管理中,学校让广大教师参与决策、管理和监督,鼓励和支持他们提出建议,并予以重视,积极采纳,使教师受到激励,满足自我实现的需求,从而教师最大限度地发挥自己的潜能,更好地完成工作。这极大调动了全校教职员工的工作热情,使学校上下一心,不断超越,形成了一种一往无前的气概,形成了一个幸福、和谐的"共同体"。

（三）以管理制度的创新促进竞争与合作机制的建立

学校内制定了许许多多这样那样的管理制度,这些制度是从管理的角度还是从方便管理的角度来制订的,是不是代表着管理的本质属性? 这是我一直在深思的问题。要求学校成员遵循某种规则,但更重要的是要让他们理解某种规则;要求成员理解管理者的意图,领导者首先要理解每一个成员;要求成员体会管理变革,领导者首先需要理解管理变革的真正意义并身体力行。

因此,学校按照①程序性制度②规范性制度③基础性制度④评价性制度四大类进行制度的修订与执行。清晰地告诉老师应该做什么与不应该做什么;应该怎么做与不应该怎么做;推行做什么与奖励做什么;以及自己做什么与大家一起做什么等。工作制度和行为守则的开发与制订,关键是要体现学校文化的内涵,要使全校教职员工的个人价值观与学校共同的价值观融为一体,努力创设一种氛围,让老师凭良心尽义务、展潜能,把规则化为每个成员的自觉行为;同时让全体教师觉得,按这样的规则做事,是保障自己幸福的基本条件。

合作胜于竞争。因此,学校并不将一个教师和另一个教师作比较,或者让一名教师作为所有教师学习的榜样,学校相信每一个人都有自己的长处,相信每一个教师都是优秀的,都会努力工作的,如果他工作中发生问题,那一定是有理由的,学校领导的工作不是指责教师行为上的过失,而是去寻找这个行为背后的原因。比如,学校改革备课制度,构建学科教学平台,其最大的原因就是需要大家的合作,在这个平台上,把自己的智慧贡献给他人。

（四）以组织结构的变革保障制度的落实

学校取消了原来的教导处、教科室,成立年级部、课程部、教育研究督导部,成立了学生成长中心、课程研发中心、资源与技术服务中心。这不仅仅是名称的改变,更重要的是管理的内涵发生了变化。

1. 把原来的三级管理改成两级管理,由原来的学校机构建制改为"年级部",降低管理的重心。各年级都制定了日常的检查制度,本年级老师、学生都是管理的主人,年级老师自我管理的内在动力得到了充分的挖掘和调动。不同年级、不同班级在教育管理和教学管理中出现的问题往往是各不相同的。年级部直接参与班级管理,全面了解学生、教育学生,促使教育管理向精细化、微格化发展,提高了教育管理服务水平。年级部管理模式是一种相对独立的管理模式。其中教师的配备特别是文化学科教师的配备是相对稳定的,管理层的主要负责人也是相对稳定,年级部的主任及班主任都实行3个年级大循环。这就客观上要求我们的工作既要考虑一时之便利,更要展望今后的可持续发展。一个年级一个家。不同年级之间,年级部管理各显其能,彼此形成积极向上的竞争局面,彼此相互学习、取长补短,有助于提升学校整体管理水平。教育管理方面的均衡也是很明显的,特别是在相互学习方面,当一个响亮的口号出现在某个年级部后,不久其他年级部也会主动学习并且有所发展,最终可实现均衡发展,共同进步。

2. 把原来以管理为主变成以服务为主,丰富管理的内涵,"管理要不扰民"。学校内减少开会次数,布置工作尽量采用通知的方式来下达,用主题研讨代替行政例会,将每周的班级工作例会改成两周一次的班级工作论坛。"不扰民",不只是为了把更多的时空留给教师,也是为了把管理还给教师,让教师有更多的自我管理的权利和机会。学校里很少有检查和自上而下的工作布置,比较多的是自下而上的汇报和展示,如个人或团队发展规划汇报,年级部、教研组、备课组成果交流等。这"一少一多"产生的效应是,少了一些外在的约束,多了一些专业自主、管理自主的空间,由此,也就多一些创造,多一些个性。

3. 把原来的条线管理变成块状管理,培育综合性的领导干部。用人所长,容人所短。人无完人,人才不是全才,正如一首歌唱到:"到哪里去找这么好的人。"作为管理者,在用人的时候,一要大胆,二要包容,只要是金子,我们就要使其发光,一个人只有他的长处得到充分地发挥,他的短处才得到充分地修正与抑制,我们要多看到一个人的"虎气",少看一个人的"猴气"。如果我们始终把目光盯在一个人的缺点上,我们就会怨天尤人,最后成为孤家寡人,纵然我们有三头六臂,也都有操不完的心,做不完的事。所以,我认为:"人用对了地方就是宝,用错了地方就是垃圾。"这里的"对""错"就是指用一个人的长处与短处。几年来我在两所学校任校长期间,都分别进行过中层领导、教研组长竞聘。自主申报的人很多,经过召开教代会的选举先后提拔了各个管理中心的中层干部,教研组长。我对学校干部提出的要求是,一要干练,二要干活,三要干净,干练是精神状态,干活是工作能力,干净是品德修养。

学校不是工厂,一味强化制度的结果只能带来规范,约束教师的发展。规范是保底,发展才是硬道理!领导、老师和学生走到一起是开始,融入到一起是进步,合作到一起才是成功。我真诚地希望老师们能靠自己,努力去创造自己的人生幸福。

我认为,教育工作者的幸福感和工作满意度直接影响到学生的发展,教师的身心两方面不健康是幸福感和工作满意度的大敌,也是学生身心健康的大敌。教师的心中有阳光,学校才有阳光,学校里的学生才有阳光。

三、教师成长——享受幸福

美国作家怀特写过一个童话故事《夏洛的网》。这个故事讲的是一只叫威尔伯的小猪和一只叫夏洛的蜘蛛成为朋友。当得知威尔伯将成为圣诞节时的盘中大餐时,看似渺小的夏洛用它的网在猪棚里织出"王牌猪""了不起""光彩照人"等字样,最终让威尔伯的命运发生逆转。蜘蛛夏洛曾经说过:"生命的价值是什么,该怎么说呢?我们出生,我们短暂地活着,我们死亡。一个蜘蛛在一生中只忙碌着捕捉、吞食小飞虫是毫无意义的。通过帮助你,我才可能试着在我的生命里找到一点价值。"夏洛,一个弱小的生命,它以自己的辛劳为威尔伯创造了一个可以终老的奇迹。它把自己的能力和精神发挥到极致,夏洛的生命长度虽然短暂,但他的生命宽度却达到了常人所无法企及的水平。由蜘蛛夏洛,我会常常想到教师事业,一种创造性极强的劳动。由小猪威尔伯,想到学生的天赋、才能的潜力几乎是无限的。夏洛通过帮助威尔伯,生命获得了意义。教师可以通过帮助和促进学生的成长和成熟,让生命变得更为丰富完整。作为教师,我们可以始终不渝地探索、依靠和发展学生的潜力,在为学生创造一个个奇迹的同时辉煌自己、幸福自己。这不正是我们教师的人生价值所在吗!只有教师把对教育理想的追求作为人生目标,他才会感受到幸福,才会自觉地追逐。

(一)关注每位教师——"不让一个教师掉队!"

卡耐基曾经说过,天底下只有一种方法可以促使他人去做任何事——给他想要的东西。在现代社会,人们想要的东西很多,而温暖和关爱恰恰是最渴望却最容易被忽视,因而也最不容易得到的东西。所以,学校给予教师及教师家人一点点恰到好处的关怀,往往不仅会激发教师的共鸣,还会激发教师整个家庭的共鸣。如每年在教师家人生日时送生日蛋糕、经常请教师家属来校交流,看望生病的教师家属,开展"夸夸我的老师"等活动,都收到了很好的效果。

"教师第一""教师是天"这些口号很嘹亮、很动人,但真正要把它们内化为学校的行动很艰难,尤其是对学校的管理团队来说无论是在心理上、思想上、实践上异常艰难,因为这要求整个学校管理必须发生深刻变化。多年来,我和学校的管理团队也曾有过犹疑,但看到一位位教师走向成长、充满职业尊严和幸福的欢笑时,我们知道必须要坚持下去。

"不让一个孩子掉队",这是每一个教育工作者的良心和责任,而它的背后又蕴含着"不让一个教师掉队"。多年来,我和学校的管理团队始终坚守着这条信念:"不让一个孩子掉队"首先要"不让一个教师掉队"。很多时候在某个班级、某个学科出现问题后,我们会想尽一切办法来拯救,力图让孩子们再归队,但往往无法力挽狂澜,所以"不让一个教师掉队"是"不让一个孩子掉队"的前提和保证。

2009年8月教师开学报到讲演会,张秀芳老师的深情演讲,时常在我脑海再现:"从教十五年来,第一次有机会在这样隆重的场合表达我的赞美心意和感谢之情,从教十五年来,感觉最有成就感的是近五年,因而也是职业生涯中最幸福的五年。在'和'文化的氛围里,我觉得只要不断努力,一定会有更好发展。感谢在座所有同事,你们的温暖和亲切都令人释然,令人想和你们一起工作到老!"我欣慰于张秀芳老师从教十五年来终于第一次完成了初中数学循环教学,终于破茧而出,我因她的成长而拥有了校长的尊严和幸福。

2008年11月数学校本课程研讨会,"我非常愿意和你们共同完成这一课程的开发工作……"江苏省知名特级教师、苏科版初中数学主编杨裕前先生正兴奋地和学校数学校本课程开发项目小组核心老师邹浩芳交流着。邹浩芳,一个曾用"发表论文一定是要有路子"的话语反驳过我的老师,在研发和实施校本课程的过程中,一篇又一篇论文在国家级核心期刊发表,学校对邹浩芳老师的支持曾被一些老师质疑过,但他放弃暑期休息时间、啃着面包研发校本课程的行动让学校坚定了对他的支持,今天的邹浩芳找到了自己职业奋斗的支点,拥有了自己职业的幸福,我因他的幸福而拥有了校长的尊严和幸福。

2007年下半年的教师家属讲演会,顾弘老师爱人的"埋怨"言辞常常在我心头响起:"顾弘,什么家务都不干,只做学校里事情,是一个不称职的'父亲',不称职的'丈夫'。"我欣慰于顾弘老师的脱胎换骨,在与他的"较量"中自己的个性、心理、尊严受到了挑战,但一个所谓的"问题教师"成为了学校老师们夸在嘴边的"才子",我因他的改变而拥有了校长的尊严和幸福。

2008年8月调任学校分管教育教学的蔡军副校长在他的博客中有这样的心语

记录:学校教师正是因为自己的专业自觉才有了自己的专业自强,教师也只有成就了自己的"专业",保持了稳定的职业生活,才能让"心"从单一职业生活解放出来,让"心"向各种可能的"业余爱好"重新开放,心打开了,就"开心"了。这或许就是学校教师拥有幸福的密码吧!

做校长以来,我和学校的管理团队坚定了"不让一个教师掉队"的信念,使得学校由传统行政管理逐步向现代文化领导转型,尤为重要的是唤醒了教师的文化自觉意识,使得教师的专业自觉意识和能力逐步形成,正如华东师大课程所所长崔允漷教授所说:"如果教师自己不想发展,那么谁都帮不了他!"教师的文化自觉是教师拥有职业尊严和幸福的前提和基础。

(二)欣赏每一位教师——促使每位教师快乐成长

"伴随着一年初三的成长,我需要感激和赞美的人很多很多,如支持和配合我工作的所有任课老师,亦师亦友的何燕、堵小亚、蒋丽华老师等,她们都是我感激和赞美的对象。那么多的选择让我举棋不定,犹疑中,我选择了一位我最敬佩的人作为今天的赞美对象。"在教师们发自肺腑的赞美中,学校又开始了新的一个学期。

学校每次新学期的教职工大会总是在以"赞美"为主题的教师讲演会中开始的,学校很少召开全校性的工作布置与总结的教职工大会,而每一次召开的教职工大会却总能令人感动着难以抹去的心中的记忆,或是欢笑着留在心底的对未来美好的憧憬。近十年来,我始终在广大教职员工中倡导"合作胜于竞争"即"个体付出、团队成果"的理念,通过"赞美"为主题的教师讲演会,"我的教育名言""理解性师生关系促进学生幸福成长"故事征集活动等等,让教师发现彼此的闪光之处,让教师在互相感激中提升幸福指数,学校始终认为只有教师首先拥有幸福,才能使得学生拥有幸福。

(三)构筑专业成长共同体——让教师在同伴互助中成长

学校多年来以"形成教师文化自觉意识"为主旨的校本研修,力图解决三个问题:一,学校的教师集体能否以自身的力量走向自强?二,学校每一门学科能否以自身的力量走向自强?三,学校内部传统理解中的薄弱教师能否在同事性合作中点燃信念、走向自强?"自觉""合作"是教师专业成长的重要基因,几年来,学校的教师研修活动实则是通过学校制度设计、学校管理转型、学校机制重建等方式让教学自主权、学术自由权、课程理解权回归教师,增强教师自觉意识,优化教师合作环境,赋予教师自由空间,教师的实践自觉、实践合作意识和能力的提升逐步生成了教师的实践智慧。

1. "文化立组"——从"重心下移"到"融心融情"

现代学校的"重心下移"要有一个落脚点,而教研组文化则是最终的落脚点,只有将文化之根扎在"教研组文化"之中,学校文化的创建才能落到实处。学校建立起了"中层以上领导干部学科建设专业服务制度",通过这一制度,使得学校管理团队成员不仅自己要有教研组文化意识,还要进行"文化意识"下移,即下移到教研组长那里,帮助教研组长将文化意识内化到日常化的思维方式之中,转化到常态化的行为方式之中。具有了文化意识的教研组长才能以促进教研组成员的发展为己任,在教研组内部逐步培育适合教师个体发展的教研组文化生态。

学科教研组是行政组织还是专业组织,这个问题无论在以"和"为中心的北环中学还是以"理解"为核心的北郊初中,教研组都作出了清晰的定位。因为,学科教研组是教师发展、实施课程建设的场所,是学校文化建设的最基本单位之一。学科教研组作为教师工作和学习的基地,其成员共同认同的价值观体系、共有的规范体系,对教师个体的发展和学校的课程教学改革都具有决定性的制约作用。学科教研组文化建设变革与转型就是以学科教研组为基地进行的学校教育的"静悄悄的革命",用文化改造学科教研组,回归和强化学科教研组的"专业性"。其根本目的就是要实现:

(1)让学校文化之根扎在"学科教研组文化"之中,实现学校"重心下移"的管理变革。

(2)让学科教研组文化转型,即教研组成员的生存方式和生存状态的转型,这意味着学科教研组文化建设以"事"和"物"为核心的价值观念,转到以"人"和"生命成长"为核心的价值观念。

(3)学科教研组文化转型,使得学科教研组真正成为一个实践性的共同体,相互关怀,促使每一位成员更快地提升自己的教育智慧,让工作成为幸福生活的一个最重要的方面。

如北郊初中英语教研组文化(简介):

在学校"理解"文化这一总方向的指引下,英语教研组作为学校重要的组成部分,根据英语学科的特点及全体成员的理想追求,形成了"IN·JOY"文化这一精神和价值观念体系,其核心是——追寻快乐英语,打造 U 秀课堂,创建幸福乐园。在此基础上,形成英语教研组所有成员的共同愿景——"创建一个充满互动研修氛围、洋溢追求卓越精神和体现诚朴踏实作风的实践型学习团队"。

理念阐述:

Injoy 是 enjoy(喜欢、享受)的变体,injoy = in + joy(乐在其中,也就是教育的欢乐、享受在理解型课堂中)

J——join 参与　以学生能主动参与课堂讨论,融入到理解课堂为目标,让学生在问题中学习,在学习中思考,在思考中创新,追求课堂理解的发生。同时,作为教师,我们也要在课堂中参与学生学习小组的讨论,了解学生的思想动态,多元地评价学生,让学生感受到英语来源于生活又运用于生活,只有参与,才能体验学习英语的快乐。

O——organize 组织　作为教师,在课堂中应该既是参与者,又是一名组织者。教师应在自然教学环境中营造一个有利于张扬学生个性的"场",让学生的个性在宽松、理解、愉悦的文化氛围中得到释放和展现。此外,教研组定期组织的互动研修,能让老师互相学习,提高自身水平,使英语教研组成为一个培养人才的学习型组织。

Y——yard 乐园　以"追寻快乐英语,打造 U 秀课堂,创建幸福乐园"作为英语教研组文化的核心,我们的共同追求就是"师生共同创建一个充满互动学习的快乐家园,让老师和学生们可以共同在"深度学习策略"下进行"高品质学习",体验英语,享受英语。

教研组精神:

协作 Cooperation　尽责 Responsibility　多元 Diversity　创新 Innovation (CRDI)

即倡导团结协作、尽责敬业、多元投入、开拓创新的教研组精神。

2. "研修转型"——从自发到自觉

学校以"和""理解"为主题的学校文化建设,是要让学校文化回归师生日常生活,尊重人的主体性存在,尊重人的主体性发展,主张以人为本。学校的人本化主要在于教师幸福指数的提升,教师的幸福感源于职业生涯内能不断拓展自由。

学校制定的校本研修行动计划分层推进,即建立教师间公开授课的校内教研机制;以校内教研活动为中心,重新建构学校的内部组织和机构;总结与反思,切实巩固校内教研成果;构建适合学校师生提升生命质量的效能课堂。

第一步:包括校长在内的所有学校管理团队成员"下水"课堂,向全校教师打开了课堂;学校组织各学科骨干教师以研究课的方式向全校公开教学;同时以关注学生学习的真实发生过程为课堂观察重点,而不再关注于课的好与坏、优与劣,消除了教师被听课的恐慌心理。一年的时间,全校绝大多数教师能以开放的心态打开课堂。

第二步:学校以校内研修活动为中心,改革学校中层管理内设机构:增设教育研究督导部。该部门以校内研修为工作中心,全面领导学科教研组建设、非正式专业组织建设、课程建设、课堂建设及教师专业发展,主要对教师提供专业支持与服务。

第三步:学校全面梳理、总结、反思三年校本研修行动计划的实施情况,从制度、组织等层面切实巩固校本研修活动的成果。三年内学校确立了学年度整体设计、系统组织校内研修活动的理念,建立了教师网络教研平台,建立了"规划引领、行动跟进、协商评价"的学科教研组建设制度、年级学科备课组二次集体备课制度、年级学科备课组周教学研究日制度及年级学科备课组一周作业整体设计制度,建立了学科教学督导小组和学科教学研究中心等非正式组织,形成了"学校暑期教师论坛""周三教研时间——教师讲坛"等教师专业活动载体。

第四步:触及学校变革的核心,整体构建适合学校师生提升生命质量的效能课堂。树立一种"不扰民"的专业服务思想:逐步精简机构,削减不必要的行政会议、活动,建立中层以上领导干部教学与教研专业服务制度,帮助与支持学科教研组长提升教学领导力,协助学科教研组长设计学期教研活动和教研项目;构建一种"以学为主"的课堂教学模式:通过利用"基于课程标准的和谐合作互动教学案""基于课程标准的和谐合作互动框架式复习教学案",并把它作为课堂教学的载体,从而创生新的课堂教学模式,让教师的课堂教学由经验走向标准,全面提升课堂教学效能;构建一套体现教师"自主文化"的校本研修体系,提供工具并引导教师进行教师发展自我设计与评价,让教师悠然自得于自身的专业实践,整个学校显得生机勃勃。

校本研修行动计划的顺利实施,关键在于学校确立了"不让一个教师掉队"的理念。今天在学校,不论你荣誉的多少、职称的高低、职务的大小、成绩的优劣,只要你有着善良的品性、开放的心态、向上的精神,你就能赢得尊重和理解,"善良品性、开放心态、向上精神"这正是在"正德、启智、负责、向善"学校精神培育下的学校性格。这使得绝大部分教师感受到了人文关怀,逐步消除了职业的恐慌感,在安全的氛围中,越来越多的教师关注于真实的课堂,注重于理论的学习。在北环中学七年,除了因自然原因,学校没有以行政行为让一个教师调出或规模引进教师。在教师队伍没有发生变化的情况下,学校参加工作四年以上的中考学科教师都上了初三,完全胜任初中循环教学和班主任工作,成为了家长、学生、同行心目中的"放心"教师。学校两位教师在江苏省学科优质课评比中获得一等奖,一位教师二等奖,十多位教师在常州市学科优质课评比中获得一、二等奖,覆盖所有学科的全校大多数专任教师具有执教过省、市级研究课和示范课的经历。

2011年8月常州市教育局在常州教育信息网公布了直属学校优秀教师比例,北环中学拥有常州市学科带头人、青年骨干教师等学术荣誉称号的教师占专任教师的41.1%。学校以校内教研活动为载体进行的学校教育的"静悄悄的革命"让整个学校和整个教师团队发生了根本性的变化,这正是北环人共同价值追求的一种真实写照。在学校,"和"是一种境界,是一种精神。"和"是一种能力,是赢,是多赢,是持续的赢。

今天的北环中学,有41.1%的教师拥有了市学科带头人等学术荣誉称号,37.0%的教师具有了中学高级教师职称,教师们悠然于自身的教育实践和学术研究,学校以"班级文化建设"为代表的一批改革项目就是在教师优秀智慧的支撑下得以顺利实施的,就是这样一群没有"特级教师"等高级别学术荣誉称号的老师们近三年来在省内外公开讲学三百多次。这正是以"和"为主题学校文化的体现,因为在学校,"和"是一种追求,追求一种共生、共荣、共发展的境界。"和"是一种能力,是赢,是多赢,是持续的赢。

作为校长,我始终坚守这样的管理观:学会服务教师,学会鼓舞教师,学会成就教师。因此,学校的变革与创新没有疾风骤雨,没有雷霆万钧,有的只是人性、人道、温情与幸福。在我校,几年的校本研修使得学校整个教师队伍发生了根本性的变化,尤为重要的是提升了教师的实践自觉意识和能力。学校的教师学会了对自己专业生涯的自我管理,整个教师队伍逐步形成了专业自律文化,从而逐步走向专业自强,提升幸福指数。

3."主题参与"——从封闭到开放

学校的全体教师,携手社区、学生和家长等不同群体聚合力打造学校以"理解"为核心文化的"主题工作坊"。它是一种集体验式、参与式、互动式于一体的学习模式,它能够将所学知识融会贯通,参与者可以获得丰富的成长体验。学校教师自发成立了十余个主题工作坊,每个工作坊都是一个研修学习成长的共同体。

工作坊的角色有三种,分别为"参与者""专业者""促成者"。在参加活动的人称之为"参与者"。具有专业技能,能对于讨论等主题直接助力者称之为"专业者"。主持及协助工作坊进行的人则称之为"促成者",促使工作坊有效推动。在成立的各个主题工作坊中,我们发挥优秀教师的示范性,他们在工作坊中担任着"专业者"的角色,进行引导与引领。学校领导及各部门的负责人则具有工作坊中"促成者"的任务,思考促进如何让参与的师生彼此之间进行有效的沟通,或是协助参与者在讨论的过程中发现并提出问题,但绝对不是强势地为参与者作出决定。每个工作坊中除了有不同的角色,也有不同的章程、工作条例、监管措施和评价体系。

附 学校主题工作坊一览表

序号	工作坊名称	工作坊主要内容	工作主题
1	家校互动坊	邀请家长志愿者项目组成员分别到校参与营养膳食的设计与监督;到校随堂听课,提出宝贵的意见和建议;帮助学校疏通校园周边的交通,保障学生放学高峰时的安全;参与学校德育活动的设计与实施。	
2	理解故事坊	招募教师和家长志愿者参与组成"教师故事团"和"妈妈故事团",根据学校需要或者班级需要,预约故事志愿者到校为孩子们讲励志故事。同时,改革学校的国旗下讲话形式,以"讲故事"形式传播道德与文化,熏陶生命。利用校园网络平台,设立北郊故事坊专栏,收集同学们、家长们、老师们的故事资源,定期更新,给同学们、老师们、家长们自由选择阅读和交流的平台。	"理解性"师生关系
3	阳光家庭坊	突破传统的纯师生关系形式,构建师—生、母(父)—子、师—友多元关系。我们将组织一些教师志愿者实验"阳光家庭坊",利用双休日时间,志愿者老师将2—3名学困学生请到家里,与其共同生活娱乐,拉近师生情感距离,加深师生之间的理解互信,以此帮助学困生完善个性,增强自信。	

序号	工作坊名称	工作坊主要内容	工作主题
4	"艺术与人生"宣传坊	由音乐和美术老师带领大家对名人名画名曲进行专题赏析,提高同学的艺术审美力与艺术修养。	"理解性"德育活动
5	心理游戏坊	在心理专业老师的带领下,以科学设计的游戏帮助孩子们进行心理疏导,提高其心理适应力。	
6	创新科技坊	培养孩子们的创新意识和创新能力,提高孩子们的科学精神与基本科学素养,并结合"农耕坊"的动手实践。	
7	早慧坊	结合"理解性"教育实践,开展对我校青年老师的成长培训,不断促进青年教师整体素质的提高。	"理解性"教师发展
8	启慧坊	聘请优秀教师、资深教师对青年教师给予学术指导,且督导毕业班老师加强对中考的研究,认清形势、把握方向,制定毕业班科学有效的备考策略。	
9	理慧坊	以"以学定教""持续改进"为研究载体,加强对常态课堂的理解性教学及有效性教学的研究与反思,努力创新教学方式和学习方式,提高课堂教学效率。	"理解性"课程教学
10	觅慧坊	拟定北郊课程规划和特色学科建设方案,并加强对国家课程校本化的研究,初步形成特色课程和校本教材,立足校本课程的开发与实施,借助微课程,促进学生自主学习的意识。	
11	明慧坊	加强对"初中学科基于审美渗透的教学设计与实践"市"十二五"规划重点课题研究针对性的细化和落实,并带动和督促校级课题的研究进程,不断改善研究方式,提高研究效果,提升教科研能力与水平。	"理解性"课题研究
12	聚慧坊	加强对课程资源及微视频的开发和利用,形成学科资源库,做到共享资源、分享经验与智慧。	"理解性"资源管理

通过开设各个主题工作坊,创新工作机制,扩大参与面,提高实效性,不断增强组织内的创造力、凝聚力、战斗力,生机活力。"和谐共同体,幸福北郊人"的团队精神得到了充分的培育和发扬,师生的创新精神、问题意识和反思能力得到了加强。这就是文化自觉的最好体现。

学校英语组几个年轻教师王咏皓、芮洁、秦敏等自创"创意工作室"。他们在一起共同研读教材、教法,进行课例研究与设计。每次他们的活动地点基本设在休闲茶座,活动后,他们都会去吃一顿大餐,来缓解几小时备课的疲劳。一学期下来,他们的课例创新作品就有十多个,不仅有对外的展示课、评优课,而且有更多的校内研修课。作为校长的我,我感染于他们的激情,在他们备课的 QQ 群里留言:"温馨的场所必定能创造出温馨的课堂!"走近他们的草根研究,每次活动前,上课教师会先经历自主解读教材、自由设计、自主备课的一个过程,然后在课堂上展示自己的原生态的教学。接着由任教英语学科的副校长王燕校长带领他们工作室成员约定时间再对本堂课任务环节的设计、新的理念的贯穿的有效策略等各方面展开讨论,针对原生态课堂中暴露出来的问题商讨有效的解决策略,上课教师再根据大家的讨论结果进行第二次备课,进行第二次课堂跟踪,并由工作室成员教师进行面对面的指导,再次优化环节,再次进入课堂,力争达到教学的最佳化。每次上课后,开课老师经过三轮上课,进行教学反思总结,总结得失。就在这样的过程中,英语组的老师不断地添加进入,在课改的道路上不断地前行。

老师们自觉地参与每天、每周、每月、每学期的研修任务:网络论坛、网络听评课、网络备课、教师讲坛、班级文化论坛、暑期论坛……而老师们却悠然自得。在学术和专业研讨的过程中,老师们敢于对组长、干部甚至于校长坚决说"不",而争论过后大家却依然和和融融。

日本学者佐藤学认为教师"自治"是专业发展的前提。教师正是因为自己的专业自觉才有了自己的专业自强,教师也只有成就了自己的"专业",才能让"心"从单一职业生活解放出来,让"心"向各种可能的"业余爱好"重新开放,心打开了,就"开心"了。而专业自觉的关键就在于所有教师不仅仅认同学校的价值追求,更是以自己的自觉行为践行学校文化,使得学校在一步一步地向一所理想状态的学校接近。接近理想状态的学校不同于传统意义的优质名校,不挑选生源,不争抢排名,不积聚资源,却能在短时间内科学持续发展;重要的不在于外部对学校的评价,更在于学校内部师生真实的内心感受,教师是否愉悦工作,学生是否幸福成长,学校是否成为师生守望相助的价值平台和有强烈归属感的幸福精神家园。

副校长蔡军在学校论坛中这样叙说:"我校以学校文化建设破解了办学的困境,一年时间给我以内心最为震撼的是生活在学校的老师每天都洋溢着幸福的笑脸。骨子里我是个内向型的人甚至于有些心理自闭,除了工作,很少多言。可到了北环中学的一年时间,我突然间发现自己也变了,这源于母亲的一句惊醒,一天,母亲对我说:"你换了个学校,怎么回家老是在讲你的学校和老师?"我这时才感到自己真是变了,除了工作,我话多了,究其原因是在学校受到了满是幸福的老师们的感染,上升到理性就是被学校文化浸润了。"

清晰地记得一次在九年级英语人机对话模拟考试巡考时,我对丁志芬老师说:"这场考试是你的班吧?"她断然对我说:"校长,你说错了,这是九年级,学校的班级!"我无语,我笑了。我惭愧于老师的这种境界,这就是学校幸福的魅力,学校幸福的淡泊,学校幸福的美丽,学校幸福的纯真。

幸福,不一定要做出一番惊天动地的伟业,在平凡的日子里感受生命的美好、劳动的快乐和收获的愉悦,这便是属于自身的幸福。集结一个幸福团队,让每一位老师都有奔头、有干劲,能与志同道合者共同跋涉,不断收获自我的提升,这便是校园里教师发自内心的幸福感。

四、班级文化——体验幸福

班级文化是学校文化的重要组成部分。2004 年,个别班主任在学校"用文化改造学校"的引领和启迪下,尝试"用文化改造班级",不经意的变化,却找到了撬动学校质量提升、引领学生个性发展的支点。同时通过建设班级文化,自觉回归了学校教育"育人为本"的本义,对于教育之于"人"的价值给予了应有的关注,真正做到"让主人地位和权利回归学生"。

上海普教所所长助理李伟涛博士在其所著的《名校发展的现代转型》一书中系统阐述了我校班级文化建设的意义。建设班级文化,是满足当代学生的成长需求,是新时期学校文化建设的应有之义:一是让"以学生发展为本"的理念真正融入学校文化的价值观体系,让班主任和教职员工所共同认同。二是让班级文化对学生的成长产生深远的影响,让班级中有感人的故事、健康的风气并陶冶学生的人格品质,激励学生成长成人。三是让学生成为班级文化建设的主人。

(一)班级是学生成长的土壤

学校开始实施以"班级文化建设"为载体的学校德育改革,对于发动的这场改革,我们坚守这样的德育理念:"人是环境的产物,环境是一种教育的力量!"将班级建设成为学生诗意生活的栖息地,让学生在诗意的环境中学会诗意地生活,逐步建立自己的精神家园,从而培养学生良好的道德情操、健全的人格。

在学校文化引领下的班级建设中，我们力图解决三个问题：一是班级能否成为培育学生公民意识和能力的重要基地？二是班级集体如何能以自身的力量走向优秀？三是"业余班主任"能否走向"专业班主任"？从无意识到有意识，从零散到系统，我们以问题为导向逐步进行，一是班级文化的价值选择，从班级文化主题、班级精神、班训、班歌等共同文化愿景的形成；二是班级文化的环境建设；三是班级学习的组织形式，以小组为基本单位的学习、生活、活动、竞争和合作；四是班级活动的策划实施，有班级活动项目的整体设计与实施，有家长"义工"的合作参与。通过和谐班级集体的营造，逐步让学生学会在一个团队内学习和生活的思维方式、生存方式和本领，拥有更为丰富快乐的人生。

2006年12月9日学校承办了常州市教育局主办的"班级文化建设暨班主任专业发展"高级论坛，应邀参加本次论坛活动的全国著名班主任和班级管理研究专家、南师大博导班华教授在论坛点评中对于学校的班级文化建设和学校德育工作给予了相当高的评价，班华教授在回宁以后，专门致信学校，他以专业的视角高度肯定了我校德育工作和班级文化建设的意义。通过这次论坛，我们坚定了深入实施以"班级文化建设"为载体的学校德育改革项目的信心。

（二）班级文化是学生成长的养料

传统的班级管理在自上而下的统一要求下，以控制和封闭为向导，以整齐划一为目标，学生难以融入班级之中。我校以民主和开放为向导，以建设班级学习共同体为目标，通过班级文化建设，促进每个学生的多元化个性发展，促进每个教师的自主性和创造性。

1. 提升孩子班级生活的精神力量

学校所有班级都有属于自己的文化愿景、文化标志。班级文化主题、班级精神、班训这些班级文化愿景是一个班级所有成员形成的共同愿景，是孩子们自己勾画的，充满了诗意般生活，它让生活在这个班级的所有孩子知道什么是可以让班集体悦纳的，什么是不被班集体允纳的。

班歌、班徽、班名、全家福这些班级文化标志都体现了自己的班级个性，与班级文化愿景紧密联系，这是一种隐形的文化陶冶。一个小小的班徽、一首短短的班歌、一张温馨的全家福，其中凝聚了所有孩子的心，更有着孩子们动人的故事。

班级文化愿景，让班级所有的孩子拥有了精神动力；班级文化标志，让班级所有的孩子感受到了家的温馨。越来越多的孩子爱上了自己的班级,因爱班级而改变了自己的学习态度,在班级生活中拥有了学习动力和学习兴趣,在班级生活中收获了自己学习的进步。

2. 提升孩子班级生活的民主力量

学校班主任以旨在"让主人权利和地位回归学生"的班级建设中,通过班级自治组织建设、班级自治制度建设、班级自主管理机制重建、班级内部学生社团组织建设等路径,在班级生活中培育学生维护自身合法权利的意识和能力,自觉担当集体责任的意识,逐步增强学生的公民权利和义务意识;在由学生自发组成的班级小社团、班级项目组、班级活动小组中培养学生闲暇生活兴趣,培育潜质学生的领袖气质,逐步增强学生的公民身份和参与意识……在学校期间培养学生的公民意识,是每一位班主任对于学生生命的一种责任和使命。

各班级逐步实施由"班务会议"替代班委会,"班务会议"成为班级管理的最高决策机构。各班级逐步实施班级事务项目组替代班委干部,将班委干部涉及的班级事务由项目组承担。

班级组织管理机制的改革,让班级所有孩子都可以结合自己的兴趣、爱好、特长、个性、愿望等自主申报参与项目组工作,让少数学生从事的班级工作转化为大部分学生共同参与的工作,增强了学生的自主意识,激发了学生参与班级建设的热情。而在参与班级建设的过程中,这些孩子又增长了能力和才干,唤醒了他们的自信,提升了孩子班级生活的民主力量和自治力量,让包括40%在内的外来务工人员子女在班级项目、小组、同桌合作与竞争中,拥有了学习习惯和学习信心,收获了学习的成功。

3. 提升孩子班级生活的学习力量

学校以班级文化建设为载体,有效统整德育活动课程,总体安排班级建设活动时间。学校以班级文化建设为载体的德育活动课程主要形成了四个模块:晨会课程、班级文化建设主题活动、班级建设优秀项目评选活动、学校组织的经典学生活动。德育活动课程,提升了孩子班级生活的课程学习力量,以班级发展现状和学生学习诉求为基点逐步推进班级课程建设,以班级课程建设为载体,让孩子参与学校课程建设,逐步成为课程学习的主人。

4. 提升教师班级建设的领导能力

学校以班级文化建设为载体的学校德育改革,致力于班级"教师集体"建构班级"学生集体",旨在提升教师班级建设的领导力,由"业余班主任"走向"专业班主任"。学校进行了班级文化论坛和德育网络论坛等学术载体的建设,提升教师的德育研究和学术水平;倡导教师学科教学从学生德育起步,以提升师生关系质量为起点,提高效能课堂建设水平,鼓励志同道合的教师自发形成"班级文化建设研究小组"和"班级组"等非正式专业组织,分享班级建设的实践性智慧,提升班级建设的品质。五年多来,学校通过以班级文化建设为载体的德育改革,提升了课堂教学的教育价值,提高了学校德育学术水平,形成了国家级重点课题和学习示范点等一批德育学术成果。

5. 提升学校专业服务和支持水平

学校为有效实施班级文化建设,将存在学校几十年的教育教学中层管理机构——教导处更名为年级部,并赋予了它新的管理内涵,直接为班主任专业发展和学生发展提供支持和服务。

学校为全面推进班级文化建设,逐步建立个性化、发展性评价机制,强化民间力量在学校评价中的作用,改变传统的指令性、一元化评价机制,适当削弱行政力量在学校评价中的权威,让多元力量参与到学校评价。学校制定了《班级建设优秀项目评选办法》,每学期各班级可依据自身建设的实际情况,自主申报班级建设优秀项目,除"班级建设示范班"是由学校命名的项目并制定评选考核细则外,其余都由各班级自由命名项目名称、自主申报。学校成立由学校行政代表、教师代表、学生代表、家长代表组成的评选委员会,民主推选、确立学期班级建设优秀项目。同时学校改革传统的班级常规管理检查为班级建设情况反馈,班级建设情况反馈由常规建设、活动建设、环境建设、素养提升四方面构成,增强诊断与分析班级建设情况功能,淡化检查与考核功能,重在赋予班主任主动进行班级建设的自由和权利,帮助与支持班主任不断改进班级建设,提升班主任班级建设的领导力。

文化最终是以两种方式凝固起来的:文化中的英雄叙事和神圣的建筑。故事和建筑,往往成为文化超越时间的见证。新教育发起人朱永新认为,一所学校没有英雄,没有英雄叙事,没有值得流传的故事,就没有成熟的文化。

这是从外校调入我校的胡珏老师带领全班学生创建班级文化时的一段心路历程。这个班的学生并不是很优秀,他们没有出色的成绩,没有良好的习惯,没有优越的家庭,甚至有大半人的父母是外来民工,但这些并不妨碍他们爱自己的班级的热情。所以,当他们知道开展班级文化建设可以让教室里的每个成员都变优秀时,他们是激动的。在这份激动之后,他们很冷静地确定了"Xiang"作为自己班级文化的主题。因为,想像雄鹰那样在成功的蓝天展翅翱翔!

在开学以后的一个月,这个班围绕"Xiang"主题确定了:班训——驻想(态度)、周详(方法)、分享(做人)、翱翔(目标)。班级精神——驻想是我们的态度,我们从凝思中收获学习的进步;周详是我们的方法,我们从详审中取得做事的成功;分享是我们的为人,我们从关爱中品味真情的温暖;翱翔是我们的目标,我们从努力中飞向理想的晴空。

在确定的过程中,这个班每个同学都为之投入了自己的百分百的真情,以至于最后确定班名时,有个叫顾浩的男孩就因为别的同学不理睬他的建议,自己又着急担心班名的不好会影响班级而哭着喊出了:"这可是要跟随我们三年的班名啊!大家一定要慎重啊!"

最终,七(7)班的班名"Xiang 知 都"伴着顾浩的泪水、大家的反复讨论诞生了。这中间凝聚的是全班所有同学对班级的热爱。这份爱出自于学生的主动,可能要比任何严厉或是煽情的说教要求学生爱班级来得强烈许多。

"Xiang 知 都"又开始创作班歌了,班里的学生酝酿着要给中国作曲家协会副主席徐沛东写封信,恳求他为自己的班歌谱曲。当班主任胡老师得知这一消息时,学生们已经准备好了介绍自己班级文化的材料、言词恳切的请求信,还有全班54人的签名。胡老师为他们的热情所感动,更为他们的勇气所震惊。当她问他们:"如果人家不给你们回信怎么办?"学生们回答道:"老师,不回信有什么关系,我们可以再找首歌来改啊!"

学生们的勇气和坦然是我们成年人所不可能有的。最终,学生们没有等到回信,但他们还真的找了徐沛东的歌改了歌词,并且其中特别加了句"就算受伤也没关系,一切美好回忆放在心中,都会变得温暖"。

调入我校的胡老师在接触班级文化的过程中感受到了从未有过的一种心情,收获了自己的职业幸福,这就是文化的力量。

近四年来,全国十九个省、市先后六百多所学校领导和老师造访学校时,都会驻足凝视每个班级由学生自己命名的班名、设计的班徽、创作的班歌,频频按下快门记录下每个班级由学生自己精心设计的班级"家装";坐了一夜火车的老师参与了由我校学生自己设计和实施的晨会活动后倦意顿无,听取了我校老师班级文化建设汇报后,往往感慨于班主任还可以这样做……

学校每个班级都有孩子们自己命名的班名等文化标志,这些标志增强了孩子们的班级归宿感;很多班级都用孩子们自主组阁的事务型、学习型项目组织替代了传统的班委会,由"家长义工"们组成的家委会时常会走进班级替代班主任组织学生活动,由学生自发形成的闲暇兴趣型、学术特长型班级小社团定期在班级上演"Show"场,在班级里谁都可以是主角,孩子间、孩子与成人间形成了和谐的人际关系,品味到学校生活的美好……

当"快乐 YI 家"的陆妮洁同学和原国家督学成尚荣的精彩对话引发一百多位校长十多次掌声时,"快乐 YI 家"五十六个成员没有妒忌和自卑,只有快乐和自信,因为是"快乐 YI 家"让陆妮洁这些同学成长的。这正是以"和"为主题学校文化的体现,因为在学校,"和"是一种态度,是为人处世的儒家哲学;"和"是一种境界,是一种精神;"和"是一种"兼容并蓄,海纳百川"的思想。

五、课程重构——提升幸福

朱永新教授曾说,缔造完美教室,首先要构建卓越课程,课程建设是一切教学活动的基础。课程是学校教育教学的核心要素。学校实现教育理念需要课程作为支撑。学校结合师生实际,对课程进行了重新构建。旨在朝向幸福,缔造理解教育,让师生提升幸福的教育生活。

(一) 构建以人为本的校本课程,为学生终身幸福发展服务

学校的课程建设要充分体现科学性,严格遵循教育规律,切实尊重学生成长规律。学校在课程建设中努力做到规范实施国家课程、创新实施地方课程、校本课程,根据学校实际和学生的不同需求进行适度整合,提升学生的综合素质。将学校的课程重构立足改革,形成具有学校特色的"理解性课程"体系,体现开放性、综合性、系统性、多元化、规范化、常态化的课程体系规划。

1. 强调课程的生态性,通过课程与生活的整合,实现人与自我、人与他人以及人与自然的真实统一。

2. 强调学校德育的创新性,规划学校理解型德育校本课程体系。

3. 强调教学的理解性,通过理解性教学的建构,提高教学的有效性。

4. 强调校本课程的丰富性,提供学生更多的自主选择空间,体现学校培养目标和办学理念。

学校依据教育部国家课程计划,并根据学校的办学理念、培养目标和学生实际情况,制定了《常州市北郊初级中学 2011—2015 年学校课程实施方案》。践行人人是课程开发者、实施者的理念,构建彰显学校特色的理解型课程体系。以教科研为载体,落实课程目标,师生共享理解课堂。在课堂教学中帮助学生在"深度学习策略"下进行"高品质学习"的过程,以追求理解的发生为核心的理念。实现"缩小理解差"的过程,将教师的理解水平与学生的理解水平距离拉近。注重学生思维品质的培养,注重利用元认知策略、出声思考等方式培养学生勤动脑、善反思、会自我监控与调节自己思维过程能力,从而体验学习活动的幸福。教师在学习活动中运用多种途径,践行"以学生理解为核心的理解性教学",体验自己的劳动成果和生命价值,从而获得职业的幸福感,使教学活动成为一种师生共享的幸福行为。用"理解"教育引领学校的发展,让学生享受幸福的教育,让教师享受教育的幸福,让幸福充盈在教育生活的每一天。

《基础教育课程改革纲要》适时地提出了在我国中小学开设校本课程的必要性,课程价值取向已由知识为中心转移到以学生的全面发展为根本上。强调学生多样化的发展与学生生活、社会实践的密切联系,强调加强与学生生活及现代社会和科技发展的联系。我校本着"为学生终身幸福发展服务"这一理念,紧密围绕学校"办有灵魂的理解教育　育健全人格的未来公民"的办学使命和"砺学志　行认知　长情智"的活动准则,积极投入到校本课程的开发、探索与实践中去,逐步形成具有北郊特色的校本课程体系。

校本课程体系:

模块一:情感、态度与品德模块——《修身》

模块二:心理素质模块——《礼仪》

模块三:知识与能力模块——《展能》

根据三个模块,校本课程开发设定《修身》《礼仪》《展能》三个课程模块。

(1)《修身》课程主要包括:《古诗文诵读》《经典诵读》《棋艺》《茶道》《书画》《使命教育》等。

(2)《礼仪》课程主要包括:《中国古代的礼仪》《国外的礼节》《外交礼仪》《与人相处》《心理健康》等。

(3)《展能》课程主要包括：英语课本剧、《民族舞蹈》、合唱以及快乐运动项目等。

（二）凸显以"理解"为核心的德育课程，为学生搭建幸福家园的逻辑框架

1. 以理解性班级文化建设为抓手，构建具有北郊初中特色的班集体建设课程体系

每一个班级建设理解性班级文化，从精神、制度、环境、活动等方面，系统思考与实践每一个班级的"理解性班级文化"。每一个学期每个班级通过班集体建设优秀项目作为一项载体，系统、深入地开展"理解性班级文化建设"，将班级真正还给学生，让学生进行自我教育与同伴互助教育。强调从学生的内在需要出发激发学生的内在动机，发挥学生的主动性。借助生活环境对学生进行影响，更积极地构建一种有利于情感道德成长的校园生活。

2. 以教育戏剧为载体，践行国家德育课程校本化实施

教育戏剧是一种教育手段，把戏剧方法与戏剧元素应用在教学或社会文化活动中，让学习对象在戏剧实践中达到学习目标和目的；教育戏剧的重点在于学员参与，从体验感受中领略知识的意蕴，从相互交流中发现可能性、创造新意义。教育戏剧这种教学手段与我校德育理念十分契合。我校选择以教育戏剧作为载体，践行国家德育课程校本化实施。教师在实施国家德育课程中通过捕捉和有意识地创建认知冲突情境，让学生在体验中感悟人生。学校将专辟专用的教育戏剧专用教室并设立北郊初中戏剧节。

3. 以课程理念为引领，构建理解型德育校本课程体系

德育课程目标围绕四个理解纬度——理解自我、理解他人、理解自然、理解世界（社会）。

德育课程内容依托四个课程模块——"人与自己"课程、"人与他人"课程、"人与自然"课程、"人与世界（社会）"课程。

德育课程实施搭建四级课程框架——校级、年级、班级、家校级四级德育课程体系。校级德育课程全校学生都要参加；年级德育课程提供给本年级学生；家校级德育课程对象为家校内外成员及社区成员，研发家校合作、共赢德育课程。

具体德育课程体系如下：

主题	校级	年级	班级	家校级
人与自己	男孩课程：如何成为一名男子汉？女孩课程：如何成为一名淑女？	【年级晨会课程】七年级："弟子规"传承传统道德礼仪；八年级："道德讲堂"提升道德判断力；九年级："感恩励志论坛"激励斗志、学会感恩	班级特色月、周主题课程	寒、暑假特色课程、阳光家庭坊课程
人与他人	每周一国旗下理解故事课程	七年级："印象北郊"学生大会课程；八年级"成长北郊"学生大会课程；九年级"感恩难忘"学生大会课程	班级主题微课程；班级主题家长会课程	家长讲师团课程
人与自然	绿色生命教育课程	各年级外出综合实践暨主题德育课程	班级主题微课程	亲子"拥抱自然、感恩亲情"课程
人与世界（社会）	月经典主题活动：体育与文化课程；读书与生活课程；科技与创意课程；艺术与人生课程；	各年级学生主题峰会课程；各年级学生主题演讲、辩论课程	班级主题论坛课程	阳光社团课程；社区联谊课程

（三）变革课堂教学组织形式，开启师生的幸福旅程

"理解性教学"强调"师为理解而教、生为理解而学"，追求课堂的高效、灵动，体验学习的过程，品尝学习的快乐。这种课堂具备"学生自主发展"的属性和"学生合作探究"的特征，有形有实。

1. 价值取向从关注知识传授转向关注教学的理解本质

我国著名哲学家高清海先生在谈论如何认识人时说到："首先不在于你把人看成什么，而在于你怎样去看人。"其实对于教学也是如此：首先不在于你将教学看成什么，而在于你怎样看待教学，这就关乎到教师教学思维的问题。传统教学思维基本都定势在"课前精心预设、课中细致讲解、课后反复操练"这一运行模式上，忽略学生主体感受，忽视教师理解与学生理解之间客观存在的理解差异。

我们在课堂转型的过程中，始终坚持十二个字：理解学科，理解学生，理解教学。

【理解学科】

学科文化是学科长期发展过程中所孕育的一切文化因素,不仅包括本学科的内容知识、符号系统与技能,也包括蕴含其中的思想方法、思维方式、伦理规范、价值观念和审美追求等人类精神成果。故我们引导老师逐步转变重知轻能的观念,防止文化缺失,从而影响教师专业的发展。我们通过基于课例研究的实践性校本研修一体化的研修方式,促进教师研究教材,从学生的视角去审视教学,汲取"学科文化"中的养分,将发掘内涵、校本研修、学科研修日等系列活动渗入到整个职业生涯中,成为不断的学习过程,从而促进教师的专业发展,使教师真正地行走在研究的幸福之路上。

【理解学生】

基于学生的视角思考教学,一节课的开始不再始于教师的备课,止于学生的测试,而是从学生的前理解出发,分解目标,设计参与性任务来激发主体的能动性,利用元认知策略促进学生深度理解的发生。同时,始终把教学看作是认知和感情两条主线共同作用的过程,注重感情先行,情智相长。在师生情感的交融中把学习转化为学生的自我内在需求,通过教师以理解为核心的讲解和组内言说、小组合作、组间质疑等形式,把课堂教学目标融入到参与性任务中,以活动为载体,以任务为驱动,增加学生课堂参与、互动、言说的机会,从而促进理解的真正发生,缩小师生间的理解差,实现"砺学志 行认知 长情智"。

【理解教学】

两大转变:基于目前这种忽略学生主体感受,忽视教师理解与学生理解之间客观存在的理解差异的课堂形态,我校践行的理解性教学,就是要帮助教师在教学价值取向上从关注知识的传授转向关注教学的理解本质、关注深度理解的发生;从重学科体系转为重认知规律。

核心理念:理解性教学认为深度认知加工水平和高参与度是高效教学的两大根本特点,而实现这两个目标的根基是学生理解的发生。理解性教学就是一种帮助学生在"深度学习策略"下进行"高品质学习"的过程,以追求理解的发生为核心理念。

理念诠释:理解性教学实现的过程就是将教师的理解水平与学生的理解水平距离无限拉近的过程,什么时候学生的理解水平和教师的理解水平相同了,学生就真正学会了。理解性教学强调教师教学是教会学生的理解,而不单纯是讲解,理解性教学反对灌输式被动学习方式,追求学生在教师的认知示范指导下的自主深度学习。理解教学注重思维品质的培养,注重利用元认策略、出声思考等方式培养学生勤动脑、善反思、会自我监控与调节自己思维过程能力。"理解性教学"所指向的不是狭义的 45 分钟课堂教学,而是一个课前、课中、课后的闭合循环系统,我校也根据学情重构了课堂模式,形成了我校课堂特色的"三环节九要点"课堂基本模式。

理念愿景:通过课堂的转型、打造理解课堂来改变教师的教学观、教材观、育人观,从而改善师生课堂上的生存状态,让课堂成为师生共同诗意的精神家园和栖息地,打造"和谐共同体 幸福北郊人"。

2. 教学范式从"教师权威控制性教学"转向"以学生理解为核心的理解性教学"

学校首先从英语教研组进行"理解性教学"课堂转型,三个备课组同时启动。12 位研修教师在专家的引领下,每周开展一次主题为"为理解而教"的系列现场研修活动。随后数学教研组在前期对理解性教学的理念培训之下,通过引进数学学科专家,所有 45 周岁以下数学教师开始了理解性数学教学课堂转型实践阶段。然后,理化教研组跟进入"理解性教学"研修团队。逐步推进到学校所有学科。我们的研修口号是:"实践反思、超越自我、追求梦想、成就专业。"活动地点设在学校专设的"教室研修室",每周研修时间为一整天。我们的研修活动巧妙地处理了理论与实践的隔离地带,有的时候从理念入手,听讲座,接受先进理论,有的时候将教师的课堂问题行为作为切入口,有的时候理论研究穿插在实践中进行,教师的研修也是以理解为核心,我们强调的理念也全部用于教师的研修上。例如我们在教学上强调合作学习,老师在研修时也是按照小组合作行式进行;我们强调言说的重要性,在研修时,老师之间的言说与对话也是研修的重要组成部分;我们强调反思对学习的作用,所以老师在研修结束后,都积极撰写心得。我们还在专家的帮助下专门针对"理解性教学"制定了课堂评价标准,指导教师进行科学、有效的听评课。

通过不断地以对话为核心的研修、总结、体悟、反思和实践,我们对"理解性课堂教学"的操作要点总结为三个环节九个要点,具体为:

环节一:理解先行——课前

(1)评估先于教学

评估先于教学的目的在于对教学目标的准确把握,使得目标更清晰、合理和可测。针对所设定的教学目标，我们对教材进行了大胆的整合与取舍，"用教材"代替了传统的"教教材"。在这一环节我们提倡单元备课，单元的目标是层次性的，必须在单元的立场上才能找准总目标，才能进行正确的目标分解，这体现的也是理解的循环本质。理解从总目标到分目标之间的反复循环，使得师生对目标理解透彻而深刻。并且，教师在上课之前就已经知道根据学生的何种表现评估教学效果。

（2）找准"先行组织者"

寻找"先行组织者"不是一句口号，也不是光凭几个教师一拍脑袋假想而来的。所谓"先行组织者"就是学生知识结构中已经存在的旧知识（前见、前理解）与新知识间的一种关联，找准"先行组织者"对于理解的发生极为关键。专家与新手之间的距离就是靠着"先行组织者"搭桥引脉，为学生的认知建构搭建桥梁。比如在教学初中九 B 英语"过去完成时"时，其先行组织者为学生已学过的一般过去时和现在完成时，这种先行组织者能很好地将新学的知识与旧知相关联，帮助学生在对比、总结、提炼中完成知识的理解和迁移，这样的教与学才真正具有生命力。

这要求教师在心理和身份上不再把自己当成一个具有学科专业知识的成年人和教师，而是一个对新知识完全没有概念的十多岁的中学生，以此为认知的起点，一步步寻找和梳理符合这种年龄段的学生的认知过程的线索，从而完成"认知地图"的建构。

（3）精心设计理解单，指导学生学会建构认知地图

一份好的理解单，它的落脚点必须在以下几个方面：与前见（旧知识）之间建立关联、梳理、寻找出符合学生认知过程的认知线索，指导学生建构认知地图，设计好参与性任务为主的学生活动，始终关注情感先行在教学中所起的作用。

环节二：合作扩大——课中

（1）强调感情先行，情智相长

始终把教学看作是认知和感情两条主线共同作用的过程，注重情智相长。在师生情感的交融中把学习转化为学生的自我内在需求。

（2）以理解为核心的讲解

我们的课堂也讲解，但是我们的讲解不是讲述教师的思维结果，不是传授式的，而是利用出声思考等认知示范策略讲述教师的理解过程，注重帮助学生完成认知建构。例如课堂中教师讲解某个知识发生、发展的过程时，巧妙设计和利用一系列的问题链，在不断自我追问式的问题驱动中让教师的理解思维外显，这就是出声

思考式的认知示范。

（3）设计各种参与性任务

关注学生参与活动的面，以活动为载体，以任务为驱动，增加学生课堂参与、互动、言说的机会。参与性任务是把课堂教学目标融入到任务中去的一种任务，学生完成这一任务，学习目标就已经达成。

（4）采用小组合作学习方式，扩大学生课堂参与面

通过课堂生生间的合作学习（四人为一组），帮助学生不断强化和内化"元认知"和"出声思考"两种深度学习策略在学习中的应用。在小组的言说中，学生的内隐思维获得显性化的机会，可以帮助学生梳理知识之间的认知关联，并且言说也是强化认知结构的机会。通过同伴间相互的言说，优秀同学得到的是梳理与强化的机会，以及获得能够指导同学的自信的机会，有助于培养学生的自尊感。弱生通过优生的讲解，获得的是查漏补缺的机会。因此合作言说是一个使得优生更优，弱生转优的高效策略。同时，在小组中分配任务极大地扩大了学生的参与面，班级授课面对的是 50 多个学生，学生结组后，参与性任务的分配实际是在 4 个人当中分配，学生参与机会大幅度增加。

环节三：反馈分层——课后

（1）"问题跟踪"策略

教师对于课后学生的作业采取了"问题跟踪"策略，操作流程为：练习册和答题册实行两册分离——小组成员互批答题册——自己进行问题跟踪，在错题旁写好原因分析，并同时在练习册上做好错题标识，对于自己没有把握的再寻求组内帮助，共性问题教师集体跟踪——放学后由家长帮助学生再次进行问题跟踪，孩子向家长言说错题原因——学生将典型错题填入专门的学科成长档案表，以备再次问题跟踪。

（2）"问题跟踪卷（评价）"策略

问题跟踪卷强调的是问题解决的针对性。因为一张试卷永远不可能解决所有孩子的问题，试卷上的题目对于会做的同学而言是在浪费时间。我们摒弃了以往一张试卷测试所有学生的做法，而是进行"个性"测试，学生之间相互为对方出问题跟踪卷，问题跟踪卷的题目均来自于对方答题册上标记过的错误题目。教师们通过一阶段实践发现，这种个性跟踪卷还很好地解决了长期以来一直困绕她们的"分层教学"问题，这种分层不是表面上的加一点或减一点，而是源于学生自身的错题

资源,更具生命力。

任何一种形式的改革都是一场新观念与旧观念之间的碰撞与对决,需要我们有变革、转型的勇气和能力。因此,我们认为:获取理念是容易的,但把理念变成自己始终坚信并践行的信念却实属不易。开弓没有回头箭! 北郊初中的所有老师将用自己的实际行动努力实现理念与行动的并轨! 幸福也就是有理由的痛苦!

结束语

从选择到践行,学校文化凝聚在学校所拥有的理念、制度、管理、行为、校风、教风、学风等深厚底蕴之中,能够促进一种良好的教育氛围和综合力量的形成。通过师生的积淀、内化,作用于其身体、生理、心理和精神的各个层面,使其获得未来成长和发展以及推动社会进步所需要的素养。

无论是教师还是学生,每个人都倾其所能,倾其所力。这样的努力中充满奋斗的激情,充满体恤的关爱,也充满人性的光辉。有了这样的精神作为支撑,教育质量、学校声誉、社会评价,一切尽在"桃李不言,下自成蹊"中突破。这里有一种魔力,一种能够让教师工作到腰酸背痛,但心里却不感疲惫的魔力;一种能够让学生"不待扬鞭自奋蹄",从一个辉煌走向另一个辉煌而永不停止的魔力!

"用优秀学校文化统率学校主动发展,用主动发展坚持学校特色,以学校特色坚守学校理想",这是树立"将学校教育塑造成一个值得信赖的优秀品牌,将学校建设成一所面向未来的卓越学校"办学理想的一种勇气和坚定! 是最终实现我的教育理想:"关注师生生命福祉,提升师生生命质量"的必有路径! 也是踏踏实实,一步步走向我们的共同愿景:"植根文化沃土,师生共享幸福的精神家园";教师、学子可以离开校园,但永远离不去的,是追求幸福的权利!

"师生共享幸福的精神家园"是我永远不变教育理想,我将不断地根据社会发展变化的心灵幸福需求来选择学校的优秀文化,创新学校管理,提升教师实践智慧,真正实现"和谐共同体,幸福教育人",赋予学校文化永恒的生命力,让每一个人教育人有职业的快乐感、事业的成就感和生命的幸福感。

最后,我用诗一首以表达我的思索及我的追求:

到更远的地方寻找更美的风景

凡是遥远的地方

对我们都是一种诱惑

不是诱惑于美丽

就是诱惑于传说

即便远方的风景

并不尽如人意

我们也无需在乎

因为这实在是一个

迷人的错

到远方去到远方去

熟悉的地方没有风景

应该说,能在一片"景色"中沉湎,在满堂"喝彩"中陶醉,是人生的一种幸运,因为毕竟没有多少人能有"景色"可以回味,能有"喝彩"声可以慰藉。但我认为这更是人生的一种不幸,因为这无疑是生命和才智的巨大浪费,在已有的景色中陶醉,就不会追求更美的景色,就会固步自封。

熟悉的地方没有景色,这是一种青春的活泼,这是一种不满现状的感觉,这是一种向更高远目标跋涉的动力。是的,幸福永远存于追求的过程中。因此,作为校长,我更应该不断地对自身提出更高更远的目标,带着老师,忘却我们的成绩,向更高更深处迈进! 真正把学校建设成为师生共享幸福的精神家园!

感受幸福、传递幸福、创造幸福

——陈小平校长教育思想感悟

教育部中学校长培训中心 刘莉莉

我们感受着幸福，我们也不断地在思考着如何去传递幸福，同时也共同地期盼我们能创造幸福。也许大家觉得这是一个美好的期盼，在今天这样一个社会，特别是在刚才的对话当中，我们感触最深的是，在这样一个应试的背景下，我们不得不面对残酷的竞争。在这样一个竞争当中，我们仿佛已经找不到"人"。之所以"人"已经失去了，就是我们拼命地以为我们只要投入，学生就会有产出，所以要加班加点。老师在付出，在我们赞叹教师付出的时候，其实我们是不是已经把学生当作是一个可以接纳的容器和考试的机器，从这儿我们也感受到了很多人的不幸福。如果有人觉得赚到钱才是幸福，那么其实他们也已经把自己物化为了赚钱的机器。

那么我们回到本原去思考，这种现象就是因为个体对幸福的理解出了问题。我们看到，北郊中学能让我们感受到是一个精神的家园，是因为他们首先关注了"人"，特别是关注了人是有生命的个体，人的生命价值需要不断地提升；他们让我们看到了知识的掌握、技能的掌握都不是人的全部，人生命价值的提升才是。

第二个层面，我们也应该看到，我们必须要理解绑架的幸福不是幸福。父母觉得分数很重要，但是孩子并不觉得这最重要，在不理解的情况下，在没有考虑孩子作为一个有生命的、有灵性的个体的情况下，父母不能够真正地让孩子们去自由地追逐。我们北郊中学最为重要的就是他们关注了不同的人、不同的需求，满足着不同人的不同需求。那我们回到刚才我们的对话当中，我们感触很深：手中有剑，一种境界，心中有剑，又是一种境界。当我们面对不同的孩子，我们不能够以为我们这把剑真的都能让孩子们达到你所设想的一种分数和平台，因为他们一定有自己追求的目标。如果我们真正看到了不同的人会有不同的需求的话,我们也许会释怀。这大概就是北郊初中所说的理解吧。

第三个层面,陈小平校长之所以让我们感受到家的温暖,是因为他构筑着领导、教师和学生共同成长的相依相靠的一种生命的"场"。正是这样,学校才成为了有品位的地方和有精神感召力的家园。这种精神家园是源于这样的一种相依相伴,而这种相依相伴完全是基于对"幸福"的独特理解。

接下来我想从三个方面来分享:

第一个方面,我们应该有一个正确的价值定位来理解幸福。我们只有真正地理解了幸福,才能感受到幸福。我们经常会说,幸福是一种主观的体验,是人欲望的满足,那么在这过程当中总是出现很多事情让我们感受到了无奈。于是我们总是期盼做一个快乐的引导家。但是事实上,我们又感受到有很多时候很难,做了引导家并没有那么多的快乐,有时候可能做一个农夫更有快乐。在这个层次上,好像我们不需要追逐就很快乐。其实教育者的智慧就是把孩子看作是一个人,但更为重要的不仅是关注一个单纯的生命个体,我们需要追逐更高的层次,那就是精神的丰富,我们感受到的幸福,也正是由于智慧型的教师和智慧型的校长把学校变成这样一个幸福的家园。我们所感受到的幸福感恰恰是源于它,不仅仅让孩子们感受到了一种幸福,而且还在不断地提升着人生幸福的一种境界。所以陈小平校长反复在说"用人之长,容人之短"。他之所以提出这样一句话,是因为人是不同的,人的能力是有差异的,对待老师、对待学生,我们不能用同一把尺子去权衡。在这个过程当中我们只要相信每一个人都是可以塑造的,让不同的人都成长为他们自己,他们就是幸福的,而不是让他们成长成别人,否则将是一种绑架的幸福,那显然是一种痛苦。我们真正看到了提高教育的境界就是要追求更高层次的幸福。我们孩子们感受到不学习、天天玩、天天搞活动很快乐。在快乐当中孩子是不是已经忘记了学习了呢?我们真的也会有这样的质疑和担忧。我们真正看到让孩子们感受到幸福的时候,他们会有让你想象不到的惊喜,因为当他们的主体价值在真正得以体现的时候,他们会创造出新的对人生的一种追求。

第二,我们感受到了北郊初中是智慧地播种着幸福、传递着幸福。这个学校温馨的学习环境和师生们共处于丰富的体验当中,孩子们都讲述了他们在学校的故事,在分享这个温馨的故事的时候,我们也有仿佛成为一家人的感受。这不仅仅是由于有求学门,有红地毯的主角,它传递着对每个人的关注和呵护。就是由于这种关注和呵护,让孩子们从原来关注知识、关注分数当中重新找回了"我",在寻找自我当中,他们发现了"我"原来是不渺小的。在展示"我"的伟大当中,他们享受着学生时代"我"做主的快乐。我们听到孩子们讲了他们的自我觉醒,他们没有被知识淹没,没有被班主任的权利控制,没有被世俗俘虏,我的地盘我做主,我的青春我做主。我们真的感受到了教育家们所说的尽管每个人的能力生而不同,但并非一成不变。在一个合理的成长环境当中才能实现自我的价值,实现自我价值的自由是实现长期幸福的途径,孩子们的自主是老师们的给予,老师们给予了孩子们更多的机会,那么学校也给予了老师更多的自主成长的空间。班级的评比、班级项目的评比、班级管理和创新、作业设计的创新,所有点滴让每个老师都被关注,让每个老师都感觉到自己有成长的空间。

我们在这个过程当中其实又感受到了第三个方面,在相互分享与理解中传递幸福。我们大家都被刚才的很多话感动。尤其是我们能去夸一夸身边的人,多一份理解,多一份合作,我们感受到"夸夸我的老婆""夸夸我的老公"给我们的惊喜,给我们的理解。我们感受到爱也需要说出来。另外我们分享到的是,心酬比薪酬更重要,我们观察到班主任论坛上老师们的精彩分享,这些相互分享与理解让我们感受到了学校是由多元力量参与管理的,有了对领导的理解,它不再是一种折腾,学生对老师有了理解,因为他们觉得老师给了自己成长的舞台。学校总是要关注课堂教学的,我们看到了北郊初中的理解课堂,孩子们在小组竞争与合作当中,关注知识的同时,也关注着知识背后的东西。

我们传递幸福,因为我们播种了幸福,这是基于对"幸福"的新的理解。那么我们接下来还要艺术地提升幸福的追求,来创造让更多人享受幸福的世界和生活。我们感受到陈小平校长的教育思想当中最精妙的是他让老师和学生在等待和陪伴当中愿意去追逐自己的幸福。我们看到老师有相互的守望,有志同道合的跋涉,不仅有老师的守望,有老师和学生的相互守望,还有老师和家长的守望。我们也看到学生们在家长的陪伴、等待当中成长,一起去面对考试的挑战,总会由于我们的携手,让我们能在迷茫中共担风雨,由于我们的相互牵手,让我们觉得我们很幸福。也正是因为有了这样一种等待与陪伴,才让我们每个人敢于在反思与担当中进一步构筑新的人生目标。我们看到了孩子们在课内外思维的活跃,看到了他们敢于PK"老班",敢于去追问教师的建议。我们也看到了教师报告后的思维导图。所有的这些,实际上是老师们、学生们在反思当中追求着新的人生目标,他们已经从原来的单纯的生命价值提升到一种新的精神生活的丰富，最后一定会在坚守与超越当中体验到更高层次的人生境界。我们感触的是老师富有创造性的工作，他们有了先行组织者，有了数字化的课堂，老师们和孩子们一定会有很多的艰辛，这种坚守一定是痛并快乐的。所以我们陈校长也一直在说，要走出原来的小的自我，要去追求更广阔的平台，所以幸福有的时候也是有理由的痛苦。我们也感到在追逐的过程当中，我们一定是在经历一个不断自我超越的过程。内尔诺丁斯曾经这样说过："要想获得真正的幸福，我们必须培养学生对于不幸福的容忍能力以及一种减轻他人痛苦的意愿。"只有体会到和超越了这种境界，他才真正地创造了更高层次的幸福。从一个我们熟悉的校园变成一个师生们共同成长的精神家园，我们需要关注生命的价值，回归教育的本原，唤醒灵性的思考，丰富精神的追求，才能缔造幸福的家园。在这样的家园当中，孩子们才能不仅仅用脑子机械地记忆着知识，而且能用眼睛观察着世界，用心感悟着人间的温暖和知识背后的价值，从而去演绎更为精彩的人生。

刘莉莉，教育学博士，华东师范大学教育学部教授，博士生导师，教育部中学校长培训中心副主任，第五届郑州市政府督学。2000 年 6 月获华中科技大学教育学博士学位，2000 年 9 月至 2002 年 12 月在华东师范大学教育学博士后流动站从事博士后研究，2003 年 1 月留校任教。先后为本科生和研究生开设"中小学公共关系""教育人力资源管理与教师发展"等课程。

教育就是心灵的唤醒

长春汽车经济技术开发区第六中学　张　彤

张彤，女，1967 年生人，现就职于长春教育学院。教授，东北师大教育博士，吉林省人大代表。教育部全国教师教育课程资源专家委员会委员，教育部中小学校长国培计划领航校长，2018 年中国基础教育数学最高奖苏步青数学教育奖获得者。

张彤于 2001 年—2021 年任四所学校的正职校长，任五年初中、十五年高中校长，其中三年兼任区教育局副局长。任职期间荣任教育部领航校长"张彤校长工作室"主持人，教育部第三期全国优秀中学校长高级研修班学员，教育部中小学国家级培训专家库专家，中国教育学会教育行政专业委员会理事。

第三届全国教育改革创新优秀校长、吉林省首批杰出校长、吉林省教育科研名校长、吉林省首批高中名校长工作室主持人、吉林省教育系统先进个人，2014 年、2018 年吉林省教学成果一等奖获得者、长春市首批名校长、长春市劳动模范、长春市第六批中青年人才突出贡献奖。

2013 年 4 月，在华东师范大学教育部中学校长培训中心主办的"人民教育家论坛"上举办"张彤教育思想研讨会"，作了"唤醒心灵"教育的专题报告。

一、来自心灵的感悟

在这段时间的梳理提炼中,我体会到教育感悟不是一天形成的。反思下来,我自认为我的心灵是不断地被唤醒的。我的父母是老一代知识分子,他们以忧国忧民的心态不断谈论的话题唤醒着我,我在高中学习笔记本上写下了"立志提高国民素质"的字样,好像已经深刻在心底。

记得高中的某一天,党组织批准我成为入党积极分子,班主任老师找我谈话后我心情极为激动,走出校门回家时正好是晚霞满天,望着满天的晚霞,我觉得未来、人生真是太美好了,而且活着的意义真大,那个情景和想法终身难忘! 这些事情唤醒着一个青年学生对未来的憧憬。

刚到中学教书时,在学校图书馆我发现了马卡连柯的《教育诗》这套书,爱不释手地读完后对我触动很大,让我感动之余从此也坚信:"所有的孩子都会改变,只要你给他足够的认可、尊重、信任,给他足够的时间!"这套书唤醒了我对学生的无限信任之感。

1995 年,我当老师的第五年,学校承担了中科院心理研究所卢仲衡先生主持的初中数学自学辅导法实验,我成为第一批参加实验的数学教师,现在看来,这个实验是我教育思想产生的沃土。当时一堂课五个环节"启、读、练、知、结",自学的时间大约 30 分钟,如何设置问题、如何自学是实验研究的重点,那批学生的成长让我尝到了甜头,这些唤醒了我对"问题设计"、自学、自主教育的追求。

从孩提到当老师,我一直是被唤醒的,在校长中心这样一个平台上的又一次的唤醒让我对教育的真谛有了更清晰的认识,这些年伴随自我心灵的不断觉醒我又带着我的团队、我的学校不断成长,23 年工作中我经历了四所学校,12 年的正职校长生涯里,我把三所学校从低谷中带出来,一路的艰辛坎坷不必言表,但我最大的收获是让一个个学校在不断进步中体会到,教育就是心灵的唤醒。我更加坚信:没有唤醒就没有心灵深处的震撼,没有对成长的细心呵护就没有生命的绽放,也就没有真正的教育。

2001 年我初任校长,当时的学校被列为薄弱校,"问题学生"居多。我们用"让鲜花和小草同样享受阳光"的理念来寻求公平教育的感受,以"相信自我、超越自我"的校训鼓舞师生士气,同时对教师提出了"相信学生、助其成功"的要求。这群学生成长中的根本问题是缺乏责任心、缺乏认同感,从小到大,老师、家长一直都是以批评的口吻对待他们。针对这种普遍现象,怎么"助"呢?我们设计了班级自主管理活动,提出了"人人有事做,事事有人做"的口号,各班出现了班长、"花长""门长"……一时间在中央电视台、中国青年报、吉林省、长春市等各媒体给予了大量报道,当年的三年一班的全体学生于2004年4月做客中央电视台接受采访,同时学校陆续开展了各种学习竞赛、文体活动等,校风逐渐变了,打架的学生越来越少了,学习的孩子多了,学校像人一样被唤醒了。三年,这所薄弱校走上了良性发展道路。

2004年下半年,我又被任命为另一所薄弱学校的校长。这个学校除了有前一个学校的困境和问题之外,还有一个新问题——学校新建不久,教师中刚毕业的大学生居多,新教师遇到"差"学生,师生的自信心都不足,人与人之间弥漫着抱怨和冷漠。分析现实我意识到:这个学校发展的突破点不可能等同于前一个学校,必须先帮助教师树立信心,于是组织教师成立了"青年读书会",让青年教师有自己的组织、自己的家,通过开展有趣的活动,比如每人30元钱的两天集体生存体验等活动,渐渐将青年教师聚在一起,尽管他们嘴上还时有抱怨,但都有热情研究如何改变现状,共同思考学校的发展,领导与教师有了共同话语。接着我们提出"以培养学生的自主自信精神为突破,实现全年段教育的逐渐成功"的想法,其中最经典的是"人人行、班班行"分层学业验收活动:把学生分成ABC三个级别,自愿报考试级别,同一个级别有集体、个人评比,很多学生实现了"获奖之梦",一个学生在作文中写到"这是我第一次得奖,爸爸妈妈特别高兴……"颁奖会后我看见一个学生抱着奖状在操场上极其兴奋地奔跑时我特别心酸,孩子们多可怜啊!那情景一直撞击着我的心。在这个过程中许多学生找回了自信,也使教师看到了希望,这是师生心灵觉醒的结果。这种评价作为案例还被华东师大王斌华教授写在了他的关于学生评价的书中。

"教育中最大的浪费是教师对学生的消极期望",积极的期望会转化为一种直抵心灵的力量促使他积极地成长,信任就是这样一种唤醒心灵的力量。

学生是这样被唤醒的,教师何尝不是呢。侯老师是2006年到校的教师,听课中我发现他有一个优点:他不像大多数新教师一样只顾自己讲,他敢于停顿,静下来让学生思考,关键是他在课堂上设计的问题比较好。在评课交流中我对他说了这个亮点,并建议他朝这个方向努力,在以后的课堂教学中试着提炼如何设计教学问题,成为一个会提问题的老师。一段时间后我邀请他在全校会议上讲讲"问题设计"。年度考核中他所教的班级成绩突出,他从高——一直带到高三,成绩一直不错。这期间我们不断地鼓励他积累和总结教学中有关"问题设计"的经验。

他接手的第二批学生是实验班,相应的教学难度更大了。此时学校的"问题式自主学习"课堂改革也到了实质阶段,我们对待侯老师不再仅仅是鼓励了,而是要求他研究教学中的"问题设计"。2011年长春市开展教师微型培训课程的竞赛,侯老师报名参加了,他的"关于高中数学课堂教学中的问题设计"的竞赛方案获得了金星奖。同年,在校学术交流中心的帮助指导下,采用校本研究"3X"管理法的小课题研究方法,他把研究成果转化为课题形式,至此侯老师彻底走上了研究之路。现在他所总结的高中数学课堂教学中的"问题设计"系统做法在多个论坛上做过交流,多次应邀到其他学校作讲座,颇有些小专家的味道了。他的小课题研究的下一步方向是培养学生的问题意识,让学生自己会提出问题并解决问题,这也是他现在教的一个"创新人才培养实验班"的需要。

侯老师为人很实在也很内敛,他曾说他没有太大的志向,只想做一个"本本分分"的教师,但是在不断地被肯定和自己的进步点燃了他更大的希望后,他想做个专家型的教师了,这是他内心发生的变化。像他这样慢慢成长的老师有很多。

教师的职业倦怠是我们面临的一个重要的问题,我这些年的经验是"提升教师能力是解决职业倦怠最好的办法",教师的能力越强接受的挑战越大,成就也就越大,否则,教师会一直处于失败状态,处于心灵的困顿与麻木状态。教师能力不断提升过程中需要自我意识的觉醒,也需要外力帮助,内外力量交替的作用让教师的能力得以提高,尤其对于新教师及时的肯定会唤醒他自我成长的意识,使其迅速成长并拥有持续成长的愿望。

无论学生还是教师的唤醒是个体心灵的唤醒,团队的心灵被唤醒的力量是巨大的。2007年我校体育特长生招生比较混乱,而且体育特长生行为习惯不好也影响了正常的教学秩序,体育课及体育活动的开展也不尽人意。我追问体育老师:"为什么招收体育特长生?为什么开运动会?……"他们的回答是:"哪个学校都招这样的特长生啊,哪个学校都开运动会啊,我们是为了学校名誉而战。"我不满意于他们的答案,我说:"如果仅仅是为了学校的荣誉,我宁可不要这个荣誉。如果日常体育活动不能促进学生体能的增强、不能通过体育活动提升学生的精神品质的话,运动会又算什么,几个学生捧回的奖状又代表什么,和大多数学生有什么关系,这样的运动会不要也罢。"为了消除体育招生中的诟病,连续两年停止招收部分项目的体育特长生,同时我写了一封致全体体育教师的信,谈体育是什么,为什么要开运动会,为什么上体育课,等等。体育老师及教练员很消沉郁闷,但是也开始了思考。在这种矛盾的心理中,2010年的全国中学生乒乓球锦标赛在我校的举行(乒乓球是我校传统项目),体教结合的概念在不断地冲击他们,在体育组赛后的反思总结中,我能感受到他们对体育深层次的认识了,这项国家级大型赛事的组织,也极大地提升了体育教师的整体士气。

2011年我们改革以往的运动会,举办了为期一周的体艺节,全校学生、老师动起来的状态让体育老师震撼,他们逐渐懂得了体育绝不是几个学生的体育训练,也不是简单的体育课和间操之事,体育所做之事是为了"人",不是几个人,是全体学生,是全体学生的发展。渐渐地,阳光体育中的各个项目开展起来了,体育课规范起来了……在2012年的体艺节总结中,体育组的"团结拼搏"文化是以一个个生动的故事展现出来的,当听到很多幕后感人的故事时我落泪了。现在我们的体育工作开展得有声有色,他们对体育文化的振振有词的表达,让我感慨万千,我们的战争持续了太久了,终于停战了。唤醒心灵真的需要有耐心的坚持和冷静的期待。校长的工作不是简单的管理,是帮助教师理解教育的方向和真谛,这同教师要让学生清楚知识本源是一个道理,要让老师不仅知其然更要知其所以然地工作,只有这样教师才能会工作、愿意努力工作。让他从心底明白工作的道理,其实就是触及心灵,唤醒心灵。

这样的案例不胜枚举,都在不断地撞击着我的心灵,促使我不断思考。我相信每个人的内心深处都有一种闪光的东西,有一种向上的渴望,只不过是被其成长的环境亦或其他原因压抑着,自己没觉察到,或找不到一种更好的发展空间和平台,需要教师或是校长或是一个人,去帮助其发现闪光点,比如侯老师的"问题设计"。这个发现者一定是一个善于发现人的闪光点的人,哪怕那个闪光点很小或不完美,发现者都能感受到不完美中有一种独特的东西,感受到一种发展的生长点。这就是唤醒心灵。但是仅仅这样,可能是昙花一现,发现者要不断地强化他的闪光点,从各个方面搭建平台,不断帮助他扩大闪光点,让他的闪光点呈现光芒,从不完美中的独特发展到精彩的迸发和内心的自信建立。发现者还要在适当的阶段恰到好处地再提高要求,让他在重新审视自己发展的空间和舞台继续发展,比如体育教师在各种活动中,他们的思想不断地转变。这是真正的唤醒心灵。

陈玉琨教授说过:"改变一个学校要改变这个学校的校园精神,改变一个教师要改变他的价值追求,改变一个学生要改变他的人生目标。"这些年我所经历的学校大多是由于办学历史的原因使得质量滑坡,在改变现状的努力中我一直在不断地唤醒师生的心灵。在三所学校任职校长的经历使我坚信:任何学校都会变得好起来,前提是唤醒心灵,改变人的精神、信念,一切都会顺势而变。在这个过程中尽管还有很多不尽人意的地方,但是唤醒心灵的价值已让我深感幸福。这已是一种溶于我血脉的教育信念了。

二、"唤醒心灵"教育的构建

(一)"唤醒心灵"教育内涵解读

1. 唤醒心灵是唤醒人的心灵

唤醒心灵是人的心灵的唤醒。人的成长是身心的成长,心理成长尤其不能被忽略。人是在人与自我、人与他人、人与社会、人与自然的一个个矛盾冲突中逐步成长的。如同前面谈到的两个学校的学生,他们的问题存在是必然,但是解决问题却不是一个必然的结果,在解决问题的过程中要正视他们是一个个的人,他们的问题可能来自自我认识的冲突,可能来自同伴之间的矛盾,也可能来自家庭、社会带给他们的冲突与矛盾,教育者只有正视这种矛盾,只有关注他们内心的需求,才能激发他们的内在成长动力,唤醒心灵就是激发人的内在的成长动力。

2. 唤醒是正视和满足人的需求

人是一个自然体,但不是孤立的人,是在社会环境的矛盾冲突下的存在,人的成长源于别人的影响和自我的判断,人是在这样不同的生态环境中成长的。不同的人在不同阶段需求不同,2岁和16岁的孩子渴望与需求不同,不同环境下人的需求不同,不同特点的人需求不同。教育者需要以人为本地分析其需求,分析需求背后存在的矛盾冲突,只有教育者判断清楚,并帮助其判断清楚,正视矛盾冲突,满足其需求,引导其独立思考、选择合理正确的需求,在此基础上让不同的人有担当、有追求,才能让其找回自信,这就是唤醒,心灵的唤醒一定是基于对其合理需求的满足。

3. 唤醒是等待与陪伴人的成长

人的成长是极其复杂的过程。人和动物不同,对动物来讲,应对一个刺激就有一个反应,而人接受外界刺激后需要自我调控后才能作出反应,所以当你给予人需求后他不一定就马上满足，这需要过程，教育者需要等待，需要以接受、享受这个过程的态度耐心地等待。但是仅仅靠等待也可能无济于事，因为他自己可能退缩，也可能出现问题，教育者要陪伴与帮助。侯老师由被动到主动研究，我们会与体育组"战争"中的"不离不弃、不依不饶"，都表明了唤醒心灵所需要的是等待与陪伴。这种等待与陪伴不是被动的，是点拨中的坚韧和坚持。

(二)"唤醒心灵"教育的特征

1. 基于学情分析的目标导向

唤醒心灵首先要以生为本分析学生的需求，以其需求为教育的目标导向。学生的需求有现实的需求，更有未来的需求。学生的需求来自他自身，也来自他人和外部世界的要求。关于学生的需求分析离不开三个关系问题，人与自身的关系、人与他人的关系、人与外部世界的关系。德国哲学家海德格尔把世界区分为三种形式：周围世界（around world）是指环绕在人类周围的自然世界；共同世界（with world）是指个体共存的其他人类成员所组成的社会世界；自我世界（own world）是指个体追寻自由与意义的自我内部的心灵世界。滨斯万格认为人所感觉到的存在意义主要包括三个世界意义：自然世界中所感觉到的意义，如个人与自然之间处于平衡关系时感觉到舒适，个人发挥能动性改变自然世界时感觉到自我的力量等；共同世界的意义，指与别人互动时所感觉到的意义，如尊重、关爱、归属等；自我世界中的意义，指自我内心中对自己所感觉到的意义，如自由、本真等。只有一个人在这三个方面都感觉有意义，那么他的心灵才是充实健全的，教育就要培养这样的人。学生的合理需求应该建立在对三个世界意义的理解上。

在现实的教育中我们深有感触，学生的需求不等于成长的需求，教育者要合理引导其需求，尤其是引导学生判断什么是真正的成功人生，这也是学生的根本需求的方向。成功是每一个心智健全的人渴求的一种生命境界。我们的教育有必要向学生传递这样一个信息：学校教育不是通往上流社会的阶梯，而是通向智慧的道路。成功不能用金钱和权力来衡量，成功更意味着建立爱的关系，增长个人才干，享受自己所从事的职业，以及与其他生命和地球维系一种有意义的联结。成功就是平凡人的心灵充实。

2. "自我教育"是满足需求的根本途径

唤醒心灵是基于以生为本的需求的分析和给予，但是满足学生的需求并不是简单地给予,而是激发他内在的渴望成长的动力使其自给自足。"自我教育"是满足人成长需求的根本途径。"自我教育"思想是苏霍姆林斯基的三大教育信念之一。他在强调自我教育的重要性时说:"没有自我教育就没有真正的教育。这样一个信念在我们的教师集体的创造性劳动中起着重大的作用。"他对自我教育的目标论述时指出:"自我教育的核心是增强学生个人的精神力量,包括责任感、自觉性、自尊感、自豪感、自我控制、努力、自我评判等。"他认为自我教育的关键是激发学生的愿望:"对少年儿童来说,首先要产生并保持使自己一天比一天更好的愿望。"而激发愿望的关键则在于教师如何用爱的力量和教育智慧把成人对儿童的期望转化为学生对自己的期望。"要求产生愿望。教师、父母和教育者的职责就在于要把学生的各种愿望和要求引向正确合理的轨道。"教育者唤醒人的心灵的根本途径是激发学生追求合理美好愿望中的"自我教育"。

3. 让教育成为"慢"的艺术

这个道理如同种地一样。农夫需要坐在地头上等种到地里的种子发芽、长成小苗、再慢慢长大,而且种子是自己长大的。种子拱破泥土冒出小芽不是人薅出来的,竹子的拔节声不是人吹出来的,种子自有一种内在生长的力量,种子自有成长基因。农夫做什么?农夫不会赋予种子果实,农夫要清除杂草、浇水、施肥,为种子的自我生长清除障碍、创造良好的环境,农夫种下种子后要陪伴与等待。教育就是种地,教师就是农夫,教师要种下心灵的种子,不破坏学生自我成长的基因,激发、保护他向上生长的愿望,静静地等待花开,而不是按照教师的意图揠苗助长。唤醒心灵就是激发人的内在成长动力后的等待与陪伴,从这个意义上讲教育体现的是"慢"的艺术。

三、"唤醒心灵"教育实践的策略

(一) 基于共同愿景的价值追求

1. 确立"大气、责任、卓越"的价值选择

2007 年我接手现在的学校。由于人心不稳,统一思想成为当务之急的事情。我们期望建立一种能交流成长和进步的共同的话语体系,将纷杂的想法统一,达成共识,促使共同愿景的形成。在秉承历史和思考未来中我们总结出"大气、责任、卓越"的学校文化,其内涵成为学校核心价值观:

- 质朴大气,仁爱善良

关注全体师生,善待每一个人、不放弃任何一个人,

人人有颗感恩的心,

争强好胜但不气量狭小,崇尚竞争但不破坏和谐;

低调做人、高调做事,高低错落有致;

平凡与高尚同在,寂寞与繁华同存,质朴大气久远。

- 当有责任感的人,做有责任感的事

为自己负责、为他人负责、为社会负责、为民族负责;

高尚地思考,尊严地生存,培育师生美的灵魂。

- 崇尚卓越,追求第一

可以失败于事,不可失落于心——激情成就梦想;

不可能时时刻刻都第一,

但要有追求完美追求卓越的心气;

不可能人人事事都第一,

但要有独辟蹊径求得卓越的能力。

真正的心灵唤醒,一定是学生有大气的胸怀。如果他自我封闭,不能把自我置于他人和外部世界中思考,他不会处理好人与他人、与外部世界的关系。大气是从心态开始的,只有大气才能找出自己闪光的东西,找出别人闪光的东西,自己自信的同时能看清他人和周围世界,所以大气是人生的底色。在唤醒心灵的过程中需要教育者及时强化学生的责任和给予他平台担当,尤其是对自我命运的担当,才能驱动他内在动力以求发展。责任感是任何一个有所成就的人必备的品质。追求卓越,根本的是人人成为卓越的自己,这是唤醒心灵最深刻和持久的动力。"大气、责任、卓越"的价值选择不断地唤醒人的心灵,而心灵的觉醒也是不断地促进这种价值观成为人头脑中稳固的特质。这种和谐的循环就是师生和谐的成长过程。我们用"大气、责任、卓越"的核心价值观在实现共同愿景的过程中引领师生走向一个高贵的精神领地。从 2007 年我们的第一届文化推介会至今已开过六届,已经成为经典活动,每次都是对师生精神的洗礼。

2. 让真爱成为价值引领的动力源

迈·凯梅·普林格尔在《儿童的需要》提到:"关于老师行为如何影响学生的成绩,回顾近几年进行的 50 次调查,我们发现主要有两方面,老师的热情和温暖。"爱

是教育的前提，"没有爱就没有教育"。

爱满校园，一直是我们所倡导的，比如赈灾时，家境困难的学生都能挺身而出；为患病的同学一天时间捐款11万余元；领导、班主任、老师每个寒假春节都走访困难学生家庭；学校资助学生不论学习成绩如何，只看学生的努力和进步，老师给学生的资助更是不尽其数。在主题为"你是我的骄傲·一个不能少"高三百天动员会上学生们发自心底地念出他们写给全年级每一个老师的每一首诗时，老师们动情了，爱有了最美的回报。

案例：人人有去处

2008年我校毕业了这样一个班级，53个学生入学时分数特别低（特殊群体），家长从没指望他们考上大学，但是高考结果是过普本线12人，过三本线共39人，过艺术类普本线2人，全部有了去处，家长们特别感谢老师和学校。我们的学生考上北大、科大时的心情也没有我们面对这个结果时震撼，因为我们了解过这是怎样的一群学生啊！他们自己都不曾有过考大学的梦想，但是班主任刘德梅老师相信他们，她耐心地帮助学生建立了目标管理档案，先通过板报的形式落实大目标，然后通过系列化的目标管理档案落实小目标，老师同时指导孩子们对每个学科的问题分阶段逐个重点突破，并及时地给予鼓励和评价。班级的每一个孩子都学有目标、赶有方向，经过不断地超越，梦想成真！刘老师说："当53个孩子一起为我庆祝生日的时候，用他们响亮的声音喊出'德梅，最美，德梅，最美'的时候，我想，我的一切付出都已经物超所值。"

案例：高三离校日

我校每年高三离校日的场面都很感人，在班主任讲完高考注意事项后，学生开始清扫，没有学生匆匆逃离，都是各司其职地打扫卫生、收拾东西，学生们把门窗都认认真真地擦一遍，把班级的每一个角落都清理得干干净净，除了走廊及门口整齐堆放的杂物外，教室内外一尘不染。讲台上的粉笔盒、黑板擦、地上的几个簸箕都摆放有序。每个班内和对面的自习室都桌椅整齐，干干净净。楼上楼下的学生在班级和教师办公室之间不断地送东西，每个人的表情都是那样的平和、高兴，在走廊里，每个孩子热情地问好表现出来的不是我们安慰他们，反倒像是他们安慰我们，特别让我们感动和欣慰。

每年在高考最后一天我们都为住校学生设告别晚宴,学生们和老师们特别和谐,难舍难分,学生们说我们的老师特别负责任,我们会永远记住母校,记住文化。这就是爱的力量吧。真爱是价值引领的动力源,真爱是会传递的,有爱的心灵才能相互唤醒。

3. 把"聊"作为价值认同的有效途径

"聊出来的学校"是我们的口头禅。包熙迪和查兰在《执行》中将对话描写成"文化的核心,工作的基本单元。持续有效的对话更多地是提出'正确'的问题,而不是提供'正确'的答案。人们在问题解决过程中形成了核心的团队价值观。人们之间说话的方式决定了团体运行的好坏。对话是最好的说话方式之一"。我以为这就是"聊"的概念。学校价值观需要在日常行为中渗透,需要聊。这种聊也是唤醒心灵的有效方法。

我经常以书信的方式和师生们交流。面对教师骨干评比我给老师写信谈从文化的角度看老黄牛和千里马的作用,外出学习回来聊文化,全校会议谈思想聊文化,每天早晨的"撷英阁"传达文化的声音……"三八节教师时装表演赛"我给老师写表扬信,我给参加"太极拳比赛"获奖团队教师写的信如下:"谈激情,我为您骄傲,更对学校的未来充满信心。再一次感谢,您的付出为学校带来荣誉,小小礼物(一盒巧克力)表达心意!"

学校设有校长信箱,每封学生的来信都有我的亲笔回信,在或长或短的回信中既希望学生能感受到关爱、认同、理解和帮助,同时也想聊到他们的心里去。

我和老师们聊,老师们和学生们聊。我校开设了 10 分钟演讲课程,学生在属于自己的舞台上将自己的才华演绎得淋漓尽致,教师也在点评中赢得了学生的尊重。

演讲课中,老师的点评点燃了学生的期望,唤醒着学生们的心灵。在学期的演讲课总结中陈婷写道:"老师的眼光一定是很高的,她能这样信任我们,就证明我们或许真的是与众不同,真的是有这样的能力。既然如此,我们就要行动起来,让她看到她的选择没有错,我们班就是学校的领军班级!"梁媛说:"生活在这样的集体中,拥有杨老师这么优秀的教师,我感受我太幸运了。我也决定按照老师的建议去做,常写随笔,相信一定会有收获。"王帅:"我们在老师口中是'一群思想达到一定高度的学生',也许我们并没有那么好,但我们很希望,也会很努力地成为那样的人……努力做一个'境界高'的人,我们都会更有信心!"

老师们的潜能也是聊出来的。学校的会议主角是教师，讲台是教师的，各种论坛对于老师们是你方唱罢我登场。2012年1月14日至3月2日，我校第一届学术年会召开。年会共分成六个阶段，是教学管理的"三维质量提升系统"、"三自"课程体系建设、学校教师培训的"三化特色"、研究性学习课程、班主任的综合素质培养、教师评价体系以及学校办学思想体系的整体展示，本次年会用时共计8天，研究的时间跨度为近6年的办学历程，共有70多位教师先后登台亮相，将"聊"的艺术发挥到了极致。整个年会学术氛围浓厚，内容丰富多彩，时间跨度大，教师参与度空前广泛，热情高，真正体现了年会的主题：总结、丰富、创造、展示、超越自我、再谋发展。那是一次经验的提升，一次智慧的检阅，一次激情的释放，是汽六文化的彰显、智慧的迸发和心灵的觉醒。

领导们聊出来能力、老师们聊出来潜能、师生们聊出来心态、与环境聊出来信念、活动中聊出来激情。这些年在"大气、责任、卓越"的价值引领下我们不断地沟通和交流，改变学校、改变人群的观念，这真是个慢功夫，就像让石头变得圆润的是慢慢的不停息的流水，"聊"让我们都在慢慢地改变着、真实地改变着。

（二）基于自主发展的教师专业成长

唤醒心灵也要唤醒教师的心灵，教师是有心人，才能用心育心。这与学生的成长是一个道理，自我教育是成长的根本途径，教师的专业成长也必须基于自主发展的愿望和方法，只有这样，教师的心灵才能在专业成长中被激发和唤醒。

1. 规划出来的道路

这几年来我们系统思考，建立了"三化——课程化、课题化、社团化"教师专业发展体系，"课程化"保证了教师专业发展的长度，"课题化"保证了教师专业发展的深度，"社团化"保证了教师专业发展的宽度。在这个体系中我们创新性地做了很多具体的工作，思考让老师们不断地寻求新的发现，研究让老师们唤醒了心灵、找到自我价值。

"课程化"保障了教师专业成长的方向和持久。我校的教师培训课程建立的特点是结合学校教育教学实际，边做边归纳和调整，渐成课程体系，适应后坚持开设。目前形成的教师培训课程包括必修、选修、研修三项，比如每年6月至10月，我们都进行高考"做·亮·奖"系列活动，历时5年已成为精品课程，为不断提高高考成绩立下汗马功劳；利用寒暑假进行的校本培训开展"读书论坛""课标解读"等一系列研修活动,由教备组长组成的"三维团队"经常封闭学习,研究"技能显性化"等。除了系统的培训课程外,我们也把可利用的时间都利用上,这种培训被戏称为"边角料式"的培训,利用边角料的时间组织"三维团队"进行脱产学习《课程标准》,研究学科的三大体系;为了节省时间,举办班主任 1 分钟论坛;年级例会及周工作总结采用"书面会议"形式;校领导班子每天早晨"10 分钟碰撞"交流工作;每天早上入校教师将从"撷英阁"取走内容丰富的小纸篇,点点滴滴提升教师的人文底蕴的同时丰富了教师的心灵。

2. "玩"出来的培训

"教育是玩出来的",在玩中让心灵觉醒。在教师繁忙的教学任务中能做好校本培训必须要有有效形式和活动,从某种意义上讲要在玩中学和做。我们需要修炼"玩"的心态了。陶继新老师曾肯定我们的做法说:"如果真有了这种'玩'的心态,研究任何问题就都不会再是负担,而是成为了一种幸福快乐的审美之旅。"

我们的教师学术性社团就是玩。2006 年我校与北师大合作办学,英语组的 6 女 1 男教师组成了"非常 6 + 1",成为青年教师阳光社团的萌芽,在此基础上 2007 年入校的 7 位新教师成立了"阳光 007"团队,有 007 的队标和口号,每个成员都有自己的分工,每周都有执周班长制度、有周计划、还有定期总结。阳光团队的活动宗旨是学中有玩,玩中有学,学中有乐。这里的"玩",是入乎其内、深得要旨之后的心灵之乐。随着逐年入校的大学生组成的 008、009、010、011、012 团队的扩大,逐渐形成了阳光社团的品牌。阳光品牌在入校的新教师中不断传承,成为学校的一种精神,他们的誓词是"让阳光洒满校园,我们就是阳光,阳光能驱散阴霾,阳光让世界灿烂,让阳光洒满校园,让师生向着阳光走,阳光团队精神永远向上,专业永远进取,素养永远求高,形象永远美好"。

2006 年 4 月至今,学校成立了十多个教师学术社团,如读书俱乐部、PBL 问题式自主学习小组,由教备组长组成的"三维"引领团队等,我们逐渐形成了教师社团的概念——在一定意义和范围内(如同年级、同学科、同一问题等),具有共同目标的人自发地组成学习研究团队,根据目标制定合理的大家认同的计划,并按照计划行事。社团存在取决于很多因素,可长可短。社团活动不仅是教育教学研究,还能迁移到其他方面。社团的建立符合教师成长特点,符合时代发展中的"NGO——No Government Orgnazition"理念。其实我校的"三化"教师培养可以说是边做边玩,虽然很累但很让人流连忘返,教师们内心的充实在一定程度上驱赶着职业倦怠。

3. "想"出来的研究

教师真正的心灵被唤醒的表现之一是他愿意去研究问题。如何让老师愿意研究问题呢？如果老师能总想事、想明白事、做好想明白的事就不错了,总想事是一种研究意识,想明白事、做好想明白的事就是一种研究能力,在想事做事的过程中,研究就变成常态了,这就是教师搞研究的最好状态了。不要把教师的研究当成高深的学问来灌输,研究就是想点事、做点事的问题。然而怎么能让教师总想事、想明白事、做好想明白的事呢,怎么把事情变得简单有趣呢? 我们根据"建构主义的原理",利用"目标导向、任务驱动"的模式研发了校本研究的"3X"管理法。这是一种对校本研究活动及成果的管理法,是一种从管理角度研发的如何管理校本研究的工具。"3X"是指"小(xiao)问题、小(xiao)策略、小(xiao)应用",在真实的现象中确定具体问题为研究对象,形成解决问题的策略并进行应用。实施校本研究的"3X"管理法的目标导向是以校本研究中的"策略的形成和应用"为载体培养教师的教育教学技能,任务是"构建并完善学校教育问题解决的 3X 应用集(包括 5 个库: 资料库、策略库、校本培训小课程、原创文集、反思反馈集。)"。校本研究的 3X 管理法的特点是使研究成果的表达简化,减少教师对研究的畏难情绪,逐渐培养教师的思考意识、研究意识及能力。目前部分老师们也热衷于此。

案例: 筱彦老师自述研究之旅

筱彦老师说:"我的小课题研究是从一篇论文开始的,经历了论坛、微型课再到今天的 3X 小课题,在过程中我的感悟是:论文是逼出来的,论坛是导出来的,小课题研究是一步步摸索出来的。2009 年我参加长春市骨干教师论坛,在校内试讲时,我作了'高中英语分层教学的探索与启示'的汇报。校长说,题目太大,理论太多像论文,而论坛要讲做法,于是我将题目改为'高中英语阅读课分层教学',结果又被'枪毙',理由是研究得不充分,于是校长问我平常都怎么做的,她一个接一个地提问,我滔滔不绝地讲,校长眼前一亮,说就这么写,就写一个小点,例如作业分层,把你刚才和我讲的都写出来就非常好。可话说起来容易做起来难,当我落笔时又遇到了很多困难,由于我的粗心,自己做过的研究没有记录,没有留心整理学生作品等素材,没有系统的规划,实施也就变得茫然和盲目。用校长的话说:'你这么多年老师白当了,咋啥也没留下。'校长一针见血的评价让我羞愧不已,同时也下定决心开始做一个有心的老师,用心的老师,一个研究中成长研究中进步的老师。于是我梳理了自己的做法,我从教学困惑着手,到思考解决办法,做计划,实践再到反思也就水到渠成了。我的论坛很实在,也很成功,以长春市第二名的成绩获得金星奖。原来我也会研究啊。"

现在很多教师比较自觉地加入到了校本研究"3X"管理法团队,部分老师应邀在长春市部分学校作讲座。想事做事不断地使教师接受的挑战变大,成就也就越来越大,这打破了部分教师一直处于的失败或困顿状态。想事做事唤醒教师的心灵,也让一部分教师走出了职业倦怠。

我们无论是在校内研修还是"走出去、请进来"的学习,都开阔了教师的视野,促进了教师观念的改变,无论是教师自发组织的社团还是常规的团队,如教研组的发展、骨干教师、班主任的培训,管理团队的校本培训中都能并行,交织成网络。我们还和高校的教研、培训部门合作,其中专家引领的效果也很明显。教师的自主发展提升了教学质量的同时让学校学术氛围增强,学校多次承办大型学术活动,被评为吉林省首批新课改基地校、吉林省首批教师专业发展型学校示范校、吉林省"中国移动——教育部高中校长影子培训项目"基地校等。课程化的规划、社团化的玩、课题的研究不断地拨动着教师的心弦、点燃着教师的激情。只有心灵被唤醒的教师才能真正懂得如何以心育心。

(三) 基于心灵觉醒的课程建构

课程是对人有目的、有计划地施加影响的活动,系统课程可以用来持续地施加对人的影响以唤醒人的心灵。经过五年的整合完善,我们形成了"三自课程体系"。课程体系中包含"国家课程和校本课程"两个领域,校本课程共有四个类别:校本选修课程、社团课程、特长培养课程、德育课程。我们按照三个原则不断地改造着部分国家课程和创造着很多新的校本课程。

1. 丰富课程资源

课程资源无处不在,从文化、教师、学生、家长、时间、空间包括校外社区资源等都可以充分挖掘和利用。

案例: 挖掘时空资源,上好"一日点滴"系列微型课程

高中教学任务繁重、课时紧张,我们最大化利用边角料时空,创造性地开

发"一日点滴"系列微型课程,以期提高学生的综合素质。经过外语组细化后区别以往英语晨读的《唱响晨曦——快乐英语晨读》,让人人得到听、说的训练,效果比改革前好。每天的《新闻10分钟》,由学校印发新闻改为学校免费给各班订两份报纸,即《参考消息》和《中国青年报》以供阅读,每天每班轮流由1—2名学生提前预读,查阅相关名词及内容,第二天讲读给班级同学,并写新闻评述,每学期我们均对开展得比较好的班级进行表彰。为"练就一副好口才"开设《演讲10分钟》,班主任老师点评和指导,语文学科编写《课程纲要》,各班制定了评价标准、评选周演讲冠军、月演讲明星、举行年级演讲比赛等,寒暑假每名学生模仿名人训练中英文演讲、录制视频、开学初择优播放视频。学校将过去"每日一歌"更名为《音乐鉴赏》,分类播放经典音乐、励志歌曲等,播报音乐时事,以提高学生对音乐的鉴赏能力。语文组编写了《课前经典诵读》一分钟课程的《课程纲要》,利用课前预铃时间背诵。《值周课程》体现学生自主管理,有国旗下开班仪式、日反思和周总结等一系列措施。我们希望让学生在每一分钟、每项活动中都能有收获,都能有唤醒心灵的希望。

2. 精致课程设计

学生的心灵需要在丰富的、有营养的课程活动中得以激活和唤醒。然而,并非任何课程活动都能达到这个目的。高质量的课程活动必须有精致用心的设计。

我们的军训课程中不仅有国防教育和体能训练,把学校核心价值观有机融入。在军训闭营仪式上,当学生们整队走过红地毯,在"你是我的骄傲·一个都不能少"的巨幅画面前举起手臂向老师和家长敬礼时,他们会理解老师、家长的爱。

我们开设高中生生涯教育课程,课程内容包括:人生是个问题——谈生命的意义,谈如何看待工作、学习、生活,如何看待命运等;人生要有目标——谈如何进行时间管理、如何制定计划、如何自信、如何控制注意力等;人生实现目标的策略。这和以往的生涯规划课不同的是我们不是重点和学生沟通个人职业发展,而是定位在生命意义的探索和对未来人生幸福的谋划,这样期望学生能有更深沉的思考和更持久的动力。

案例: 大家都愿意上的语文活动课

高中语文课比较难上,学生不喜欢,所以语文教研组不断系统整理活动课,使其内容丰富,有课前演讲、诗歌朗诵大赛、原创诗集、课本剧、课外阅读——时代的声音、课内阅读——读文悟语、辩论、读书笔记评比、思语培华讲堂、微型小说大赛等,这样的语文课使学生们不断增加着阅历和感悟。

3. 体现自我教育

苏霍姆林斯基的自我教育概念的内涵包括两个主要方面:一是自我反思,即学生把自己本身、自己的内心世界作为认识对象;二是自我塑造,即学生发挥自身的主观能动性。所有学生心灵的唤醒离不开自我教育。学校课程活动的设计要有一个重要的特点:在课程活动中学生要表现出强烈的自主性,要给予他们充足的自主决策、自主参与的空间。

案例:小先生授课,学生当老师

我校开展了"小先生"课程活动。通过"教师培训学生,学生培训学生"的形式,鼓励学生人人都做小先生的活动,这同时也解决了师资紧张问题。我校开设了"国学""礼仪""营养与健康""励志格言"四门小先生课,学生报名火爆,多达 300 余人。各门"小先生"课均成立了行政组(负责上传下达任务、组织召开会议、试讲等)、资料组(负责编写教案、制作 PPT)、活动组(负责编排情景剧)。经过多次自主修订上课资料、多次试讲以及严格把关,最后上学期筛选出 48 名小先生,本学期筛选出 50 名小先生,他们团队授课,即一人主讲、其余为助教(负责表演情景剧、拍照、录像)。在查课过程中,我们发现所有开课班级无不被新颖、生动的授课方式所吸引,同时收获了课堂上无法学到的知识。

在"小先生"们课前的反复演练、自我挑战、课上激情飞扬、自我超越、课下学生评价后的或是欣喜兴奋或是委屈落泪中,我们见证了小先生像剥洋葱似的批评与自我批评,感动和欣喜于他们拔竹节似的成长和成熟。

案例:班级承办接待任务

在每一件事情上,我们都在挖空心思地琢磨如何让学生参与进来。2008年美国考察团的接待活动我们采取了年级竞标、班级竞标的方式,竞标的结果高一年级取得了承办权,高一年级部与学生社团联合会联合在高一展开了竞标,所有的班级都上交了精心策划的方案,最后高一(10)班的创意方案取得了此次活动的最终申承办权,46人美国考察团活动的接待中,会场中国气息的设计布置、中国节目的编排、座谈会的召开、三餐的设计等均由十班全体学生负责策划、实施,赢得了国外友人的一致好评。很多学生活动都在集体承办模式中开展。

案例: 挥动激情、超越自我

2010年6月我校承办全国中学生乒乓球锦标赛。学校社团联合会成员召集各个社团负责人在校领导的监督和引导下,确定了整个赛事承办的各个项目,共形成了服务组、活动组、开闭幕接待组、会务组、记者组、主席台组、验拍组、开幕节目组、闭幕节目组、保卫组10个志愿者小组,每个小组在志愿者老师的引导下分别策划形成了小组的工作宗旨、工作内容、工作流程、工作评价反思等具体的工作内容,并最终形成了志愿者工作手册。国家体育总局副局长陆元盛说:"你们的学生真好,真是很阳光!"王欣总裁判长非常激动地说:"你们学校每个人待人的热情表达了你们学校文化,热情、质朴、大气,你们的文化是做出来的,不是写出来的。""挥动激情、超越自我"的赛事志愿者让学生成长了!

案例: 在体艺节中成长

我校每年一度的"我参与·我成长"为主题的体艺节项目繁多,田径、球类、操类、趣味运动等四个大项,有挑战体艺吉尼斯、社团展示、课间操、太极拳比赛、健康知识竞赛等丰富多彩的活动,班级内每个人都要根据自身特点选取合适的任务来承担,人人有事做。体艺节无论从时间跨度、活动内容、项目设置还是从参与程度、影响范围都很大,学生们也有发自内心的体验感悟。

(四) 基于思维品质提升的课堂转型

心灵的唤醒不仅体现在情感的被唤醒,更体现在理智的被唤醒。唤醒理智是唤醒心灵最深刻和持久的体现,学生良好的思维品质是这种状态形成的保障,所以我们非常重视学生的思维培养。

1. 实现充满"问题"的课堂转型

"问题"是培养学生思维的重要载体。2007 年我们逐渐整合过去比较零散的课堂教学理念和方法,开始进行"问题式自主学习(PBL)"课堂教学改革,其核心词是"问题"和"自主学习"。

联合国教科文组织提出:"自学,尤其是帮助下的自学,在任何教育体验中,都具有无可替代的价值。"

问题是人生思考和科学探究的逻辑起点,没有问题就没有解释、解决问题的思想、方法。同时在课堂教学中,解决问题是学生学习的必要任务,解决问题的过程中有最好的学法指导的蕴育,是学生学习动力的激发,是解决差异最好的途径,是课堂上的培优补差,是良好思维的培养。我们的课堂改革梦想是学生带着问题走入课堂,带着更多的问题走出课堂,并以此为基础,培养学生的问题解决能力,培养学生良好的思维方式和创新能力。

"问题式自主学习(PBL)"是一种有指向性的教学指导原则,既有方向引领又不限制教师的教学特色。课堂中"问题设置"的研究是改革的核心,我们从问题生成的依据、问题的来源、问题的呈现方式等几个维度研究课堂中的"问题设置"。2007 年从新毕业的大学生中我们挑选出来 10 名新教师,成立了 PBL 研究的试点团队,后来扩展到以班级为团队的 PBL 研究。长春是 2007 年进入课改的,当年教师也学习新课标了,但是一轮下来发现很多教师没有真正懂新课标,越是研究"问题",越是困惑,所以在 2010 年我们确定了"两个高度的研究",第一个高度是教师会用新课标制定学生学习目标,第二个高度是会用问题落实学生学习目标。

为此,全校教师重新研究新课标。我们围绕新课标做了三项研究:第一,重新理解课标的内容标准,第二,建构三个网络(知识、学科思维方法、技能),第三,把技能显性化,将知识落实。我校教学研究中心以加里·鲍里奇的《有效教学方法》为蓝本组织在全校开展关于"问题设置"的深度研究,目的是结合理论总结梳理经验形成真正能落实的系统"问题设置"策略。教研组长、备课组长、骨干教师在组内交流,校内论坛由阳光团队青年教师参加关于"提问策略"的笔试,由教研组长和备课组长组成的三维团队进行"问题设置"论坛。

逐渐地,各学科形成了自己的特色研究,数学组确定了四种核心问题设置:情境问题、新旧串联问题、台阶问题、变式问题;物理组明确问题设置原则:主体一致性原则、层次递进性原则、内容形式系统性、服务性原则;化学组制定了问题优化策略：问题要生活情景化、问题要有问而追、问题要能建构模型、问题要善于利用数据说话、问题要能引发冲突、问题要具有任务驱动性；外语组的问题式备课中特色环节是备学生：选择学习基础不同的 ABC 类学生提前提问和制定问题流程图等。

课堂教学改革带来了生机。班主任金玉莲老师外出学习 10 天，班级没有代理班主任，没有代课教师，完全是学生自主管理、自主学习，班内的 6 个学习小组由 6 个组长管理，在班级活动、成绩比对、课堂讨论、研究性学习等活动中发挥了作用。定期的小组汇报交流，让同学们的思想碰撞出了火花，这 10 天班级有了一种整体的提升。

2012 年 10 月在我校召开了历时两天、覆盖东北三省四市的高三备考数学、外语研讨会，来自四个城市的约四百多名高三教师和各个城市的教研室领导光临我校，参会的老师对我校高三学生的评价很高："你们学校的学生不愧像你们的文化里写的那样，质朴大气"——长春市教研室老师；"汽六的学生太好了，朴实、真诚、阳光、好学"——外校教师；"学生表现出四个愿意——这的学生愿意学习，积极参与知识的总结提升过程；愿意表达自己的想法，而且会表达；愿意听取别人的看法，而且会听取、会借鉴他人的想法；愿意将而且有能力将他人的想法与自己的想法融合，生成新的想法，更重要的是能提出正确的很有价值的思维含量大的问题，这是创新的体现"——评课专家。

2. 开设学生思维培养课程

从某种意义上说，最重要的知识是方法论的知识，最重要的技能是思维技能。培养学生良好的思维，让学生会思考，让学生有驾驭自我心灵的能力。我们尝试着开设学生思维培养课程。在对 2007 年—2011 年我校研究性学习课程实施的调研反思中，我们发现部分学生对这门课的认识不够、态度不端正，部分学生不会研究，存在假、大、空的浮躁现象等。我们认识到培养学生研究态度和能力要从根本处抓起。2011 年，课程处对研究性课程重新定位，即培养学生和教师良好的思维方式。这符合学校注重培养学生思维的教学理念。课程处把近五年入职的研究生教师召集一起，改建了研究性学习教研室，开始了系统的研究。把研究性学习规划了四部分课程内容，分别为科学思维、走进研究性学习、常用科学研究方法、实践研究性学习。研究团队的老师自编教案、学案、制作课件，坚持课前集体备课、课上专人听课，课后写教学反思，教案编写人汇总所有上课教师的课后反思，提炼有价值的信息重新修订教案、教材、讲稿等。

在 2012 年 2 月学校的第一届学术年会上召开"研究性学习专题研讨会",经过全面研讨,修订了课程计划和校本教材。一年来,分解的课程内容及小步推进的模式,的确让学生比较系统地掌握了课题研究的方法,改变了一些研究过程中的浮躁心态。但我们一直在寻找,"研究性学习"和"学生思维培养"的契合点在哪。通过有关思维训练的读书论坛、拜访专家等活动,研究性学习重新制定课程计划,即压缩研究性学习课程的课时,将内容划分为四部分,课程内容:第一部分:水平思考法(培养思维的灵活性和实用性)(参考书籍:《水平思考法》、《六项思考帽》、《比知识还多》);第二部分:哲学化思维(培养思维的辩证性)(参考书籍:[美]李普曼、[美]马修斯作品);第三部分:学科化思维培养(从伟大的实验中培养思维品质);第四部分:课题研究(多角度培养思维品质)。在高一和高二开设了部分内容,下一步我们还将与高校的学术团体建立课程开发合作体。思维品质的优劣决定了学生思考的深度、广度、高度,决定着心灵被唤醒的程度。

3. 关注批判性思维的培养

美国耶鲁大学校长理查德·莱文在中国访问时曾说,中国的教育缺乏两个非常重要的内容:第一,缺乏跨学科的广度;第二,缺乏对于批判性思维的培养。我国批判性思维的培养还亟待重视。如今批判性思维在许多国家的教育目标和课程标准中已显要地出现,成为 21 世纪良好公民的必备技能与素养之一。批判性思维让学生思维更深刻、更宽泛、更敏捷。

关于如何培养批判性思维,总体说有两种实践举措:一是融入学科教学,二是开设专门的批判性思维课程,通过不需要具体学科知识的实例来探讨批判性思维。这两种举措结合使用效果最理想。内尔·诺丁斯在《批判性课程——学校应该教授哪些知识》一书中谈及学校应教授的内容有"学习与自我理解、战争心理学、房与家、他人、为了父母、动物与自然、广告与宣传、谋生、性别、宗教等"。2012 年在英国学习期间,我深感国外对学生的批判性思维培养的重视。在一所公立学校我们听了一节社会学课,讨论现在正在"上升的离婚率和堕胎现象",师生讨论热烈。单看话题,也是我们的课堂上少见的,甚至是避讳的。社会上存在的且将来学生都可能遇到的问题,我们却都避开,让学校变得如象牙塔一般纯洁晶莹,而学生走出去时面对复杂的环境却茫然无所适从,不分是非地好奇、追寻或拒绝等心理感觉交织后形成的混乱思维让走出象牙塔的学生疯狂地去做了很多违反道德公德的事情,结果导致矛头指向学校教育,那么学校到底该教什么呢?

2011年我校向老师们发出倡议,在教育教学活动中加强学生批判性思维的培养。在"问题式自主学习"的课堂教学角度我们不断强调批判性思维培养,在2012年12月长春市高阶思维论坛中,外语教师王馨的《批判性思维在高中英语课堂教学中的探索和实践》获得了一等奖。除了课堂主阵地之外,我们也在创造不同的教育渠道尝试着落实批判性思维的培养。

案例:"思语培华人文大讲堂"中批判性思维的展示

"思语培华人文大讲堂"借助学生喜闻乐见的形式广泛传播积极思想,这也是培养批判性思维的阵地,一批有思想、敢表现的学生表达思想的阵地。由学生处具体负责开发和建设,每天中午开设。人文讲堂的实施流程都由学生策划和落实,主讲人大部分是学生和青年教师,也有校外聘请的名家。内容无严格限定,广泛涉猎多领域多角度。

有时间我都要去听这个讲堂。上学期高一(12)班的张迟的演讲题目是"请不要责怪教育制度"。她说:"我也曾经埋怨过,厌恶过中国的教育制度⋯⋯后来,长大了也成熟了,没有了那些愤世嫉俗,静下心来看我竟然惊奇地发现,我痛恨的教育制度居然很无辜!"

为什么这样说呢?我简单地分析了一下,主要有以下两个原因。

第一,中国的教育起点比较低。

第二,中国是有着世界第一人口数量的大国。

怎么改变自己呢?

第一,请你摒弃既定的思维模式,用全面的、发散性的思维方式去思考问题。

第二,请你拓宽自己的视野,放大看问题的角度,提升自己思想上与人格上的境界。

第三,请你重视自己的学习成绩,但不要作只懂得书本上的知识的'书呆子'。

最后还是那句话,请不要责怪教育制度。也让我们从现在开始,为我们自己,为中国,努力吧!

她的演讲让我潸然泪下,在青涩的思想中和对未来的无奈中能沉淀出宽容和坚韧,这多么难能可贵,同时也让我这个教育者汗颜。

案例：开设校本选修课《少年哲学》

　　为了寻找批判性思维的培养途径，连续两个学期我开了一门校本选修课《少年哲学》。我设计的课程目标是"扩大学生知识面，引发学生对深刻思想的思考兴趣，培养学生批判性思维"。我对选课学生的要求是"有独立思考的能力或有培养这种能力的愿望的人；能在本次上课和下次上课前的一周内完成1000字随笔的人；有耐力和毅力，能坐住板凳，耐住寂寞看书的人；爱护书籍的人；高一文科生、理科生均可"。

　　我选用的教材很特殊，是《新华文摘》，是我国社科类高层次的杂志，也是有很多前沿作品的杂志，学术性、思想性都很强。为什么选择这种杂志呢，这也是出于尝试的想法，我总觉得现在学生读的书不是动漫（当然这也不是不好的书），就是"上中下人口手"式的不需动脑筋的书，真正能锻练思维、引发思考的东西似乎难见到，慢慢地用进废退般，他自己也不愿意也读不懂稍稍晦涩的东西了，但是我觉得他们应该读，也能读懂。

　　我的授课方式是每节课堂上让每个学生选择《新华文摘》中的一篇自己感兴趣的文章认真阅读，读不完回去读，但是必须读，然后根据自己的感想写随笔1000字，下次上课上交。同时根据大家的随笔完成情况，老师会不定期和大家以"问题"为中心组织研讨。一学期下来，随笔整理成为他们自己的文集《看世界》，它见证了一群少年渴望了解世界而付出的努力，也见证了一群少年思想一点点成长的历程，从我对他们的文章进行的一次点评中略感知一些吧。

　　　这是一个哲学思考，也可以说是奔向哲学家的思考。哲学是于现实讲看似最无用的，其实是最有用的，对人类的发展、自然界的存在是有用的。你思考的自由就是人类发展的一个永恒的话题，因为不懂"自由"，社会的发展出了问题，个人的发展出了问题，因为懂了"自由"，社会会更进步，我们个人会更"自由"，思考这样的问题，你真是很有思想，相信你会越来越睿智的。

　　　　　　　　——点评崔文林写的《论自由——读"当代哲学与新的启蒙"有感》

　　其实我的点评不足以描绘出他们思想的活跃程度。有研究成果表明，高中学生的辩证思维已日趋占据优势地位，他们的思维特点具有更大的组织性、深刻性和批判性,独立思考的能力得到高度发展。因此,学生们已经具备了在培养批判性思维时所具有的能力要求。学生们的潜能是大的,他们愿意接受新鲜事物,愿意开阔眼界,我想这就是批判性思维培养的潜力!

四、反思

当今教育是最受宠的,也是最挨骂的,极尽功利的时代让我们无所适从,想来应该是悲哀! 但是毕竟我们还心存梦想。所以我的座右铭是"学会在平衡之中创造性地发展",在华东师大的学习中,同伴说了一句:"我只希望在自己能做事的一方土地做点自己能改变的事情"时,有了共鸣和震撼。我现在做的不足挂齿,还有很多梦想没实现,还有很多梦想可能永远不会实现,但是乔布斯说:"过程就是奖励。"我想说用我们最真诚的态度对待教育这个本来该是最美好的事情,在这个过程中我们会享受到价值实现的幸福感,有什么还比获得幸福更好的奖励呢?

"教育就是心灵的唤醒"的内涵与价值

教育部中学校长培训中心　刘莉莉

　　苏联教育家苏霍姆林斯基曾指出："对于学校的领导,首先是思想的领导,其次是行政的领导。"而所谓领导,就意味着"观点的分享、意见的达成和责任的分担",作为学校的领导者,校长要有自己明确且坚定的教育价值观,明确且有感召力的学校办学目标,以及实现目标的具体策略。张彤校长以"唤醒心灵"作为关键词,从教师团队建设到课程建设,从课堂教学到学生课外活动,始终围绕"唤醒心灵"开展工作,并逐渐形成了自己的教育思想——"教育就是心灵的唤醒"成为这一思想的核心命题。

　　首先,"唤醒"区别于简单、粗暴、强制的灌输。唤醒心灵,体现了对于"人"所具有的丰富潜能的信任,体现了对于人作为"万物之灵"的尊重。正如张彤校长所言："我更加坚信,没有唤醒就没有心灵深处的震撼与觉醒,没有对成长的细心呵护就没有生命的绽放,也就没有真正的教育。"

　　其次,唤醒心灵就是激发人的内在成长动力,就是帮助师生认识自我,形成积极的自我形象,做到悦纳自我,使人们获得成就,获得成功,获得成长。成功就是平凡人的心灵充实,而麻木的心灵首先需要唤醒。

　　第三,教育首先是温情的陪伴。唤醒心灵就是激发人的内在成长动力后的等待与陪伴,激发、保护他向上生长的愿望,静静地等待花开,而不是按照教师的意图揠苗助长。

　　第四,唤醒心灵就是价值引导,使师生拥有健康的价值观,而真爱是价值引领的动力源。真爱是会传递的,有爱的心灵才能相互唤醒。

　　第五,心灵的唤醒不仅体现在受教育者情感的被唤醒,更体现在理智的被唤醒。"唤醒理智"是唤醒心灵最深刻和持久的一种体现。学生良好的思维品质是心灵被唤醒这种状态形成的保障。她领导的学校非常重视学生的思维品质与思维能力的培养,这在当下的中国基础教育领域有着重要的示范价值。因为,学生智慧能力的发展对于我们建设创新型国家具有奠基性的价值。

第六,"教育就是心灵的唤醒",唤醒的不仅是学生的心灵,也包括教师的心灵。从理想的角度讲,校长应该是教师的教师,肩负着唤醒教师心灵的责任,教育就是用生命影响生命的活动,而唤醒心灵是生命影响生命的最为典型、最具深刻性的活动。教师的职业倦怠是校长工作中面临的一个普遍且重要的问题。张彤校长这些年的经验是"提升教师能力是解决职业倦怠最好的办法":教师的能力越强接受的挑战越大,成就也就越大,否则,教师会一直处于失败状态,处于心灵的困顿与麻木状态。教师能力不断提升过程中需要自我意识的觉醒,也需要外力帮助,内外力量交替的作用让教师的能力得以提高,尤其对于新教师及时的肯定会唤醒他自我成长的意识,使其迅速成长并拥有持续成长的愿望。

任何人思想、观点的形成一定与他的生活经历、工作经历密切相关。在张彤校长成长的经历中,四所学校校长任职的经历使她坚信:任何学校都可以变得好起来,但它需要一个前提就是唤醒心灵,改变人的精神、信念,接下来一切都可以顺势而为。在这个过程中尽管还会有很多不尽人意的地方,但是唤醒心灵的努力和价值已让她深感欣慰和幸福。"校长要不断唤醒一个又一个心灵",这已是一种溶于她血脉的教育信念。

张彤校长从一名出色的数学教师成长为一名优秀校长的过程,也很好地诠释了"教育就是心灵的唤醒"这一命题。校长最重要的工作对象是教师,怎样才能唤醒教师的心灵,张彤校长对此做了认真的探索。

首先,要有持之以恒的耐心。从张彤校长的探索和经验总结中我们不难看到她是一个有教育信念和教育情怀的人。她坚持不懈地和老师们"聊天",倾听他们的愿望和需要,帮助他们发现工作的意义和乐趣,帮助教师克服工作中的倦怠感。

其次,校长要对老师和学生充满期待,这就是唤醒心灵的一种努力。"教育中最大的浪费是教师对学生的消极期望",积极的期望会转化为一种直抵心灵的力量从而促使他积极地成长,信任就是这样一种唤醒心灵的力量。校长对学生充满期待,一定会影响到老师。当教师对学生充满期待,这就成了教育力量的源泉。"我相信每个人的内心深处都有一种闪光的东西,有一种向上的渴望,只不过是被其成长的环境抑或其他原因压抑着,自己没觉察到,或找不到一种更好的发展空间和平台,需要教师或是校长或是一个人,去帮助其发现闪光点。"这是她在工作中坚持不懈身体力行的教育信念。

张彤校长在工作中探索，在探索中总结出"唤醒心灵"教育实践的策略。这首先包括"学校要有基于共同愿景的价值追求"。她所领导的学校逐渐形成了"质朴大气，仁爱善良；当有责任感的人，做有责任感的事；崇尚卓越，追求第一"的核心价值观。

再次，"基于自主发展的教师专业成长"。教师是校长最为重要的工作伙伴，最需要真诚依靠的力量。唤醒心灵也要唤醒教师的心灵。只有心灵被唤醒的教师才能真正懂得如何以心育心。教师是有心人，才能用心育心。这与学生的成长是一个道理，自我教育是成长的根本途径，教师的专业成长也必须基于自主发展的愿望和方法，只有这样，教师的心灵才能在专业成长中被激发和唤醒。

第四，"基于心灵觉醒的课程建构"。将唤醒心灵的工作渗透到课程的开发与建设之中，这是这一教育思想在学校工作中落实的具体化和深化。

最后是"基于思维品质提升的课堂转型"。人的培养既包括人格品质的培养，也包括思维品质的培养。"唤醒理智"是唤醒心灵最深刻和最具有持久性的影响力的一项工作。这为"课堂转型"指明了方向。

张彤校长的办学实践再一次证明：办好一所学校，校长是关键。"一个好校长就是一所好学校"，而一个好校长一定要有自己的追求，在她的心中要有一面高高飘扬的旗帜，要能够为全校师生提出凝聚人心的、富有感召力的学校愿景。

刘莉莉,教育学博士，华东师范大学教育学部教授，博士生导师，教育部中学校长培训中心副主任，第五届郑州市政府督学。2000 年 6 月获华中科技大学教育学博士学位，2000 年 9 月至 2002 年 12 月在华东师范大学教育学博士后流动站从事博士后研究，2003 年 1 月留校任教。先后为本科生和研究生开设"中小学公共关系""教育人力资源管理与教师发展"等课程。

让小白杨戍边文化滋养教育

新疆兵团小白杨中学　周忠阳

周忠阳，男，中共党员，现新疆兵团教育局关工委常务副主任，特级教师，国务院特殊津贴享受者，全国基础教育改革先进个人，华东师大影子校长培养项目导师。2002年至2019年任兵团第九师小白杨中学校长，在全国教育系统第一次提出和践行"戍边教育"的理念，确立了"教育同戍边共在，大爱与使命并行"的办学思想，把一个名不见经传边陲学校办成地方名校。学校曾荣获全国文明单位、全国教育系统先进学校、全国民族团结进步先进集体、全国中小学优秀文化艺术传承学校等29项国家级荣誉。本人发表了《让小白杨文化滋养教育》等30余篇文章，中国教育报、中央电视台等多家媒体给予了跟踪报道。2014年，在北京受到了习近平主席的亲切接见。

我来自新疆生产建设兵团第九师,歌唱家闫维文那首"一棵小白杨,长在哨所旁,根儿深、杆儿壮,守望着北疆"的歌曲,唱的就是我的家乡。没有百年老校底蕴丰厚的文化积淀,也没有内地名校殷实富足的教育资源,然而,兵团屯垦戍边的伟大实践更加砥砺人生。大漠边塞的学校,有如"小白杨"一样迎风斗沙的豪迈;历风经霜的学子,更具"小白杨"内蓄顽强向上的品格。

陈玉琨教授讲要"敏于教育发展的'盲点',善于把握社会需要与自身优势的'结合点',勇于探索教育的'难点'"。喜于斯言、沉于斯语,我坚定了探索兵团教育发展道路的决心。

当今世界新一轮的科技革命和产业变革是教育改革的基本动力,尽管各国在倡导的价值观取向上并不一定相同,但将价值观作为教育的首要功能越来越趋于一致。今天世界教育令人瞩目的新动向是从能力导向朝着价值观导向转变。价值观导向归根结底就是教育学生如何对待人生、对待社会、对待国家和世界。新加坡的教育从 20 世纪 50 年代的"生存导向"起步,经过"效率导向""能力导向",现在已转向"价值观导向"。法国政府颁布了《共和国学校重建导向规划法》,目的就是建立公正、严格、富有包容精神的价值观。新西兰从 2007 年开始实施新课程标准,特别强调价值观教育的重要性。价值观教育问题,在今天的中国已成为突出的问题。今天的教育强调知识的传授,疏忽价值观的塑造。一方面改革开放使我们的物质生活获得了极大丰富;另一方面,各种思潮相互激荡,使主流价值观滑落、道德失范成为社会的突出问题。据报载,有一名高材生考入美国留学获博士学学位,成为美国加州的一名中国问题专家。但最近他却撰文说:"中国制造销售歼 10 战机祸害世界。"另一名学生留学美国期间,在一点蝇头小利的诱惑下,帮助美国军方成功破解北斗星运行参数,使中国遭受重大损害。现在的学生不思进取、心理障碍、痴迷网络等各类问题越来越多,问题也越来越严重。面对问题,我们在不断问自己,教育的根本问题是什么? 在一些学校,教育以"成事"之趋,掩盖了"成人"之本。教育从某种意义上讲成了知识的搬运工。教师和学生都绑在"应试教育""升学教育"的战车上大喊着"要想拼过富二代,高三你就别懈怠""只要读不死,就往死里读"的口号去夜以继日地拼杀。结果是拼掉了爱国之美、人性之美、人伦之美,剩下的是一个没有灵魂的纯粹的"知识人",这个结果是让我们期非所望的。我们讲让学生做学习的主人,这是不够的,往重里讲这也是不正确的。学生也应该成为社会历史的主人,把学生死死地绑在课堂上的教育是没有出路的教育。《国家中长期教育发展纲要》要求我们紧紧抓住"办什么样的学校""培养什么样的人"这个根本问题。党的十八大在教育方针中增写了把"立德树人"作为教育的根本任务。教育部颁布了《关于深化课程改革落实立德树人根本任务的意见》，突出强调使学生具有中华文化底蕴、中国特色社会主义共同理想和国际视野，力求使立德树人具有方向性、民族性和时代特点。作为教育工作者，眼睛要始终盯住改革前沿的最新动态，及时把教育方针增写的"立德树人"根本任务，渗透到治校理念和具体措施中去，让教育具有鲜明的民族性，突出时代性。

一、小白杨戍边文化及其教育价值

1. 兵团、白杨树和小白杨戍边文化

兵团是共和国的创举。新疆幅员辽阔、资源丰富，是祖国的西北门户和对中亚欧洲开放的桥头堡，战略地位非常重要。新疆兵团的建立和发展，对加强边疆的经济建设、巩固边防，具有重大的政治、经济和军事意义。20世纪40年代末，王震将军挥戈西进，新疆回到了人民的怀抱。为了很好地完成战斗队、工作队、生产队三大任务，1954年根据毛泽东主席的指示，成立了新疆生产建设兵团。60年多来，兵团出色地完成了共和国赋予的历史使命。历史在变，时间在变，兵团构成的人员也在变，但是不变的是兵团的流血奋斗、艰苦创业和开拓进取的精神和忠魂。

白杨树是兵团人的象征。解放军进军新疆后，在大漠边缘，在被人称为"不适应人类生存的地方"，建起数十个军垦团场。为了改变严酷的环境，兵团人从外地引进了一些树种，但这些树种多因严寒干旱没有存活，唯有白杨树顽强生长。白杨树是我国西北极为普遍的一种树，它从不对自己的生长土壤提出任何条件，也不需要人精心地呵护，把它栽种到哪里，它就在哪里生长。它的每一片树叶都挺拔向上，没有半点旁逸斜出。它使荒凉孤寂的大地有了生机，为冰天雪地的气候环境增添了蓬勃发展的希望。难怪著名作家茅盾先生西北之行后心生感慨，写出了脍炙人口的《白杨礼赞》。称赞白杨树"力争上游""有极强的生命力，磨折不了、压迫不倒""像坚强不屈、傲然挺立的哨兵""我要高声赞美白杨树！"的确，透过边疆那一排排傲然屹立的白杨树，仿佛让人感受到一种极其可贵的忠诚奉献、脚踏实地和蓬勃向上的精神。

在我看来，白杨树所透射出的这些特点，恰恰代表了戍边军垦文化的典型特

征,那就是忠诚、踏实和积极向上。虽然地处祖国西北边陲,生活条件极为艰苦,但一代又一代兵团人,在困难面前没有半点退却,他们忠诚于祖国,艰苦奋斗,生活于这块土地,长眠于这块土地,为守卫和发展祖国的边疆作出了卓越的贡献。总政歌舞创作组来到边疆采风,为小白杨戍边文化所感动,谱写了享誉全国的歌曲《小白杨》,歌唱家阎维文则把它唱红了大江南北。今天,在改革开放的新时代,以忠诚奉献、脚踏实地、积极向上为特征的小白杨戍边文化并没有落后,它不仅在新疆建设兵团创建时期发挥出巨大的作用,而且成为引领我们边疆教育发展的一面独特而崇高的精神旗帜。

2. 小白杨戍边文化抚育我成长

我算是兵团第二代了,出生在边境连队,1978 年参加工作。我个人的成长经历见证了兵团塔额垦区的开垦、发展、壮大。父辈们披星戴月、开荒种地的故事深深地铭记于我的脑海中。挖战壕、练刺杀、抓特务、放哨巡逻,都是我青年时代亲历之事。20 世纪 90 年代中期,我从兵团团场副政委的位置上调到地方检察院做政治部主任,后因对兵团的眷恋又回到了兵团。我在连队小学做过代课教师,也在营部、团部做过中学教师,新世纪之初调至小白杨中学。最难忘和惬意的是 1985 年,我带两个高中毕业班的语文课(就只有两个班),政治教师突然调走。当时团场教师匮乏,实在找不到代课的教师,我就义不容辞地接上了毕业班的政治课。那时除了上课,天天跟学生泡在一起,讨论、探讨、争论。高考成绩下来了,我带的毕业班的语文、政治两门课均获全师第一。教的学生考上了北大、人大等名牌大学,在小小的团场着实火了一把。现在想想那是一种狭路相逢勇者胜的亮剑精神。

做了小白杨中学校长后,我关注最多的是办什么样的学校、培养什么样的人这一深层次问题。我确立了"德育立校、科研兴校、文化育校、素质强校"的办学思想,带领学校走一条富有军垦文化特色的内涵式发展道路。学校的办学实力迅速提升,基础设施建设也焕然一新。近年来,学校先后获得"全国文明单位""全国教育系统先进集体""全国构建和谐校园先进学校""中国少年儿童组织教育研究基地""全国首批中小学中华优秀文化艺术传承学校""全国青少年读书征文活动示范学校""全国全民健身先进单位""中国少年儿童平安行动示范学校""全国五一巾帼文明标兵岗""全国妇女健身示范站点""全国消防安全教育示范校"等荣誉称号。

3. 小白杨戍边文化的教育价值

长期以来,我一直认为,作为一个教育人,不管你是当小学教师还是当大学教授,不管你是在繁华都市教学还是在农村山区教学,不管你是经验丰富的老教师还是初出茅庐的新教师,都应该把三种精神作为搞好教育工作的最高境界去追求,那就是如上所说的小白杨戍边文化所折射出来的忠诚奉献、脚踏实地以及积极向上。其中忠诚奉献代表了对本职工作的敬业;脚踏实地代表了朴实认真的工作态度和作风;积极向上代表了意志上的不懈努力和追求。没有这三种最基本的精神,无论自身还是学校,在成功的道路上都是走不远的。

忠诚奉献,这是每一个教育工作者对教育应有的态度。在20世纪五六十年代,我们倡导"忠诚于党的教育事业",今天改革开放年代,教师同样肩负着传播文明、开发智力、塑造灵魂、培养创新人才的神圣使命。教师工作性质的特殊性决定了教师职业道德必须具有忠诚高尚的品质。今天教师队伍中有不少人仅仅把教师职业当做谋生的手段,对学生的关爱不足,惩罚有余。还有教师奉献精神淡薄,上课敷衍应付,下课后热心搞家教,办辅导班,遇事斤斤计较。因此,提升教师忠诚奉献的品质在今天尤为重要,因为教师的素质直接影响着教育的水平,影响着整个民族的未来走向。柳斌同志说过:"教师这个职业本质是奉献,如果丢掉奉献,那就不能称为教师。"陶行知"捧着一颗心来,不带半根草去"的崇高教育境界,今天依然应该成为我们每个教育工作者的精神楷模。要切实转变在教师职业发展中存在的重知识化、理论化,轻视道德建设的倾向,完善评价机制,把对教师的考核由只看分数和升学率转变到以师德为主、专业为重的发展要求上来。要进一步加强教师队伍自身建设,紧紧围绕教师精神世界和生活领域中遇到的问题,开展学习、讨论和研究,厘清正确的思想和目标,促使教师将"忠诚奉献"内化为自己的认知结构,在不断学习、实践和体验中把握自身的道德修养。要挖掘丰富的小白杨戍边文化道德精髓,以兵团战士忠诚祖国、扎根边疆,"献了青春献终身,献了终身献子孙"的感人事迹和高尚精神,引领教师健康发展。

脚踏实地,这是每一个教师应该具备的基本素质。有人说:"我们生活在一个浮躁的年代。"但是至少在我们边疆,面对缤纷的世界,我们依然从容地坚守着戍边教育的职责,努力尽我们所能去做好本职工作。古人云:"非宁静,无以致远。"李大钊说过:"凡事都要脚踏实地去做,不驰于空想,不骛于虚声而唯以求真的态度做踏实的工作,以此态度求学,则真理可明,以此态度作事,则功业可就。"古往今来,能够名垂青史的,必定是勤勤恳恳、脚踏实地的人。没有脚踏实地的作风,理想就难以成为现实,教师就难以承担传播知识与大爱的责任。现在,在令人眼花缭乱的教育新思潮、新概念、新方法的面前，一些学校和教师好高骛远、求功追利、急于求成，陶醉于形形色色的花架子、形式主义，少的就是脚踏实地之心。教师的职责是教书育人。教书即以"传道授业解惑"为主要形式进行的教学工作；育人则是教师通过教书这种形式，培养学生高尚的人格。"育人"被认为是教书的根本，教师靠自身的言传身教来影响和带动学生。教师的言传身教不是嘴上漂亮的言辞，而是在主观道德认知的基础上付诸于实践的行动。成长中的学生有很强的模仿性、可塑性，教师天天与学生在一起，教育过程中教师所表现出的良好的道德修养，是学生健康发展的动力。有脚踏实地的教师方能带出实实在在的学生。所以，教师要注意自己的行为，任何轻率、差次和不负责任的言行都会给学生造成不良的影响。为了培养学生良好的道德品质和行为，教师要从点滴做起，从现在做起，培养健康的心理品质，修炼文明品行，以自身的人格魅力感染学生、陶冶学生、塑造学生。

我一直认为，再怎么改革创新，没有脚踏实地的精神，就培养不出学习认真、基础扎实的学生，学校的发展也成了无本之木，无水之源。教师从点滴做起，一步一个脚印，方能以自身的人格魅力感染学生、塑造学生，从而不负"人民教师"之称谓。

积极向上，这是每一个教师应该具有的人生追求。兵团几代人，以共同的理想、同一个行动，在中国西部大漠，迈开巨人的步伐，创造了感天地、泣鬼神的伟业，孕育出小白杨戍边文化。作为兵团第二代，应该守护好这份弥足珍贵的文化财富。小白杨戍边文化"积极向上"的特征，既有理想抱负，又有实践行动。积极向上作为一种品质，表现在态度上，无论贫富贵贱，任何情况，都始终保持阳光心理；表现在追求上，无论顺境逆境，任何时候，都坚守初衷，恒定志向；表现在意志上，无论艰难困苦，任何地方，都始终不妥协、不放弃，向上的脚步永不停息。教育当以民族文化之厚力，泛当代人生之轻舟。兵团创业的实践告诉我们，有了"积极向上"的动力，就能从容地面对眼前的困难和挫折。古往今来，人生道路坎坷不平，不同人生态度的人有不同的结果。只有那些心中蓄积了"积极向上"信念和力量的人，才能坚韧不拔地走下去，取得事业和人生的辉煌。屈原在流放中孕育了《离骚》；孙膑在剜去膝盖骨的痛苦中，坚持写出了《孙子兵法》；改革开放的总设计师邓小平在江西下放劳动时，想的最多的是中国未来的出路问题。向上的信念是指路明灯，没有向上的信念就没有坚定的方向，没有坚定的方向，就没有健康的人生。"天行健，君子以自强不息。"作为校长，更应该在校园发扬光大这种朝气蓬勃、昂扬向上的精神。任何情况，都始终保持阳光心理，认准学校发展的方向，不动摇，不气馁，不放弃，无论顺境逆境,都坚守信念,恒定志向。我们学校多年来发展的实践经验也告诉我们,有了积极向上的动力,就能从容地面对眼前的困难,终归取得事业和人生的辉煌。在我们学校,以小白杨戍边文化为引领,培育校园积极向上的风尚,已经成为学校的一大特色。今天,通过我们的努力,给学生一个积极向上的人生态度;明天,学生就会通过他们的成功人生,给社会回报一份财富、一份光明。这也就是我作为校长的神圣使命和崇高职责。

二、以培养忠诚奉献精神为核心的学校德育

"忠诚奉献"作为一个命题,它直接回答了教育的根本问题,属于终极价值,即"培养什么样的人"这个重大问题。今天,教育生活里存在的问题,我们是无法回避的。困于转型时期多元化思潮的冲击,独生子女家庭错位的偏爱、溺爱、错爱,学生的心中出现了"价值观荒漠""自我中心抬头""个人主义膨胀"的严重问题。在崇拜对象上找不到方向,错把"歌星"当"英雄";好高骛远、浮躁轻狂、精神脆弱、行为失落。究其根源,就是教育过程中把传递和获得"知识"作为最重要甚至是唯一的教学目标。教学目标在于培养"知识人",而一个纯粹的"知识人",本身就是缺乏灵魂的严重残缺的人。教育过程中表现出的严重"知识化"的倾向,使教学本来应该具有的终极价值失落。马克思关于人的全面发展的理论告诉我们:道德和智力属于不同的范畴。前者属于社会意识范畴,后者属于个人遗传素质基础上形成的个人能力范畴。前者的发展涉及性质问题,后者仅是程度问题。可见前者是人发展的首要和根本条件。党和国家的教育方针把德育放在人的全面发展的首位。《国家中长期教育改革和发展规划纲要》把"培养什么样的人"的问题,列为战略主题,其意义不言而喻。今天的教育走得太快,灵魂跟不上,与教育本质的目的渐行渐远。在教育中提出"忠诚奉献"的问题,是涉及在实际教育过程关于教育本质矫正回归问题。这个问题的提出,促使我更多地关怀终极价值。

德育是个大课题,静止的条规,空洞的说教,总是让德育教育苍白无力。我以为德育的真谛在于走进生活,从兵团实际出发,紧紧把握忠诚奉献这个主题,突出兵团特色,德育因此生机盎然。

1. 抓实爱国主义教育活动

泰戈尔说:"人类永久的幸福不在于获得任何东西,而在于自己给予比自己更

伟大的东西,给予比他的个人生命更伟大的观念,即祖国的观念、人类的观念、至高神的观念。这些观念能使人类更容易舍弃他所有的一切,甚至连他的生命也不例外。"

价值信仰是人类道德品质中信任、忠诚、奉献等品格的基本动力,人类有了价值信仰就会不断调整自我、超越自我。教育的使命在于播种理想的稚苗,不断地浇水施肥,使之在反复的情感体验和社会实践中筑牢思想根基,从而不断增强服务国家、服务社会的责任感和使命感,最终成为社会主义事业合格的建设者和接班人。

真实的生活是学生价值观的诞生地、成长地。我们学校利用周边丰富的军垦文化资源,建立了两个爱国主义教育基地。一个是龙珍精神爱国主义教育基地,一个是小白杨哨所爱国主义教育基地。

孙龙珍是卫国牺牲的兵团女战士,她的故事在兵团和新疆广为传颂。1969年6月10日傍晚,苏军越过边界绑架了兵团职工张成山,消息传到连队,孙龙珍和战友们一道去营救,苏军开枪射中了孙龙珍。倒下的那一刻,她身怀六甲,年仅29岁。孙龙珍后被授予"革命烈士"称号,她生前所在的班命名为"孙龙珍班"。人们在她生活过的地方修建了孙龙珍烈士墓孙龙珍屯垦戍边陈列馆。几十年过去了,英雄的骨肉化为泥土,英雄的灵魂升华为精神。2003年7月29日,这片女英雄牺牲之地——44万亩争议区域,经中哈两国勘界确权,归属中国。我们学校经常通过各种形式,对学生宣传英雄的事迹,教育学生高举孙龙珍爱国主义旗帜,不断增强服务国家、服务社会的责任感和使命感。

另一个是离学校不远的小白杨哨所爱国主义教育基地。1969年,这里曾发生过激烈的战斗,苏联军队在争议区的我方巡逻道路上设下埋伏,并出动直升飞机,坦克装甲车等重型武器,以300人的兵力,对我边防巡逻小分队发起突然袭击。当时我边防人员配备的都是轻型武器,又行进在地形开阔地段。光秃秃的小山顶上,既无工事掩体,也无草木遮挡伪装,我方完全暴露在苏军的火力控制点下,勇士们虽顽强抵抗,终因敌我双方兵力悬殊,28位战士全部阵亡。2008年新疆军区将当年抗击入侵的主阵地命名为"忠勇山"。学校每年都要组织学生到小白杨哨所祭奠英雄,用小白杨戍边文化熏陶学生,激励学生,增强学生热爱祖国、热爱军垦、扎根边疆、献身国防的忠诚意识和奉献精神。

2. 编写弘扬戍边文化精神的校本教材

教材是进行小白杨戍边文化教育的有效载体。多年来,兵团战士出于对祖国的忠诚,扎根边疆,艰苦创业,留下许多可歌可泣的故事,创造了一个个人间奇迹。为了弘扬兵团的这种精神,学校组建了以忠诚奉献为基本内容的校本教材编写小组。在编写过程中,学校始终把学生摆在编写教材的主体位置上,让学生始终参与课程开发,亲身感受和体验。通过多年的积累,兵团从井冈山出发,于南泥湾垦荒,到天山下创业,在北国里戍边的感人故事被一个个挖掘出来,而故事的主人公就是自己的爷爷、奶奶、爸爸、妈妈,还有身边熟悉的长辈们。鲜活的教材,给学生提供了教科书无法比拟的精神熏陶,既大大提高了德育的效果,也极大地丰富了学校的课程资源。学校编写的校本教材——《魅力小白杨》,也由国家出版社正式出版。

3. 寻访英模老军垦

在长期的办学过程中,我们始终做到打开学校的大门,让学生直接走进兵团社会的大课堂,亲身感受英模成长的经历。在新疆建设兵团,梅莲是一位感动兵团的人物,她是全国优秀共产党员、全国劳模、党的十八大代表。她二十多年如一日,坚守在大山深处,被称为"马背上的白衣天使"。报纸、电视都曾对她的事迹做了大量的报道,中央电视台播放了她的事迹专题片。为了让学生亲身体验到英雄的崇高精神境界,我们带学生翻山越岭来到梅莲工作的 161 团 11 连,听哈萨克牧民用阿肯弹唱的方式传颂她的事迹,让连队的职工讲述梅莲的故事:梅莲在给病人针灸前,总是先在自己的身上做实验;出诊时,多次从马背上摔下来,身上留下很多伤痕。哈萨克牧民玛尔赞这样告诉学生:"梅莲,佳克斯(好的意思)! 2001 年,我得了急性肺炎,梅莲医生及时赶到我家,给我做了治疗。诊治完天色已黑,在她骑上马背向我们挥手告别之际,马突然受惊,狂奔起来,梅莲医生瞬间仰翻了下去,但是一只脚却挂在马镫上,整个身体在野刺丛中被拖出了几十米。当我的儿子拼命拦住惊马时,梅莲医生的背上、腿上已是血肉模糊。"玛尔赞动容地讲述着,同学们含着泪水听着、记着。当同学们见到梅莲本人时,原想她会像作报告一样滔滔不绝地讲述自己的故事,然而衣装朴素的梅莲却一边工作一边低调地回答大家问题。既没有兴奋地表白,也没有自豪骄傲的姿态。从梅莲身上,同学们深深感受到了什么是真诚和奉献,动人的场景永远镌刻进了学生的心田。2012 年秋,中央记者团来到九师采风,当一名摄影记者问八年级学生邓惠文:"你长大了干什么"时,她回答:"我要当医生。"记者问:"为什么要学医呢?""我要向梅莲阿姨那样当个好医生。""是老师让你们这样说的吗?""我自己就是这样想的。"当记者追问道:"你为什么这样想?"她便情不自禁地讲起了梅莲的故事,讲起了当年寻访梅莲的感人情景。至此,记者们相信了邓惠文同学讲的句句都是肺腑之言,由衷称赞学校的爱国主义教育是"入心"的教育。

4. 开展民族团结联谊活动

培养"什么样的人"这个问题,在今天的新疆既是重大的政治问题,又是迫切的教育任务。在新疆教育战线上工作的同志们都深切地感受到,新疆处在反分裂斗争的最前沿,西方敌对势力从来都没有放弃"分裂"新疆、颠覆中国的阴谋。前几年乌鲁木齐发生的"7.5"暴力恐怖事件,参与者绝大多数是青年人,其中也包括十五六岁的中学生。南疆一所学校,学生集体把教科书上的领袖画像抠掉,并放在地上用脚踩。由此可见,培养"什么样的人"的问题在新疆是多么的重要。我觉得,在学校德育中突出忠诚奉献的精神,对新疆的学校来说,是政治之需、教育之急。我们始终围绕"四个认同",即对伟大祖国的认同、对中华民族的认同、对中华民族文化的认同、对中国特色的社会主义道路的认同,在学校间积极开展各种民族团结联谊活动。我们一直坚持用"三个离不开"的思想去教育学生,即汉族离不开少数民族、少数民族离不开汉族、少数民族之间也相互离不开。把民族团结看作是新疆各民族的生命线,像爱护自己的眼睛一样爱护民族团结。学校坚持三十几年不放手,寓教于乐,形式多样地开展民族团结活动,让学生从中感受到中华大家庭的温暖。我们学校的汉族学生与民族学校的学生联谊结对子,每年都到对方家庭吃、住、学习交流一天,增进彼此感情,加深民汉友谊。很多小时候结对的伙伴,长大后成为终身的朋友。他们过古尔邦节,我们去做客;我们过春节,他们来祝福。近年来,学校还与地方民族学校开展了"七个一"的共融活动,即共读一本民族团结题材的好书、共唱一首民族团结的歌曲、共看一部民族团结的电影、共办一次民族团结的报告会、共写一篇民族团结的好文章、共演一场民族团结的节目、共过一次民族团结的夏令营。丰富多彩的联谊活动,使民族团结的思想和意识在学生心目中深深扎下根。在2009年乌鲁木齐"7·5"严重暴力恐怖事件中,我们学校所在的九师附近区域,没有一个民族同胞参加恐怖事件活动。"7·5"事件后的第三天,乌鲁木齐暴力恐怖事件还在继续,我们学校与地方两所民族学校的师生共聚一堂,民汉学生互赠礼物,互致书信。联谊活动结束时,几千名学生手拉手、肩并肩,共唱一首《爱我中华》,走出广场,那场景十分激动人心。事后,兵团电视台、自治区电视台都给予了详细报道。多年来,我们进行的民族团结教育活动卓有成效,已使学校与周边社会的民族同胞建立起了兄弟般深厚的友谊。如今,我们小白杨中学已成为当地加强民族团结教育的交流中心,每年都吸引了大量的民族学生前来就学。

5. 实施救助工程

小白杨戍边文化不见痛苦与呻吟、病态与消沉、哀怨与自怜,有的只是大气磅礴的兵团人特有的刚毅、激情和奉献。作为教育工作者,有责任和义务把九师儿女当年大漠戍边献青春,如今边关维稳建功勋的高尚情愫,溶于学校教育管理之中,让小白杨戍边文化在校园发扬光大。

以九师儿女五湖四海一家亲的人文情为基点,做到对学生三关注,即关注生活贫困生、关注身体残疾生、关注家庭留守生;做到对教职工四必访,即婚丧喜庆必访、生病住院必访、发生意外必访、生活困难必访。开通师生热线,沟通心灵桥涵。实施名师工程,评选骨干老师、学科带头人,走出去,请进来,为教师的专业发展搭建平台。激励教师甘愿寂寞献赤诚,鼓舞学生勤学奋进创佳绩。学校被评为兵团和谐校园。

6. 做好扎根边疆教育

市场经济条件下,物质利益的巨大诱惑是不言而喻的。新疆地处边远,条件艰苦,待遇较低,招不来人才,招来人才又留不住。常常有一些在边疆历练后有一定成就的老师,"一江春水向东流"去。因此,扎根边疆教育在这里显得尤为必要。学校从实际出发,以"三个结合"的方式,在教师中进行有效的扎根边疆教育。一是把开展扎根边疆教育同解决好教师的安居房建设结合起来,使之既体会到当年兵团前辈的创业艰难,又感受到今天党的政策温暖。二是把扎根边疆教育同搭建教师发展平台结合起来,使之既看到边疆条件的艰苦,更感受到兵团重视培养人才的关怀和温暖。三是把扎根边疆教育与实现人生崇高理想结合起来,以先进人物为榜样激励自己。九师名师任红娟是全国优秀数学教师,数次在全国、兵团举办的各类大赛中获得一、二等奖,外地的一些条件好的学校竞相聘请她,都被她婉言谢绝。学校开展的扎根边疆教育,使入校不久的青年教师走进了兵团人的生活,感受到兵团人炽热的忠诚和无私的奉献,坚定了他们扎根边疆、服务兵团的信心。近十年来,以青年志愿者身份留校工作的教师有 20 多名,目前学校有 30% 以上的老师是来自全国各地。

沐浴着小白杨戍边文化的春风,在教师健康文明思想行为的引导下,我们学校的德育活动开出了丰硕的果实。一批批小白杨中学的学生茁壮成长,不少同学被评为"兵团好少年""兵团十佳少年"、农九师首届"十佳青少年"等,学校连续 20 年无刑事案件。全合格率、低辍学率、零刑案率,这是小白杨中学向垦区人民群众交出的一份满意答卷。

三、脚踏实地引领教师专业成长

教师队伍是学校发展的核心竞争力,有什么样的教师队伍就有什么样的办学水平。如何实现教师队伍的健康发展,我们的体会是,既要有忠诚奉献的价值引领,又要有脚踏实地的工作态度和作风。

1. 龙头引领

长期以来,兵团前辈身上那种脚踏实地、身先士卒的品格感染、影响着我。我觉得作为校长,不仅在于能够制定规章制度,更为重要的是自己一步一个脚印,脚踏实地把工作做好了,才能引领全校师生健康发展。

校长的引领,体现在新课改思想转变这个关键因素上。我们学校是 2001 年首批进入课改的学校,当时由于认识不足,两年的时间下来,成效不大,问题不少,其中原因很多。我以为最为关键的是思想认识不到位,教师的积极性、主动性没有调动起来。长期以来,在教师身上沿袭的"智育第一""教师中心"的观念根深蒂固。在教师的眼里,"教学就是教书""分数就是质量"已经形成思维定式。不破除传统的应试教育思想,就不能树立科学的素质教育观念。认识明确以后,从我做起带头学课改理论,行课改实践。我们以专题报告、自学讨论、课堂演练等形式,抓好三方面的转变工作:一是由过分强调"双基"向重视学生的体验、探究和创造转变;二是由过分强调以课堂为中心向引导学生深入社会、适应生活转变;三是由过分强调甄别与选择的功能向促进学生快乐成长转变。《国家中长期教育改革和发展规划纲要》明确指出:"充分发挥学生的主动性,把促进学生健康成长作为学校一切工作的出发点和落脚点。"在学习和实践中,我们的课改思想渐渐地明晰起来。我把它概括为:"立足本校、聚焦课堂、多向反思、特色发展。"我们是边疆学校,周边能够利用的教育资源极为有限,立足于自我,从我做起,这是根本。现代科技的网络已经给我们打开了知识的大门,信息的传递不限于边疆和内地,在快捷的信息传递面前,世界已经变成地球村。课堂是主阵地,是播种希望和收获成功的地方。经过几年的努力,教师对课改的认识大大提高,大多数教师都能掌握规定的课改要求,教改取得了阶段性成果。瓶颈性的问题突破后,学校趁热打铁,把每一个教师都分配到相应的课题教改活动中,推动教师的教法转变,提升教学水平。我们开展了各种形式的课改实践,如青年教师汇报课、党员教师示范课、骨干教师引领课、学科带头人展示课、送课下乡等。在课堂教学的磨砺中,我们形成了自己的"三有"教学原则,即"心中有学生、胸中有课标、手中有教法"。各学科教研组也能积极落实课改精神,抓好"三个到位":目标任务到位、教学活动到位、具体指导到位。为了充分利用校外资源,我们还实施了"三联",即"同国内课改先进学校建立网络联系,及时获取新课改信息;同疆内其他名校建立友好学校,共同探索课改之路;同团场学校建立伙伴学校,带动基层学校同步发展"。由于课改活动抓实到位,教师实现了由怕课改到懂课改、搞课改、积极主动地探索课改的根本转变,呈现了课改"风景这边独好"的喜人景象。功夫不负有心人,脚踏实地的课改活动,大大促进了教学质量的全面提高。学校连续三年中考,全科合格率、优秀率均名列全师第一。

构建和谐校园从我做起。2010年,我曾碰到过一个棘手的问题。学校英语教师王光辉是校级骨干教师、师优秀共产党员,自他工作以来从未请过一天病事假,工作兢兢业业。他漂亮聪明的女儿患上了严重的骨髓病,之前都是他的妻子带着孩子外出住院治疗,现在他要请长假带孩子去看病。很多同志都跟我讲:"他的绩效工资就不要扣了,孩子生了那么大的病,一下子拿出十余万元,经济压力实在是太大了。"我很是矛盾和纠结,但最后还是按制度办事,这是体现在制度面前人人平等,制度管用、制度刚性的一面。之后我和全体教师为王老师捐了一笔善款,以解决他的燃眉之急。王老师个人甚为感动,在以后的工作中也更加努力。2011年,我提出在学校建成两个乐园:一个是学生健康快乐成长的乐园;一个是教师幸福专业发展的乐园。没有教师的幸福发展,就没有学生的快乐成长。亚里士多德认为"幸福就是符合德性的现实活动"。幸福其实就是人在实现自我完善后得到的满足感。以育人为崇高事业的教育工作,最应该关注的是人的幸福。作为个体的人,我追求幸福,作为校长更要做幸福的使者。校长手下有几千号人马,教师队伍有很多的问题需要你去解决。摸清缘由了,问题解决了,教师发展了,幸福由然而来。教师要发展,学校提供磨炼成长的发展平台,让教师获得事业上的成功,这是一种幸福感;教师遇到困难,婚丧嫁娶等事情,都有领导支持办得很圆满,这是一种幸福感。更多的时间,幸福还表现为一种姿态、一种理解、一种尊重。构建教师幸福乐园,要从我做起。

2. 名师带路

名师是师德标兵，教改能手，对学校而言，一位名师就是一座富矿。我们新疆兵团地处偏远，师资力量本身就不足，名师则更为宝贵。尽管我们的名师在师德素质业务水平上，还不够绝对的顶尖，但是我们懂得怎样充分开发和利用好这一资源。

课堂展示：课堂是名师施展才华，实现人生价值的场所。名师的观点、措施、方法、教学策略、教学评价等都在课堂上表现出来。为了发挥名师课堂教学引领、示范作用，有效提高全校教师的执教水平，学校规定每位名师每学期至少上一节示范课。发挥名师引领示范作用，我校6位师级名师分别以讲座和授课两种形式向全校教师做了展示。名师马爱连教师向全校教师作了《语文高效教学与教师素质》的讲座，通过若干个语文教学案例的分析，向教师们具体讲述了语文高效教学的要素。其讲座扎实、实用，对提高语文课堂教学效率具有很强的指导意义。另外5位师级名师分别给教师们上了精彩的教学示范课：李娟执教的《刷子李》、单玮红执教的《两个鸟蛋》、单友珍执教的《景阳岗》、任红娟执教的《勾股定理的逆定理》、申丽敏执教的《What should I do?》。课上，名师以其先进的教学理念、精湛的教学艺术把辩论引进课堂、歌曲唱进课堂、游戏玩进课堂、谜语猜进课堂、合作交流带进课堂，营造出轻松愉快的学习气氛，学生在轻松愉快的课堂氛围中探究学习。锻炼了能力，享受到了良好情感的教育，培养了正确价值观。高效课堂的构筑，给听课的老师们带来了诸多启发。教师们在名师的课堂上，认真听讲，深入思考。课下，大家相互探讨交流，如名师最吸引学生的课堂切入点在哪里，名师高效课堂的艺术手法有哪些，名师转变学困生的施教方法是如何体现的，名师是怎样进行人文关怀的等等。通过交流也促进了名师的再认识、再提升。活动真正实现了示教名师和听课教师的双赢共进。名师垂范引领，骨干教师承前启后，一大批青年教师迅速跟进，形成了比、学、赶、帮、超整体跃动的发展态势，为我校教育教学工作积淀了丰厚的力量，吹开了一树春花。

课后帮带：学校规定每位名师带教两名青年教师，让青年教师全过程地跟踪学习。如青年教师张园园在向名师学习中就深有体会，她说："只有走进名师的生活，才能体悟名师勤奋、博学、大爱的品格。名师就是认真刻苦地钻研业务、静下心来听学生讲述、潜下心来为学生办实事，快乐着学生的快乐，痛苦着学生的痛苦。"受名师风范影响，张园园的进步很快，她用心地做教育中的每一件小事，耐心地处理班级里的所有问题，用自己全部的爱呵护着每一颗幼小的心灵，把学生视作自己最好的荣誉证书。除了坚持学习,以此提高自己的文化素养外,教学中她潜心钻研教材,及时捕捉新的教学信息,勇于探索教育规律,大胆采用新的教学手段,踊跃参加各级各类公开研讨课,教学业务水平迅速提升。很快,她就成为最受学生欢迎的教师之一。

一个不少:在名师的带领下,学校设立帮扶岗61个。我们称之为"大手拉小手"活动。学生成绩不提高不松手;行为不规范不松手;学生不毕业不松手。帮扶学习困难生,教师献出爱心、信心、耐心、恒心、细心,不让一个孩子掉队。为了挽救网络痴迷生,学校一方面稽查校园周边网吧,另一方面开通校园绿色通道,让学生在净化、规范的网络天地中学习。教师关心家庭离异生,进千名学生家、知千名学生事、解千名学生难,以知心朋友的身份,走进学生、读懂学生、帮助学生。学校还开设心理咨询室,疏导学生心理障碍,让学生在身心备受呵护的环境中重塑自我。对于违纪学生,学校坚持不歧视不放弃的原则,积极做好耐心疏导和转化工作,不让一个学生掉队。2012年,初中毕业班学生全部升入重点高中,学校得到社会、家长的广泛赞誉。

目标激励:名师的条件是公开的,名师的大门是敞开的,名师的评选是公正的。学校为名师的成长创造了条件。一是目标鼓舞,根据不同层次的教师提出不同的目标要求,激励教师创先争优,后发赶超。二是竞争鼓舞,学校为教师的发展搭建平台,让教师在公开课、竞赛课、展示课等课上施展才华,实现自我的人生价值。三是宣传鼓舞,通过报纸、电视台和校刊、学校广播等各种不同媒体,宣传教师的成就,让教师心中充满了自豪感和成就感。四是奖励鼓舞,对于在教师中有想法、有做法、想干事、能干事的人,给予一定的奖励。五是感情鼓舞,学校对做出成绩的教改教师及时给予肯定表扬,让教师感到前进的路上有动力。

3. 帮扶互助

学校继承和弘扬兵团战士在创业中凝成的干部关心战士、战士相互帮助的好风尚、好作风,坚持十几年开展"蓝青工程",充分发掘利用本校资源,帮带青年教师,取得了较好的效果。

师徒结对,以老带新。青年教师上岗,学校立即安排一名有经验的老教师进行帮教。老教师在备课、讲课、批改作业、辅导学生、组织教学、跟进交流等方面,全程指导青年教师。青年教师任红娟刚进校时,学校安排有经验的杨斌老师做导师,两人结为师徒。杨老师手把手认真地教,任红娟更是虚心地学,踏实地做,刻苦钻研教材,深入细致地查阅各种相关资料,吃透原文,扩大视野。同时大量阅读教育理论,学习借鉴他人的教育教学经验。在杨老师的指导下,任红娟注意培养学生的实践能力和创新能力,努力营造"自主探究、合作交流、动手实践"的学习氛围。她学会了运用新课改理念,学会了运用新教学方法,学会了领悟教材编写的意图,懂得了如何结合学生的生活实际,从学生身边找例子。她把学生的生活引进课堂,让学生感到生活离不开学习、学习也离不开生活,灵活地处理教材。她的业务能力提高得很快,受到了学生的爱戴。连续两年中考及格率达100%。青年教师孟磊说:"学校开展的一对一的'蓝青工程',让我获益匪浅,我从师傅何桂花老师那里学会了怎样因材施教。"

搭建平台,促进发展。每一个青年教师都参加了的课题活动,学校为青年教师提供了主题发言、授课比赛、专题讲座、论文评选、课件评选、成长课、展示课等平台,敦促青年教师迅速成长起来。青年教师刘晓临的录像课在新疆第三届同课异构教学大赛中获得一等奖,之后又在全国大赛中折桂夺冠。青年教师李娟被学校评为骨干教师,后被评为师级名师,现任校教研室主任。

"有理想在的地方,地狱就是天堂;有希望在的地方,痛苦也成欢乐。"通过价值引领,大大提升了我校教师对待本职工作的敬业爱岗、无怨无悔、脚踏实地的工作态度,也造就出一大批业务精湛、师德高尚、无私奉献的先进典型,他们为边疆的教育事业奉献着青春、热血乃至生命。余建敏生前是小白杨中学一名普通女教师。整整25年,每天早晨,余老师总是第一个来到学校,进班辅导学生。寒冷的日子里,很多孩子都曾穿过她从身上脱下的带着体温的羽绒服;许多学生手中的学习用品都是她用自己微薄的工资购买的。对待同事,她也总是"倾其心,尽其力"。同事生病、有事的时候,班里时常响起她代课的声音。她曾多次让出自己晋升职称的机会,她把生命的最后时刻留给了讲台,她看的最后一眼是学生。媒体对她的报道是《春蚕到死丝方尽》。

四、培育积极向上的校园文化

校园是师生的精神家园,文化是家园的民族血脉。传承民族文化,是兴国之魂,是兴校之魂。多年来,学校以突出军垦文化特色、挖掘和丰富小白杨戍边文化,来提升校园文化的整体品位,展示兵团学校的精神风貌。

1. 培育积极向上的校园氛围

针对我校实际,我们认为,充分把握和发扬小白杨戍边文化的精神内涵,是搞好校园文化建设的关键因素。基于这种考虑,学校把校园文化建设的主题确定为"凝炼小白杨戍边文化的精粹,谱写新时代兵团教改的华章"。为了深刻体现积极向上的精神,学校将自己的校训凝炼成"兵神至魂,国学达心",在教风中突出"爱生"这个核心,在学风中抓住"爱学"这个决心,在教风中体现了"爱校"这个诚心,从而让忠诚奉献的思想教育细化到教师的行为准则中,并且用自己的正确认识和良好品行教育下一代,滋育兵团后来人发扬光大忠诚奉献的品格。

2. 坚持积极向上的制度文化和发展目标

制度文化是校园文化建设的内在机制,是维系学校正常秩序的保障手段。在制度文化建设上,坚持以积极向上的精神为引领,促进学校的发展。校风制度建设上,形成了抓党风促教风,以教风带学风,形成团结文明的校风的工作思路。初中党支部成为九师红旗支部,校党委被兵团评为先进党委。德育制度建设上,坚持"一三五"的工作思路,即坚持一个主题:弘扬小白杨戍边文化,办好人民满意的学校;贯彻三个原则:贴近学生学习、贴近学生生活、贴近学生活动;抓好五个环节:养成教育入手、典型事例引路、巩固课堂主阵地、丰富课外活动、加强实践体验。学校成为兵团首批德育示范校。管理制度建设上,坚持以人为本,实行民主、科学的管理,建立以学校为中心的学校、家庭、社区管理网络。在制定"十一五"发展规划时,我提出把目标定为"垦区领先、兵团一流、西北前列"。当时学校正处在初高中两校分家不久的困难时期,人心不稳。有人讲创"全国精神文明先进单位"不现实,调子太高。我觉得如果心中没有理想,就迈不开眼前的步伐。统一思想后,学校的发展目标写进了规划。我们以此来激励自己,各项工作都始终走在了全师事业单位的前列,圆满地完成了"十一五"发展规划目标,学校也获得了"全国精神文明先进单位"荣誉称号。制定"十二五"规划时,我又把学校发展目标定为创建一所以"观念现代、师德优良、水平一流、管理科学、效益显著"为内涵要求,以"新疆前茅、西北前列、全国知名"为目标追求的兵团名校。在目标的激励下,学校近三年就获得十余项兵团奖励,获"全国文明单位""全国构建和谐校园先进学校"等五项国家荣誉称号。

3. 通过主题活动激发积极向上的风貌

几十年来,学校坚持以主题活动为重要形式,培育积极向上的校园风貌,同时注重将知识性、团体性、趣味性等融入文化建设中,让每一个学生都像花朵一样绽放。学雷锋活动是学校坚持50年不变的主题活动。1963年学校就成立了"学雷锋小组",开展声势浩大的学雷锋活动,助人为乐在校园随处可见。20世纪80年代,改革开放的春风吹到了边陲,与此同时拜金主义、享乐主义、极端个人主义等不良风气也开始沉渣泛起。社会上学雷锋活动一度低迷。但是,在我们学校,始终没有停止学雷锋的步伐,先后开展了"学雷锋,培养全心全意为人民服务的新一代""在新长征中发扬雷锋精神,做时代主人"等主题活动。学校把周边的两条街道分别定为"共青团街"和"红领巾街"。学生每周六打扫街道,到军烈属、孤寡老人家中做好事。团结互助、拾金不昧在校内外蔚然成风。20世纪90年代,随着改革开放的不断深入,社会深层次的矛盾暴露出来,人们更渴望积极向上的力量。我们认为,时代变了,环境变了,弘扬雷锋精神的本质不能变。我们继续开展"学雷锋、献爱心"等主题活动,组织"龙珍小分队""雷锋大队",走向街头巷尾,开展便民服务。进入新世纪,学校把学雷锋的活动进一步引向深入,做到学校有规划,年度有计划,每月有内容,每人有要求,使活动常态化、深入化,让雷锋精神从小根植于学生的心田。2011年的一天,二年级(5)班学生冀运超的母亲骑三轮车接孩子放学回家,途中与一辆拉沙石的小四轮相撞,这场灾祸使年仅8岁的冀运超左腿严重受伤,而他母亲也受了内伤,断了七根肋骨。使原本贫困的家庭如同雪上加霜。学校师生闻讯后,第一时间就捐款15 458元以解燃眉之急。五十年如一日的学雷锋活动,使一代代园丁忘我工作,一批批学子昂扬向上。除了学雷锋活动外,学校还开展了其他丰富多彩的活动,如"六月校园文化艺术节""九月军垦文化周""毕业生文明周""小军人巡逻周""好学求是学风周""感恩活动""节约活动"等等。学校还经常开展书法、绘画、摄影、剪纸、雕塑等竞赛活动,所有这些活动,锻炼了才干,陶冶了情操,促进了学生的健康成长。

4. 创办少年军校,锤炼顽强向上的意志

国防教育是进行爱国主义教育的重要内容,它不仅能树立学生国防思想,增强学生的忧患意识,而且能够推动学校德育活动的开展,对全面提高学生的素质具有重要的意义。多年来,学校以少年军校为平台,抓好军政训练工作,确立了"以军训强体魄、以军训促纪律、以军训养道德"的总体要求。

军政训练课程化。学校根据学生的爱好和要求,开设了大量选修课,如军事观察、军事专家、军事与天文、军事与数学、二战人物、大国防务、导弹与防御等等。学校还聘请部队的教官到校上课，大大激发了学生军事爱好的兴趣，提高了学生的军事素养，也培养了学生的爱国主义情操。2007年考入国防生的曲艺同学是这样给母校留言的：自从上了少年军校，我就认准了从军的道路，是母校的军训给了我力量、给了我智慧、给了我方向，我要做一个合格的军人，献身国防，报效祖国。

军校活动制度化。学校制定了《小白杨中学少年军校训练大纲》，成立了由学校领导、教官、教师和学生共同管理的军事指挥部。每年在暑假集中进行一次军训，每学期开展一次反恐演练，每月进行一次纪律大检查，每周举行一次少年军校升旗仪式。大家都能做到严格要求自己，刻苦锻炼身体。

学生生活军队化。学校以"五个一"活动为载体，注重把军训工作引向深入，即站一次岗，值一次勤，唱一支军歌，做一套军体拳，练一身军人纪。刘瑶同学在军训日记中写到："在军校中，我们学到了怎样做人，怎样吃苦耐劳，怎样迎接挑战。军训使我们提高了生活自理能力、培养了顽强向上的品德、锤炼了钢铁般的纪律。军训让我们也感受到了团结的力量，互助的温暖。在这里我哭过、笑过，一路走来，这里留下了我们最美好的回忆。"规范化的管理、标准化的训练、制度化的活动，使学生从小养成纪律严明、作风严谨、团结合作、勇于拼搏的军人素质，大大促进了学校的文明建设进程。

5. 志愿者行动：践行向上

苏格拉底说"美德是一种善"，又说"美德就是知识"。美德既为知识，通过教育你可以获得渠道，一个是"知道"，一个是"躬行"。

目前，学校德育教育的问题是各种规范、条例、守则应接不暇，大多是写在纸上，贴在墙上，说在嘴上，而很少落实到行动上，对教育主体的个性体现和综合实践关注不够。

在"知道"的前提下，重要是体验和感受，使美的东西内化为自己向上的力量，也只有通过这种教育，生命之树才能开出绚丽的花来。

一千个响亮口号，不如一个实际行动。多年来，学校坚持以志愿者服务为平台，不断磨炼学生积极向上的品行。每学期，学校团委都要组织一次主题讲座、一次报告演讲、一次活动评比，让"奉献、友爱、团结、互助"的思想深入人心。学校每个年级都有志愿者活动小组，每个班级都有志愿者档案。让学生学会自我管理、自我激励、自我奉献。学校还要求每人每月至少进行一次志愿者行动。学校橱窗里的"志愿者在行动""志愿者红花台"栏目是学生驻足观看最多的地方。坚持十年如一日的青少年志愿者活动，为我校营造出了浓郁的昂扬向上的校园氛围。无论你是什么人，只要你走进小白杨中学，都能听到学生亲切真挚的问候语；也无论你走在小白杨中学的什么地方——操场、走道、教室、厕所，到处都是干干净净的。"低头拾纸屑，抬头扬美德"已经成为师生共同激励的行为。

6. 校园景观：力塑向上

学校处处凸显军垦文化的特色。宽敞的校门口正中央安放着硕大的花岗岩石，这是按当年烈士们战斗牺牲地"忠勇山"外形选定的，花岗岩上镌刻着"小白杨中学"这五个大字。它向来人昭示：英勇无畏的中华民族精神，在兵团后代心中耸立起一座高山，维稳戍边是一代又一代军垦人永恒的使命。教学楼前的橱窗内一排排身着军装的读书郎，表示我们是军垦后代，有军人的作风、军人的纪律、军人的素质。学校的墙壁上，毛泽东的题词"好好学习，天天向上"催人奋进；雷锋的语录"人的生命是有限的，可是为人民服务是无限的，我要把有限的生命投入到无限的为人民服务之中去"责人深思；边塞诗人王昌龄的誓言"但使龙城飞将在，不教胡马度阴山"令人感慨；老将军王震的诗句"生在井冈山，长在南泥湾，转战数千里，屯垦在天山"叫人担当。在教室内，按年级由低到高排序，以"小白杨"成长过程树木形态变化为纵线展开布置，充分表现了小白杨戍边文化滋育我成长的主题。每个班级门口都有班牌，如"雷锋班""龙珍班""小白杨班"等，表示学英模从现在做起，从我做起。班级的学习园地是学生展现特长、表达愿望、倾述思想的地方。总而言之，小白杨戍边文化滋养了小白杨中学这块沃土，一个教风端正、学风浓郁、校风文明的学校，在关边大漠茁壮成长。

结语

在共和国的西部边陲，戈壁大漠深处，人称"兔子不拉屎的地方"，一群脱下军装的战士，铸剑为犁，屯垦戍边，这就是新疆兵团。在父辈们拓荒的撅地声和野狼的嚎叫声中长大的兵团下一代，我看懂了"大漠孤烟直"，看美了"胡天八月即飞雪"，笑傲风雪不够严酷，狂沙不够猛烈。生于兵团，长于兵团，战士们愿意用一生来书写兵团的教育故事。做校长后，努力挖掘小白杨戍边文化的教育价值，确立了"凝炼小白杨戍边文化的精粹，谱写新时代兵团教改的华章"的办学主题，学校迅速发展，成为引领边疆教育的一面旗帜。

坚守教育的优良传统

教育部中学校长培训中心　吴志宏

　　刚才,周校长和小白杨的校友、学生、家长,都在讲小白杨戍边文化。我想,白杨树到今天,对我们的教育到底有没有意义? 其中有没有什么象征性意义值得我们来学习? 前两天我查到,茅盾于 1941 年 3 月份西北之行之后心里很有感触,写下了脍炙人口的著名散文《白杨礼赞》。而我们都知道,阎维文九十年代唱响了《小白杨》这首歌。一个作家 20 世纪 40 年代写了一篇散文,一个歌唱家 90 年代唱响了一首歌。时间相隔半个世纪,为什么他们如此热衷于写白杨、唱白杨? 刚才听了周校长的介绍,我有了更深刻的感触,那就是,确实像茅盾在《白杨礼赞》里讲到的那样,白杨树有极其不平凡的特质,即它有着坚强旺盛的巨大生命力,牢牢扎根于大西北广袤辽阔的土地。在那么一个极度干旱严峻的气候条件下,唯有白杨树能成长,这就很难得了。刚才周校长谈到了戍边文化,什么是戍边文化? 它和白杨树有什么联系? 我觉得周校长的介绍给我们很多启发。从某种意义上说,白杨树的生存状态,是不是可以代表戍边文化的三种精神和特质,即忠诚奉献、脚踏实地、积极向上? 所以就像小白杨值得赞叹一样,这戍边文化也值得我们提倡、讴歌。我今天的点评也围绕周校长讲的这几方面展开。由于时间关系,我想只对"忠诚奉献"和"脚踏实地"这两点谈谈看法。

　　这是周校长文章中的一段话,我把它引用下来:今天在改革开放的新时代,以忠诚奉献、脚踏实地、积极向上为特征的小白杨戍边文化并没有落后,它不仅在新疆建设兵团创建时期发挥出巨大的作用,而且成为引领我们边疆教育发展的一面独特而崇高的精神旗帜。其实我觉得从某种意义上讲,这对我们今天的教育也有一种引领作用。为什么? 我们的教育在今天这个时代,特别需要忠诚奉献、脚踏实地和积极向上的精神。今天的教育是一个改革创新的年代,在前几次的报告中,我们的校长大多都围绕"创新"在谈。"新思想、新概念、新理念"现在几乎是无新不谈、无新不说。但是在和周校长讨论他写的文章的过程中,我们达成了共识:"新"固然重要,创新也不可缺少,但是教育过程当中,确实也有些东西需要固守和坚持,没有必要也不需要天天去创新。比如说今天周校长反复讲的这几点精神,在任何时代的教育都应该是需要的,都应该作为我们教育发展的思想追求和精神支柱。我不知道这样的理解对不对。对祖国的忠诚奉献,这是学校的德育之本。学校德育当然有很多的任务、很多的目标。但是最最重要的目标,应该是培养学生对祖国的忠诚、对事业的奉献这样一种精神。那么,小白杨学校在我看来可贵就可贵在,它不是"空洞的说教",也不是一条一条静止的规定。周校长在文章里讲:"德育的真谛在于走进生活,从兵团实际出发,紧紧把握忠诚奉献这个主题。"因为有这个指导思想,周校长所在的学校德育工作做得很细、很扎实。特别是在新疆地区,抓爱国主义教育有它特殊的含义。学校大力开展寻访英模老军垦、民族团结联谊、扎根边疆教育等活动。这都是在新疆特有的环境下开展的,它有着特殊的意义,会收到更好的效果。在这点上,我很佩服小白杨学校这些年来在德育工作上,特别是在培养学生忠诚奉献精神方面,也包括培养老师热爱教育、奉献边防教育事业方面所取得的努力和成效。

其实中国的知识分子历来有个传统,就是对国家和对教育事业的忠诚奉献。早在 20 世纪二三十年代,我们就知道很多的教育家如晏阳初、陶行知、梁漱溟等就发起了各种形式的乡村教育运动,在条件很落后的农村积极推行教育,大力倡导除文盲、做新民的教育救国思想。今天这个市场经济年代,尽管都追求物质利益,依然还有很多具有心灵美的教师。如前一阵网上媒体宣传的心灵美的模范教师张丽莉,实际上都是继承了对国家和对教育事业的忠诚奉献精神。所以我说这个传统它永远不会落伍。不管在什么时代,它都是我们学校德育的核心内容。当然,我们今天的教育,既提倡爱国主义,但是与此同时又提倡以人为本、发展个性,这两个之间有没有矛盾呢?爱祖国就要个人服从国家利益,以国家利益为重,而以人为本就要弘扬个性,让自己的生命绽放光彩,那么个人就要明显高大起来。这两者之间的关系该怎么处理呢?这就是新时代的学校德育所要研究的内容,如何去达到二者之间的平衡和谐。我们的学校德育既要宣传爱国主义,又要倡导新课改所强调的以人为本、学生多元发展、尊重学生的个性等理念。在这两者之间找到我们的平衡点,是对我们学校德育工作的一个新的挑战。

第二个我想谈谈脚踏实地的问题。我们谈热爱祖国、对祖国的忠诚,不是一个空洞的概念、一句空话,它必须立足于对我们生长的这块土地的一种深深的热爱。所以脚踏实地,是作为我们教育工作者应该遵循的另一条根本原则,这也是一个教育的根本。周校长刚才介绍有这么一段话:我们生活在一个浮躁的年代,但是至少在我们边疆,面对缤纷的世界,我们依然从容地坚守着戍边教育的职责,努力尽我们所能做好本职工作。本来在和周校长讨论文章时,我希望他能写些像我们上海的成功教育、愉快教育类似的东西,或者江苏的"导学稿""讲学案"等等。但是慢慢的,我觉得自己的想法不靠谱。毕竟边疆的学校教育资源有限,只能立足于自我,从我做起,这才是根本,这也是周校长所讲的本意。周校长多次讲,我们不可能像江浙沪一带,动不动把哪个特级教师、哪个专家请去讲课、讲学,毕竟路途遥远,经费有限,所以只能脚踏实地,依靠学校自身条件发展教育。的确,在这个急功近利的时代,人心浮躁,没有脚踏实地的精神,是办不好教育的。我们的很多家长,把小孩一生下来就开始设计,开始起跑,这不是一种浮躁的心理吗?家长浮躁、我们的老师也不得不跟着浮躁、我们的校长不可能无动于衷。教育上层出不穷的新概念,形式繁多的评比活动,争重点学科、创一流学校等等,这里难道没有一点浮躁的影子吗?教育难道真的只能这样做吗?我们真的要反思下这个问题。这是教育的必然规律吗?大家都被吊在了空中,心浮气躁,无法安宁。好像学校发展越快越好,教育改革越新越好,这是我们所期盼的教育吗?当然不是说改革创新不好,但是我们确实要问,一天到晚求新,这对教育一定是好事吗?我们都知道春秋时代著名的思想家、军事家管仲讲:"一年之计,莫如树谷;十年之计,莫如树木;终身之计,莫如树人;十年树木,百年树人。"毛泽东也讲,世界上怕就怕"认真"二字。中国有一句古话,十年磨一剑。因此我觉得,脚踏实地的精神还是应该提倡的,尤其在今天这么一个浮躁的年代更应该提倡,而这也正是周校长所在学校的亮点之一。从刚才周校长的介绍中我们也可以看到,在学校发展的过程中,立足于实际,采取了一系列行之有效的措施,如领导带头,学习课改,践行课改;名师带路,互帮互学;目标激励,敬业爱岗,感情留人;科研兴校,文化育校,构建和谐校园等等。所有这些措施,为学校的持续发展奠定了坚实厚重的基础,也使小白杨扎根于边疆大地不动摇的精神在学校不断发扬光大。周校长的办学实践告诉我们,今天的教育,既需要仰望星空,更需要脚踏实地。其实,我相信我们的很多校长也像周校长所希望的那样,有一个安心静气的环境,不要有领导的步步紧逼,也不要有家长的大声埋怨,更没有社会的唠唠叨叨,大家静下心来,认认真真办学,踏踏实实发展,"用一辈子办好一所学校",这该是一个多么美好的教育氛围啊!我们真不希望,在当今急功近利的年代,这种想法只能是一种无法实现的幻想或奢望。中国梦的实现,既要有强大的教育创新机制,也不能丢弃脚踏实地的教育传统,它们都是我们发展教育的通灵宝玉。让我们大家一起,以实际行动守住我们心中那些美好的教育传统吧。

吴志宏,华东师范大学教授,博士生导师。主要研究方向教育行政学、学校管理学、教育法学、教育政策等。毕业于华东师范大学教育系,曾在加拿大维多利亚大学、美国密西根州立大学从事访问研究。主要研究著作《教育行政学》、《教育政策与教育法规》、《新编教育管理学》(主编)、《教育管理学》(主编)、《中小学管理比较》(主编)等。另有《两种教育行政体制及其比较》、《探讨新世纪教育管理学研究走向》、《关注教育政策出台过程的研究》等多篇研究论文发表。

办一所美丽学校

——固本尚真，建设美丽学校

湖南省衡阳市第八中学　龚彩福

龚彩福,毕业于华中师大地理系,先后担任衡阳市八中、一中副校长,衡阳市实验中学校长,衡阳市八中校长。从教30余年,先后被评为湖南省特级教师、正高级教师、全国科教先进校长、全国优秀校长、全国先进教育工作者、全国高中特色教育先进工作者。同时,还兼任湖南省政府教育督学、省教育学会常务副会长、省高中校长专业研究会常务副会长、衡阳市政协委员、衡阳师范学院兼职教授。

工作期间,先后出版了《办一所美丽学校》《生态校园文化建设初探》《杏坛心语》《教海拾贝》等著作;《固本尚真,办一所美丽学校》等数篇论文获省一等奖。除此之外,还就学校办学思想《固本尚真,办一所美丽学校》先后在广州、武汉、长沙、衡阳、吐鲁番、呼伦贝尔、六盘水等10余个城市及华中师大、衡阳师院、衡阳电大等高校作学术报告。

深耕教育多年,始终坚守教育是幸福的、学校是美丽的、人生是快乐的信念,坚定地守望着教育,执着地追梦教育!

引子

百年大计,教育为本,教育在促进社会发展和个人成长过程中的重要作用毋庸置疑。高中教育作为整个教育体系中重要的一环,具有独特的作用和价值。经过各界的努力,我国的基础教育在提高国民素质、培养创新人才等方面取得了令人瞩目的成绩。衡阳市八中是一所百年老校,办学业绩受到了当地政府、老百姓和学生的赞同与好评。与此同时,我们也清醒地认识到,当前的高中教育还存在诸多问题。比如,教育内容与社会需要和学生生活脱节,教学方式方法单一陈旧,过度重视学生知识技能的获得,而忽视学生情感、兴趣、个性等非智力因素的培养,以至于出现"两耳不管窗外事,一心只读圣贤书"的"吊瓶班""赤膊班"现象,压抑了孩子天性的发展;伴随着学业成绩的提升,教师身心疲惫,幸福感并没有同步提升,难以体会职业带来的乐趣,职业倦怠渐升。

上述教育现实与理想的差距,引发我们对办学理念和实践的深深思考:理想的教育、理想的学校究竟应该是什么样的?基于我校百年发展的深厚文化积淀,结合社会发展的需求,我们逐步凝练出"固本尚真,建设美丽学校"的教育思想。多年来,我和我的学校坚守"学校应当是美丽的"的信念,在改进教育实践的过程中不断探索,致力于促进学生知识、情感和意志等方面发展,致力于提升教师职业的价值,致力于建设优良的学校教育环境,努力办好人民满意的教育。本文就是我和我的同事在衡阳市八中"建设美丽学校"过程中的认识和实践的总结汇报。

一、学校应该是一个美丽的地方

(一) 教育与美

求真、向善、爱美是人类的天性,也是人们生活的不竭动力。凡是人类天性中所固有的,教育就有责任满足其健康发展。因而,教育有满足人们求真、向善、爱美等天性发展的责任。

关于真、善、美三者之间的关系,古往今来,不同的哲学家有不同的观点。笔者以为,这三者中,美统一着真和善。何谓美,看似复杂,简言之就是事物引起人们愉悦情感的属性。当然,能够引起人们愉悦情感的事物种类众多,一般而言有三大类:来自大自然的,称为自然美;和人们言行密切相关的,称为社会美;与人们创作的艺术作品有关的,称为艺术美。

学校教育作为一种有意识的培养人的社会活动,和美有着密切关系。具体表现如下:

1. 教育塑造品性之美

教育和美的密切关系首先表现在教育可以塑造人的美好品性。品性是人之为人的本质和特征。"人并非一出生就是人,必须通过教育才能成为人"也是在此意义上而言的。

对于艺术美,人们可能仁者见仁,智者见智,但是,对于社会美,生活在共同文化群体中的人们还是有一个相对稳定的标准的。在当前的社会环境中,热爱国家、爱岗敬业、为人善良、诚实守信、品性端正、言行举止文雅等就被视为美的品性,反之,则为不美的品性。

在人的美好品性形成和塑造过程中,教育发挥着重要功能。确立真善美的价值取向、选取丰富多彩的素材、采取学生易于接受的形式,对学生加以有意识的教育,学生美好品性才会形成。在塑造学生美好品性的过程中,教师的品性至关重要,教师积极的价值取向、优雅的言行举止等直接影响着学生美好品行的形成。同时,学生形成的美好品性还会影响到家庭中的其他人品性的改善,进而影响到社会风气的改良。

2. 教育铸就智慧之美

教育与美的密切关系还表现在教育可以铸就人的心性智慧。智慧是人在生活中迅速、灵活、正确地理解和解决事物的能力,它是人们社会生活的基础。

在当前的社会环境文化下,面对困难和挑战,鲁莽、任性、退缩,被视为愚钝不成熟;而知识广博、处事理性、富于创造,则会被视为聪明智慧。教育的重要职能之一在于传承人类文明,发展人的潜能,提升人的智慧。正是在学校教育中,学生的知识得以丰富,技能得以增强,人生观、世界观、价值观得以确立,智慧得以提升。我们所说的"读史使人明志,读诗使人灵秀,数学使人周密,科学使人庄重"等,就是这个道理。

当前,学校不仅是学生心性智慧提升的场所,也是教师教育智慧和人生智慧提升的场所。

3. 教育创造生活之美

教育与美的密切关系还表现在教育可以创造生活之美。在学校教育中,在教师爱的关照下,天真可爱的学生知识得以丰富,能力得到增强,人格逐渐完善,教师们享受着人类灵魂工程师的荣耀,教师的生活也因此更美丽、更幸福。现实中,许多优秀的中小学老师都表达了这一"享受教育生活"的观点。

在学校学习生活中,在爱的阳光沐浴下,学生享受着老师的关爱、同学的关爱、家长的关爱、亲友的关爱,在不断发现自我、成就自我、超越自我的过程中体验着奋斗的乐趣、成长的愉悦、收获的幸福。在与老师、同学、家长和亲友的交流中,体验着分享的美好。

教育中,付出爱、接受爱都是美好的体验!

(二)美丽学校的特性

基于上述对教育与美关系的探讨,我们认为,建设美丽学校是校长义不容辞的职责和使命。

美丽学校应该有着美丽的外表,即有着美丽的自然环境,绿树成荫,芳草如茵,鸟语花香,小桥流水,洁净雅致,让人进入校园便有神清气爽、心旷神怡之感。

美丽学校更应有着美丽的内涵,即有着对善的价值的至高追求,真的规律的真切遵循,和的氛围的积极营造,雅的环境的多元创设,有着独树一帜的办学特色,卓越办学成果和良好社会声誉,鼓励师生做美的追求者、创造者和展示者。

具体而言,美丽学校有如下特性:

1. 自强不息的办学追求

学校的办学追求是学校在特定历史阶段所承担的社会责任和历史使命,与时俱进的办学追求是建设美丽学校的关键。任何一所学校都处于特定的社会发展阶段,根据社会发展需要的不同,学校需在继承的基础上,不断调整自己的办学追求,但是无论如何变化,学校的办学追求都应当是为了更好地满足社会发展和人的成长的需要,并为此不懈努力。

20 世纪 90 年代以来,特别是《国家中长期教育改革和发展纲要》颁布实施后,我校在反复思考和实践的基础上,总结出 64 字办学理念:全面育人,科学育人;质量为本,效益为上;学有特长,校有特色;健全常规,深化改革;人才第一,教师第一;民主管理,科学管理;着眼长远,面向未来;从高从严,求真求美。学校的办学目标是：衡阳第一、湖南十强、全国百强。

2005年,我校重新审视学校的办学理念,在原有基础上进行继承和完善,整合出"全面育人,科学育人;质量为本,和谐发展"的办学理念。"全面育人,科学育人"是我校办学理念的核心,它包括全面贯彻党的教育方针,面向全体学生,用科学方法培养学生,全面提高学生素质等深刻内涵;办学理念还突出了"质量为本"意识,我们追求的质量包括教学质量、教育质量、管理质量、工作质量甚或师生生命质量等要素,同时教育必须要有创新,教育各要素之间必须和谐发展。学校办学追求细分为三个层面:学校发展目标,"高质量、有特色、现代型、国际化"全国知名示范性高中;教师发展目标,敬业精业乐业,成为创新型学者型的教师;学生发展目标,求真向善乐学,成为学习型发展型的学生。

自强不息的办学追求使我校成为"湖南省重点中学的领头羊""中国百强中学""中国百所特色高中"。

2. 遵纪守法的办学行为

学校是文化机构和育人机构,遵纪守法的办学行为是建设美丽学校的前提。这就要求我们在办学过程中,学校要依法办学、依法治校,成为社会风范;教师要学高为师,德高为范,言传身教,依法执教,成为道德高标;学生要爱国守法,人格健全,全面发展,成为一个知识渊博的人、道德高尚的人、举止端庄的人。

从20世纪90年代起,我校在湖南省重点中学中率先取消高中复读班和重点班;严格学籍管理,不歧视和排挤后进生;各年级双休日、寒暑假一律不补课;严格按规定开齐课程,开足课时;按教育规律办事,严格控制班额,不搞超级大班;严格控制考试,不搞学生成绩排队;严格教师的职业规范,不片面追求经济效益,不片面追求升学率。学校始终把教育质量、人才培养和社会效益摆在首位,被衡阳人民称为"衡阳基础教育的一面旗帜"。

2006年根据教育厅相关文件精神,我校在湖南省率先把公办民助的初中从八中校园剥离出去,变成一所办学行为规范的高级中学,成为湖南省规范办学行为的典范。

3. 优美和谐的办学氛围

营造优美和谐的办学氛围,是建设美丽学校的基础。学校优美和谐的办学氛围主要体现为如诗如画的和谐的校园生态环境,学校与教育行政部门、学校与社会、学校与家长之间的和谐的外部发展环境,师生之间和学科之间的和谐的内部人文环境。

建设美丽学校,离不开校园美丽的生态环境。美丽的生态环境更能让师生静下心来工作和学习,更能享受到更高品位的生活。我校是一所百年传承的老校,校园内古树参天,遮阳蔽日,绿茵吐翠,鸟语花香。在此基础上,我们又对校容校貌进行了净化、美化、亮化、艺术化和人文化的提升。现在,漫步校园,赏心悦目,养性激趣,使人宁静致远,心旷神怡,师生很是欣赏和留恋校园这份美好的生态环境。

学校发展还需虚心接受教育行政的领导和管理,建立互相支持的社校关系、密为一体的家校关系,主动接受社会和家长的监督和检查。近几年,我校争取相关部门政策上扶持的办学经费每年多达 600 万元,就是一例。我校学生做的研究性学习调查结果也显示:98%以上的家长对我校的总体评价是满意的,其中 81%的家长评价是非常满意的。社区及周边单位对我校高度评价,并在学生的社会实践与社区服务教育方面给予大力支持。

办学过程中,学校的主体是学生和教师,人文环境的营造尤为重要。一是良好的人际关系能够有效提升师生的工作学习的效益和质量。我校对师生充分理解、尊重和信任,通过民主决策、校务公开、教代会、学代会等方式让师生参与学校的管理,构建一种有序竞争、和而不同的温馨和谐的人际关系。二是学科之间的和谐统一能够有效促进师生共同发展,实现人生价值。每门学科的老师都有自己工作的价值点,都有自己展示的舞台和机会,每门学科都能张扬学生个性,培养学生能力,促进学生特长发展。

4. 独树一帜的办学特色

随波逐流的教育,无法哺育一代英才;没有特色的教育,不能彰显名校风范。独树一帜的办学特色是建设美丽学校的重心。我校在两个方面打造学校特色,彰显学校的品牌形象。

构建以"启释固延"(启思自学·质疑释惑·典例巩固·拓展延伸)为模式的高效课堂体系。课堂教学突出三本:教学以学生发展为本,学生以多元发展为本,学习以能力发展为本;追求三化:学科目标本色化,教学组织范式化,课堂效果优质化;落实三效:自主学习高效,合作探究高效、个性发展高效。学校鼓励各学科教师根据课程特征、学生实际以及教师自身风格特点,在"启释固延"模式基础上创造个性化的课堂教学方式,形成各具特色的课堂教学新模式。以"启释固延"为模式的高效课堂体系,全面提高学校教育教学质量。

打造以"忠信笃敬"为核心的本真文化体系。用丰富多彩的校园活动,来诠释"忠信笃敬"的精髓,用师生幸福的人生,来演绎"忠信笃敬"的精彩。立足百年八中优秀的传统文化,整合吸纳现代教育理念,不断丰富"忠信笃敬"的内涵,构筑了以民主团结、务实高效为主要内容的本真管理文化,以严谨精业、合作创新为主要内容的本真教师文化,以博学慎思、明辨审问为主要内容的本真学生文化,以自主、合作、探究为主要内容的本真学校课程文化,以学生和谐发展、终身发展为主要内容的本真班级文化。以"忠信笃敬"为核心的本真文化体系,有力促进学校持续健康发展。

5. 硕果累累的办学成效

建设美丽学校最终体现在学校的办学成果上。学校师生经过辛勤的劳动取得的累累硕果,既是师生人生价值的体现,也是学校对社会的责任担当。累累的硕果不仅仅体现在好看的分数、较高的升学率等量化方面,更表现在学生体质的增强、心灵的愉悦、人格的健全、特长的发展、技能的提高等方面,同时还体现在教师素质的逐渐提升、学校办学行为日益规范、办学内涵日益丰富等方面。

我校的办学名气已经在省内外彰显,"八中现象"已成为省内名校研究八中的话题,省市主流媒体曾对"八中现象"进行了深度解密;每年来我校参访的兄弟学校在 50 批次以上。更重要的是在"固本尚真,建设美丽学校"的教育思想引导下,学生学习的主体地位得到了弘扬,学生的素质和能力得到了提高,学生的创新精神得到了培养。现在,学生学得轻松,玩得畅快,学生的学业成绩、活动能力和综合素养逐年提高,高考屡创新高,比赛屡夺冠军。而且我校学子走进高校后所表现出来的自学能力、管理能力、创新精神、合作意识也非同凡响,现在有 50 多所重点高校把我校定为优质生源基地,教育部也把我校评为全国重点大学暨"211 工程"大学生源基地学校。

二、固本尚真:建设美丽学校的思路与策略

根据上述教育与美关系的探讨以及我对于美丽学校内涵与特性的理解,基于当今社会需要和我校办学条件,结合我校百年历史传承,建设美丽学校时,我主要着眼于下述思路和策略。

（一）固本：固守价值的善

美的东西必定是以善为基础的，建设美丽学校必定要以善为最高价值追求。

所谓固本，是指办学过程中固守善的价值之本。善的价值之本，包括中华文化的优良传统，如"智仁勇毅"等；也包括中国教育成功的基本要件，如"社会主义价值观"等；还包括本校百年优良传统，如"忠信笃敬"等；同时也包括我本人对教育和学校的基本信念，如"教育应是幸福的""学校应是美丽的"等。

1. 固守中华优秀文化传统

建设美丽学校，离不开对已有的优秀文化要素的继承和发展。在世界文化家族中，中华文明璀璨夺目，以儒家文化为代表的"智仁勇毅"的文化内核是其核心。著名哲学家、哲学史家、国学大师，北京大学哲学系教授张岱年先生把中华民族精神概括为"自强不息""厚德载物"。这些对建设美丽学校具有重要影响。

为此，在学生日常教育中，我校注重学生的文化传统教育，倡导学生诵读中华文化经典篇章，并要求学生身体力行。在教师队伍建设中，我们鼓励教师阅读中国文化经典，邀请校内外专家来校开坛设讲，组织教师写阅读心得，开展讨论交流和演讲比赛等，大力倡导和推动教师具备职业相应的传统美德。在学校的办学追求上，在传统"忠信笃敬"校训的基础上，我校整合凝炼出了"从高从严，求真求美"的八中精神。学校办学与时俱进，发展学生，服务社会。

2. 弘扬社会主义价值观

在世界教育体系中，中国基础教育独树一帜，除了注重学生扎实的基础知识之外，自古至今，中国教育有着"培育社会栋梁，造福国家社会"的优良传统，现阶段就是要弘扬社会主义价值观。办学是为了更好地促进社会发展，促进国家更加繁荣昌盛。学生潜能的发展、兴趣爱好的满足和人生价值的实现等都和服务社会、奉献国家有着密切关联。

党的十六大就提出了社会主义价值观，十八大把社会主义核心价值观概括为三个层面24字，即国家层面"富强、民主、文明、和谐"，社会层面"自由、平等、公正、法治"，个人层面"爱国、敬业、诚信、友善"。因此，身为校长，我始终把学生价值观、人生观和世界观的培养作为第一重要的事情，使之服从于社会主义价值观，强调学生的个人梦想要与国家梦想结合起来，强调构建美丽人生要与建设美丽中国融为一体，倡导学生树立起"为中华之崛起而读书"的志向和追求，同时要求学生处、团委和心理咨询中心共同指导学生做好各自的人生规划。

3. 光大学校的优良传统

我校已经走过了 106 年的历史,有着深厚的文化积淀。1907 年创办的湖南私立成章中学就提出了"忠信笃敬"校训。当时学校非常重视教导学生如何做人,要使每个学生都能"具有科学的头脑和农夫的身手以及好的品性,成为社会上最优秀的分子",要求学生做到"力戒懦怯苟安,养成勇敢奋发的精神;力戒依赖敷衍,养成自立负责的能力;力戒轻躁盲从,养成审慎周密的思考;力戒浮漫奢靡,养成刻苦勤朴的习惯;力戒虚伪涣散,养成精诚团结的意志;力戒自私自利,养成爱国爱群的观念"。

经过百年的发展,学校不断丰富和演绎"忠信笃敬"校训的内涵,现在,我们解读为:忠,即爱国爱家,爱校爱生;信,即诚实守信,自信自强;笃,即坚定执着,求真务实;敬,即尊师重道,爱岗敬业。这些弥足珍贵的办学传统要求我们在办学实践中要逐一落实,内化为师生的自觉行为,并不断发扬光大。

4. 坚守个人的教育信念

从大学毕业就当老师,再逐步走向校长岗位的我,对校园生活和教育人生充满了欣慰和感恩,始终坚信:教育是幸福的,学校是美丽的。因为教育岗位,我的生活丰富多彩,人生价值得以实现。看到学生历经困难日趋成熟的身影,听到学生苦尽甘来开心的笑谈,收到学生功成名就真诚的祝福,作为教师的我感到无比幸福;看到校园面貌变得越来越漂亮美丽,师生工作生活越来越开心愉悦,学校发展越来越得到社会认可和赞同,作为校长的我喜在心头、乐在心坎。

我始终坚信,作为老师,只要全身心投入到教育事业,一定会发现其中的幸福与美好。身在校长岗位的我和学校其他班子成员努力践行,让学校的师生感受到这份教育人生的美好与喜悦。在价值观上,我和老师们分享我作为一名幸福老师的幸福观念:身心健康,家庭幸福,培育出一批批优秀的学子,温馨和谐的人际关系,宁静优雅的校园环境,经济上无后顾之忧。在具体举措上,我强调以人为本,关注师生的心态,用行动细节激发师生的幸福感。在我校,最为显著的一件事情,就是在学校的大型电子屏上,每天都会显示过生日的老师和同学的名字。对于老师,学校会送上一张贺卡、一束鲜花、一个大蛋糕;对于学生,学校也会送去生日蛋糕和免费生日餐,并为他们点上一首祝福歌,这些都给学校师生都会留下了非常难忘的美好记忆。

（二）尚真：遵循规律的真

美的东西必定是遵循特定规律的。因而，在固守价值之善的同时，建设美丽学校务必"尚真"，即遵循规律之真，遵循办学规律、教育规律、教学规律和管理规律等。具体而言，又分为几个方面：

1. 遵循办学规律，把握学校发展方向

学校的发展定位，是学校沿着正确方向健康、稳定、持续发展的保证。它必须遵循办学规律，在教育实践中发现规律，掌握规律，并遵循规律科学发展，不断构建学校发展的新高地。

（1）顺应社会发展的客观需要

学校是特定社会中的组织，需满足社会发展对人才的需求。当今我国社会正处于全面稳定发展之中，对人才的需求尤为凸显创新精神和实践能力，强调学生个性的和谐发展，这恰恰也是当今我国的基础教育所欠缺的。《国家中长期教育改革和发展规划纲要（2010—2020年）》也对此进行了多方阐述。基于此，学校着力加强通用技术、信息技术的建设，完善机器人实验室、汽车模拟驾驶室、地理生物生态馆、植物生态园、天象观测室、天气预报中心、精工木工电工实验室和科技作品设计创作室等设施设备，为培养学生的创新精神和实践能力奠定基础。

（2）兼顾学校发展的客观条件

我校是一所百年名校，湖南省首批省级示范性高中，教学质量一直稳居衡阳第一、湖南十强，政府高度重视，百姓高度期待，家长以孩子能上衡阳市八中为荣。学校有着一流的教学条件、生源师资和社会声誉，这些都是我们办学的优越条件。与此同时，我们也清醒地意识到学校进一步发展存在的挑战和困难，如近年来优质生源向省会城市流失越来越严重，应试成绩的现实压力与全面育人的教育追求还存在着较为突出的矛盾等。如何合理利用学校发展的优势条件，趋利避害，办好人民满意学校，是我们把握学校发展方向的重要一环。

（3）服务学生发展的客观需求

当今的学生属于90后一族，他们个性突出、思维敏捷、见多识广、思想超前，同时，他们又较为自我，或多或少缺少责任意识和分享合作精神，这些都是我们在办学中所遇到的事实与挑战。基于此，我校广泛开展"双自教育"（行为自主调控教育、求知自主学习教育）系列活动，有意识引导学生掌握良好的学习方法和生活技能，形成健康的心理和健全的人格，从而实现学生全面发展、终身发展。

基于上述国情、校情和学情,学校不断调整办学目标,把握学校正确发展方向。近十年来,学校制定了三个《衡阳市八中三年发展规划》,2012 年学校又制定了《衡阳市八中创建全国名校实施方案》,确定了创建"高质量、有特色、现代型、国际化"全国知名示范性高中的奋斗目标。

2. 遵循教育规律,促进学生多元发展

学校教育是一项有目的、有计划的培养学生的活动,具有特定的要求和规律,学校办学务必遵循教育规律。多年的教育人生经历以及衡阳市八中成功的办学实践更坚定了我对下述教育规律的体悟和理解。

(1)育人为本,德育为先

《说文解字》中写道:"教,上所施下所效也。""育,养子使作善也。"德国教育学家赫尔巴特曾说:"教育的唯一工作可以总结在这一概念之中——道德。道德普遍被认为是人类的最高目的,因此也是教育的最高目的。"我国古代著名教育家孔子也说过:"弟子入则孝,出则悌,谨而信,泛众爱而亲仁,行有余力,则以学文。"由此可见,古今中外的哲学家、教育家,都把教育的首要目的定位在"教人做个人"。我校一直注重对学生进行理想、信念和价值观的教育。为此,我们利用国旗下的讲话、主题班会、德育特色教育十分钟、青年业余党校培训等活动对学生进行熏陶与感染,选取历史名人故事、校友成长经历、身边榜样人物事迹等进行激励与感化;同时大力宣讲"忠信笃敬"的精髓,内化学生品格;编印《衡阳市八中学生修身必读》,规范学生品德行为等,这些都取得了显著成效。

(2)丰富课程,发展潜能

课程是指学校为实现培养目标而选择的教育内容和教育活动的总和。有什么样的课程,就会培养出什么样的学生。学校开设的课程门类决定了社会人才的多样性。因而,课程对学生培养起着至关重要的作用。

黄炎培先生曾说过:"成功的教育,乃立体的教育。"为激发学生潜能,促进学生兴趣爱好的发展,学校需尽可能开设丰富多样的、能够满足学生成长需要的课程。

按照《普通高中课程方案(实验)》和各学科课程标准,在开齐开足国家课程的基础上,根据学生需要,结合学校实际,我校开设了研究类、特长类、综合类等 30 余门实践型课程,特别注重培养学生的探究与创新能力、实验操作与发现能力、信息素养与综合运用能力;同时学校还注重选修课程建设,激发学生的发展潜能,满足其发展需求。

（3）增强体验，自主发展

一切教育皆自我教育，只有学生自己愿意学习、主动学习、用心学习，学习效果才会事半功倍。西方学者有言："告诉我，我会忘记；演示给我看，我可能会不记得；让我试试，我将会理解。"反观目前我国高中教育的现状，学生学习书本静态知识过多，参与户外实践学习较少；学生被动性接受学习时间多，创造性自主学习机会少。老师讲授演示的时间多，学生动手参与的机会少。我们的高中教育需在增强学生体验，倡导自主学习方面有较大的改革。

我校推进的"启释固延"高效课堂模式，就充分体现了自主、合作、探究的新课改精神，同时学校创设通用技术室、科学实验室、信息技能室、学生演艺中心等多个素质教育功能室，为学生自我体验提供了施展的场地。

3. 遵循教学规律，开启学生智慧之门

教学活动涉及教师的教和学生的学两个方面，为提高教学活动的成效，教师的教需基于学生的学，服务于学生的学。因而，为了提升教学成效，我们务必遵循教学规律，调查并研究学情，不断激发学生学习的动机，挖掘学生学习的潜能，发展学生学习的能力，让学生体会到学习的乐趣和成就感，进一步促进学习效益的提升。

（1）激发学习动机，培养学习兴趣

学生的学习动机直接关系到学生学习的内驱力，适度的学习动机和学生的学习成效有着密切关联。学习动力不足，是学生厌学、感到学业负担过重的重要原因。我校通过建设"启释固延"四维教学高效课堂，改变知识呈现的方式、适度减轻课业负担、恰当的表扬与激励等举措激发学生学习的动机，培养学生对学习的兴趣，从而提高课堂教学效果。

（2）挖掘学习潜能，增进教育价值

每个学生都有自己的潜能，教学的重要任务之一就是要扬长补短，以长带短，全面发展，提升教育价值，增强学生自我生存、服务社会的能力。我校通过研究性学习、课堂探究环节、科技作品展示和社团活动开展等举措不断发现学生的优势，挖掘学生的潜能，让学生的潜能得以充分的展示和发展，这既是激发学生学习兴趣和信心，让学生享受学习幸福的重要思路，更是提升教育价值的有效策略。

（3）发展学习能力，提高学习效能

学生的学习能力包括学生对学习重要性的认识、良好学习习惯和学习方法的培养、学习状态的不断自我审视和自我调控等方面。在其他条件基本相同的情况下,学生学习能力的高低是决定学习效能的重要因素。我校通过优秀校友回母校传经授道、名人成功经验访谈、学习方法交流沙龙、理想与前途教育等举措,加强学生对学习意义的认识,培养学生良好的学习习惯和方法,增强学生不断自我调控学习状态的能力,从而全面提高学生的学习效能,持续提升学校的教学质量。

4. 遵循管理规律,发展教师美好愿景

高质量的教育必须依靠高素质的教师,高素质的教师必须依靠高水平的管理。因而学校的管理必须以人为本,激活每个"细胞",凝聚每一份力量,阳光普照每一个角落,充分发展和实现教师的美好愿景。

(1) 价值引领与制度规范的辩证统一

价值引领是指组织领导者以组织工作本身的重要意义、组织发展的愿景和目标来引导和推动组织员工在岗位上尽职尽责地工作,它对调动员工工作积极性、激发员工工作热情具有重要意义。以这种方式领导和管理组织员工,能让员工感到事业有价值,生活有奔头。对于工作个体性较强的学校,价值引领更能凝聚教师人心、激发工作的动力,较好地避免职业倦怠。为此,我经常和老师们一起分享从事教育事业的自豪和荣耀,分享身为人师的辛劳和幸福,大家都有一种"校兴我荣、校衰我耻"荣辱观,心往一处想,劲往一处使,为建设美丽八中、创建全国名校而努力奋斗。

依法治校,规范办学,遵守国家法律法规,遵守学校规章制度,是建设美丽学校的重要保障,也是身为校长的我多年治校的深切体会。为此,多年来,我和学校领导班子一起完善各项规章,注重细节管理,注重过程管理,注重人本管理,使学校的每一个人都做到对工作负责,对岗位负责,形成一种人人参与、事事渗透、环环相扣的管理机制,以确保学校执行力的提高。学校把这些制度进行汇集,编印成衡阳市八中《规矩与方圆》一书,该书分别从"管理篇""教师篇""学生篇""党建篇"四大方面对学校各项工作进行制度规范。学校每一项制度的制定,都先发试行稿,在征集广大师生员工意见的基础之上,经过教代会或校务会讨论通过,最后付诸实施。在实施过程中根据学校发展需要和实际情况,不断修订、增补和完善,力争做到管理制度上的"公平、公开、公正、公信"。现在,学校依法治校、按章办事的做法早已深入人心。

(2) 人文关怀与责任担当的辩证统一

学校管理中,我们强调以人为本,注重人文关怀。深入教师队伍,关心教师的身心健康，尽全力帮助教师解决生活中的困难和后顾之忧。工作中发现教师的优点，及时给予表扬和鼓励；发现教师的特长，及时搭建展示的平台，发现教师的困难，及时关心解决。与此同时，我们也不姑息教师工作的失误和缺陷。一旦发现，根据学校的规章制度，给予恰当的批评和应有的责任追究。例如，我校是市级无烟学校，学校规定，教职员工在教学区内抽烟一次必须上交环保费50元，教职员工戒烟成功就奖励500元。有一次，我看到一位老师在校园一角抽烟，微笑着对他说："老师好，真遗憾，您这支烟很贵啊，要50多元呢。"该老师也承认自己在校园内抽烟不文明的行为，并主动到学校办公室登记，接受处理。其他事件的管理也是如此，发现一起，有效处理一起。

我们本着人文关怀的态度和情怀，理解教师、关心教师、尊重教师，但是对工作中出现人为的责任事故，我们不回避不纵容，按照《衡阳市八中责任事故追究办法》对其进行相应责任追究，要求其勇于承认和担当，做教育的自觉者。这既有利于该老师的发展，同时也是对其他老师的一种鞭策和教育，更是有利于学校的持续发展。

（3）服务教学与管理育人的辩证统一

在学校，教书育人是学校工作的核心与重点，学校的管理是服务于教学工作的，我们要求全体领导班子和相应的职能部门尽最大努力服务好教学工作，做到主动服务、用心服务、超前服务、满意服务。我校出台《衡阳市八中行政处室年度考核条例》《衡阳市八中学科教研室考核办法》和《衡阳市八中行政职员量化考核实施细则》，均把"服务"放在首要位置。

与此同时，我们也清醒地意识到，学校领导和教师的言行举止都对学生产生着深刻的影响。因而，我们在强调管理服务教育教学的同时，更深刻认识到管理本身就是在育人。为此，我校制定了《衡阳市八中教师职业行为规范》《衡阳市八中规范教师行为五条禁令》等制度，严格规范领导和教师的职业操守，做到为人师表，管理育人；同时，在管理和服务过程中，要求他们不断提升自身的专业素养和文化修养，以自身高雅的言行举止影响学生、管理学生，表现出八中人应有的人文修养。

三、做美的追求者、创造者、展示者：建设美丽学校的途径

在"固本尚真，建设美丽学校"思想与策略的引领下，我和学校全体师生一起，

主要通过激励和鞭策师生"做美的追求者、创造者和展示者"这一思路来展开。详述如下：

（一）培养美丽学生

美丽学校首先应在学生身上得以体现。在教育教学和管理中，我们通过激励学生追求青春之美，支持学生体验成长之美，帮助学生发现创造之美等几个方面来培养美丽学生。

1. 激励学生追求青春之美

中学生正处在青春时期，有着健康的身心、端庄的言行、高昂的志气，便是其最美的表现。

（1）养成学生健康的身心

健康的心智寓于健康的身体中。为让八中学子有强健的身体，即私立成章中学所记载的所谓"农夫的身体"，我校设计方案鼓励学生参加各种体育活动，实行体育器材进班级举措，开展丰富多彩的大课间活动，每天保证学生阳光锻炼一小时。充分发挥学校作为省排球传统校、市高水平体育后备人才训练基地的优势，相继成立排球、篮球和足球俱乐部，网球俱乐部，棋类俱乐部、健身俱乐部，全天候对学生开放，致力于体育健身强体。除此之外，学校与市音乐家协会合作成立衡阳市音乐教育培训基地，设立音乐舞蹈教育中心和学生演艺中心；与市书画家协会合作成立衡阳市美术教育中心，充分展示学生才艺，致力于艺术怡情养性。

我校还在衡阳市率先成立衡阳市未成年人心理辅导中心，开设心理接待室、心理咨询室、心理发泄室、心理休养室、团体活动室、沙盘推演室等十余间心理健康咨询和诊疗功能教室。配备专职心理教师，在班主任和高校心理教授中聘任兼职心理辅导员，在班级设立学生心理委员，形成三级心理辅导网络。这些年来，学校没有因厌学而退学的学生，没有因人际交往障碍而引发突出矛盾的现象；学生迷恋网络、畏惧考试、自我封闭等现象大为减少。我们感受到的是八中学子那种自信坚强、朴素大方、阳光活泼、不断进取的精神风貌。学校心理健康教育连续五年评为湖南省先进，其经验曾在《光明日报》推介。

（2）规范学生日常的行为

学校制定《衡阳市八中学生操行二十条》，围绕"遵纪守德，培浩然正气""俭身孝亲，涵博爱胸怀""去奢敬事，致高雅情趣""励志省身，养坚毅品性""笃学正心，书有为人生"等五个方面,常抓学生行为习惯养成。同时学校还印发了《衡阳市八中学生修身必读》,从励志、明德、笃行、激励和学生修身目标等方面作出了详细规定。

我校规定每学期第一周为学生行为规范学习周。爱护花草树木,不乱扔果皮纸屑;上下楼梯有序行走;推行普通话,使用文明礼貌用语等,从我做起,从小事做起,养成文明习惯。现在漫步校园,学生使用文明礼貌用语已成习惯,遇见领导、老师和同学主动招呼问好;学生上下楼梯特别注重"轻声细语、右行慢走",秩序井然;学生爱清洁、讲卫生,校园窗明几净,一尘不染。近年来学生遵纪守法,寻衅滋事、打架斗殴等严重违纪现象彻底杜绝。

(3)激发学生高昂的志气

为激发学生高昂的志气,我校进行了多方面的努力。学校开设青年业余党校,吸纳要求进步的学生进行理想与信念教育;通过参观爱国主义教育基地、参观校史馆、八中大讲坛系列讲座和社会实践活动,培养学生爱党爱国爱校爱家意识和社会主义核心价值观,不断激发学生高昂的志气,提升学生思想政治品质,帮助他们树立正确的人生观、价值观和世界观。

每年的五月是学校的红歌月,学校组织师生共唱爱国歌曲,传承革命传统,激发师生坚定的信念。每年的九月,学校开展校园感恩节系列活动,教育学生懂得感恩,学会感恩,具有感恩意识和感恩的能力,学生在感恩过程中,激发起奋斗的意志。

除此之外,我校充分利用学生主要学习场所——教室,对他们的斗志进行激发和熏陶。在教室的前方悬挂国旗和校训,后方张贴八中精神,两侧分别张挂学生自己的"座右铭""心愿起航";教室大门口悬挂班级奋斗目标、班级格言和班主任寄语;年级楼道悬挂年级奋斗目标、师生自励宣言以及古今中外名人励志文学名篇。所有这些均合力营造奋进拼搏、求真向善的学习氛围,让学生在耳濡目染中增强奋发向上的动力和前进的毅力。

古色古香的校大门上"百年治学续传统优质为本千秋旺,八方施教承宗旨全面育人万代兴",校园未名湖边的腾龙阁上"腾龙扶摇震衡岳,未名潋滟接潇湘"、香樟古井傍的翔凤亭上"古樟香沁满三径,雏凤声清翔九天"等对联,以及校园教学楼名、路名和广场名等,无不在激励学生奋发有为,潜移默化地熏陶着学生的情感和志趣,增强学生社会责任感和使命感。

2. 支持学生体验成长之美

为丰富学生成长过程中的体验,学校为学生搭建了多种参与的平台,提供学生多种表现的机会。

(1) 国家课程为学生终生发展奠基

国家课程方案是根据人才培养规格和学生全面发展的需要而设计的,带有强制性,学校不得随意增减课程和课时,不得随意增加难度和降低要求,但同时也允许学校根据学校实际条件和学生个体差异,对教材内容进行适当的处理,通过重组、补充、取舍、替换、拓展和调整等策略对使之更加符合学生实际状况,也更符合学校培养目标。

我校加强了对国家课程方案和学生学习规律的研究,对每一门课程均编印了"导学案",进一步明确国家课程学生能力的各科培养目标,不断优化教学环节,减轻学生课业负担,让学生在学习过程中始终保持学习的浓厚兴趣和动力。例如,语文强化了母语的运用和文学素养的培养,数学强化了学生严密推理和演算能力的培养,英语强化了口语交际能力的培养,理化等学科则加强了实践与创新能力的培养……全面落实国家课程方案,也就夯实了学生扎实的基本功,促进了学生全面发展,从而为学生终身发展奠基。正因为如此,我校学业水平考试和考查合格率年年达 99.9% 以上,多次受到教育厅的通报表彰。学校被评为湖南省新课程改革样板学校,衡阳市新课程改革示范校。

(2) 选修课程满足学生个性发展需要

选修课程是对国家必修课程的补充,能够充分彰显学校特色,张扬学生个性。针对学生的兴趣和需求,结合学校的传统、优势和办学理念,我校自主开发了丰富多彩的校本课程。近年来学校开设了"八中校史""通用技术""信息技术""形体训练""台海局势""美国 ACT 课程""传统文化经典赏析"等 30 多门课程,深受学生欢迎。

八中校本课程的开发充分满足了学生个性发展的需要,又为学生的个性发展留下一个空间。2012 年刘康慧、蒋兆吉等四位学生选修"美国 ACT 课程",通过了美国高考,均被美国前 100 强大学录取;谭震、李宇轩、林波三位同学选修"信息技术",参加 2012 年信息学全国性竞赛,谭震、李宇轩同学分获全国总决赛金银牌,双双进入国家集训队,并分别保送到北京大学和清华大学。

(3) 综合素质活动丰富学生体验

深入开展"三月四节两主题"综合素质活动,丰富学生各种体验。学生全员参与,自主设计,全程体验。除了上述所提到的"三月"(心理健康月、红歌月、读书月)之外,"四节"是指"校园科技节""校园感恩节""校园体育节""校园艺术节",强化学生的科技意识、感恩意识、健康意识和艺术意识。"两主题"是指"安全与文明""理想与实践"两大主题,涵盖行为规范、法制安全、理想信念、爱国爱校、社会实践等五个方面内容,注重活动的落实和活动的实效。

与此同时,学校大力推行学生"五特长"的培养:一项音乐特长、一项书画特长、一项体育竞技特长、一项社团活动特长、一项英语口语交际特长。学校成立特长考核机构,制定特长考核细则,给符合条件的学生颁发特长证,并给予奖励,让学生享受成功的快乐,其中2012年共有1 200多人次获得了特长证。深入开展"六个一"活动:一次入学教育、一次社会实践、一次法制教育、一次社区义工服务、一项科技体艺成果、一项研究性课题,其目的就是要让学生提升综合素养,享受成功的快乐!

(4)社会实践基地拓展学生体验

参加社会实践,是学生了解社会、认识国情,增长才干、奉献社会,锻炼毅力、培养品格的重要途径,能使学生在实践中受教育、长才干、作贡献,树立正确的世界观、人生观和价值观,体验到成长之美。

我校积极与校外教育基地联系,建立了特变电工衡变公司、南岳亚新科公司、雁南监狱、高兴村和广州军区技工训练大队等十大学生社会实践活动基地。对此,学校研究制定科学规范的管理制度,一年一主题,学生每学年深入社会实践基地体验一次,并写好社会实践基地考察报告和心得体会。在社会实践基地学工学农学军学法的"四学"教育中,学生的人生观、世界观和价值观不断强化、细化,逐渐形成了学生"乐观自信,知荣知耻,明礼诚信,追求至善"的道德本色。

(5)书香翰墨涵养学生高雅品格

有人云:读书怡情,艺术养性。沉醉翰墨书香,可以怡情益智、净化心灵、涵养品格。我校虽然经费不是很充裕,但是在最需要的地方我们还是非常舍得花钱,学校成立了"书香怡心社",开设了温馨的"开心读书吧"和"文化名流讲坛",从功能上改变大多阅览室过于呆板严肃的环境和闲置冷清的现状,加一点休闲,加一点交流,一杯清茶,一本好书,悠闲恬静,博览群书,缓解压力,敞开心扉,感受文化人的体面与尊严。阅览室里藏书丰富,有传统纸质图书,开架自选,任学生自主品读;有电子阅读,学生绿色上网,供学生在学海中自主遨游。每年十一月为学校读书月,一年一主题,通过读书沙龙、读书征文、读书演讲等手段,引导师生"爱读书,读好书",共享读书乐趣。学校还装修了多间美术工作室、陶艺制作室和美术作品展览室,成立绘画、陶艺、摄影和书法兴趣小组,经常开展艺术沙龙、艺术成果展活动,提升艺术养性的品位。

现在学校书香四溢,翰墨飘香,学生品格涵养随之提升,学校成为衡阳市学生行为规范示范校。学生知书达理,争做好人好事的新闻常见诸报端,如衡阳晚报《八中学子三年如一日照顾孤寡老人》。2012年,童靖茹、周睿、刘芬三位同学考取清华大学美术学院,他们不仅美术成绩突出,而且思想素养好,道德品行优,均为学校青年志愿者。

3. 帮助学生发展创造之美

思想活跃、行为规范是创造性人才所必备的品性。处于青春期的学生,精力旺盛,充满创造性,为此,帮助学生发现创造之美,引导和支持学生在学习和生活中有更多的创造,就成了学校重要任务之一。为此,学校为学生搭建了诸多发挥创造能力的平台。

(1) 研究性学习激发创造潜能

研究性学习能让学生学会获取知识、应用知识、解决问题的方法。把知识应用于社会实践,这不仅能使学生看到学习文化知识的重要价值,加深对所学知识的理解,还能够提高学生创新能力和实践能力,激发学生创造潜能。

我校特别注重研究性学习,倡导学生自主选题,自主研究,自主发展,引导学生不断关注校园外广阔的社会大课堂,向社会学习,向实践学习。由于自主选题迎合了学生自身发展的需要,问题由学生自己发现和解决,在整个活动过程中,许多学生保持了高涨的热情,养成了严谨求实的科学态度和不断追求、勇于探究的进取精神。学生普遍认识到,研究性学习可以帮助他们建立自信并进一步提高学习的积极性,因为在研究性课题面前,后进生、优等生都是平等的,创造潜能同样深厚。

根据高中新课程的要求,我校要求学生在高中三年要完成两个课题的研究。学校根据学生在研究性学习中的活动态度、情感体验、方法运用、创新成果等分别给予评定和奖励。近年来,学生研究性课题获省市奖励多达200人次,学校把这些研究性课题编印成三本成果集,其中《东洲岛的开发与利用》《衡阳市公交现状与解决对策》等研究课题还引起市政府和相关职能部门的关注。

（2）社团活动演绎创造魅力

小社团，大舞台，充分展示学生个性和创造魅力。学校成立衡阳市八中学生社团管理中心，制定《衡阳市八中学生社团管理办法》，社团活动有章有序，有张有弛。学生社团活动分为四类：组织管理类、文学宣传类、科技环保类、体育艺术类，共40多个学生社团。每个社团围绕学校和自身的发展，充分发挥各自的优势特长，开展一系列丰富多彩、意趣盎然的富有创意的社团活动。莘莘学子在这个流光溢彩、五彩缤纷的舞台上，演绎着生命的精彩、创造的魅力。

排球是我校的优势传统项目，排球俱乐部人气旺盛，师生人人会排球、爱排球，成为学校一道风景；学生男排一直稳居湖南三强，学生女排位列全省第四名，主力队员均获高校保送资格。雁南飞文学社是湖南省百优文学社，编有《兰蕙苑》校报和《雁南飞》刊物，培养了大量文学新人。

学生科协活动丰富，有机器人培训、航模培训、电脑作品制作培训、学生小发明小创造培训等。学生机器人比赛成绩位居全省第四位。信息学奥赛雄踞湖南前三强，多人保送到清华、北大、浙大、复旦等名校。科技创新近几年获省以上奖励23人次，其中2012年我校两个项目分获第33届湖南省青少年科技创新大赛省一、二等奖，并被报送参加全国第27届全国青少年科技创新大赛；胡舜和刘泽辰同学分获四项国家专利局颁发的专利证书。

（3）文化活动展示才艺精彩

我校有五大文化广场：菁华广场、成章广场、兰蕙广场、蘅馨广场和奥运广场。每个广场文化功能各有侧重，其中蘅馨文化广场设计大气，四周有文化浮雕墙，用传统文化故事演绎"忠信笃敬"校训，正中有凸起的弧形舞台，供师生才艺表演，正面有大型LED全彩屏，开展人文关怀宣传。课余时间和周末，开展广场健身操、太极拳等多项活动，文化广场师生人头攒动，成为师生张扬个性和展示才艺的大舞台。

尤其是学生才艺展示，它配合学校的德育工作和特长教育，每月一主题，可以班级联办，可以师生组合，可以举办个人画展，也可以举办个人演唱会……学校还与衡阳生活频道联合打造"艺耀蘅馨·魅力八中"栏目，定期在衡阳生活频道全程播出，向社会展示学生才艺，宣传八中形象。

丰富多彩的广场文化活动，既提供了学生施展才华、张扬个性的舞台，又让学生体会到艺术创造之美，培养了发现美、欣赏美、追求美、创造美的价值取向。在

2012年湖南省"三独"比赛中,我校选派的五位学生共获得3个湖南省一等奖,2个湖南省二等奖,他们均获得湖南省高校艺术特长生保送资格,其中谷籽键同学的小提琴独奏获得高中器乐独奏金奖(即一等奖第一名)。

我校培养出来的美丽学子,已得到社会的广泛认可。"八中信息学两学子早早被北大相中""八中学生男排跻身湖南前二强""八中姊妹花分别考上中央美院和广州美院""八中学子喜获国家实用技术专利证书""八中三学子考中清华美院""八中省三独比赛再度凯旋"等新闻常见诸报端,这些荣耀承载着孩子们成长的幸福和成功的美丽。

现在,漫步校园,八中学子着装整齐,意气风发,言行举止尽显文明风范;他们关注社会,关注人生,关注亲情,爱校爱国爱家蔚然成风。五年来,学生为助残助学、湖南冰灾、汶川玉树震灾、台湾风灾及学校佟颖慧、刘秀枝等重病患者累计捐款达100余万元。359班和379班分别荣获"衡阳市优秀班集体""湖南省道德班集体"称号。学生服务社区,主动承担校大门前主马路的清扫,十年如一日,到学校附近的福利院慰问孤寡老人和残疾儿童已成为学生自觉行为,其中,周元驰同学三年如一日默默照顾孤寡老人事迹多次被媒体报道,他毕业后将爱心接力棒传到赵丹妮手中。赵丹妮,是一位品学兼优、全面发展的学生干部,她接过爱心棒,每周都去看望孤寡老人和残疾儿童,默默倾注爱心。2011年她被评为"湖南省优秀共青团员",2012年被评为"全国优秀共青团员"。

特别值得一提的是被评为"中国大学生自强之星"的八中学子胡王骏雄。胡王骏雄2006年考入八中,他一出生就不幸地遗传了母亲的先天性白内障,经过3次手术治疗,他的视力才有所恢复,却也仅仅只是左眼0.05,右眼0.02,他学习要借助一个放大30倍的放大镜,被鉴定为二级视残。眼睛的缺陷给他带来了生活上的不便,他曾遭遇异样的眼光,也曾经历失败的沮丧,因而,他曾自卑,害怕面对现实,面对自己;家境的贫寒给他就学和就医带来经济上的压力,母亲下岗在家,父亲工厂倒闭,每月300元左右的最低生活保障金几乎成了这个家庭全部的经济收入,因而,他曾经困惑,也曾想到放弃。是学校"固本尚真,建设美丽学校"教育思想的浸润,是学校师生爱心的呵护,使他重拾生活的信心,他学会了自我管理、自主学习、自我发展。由一个什么都依靠父母的小孩成长为能独当一面的阳光男生,他开始直面现实,思考人生,快乐成长。高一时他就参加了学校为期一年的青年业余党校的学习,期间撰写了近万字的学习心得,以优异的成绩结业。2009年5月26日,他在鲜红的党旗下庄重地许下承诺,成为了一名中共预备党员。他酷爱文学,坚持创作,发稿数十篇,2007年被授予"年度青少年优秀作家"的称号,入编《当代中国青年作家大辞典》。他爱好歌唱,虽未经过专业学习,但唱功不俗,深情款款。他还以演讲和朗诵见长,声音温厚磁性,感情真挚流露,多次荣获学校演讲和朗诵一等奖。他读书执着,看书写字时他需要借助一个放大30倍的3600度放大镜,等量的作业任务,他所付出的时间和精力是其他同学的3倍、4倍,甚至更多,但成绩优秀,在高二时,他就通过了英语三级等级考试,2009年他考入湖南师范大学汉语言文学系。前不久,湖南教育电视台还对他的感人事迹进行了专题报道。

胡王骏雄,从来到这个世界就注定是个不一样的人:他从未看清这个世界,花草树木对他来说只是模糊的光影。但是他用自己的艰辛付出证明他的确是个不一般的人:中共党员、芙蓉学子、中国自强之星……透过3600度的放大镜,他读懂了世界。

(二)培养美丽教师

教师是办学的主体力量,有什么样的教师,就有什么样的学生,就会有什么样的学校。建设美丽学校,培养美丽学生,当然离不开一支美丽的教师队伍。为建设美丽教师队伍,在学校管理中,我们引导教师发现职业之美,鼓励教师创造教育之美,支持教师享受生活之美。

1. 引导教师发现职业之美

教育是太阳底下最美丽的事业,教师是太阳底下最光辉的职业。教师要对学生进行美的塑造,承载着人类灵魂工程师的重责,这就要求教师自身言行举止要高雅得体,要以教师职业为自豪,热爱教育,润物无声。

我校编印了《衡阳市八中教师修身必读》,经常组织"共读一本书""阅读与分享""读书交流会"等读书活动;近五年,利用读书月活动,学校给每位教师下发了《把信送给加西亚》《不抱怨的世界》《拆掉思维的墙》《用心做教师》《追求幸福人生》等书籍,提升教师教书育人的责任心和自豪感。教师在集体的修德、修法、修礼、修心和修身中实现了自我人格的完善,完成了热爱教育的华丽转变。

与此同时,学校利用"八中大讲堂",多角度对教师进行师德学习与培训,强化执业的使命感和责任感。每学期举行"教师论坛""道德讲坛",让教师交流从业心得,与同伴分享执业的执著与荣光。学校实行学生"双导师制"(德育和学习),举行

"师生手牵手，向着理想走"等师生互动活动，让教师体会到为人师表的尊严与伟大。这一系列活动增进了教师之间的信任与理解，增强了教师职业的归属感和团队协作意识，从而引导教师冲出职业倦怠感的迷雾，走进教师职业幸福感。

2. 鼓励教师创造教育之美

能够在教书育人活动中进行创造性劳动，既是教师体现个人价值的必要路径，也是教师发现教育之美的重要举措。为鼓励教师创造教育之美，学校一直倡导教师发挥特长，自主开展各种形式的教育教学改革实践。

（1）高效课堂模式持续提高教学质量

为提升课堂教学效益，减轻学生过重课业负担，学校创设了"启释固延"四维高效课堂模式。该模式以学生的有效学习为核心，学生主动思考、大胆质疑，教师点拨启发、耐心解释。从"唯学"角度建构新型教学关系，让学生动起来、课堂活起来、效果好起来，从"唯生"角度建构新型师生关系，实现师生民主平等，促进师生共同成长。学校鼓励各学科教师根据课程特征、学生实际以及教师自身风格特点，在该模式基础上创造个性化的课堂教学风格。如周湖北老师通过历史上的"今天"的史料运用于教学，提升了学生的兴趣和思考能力，形成了自己的教学风格。李自生老师语文沙龙式教学，把语文教学融于生活、自然和社会之中，品文赏联，深受学生欢迎。

高效轻负的教学模式，有效促进教学质量的提高。近年来，学生高考成绩一直稳居衡阳市第一、湖南省十强，二本上线率一直保持在85％左右，一本上线率保持在50％以上；高中学业水平考试和考查，学校以接近100％的一次性合格率多次受到湖南省教育厅表彰。学校也连年被评为"衡阳市普通高中教学质量先进单位"。

（2）教育教研基金激发教师创造潜能

教师的创造只有建立在团队的基础之上，才能发挥出更大的力量。激活学科教研室的建设，才能激活教师个人创造教育之美，从而提高学科整体水平和学科整体教学质量。

学校设立教育科研专项基金，用于激励支持教研室和教师个人开展教育教学研究。凡有好创意，且符合教育规律的教研项目，均可以申请基金支持。校内广泛推广学科特色小课题研究，给予经费支持。如语文教研室"课前五分钟体验式、自助式教学的实践研究"，生物教研室"生物与生活体验式教学探究"，历史教研室"历史的回声探究式教学研究"，政治教研室"时政热点在教与学中的运用探究"等，这些特色小课题既体现了学科特色,又激活了学科教师的创造潜能。在学校科研基金的扶持下,"生态德育之家长学校"德育课题获市一等奖;"衡阳市城区旅游资源及东洲岛规划"研究性课题获省芙蓉创新奖并纳入教材;"心育之路"心理研究成果获国家一等奖。

教师务实创新,追求卓越,打造了一批优秀的教师团队。学校地理教研室和语文教研室被评为全国优秀教研室,英语教研室和生物教研室被评为湖南省优秀教研室。

（3）教师在创造性劳动中享受教育之美

创建名师工作室,是学校更好地实施素质教育、推进课程改革的重要手段,也是学校提高教师素养的有效途径,更是名师体现教师自身价值、享受教育之美的重要举措。

名师工作室吸纳了一大批有发展意向和发展潜力的本学科教师作为名师工作室成员,有效推广教研教改成果,提升教师的教研水平,促进教师的快速成长,而且可以在带动、影响、辐射、引领学校和教师的发展等方面发挥重要作用。

我校现有特级教师 10 名,国省市优秀教师 40 名,校内学科带头人 15 名。在这些优秀教师队伍中,学校相继设置多个特长教育名师工作室,享受学校特殊津贴,如信息奥赛邹毅老师工作室,排球教练黎永前老师工作室,物理奥赛刘建军老师工作室。学校以这些名师工作室为基地,强化课题研究,深入研发教学资源,培养了一批学科带头人、骨干教师和教坛新秀,形成一个个充满凝聚力的学习型团队、科研型团队。同时,学校或把一些人格魅力强、学识水平高的名师提拔到领导岗位,或推荐学者型创新型名师成为全国优秀教师或特级教师,让这些名师享受到教书育人的成就感,感受到学校对他们成就一番事业的关心和关注。

广大青年教师在中老年名师的真诚关怀和帮助下顺利成长,绝大多数一年站稳讲台,三年站好讲台,六年成为骨干。以优秀教师为核心,老中青教师相配合,取长补短,共同发展,构建了我校一支结构合理、层次优化、德艺双馨、省内一流的师资队伍。

3. 支持教师享受生活之美

在学校里,最宝贵的财富是教师!学校关爱每一位教师,建立促进教师身心健康、道德高尚和社会适应良好的发展机制,支持教师享受生活之美。

支持教师强身健体。学校倡导教师加强体育锻炼,普及科学的健身方法,树立

"每天锻炼一小时,健康工作四十年,幸福生活一辈子"的健康生活理念和阳光心态,积极开展健身器材进处室计划;教师每天两次工间操,预防教师职业病的发生;建立教师健康档案,聘请专业营养师和专业心理咨询师指导,每年对教师进行一次常态体检、一次健康保健知识讲座;成立教工健身俱乐部、排球网球协会、太极拳协会、自行车协会等,并在经费上予以支持,引导教师形成积极向上的健康追求。

支持教师愉悦工作。切实减轻教师负担,优化教育教学环境,提高教职工的福利待遇,引导教师追求教书育人的成就感和幸福感,提升教师自我发展的内驱力。学校尊重信任教师,认可教师的努力,十分注重学校发展和教师的幸福的互动和统一,倡导"开心生活,愉快工作"的管理理念,提出了提升教师生命质量的"心态平和、尊重理解、学会感动、坚持学习、分享成功"的管理文化,旨在让教师在平凡的工作和生活中学会拥抱工作、拥抱生活、拥抱幸福、激发潜能,提升生命质量。

学校以学习考察、培训进修、学历提升、评选先进、表彰奖励和政治平台等多种形式提升教职工的工作成就感和职业幸福感。近年来,我校大力开展"十佳班主任""十佳党员""十佳教师"和"情系八中优秀教师"等荣誉评选活动,激发教职工爱岗敬业的内驱力;先后派遣十批次100多名教师远赴北京、上海、江浙等教育发达地区开展教学实训,拓宽了教育思路。鼓励在职教师研究生学历进修,提升学历层次,学校全额报销学费,现在学校研究生学历率达20%。先后提拔8名教学骨干到中层乃至校级工作岗位。相继筹建了八中民进支部、民盟支部、致公党支部和九三学社支部,有32名文化层次高、业务水平高和政治素质好的教师加入民主党派组织,为教师们拓宽了政治发展平台。

支持教师安享天伦。学校领导班子经常深入教学一线,了解教师工作、学习和生活中存在的问题,想方设法为教师排忧解难。我曾多次在全校教职工大会上向老师们承诺:"有问题找我校长,你们的事就是我校长的事。"我和每一个老师交朋友,经常与他们沟通交流,几乎每天与4名以上教师谈心,听取他们的心声,比如解决教师子女上学难、教师配偶就业难、教师职称评定难和教师住房紧张等问题。

除此以外,教工生日,送上鲜花蛋糕表示祝贺;教工生病住院,前往探视慰问;经常开展教工排球赛、趣味运动会、琴棋书画比赛等,丰富教师的业余生活,让教工感受到领导的关怀和学校这个大家庭的温暖。学校还为离退休教师新建了书画展览室、书刊阅览室、退休俱乐部以及一流的塑胶门球场,让他们老有所乐!

由于采取了以上一些措施,我校教师队伍相对稳定,领导和教师、教师和教师、教师和学生之间关系融洽,平等和谐,一些教师面对北京、深圳、长沙等地的优厚待遇都不为所动,如年轻的特级教师李自生、谭文岳,他们都深深留恋八中这份浓浓的人文氛围。这也是我作为校长最值得骄傲的一点。

(三) 建设美丽校园

校园是学生学习成长的乐园,是教师工作生活的家园。建设美丽校园要从建设校园生态之美、发展学校文化之美、享受学校成果之美等方面践行,科学发展,有序推进。

1. 建设校园生态之美

校园是师生学习、工作和生活的乐园、家园和成长园;建设生态校园要求校园不仅是传授知识的场所,而且是追求真善美的场所,更是走进培养精神气质的圣地。

我校着力打造"国际生态学校",把"建设生态校园"的策略融于绿化景观和人文景观之中,高质量架构"美丽校园"设计方案,致力把学校建成资源节约型、环境友好型生态校园,实现"人与自然和谐相处、人与社会协调发展、人与人协同创新"的文化价值,达到自然环境、人文环境、科学环境融合。在实施中,我们坚持用自然苗木花草妆点学校每一块空地,足球场也不例外。在校园里,建起了樱花园和桂花苑,许多古樟上搭建了景观鸟巢,每一位教师都领养了两棵"责任树",每个班级都认领了一块"绿地"。学校内四季花开,万鸟和鸣,人在与自然的倾心交流中享受到生命最本真的幸福。

徜徉八中校园,高雅灵动,自然朴素,恍若进入文化的殿堂。校门采用了中国传统建筑的风格,庄重气魄,给人一种庄严神圣之感;校园内的布局体现着江南园林的特点,清静幽雅,名人字画点缀其间,充满艺术氛围,处处给人以美的熏陶。学校打造了"黉门鱼跃""未名柳依""桂亭流香""陋室德馨""樟泉春晓""杏楼夕照""翔凤声清""绿茵晨韵"等校园八景,突出学生主体,融自然与文化于一体,成为师生自励的文化价值取向。总之,无论是绿树成荫的绿色文化,还是风景独好的楼道文化;无论是色彩缤纷的长廊文化,还是百年八中的雕塑文化,无不蕴含着"固本尚真,建设美丽学校"的思想内涵,无不体现着平等尊重的人本管理和人文关怀,无不渗透着激人奋进的启示鼓舞和温馨真爱,它如同"润物细无声"的春雨,学生走到哪里都能陶冶情操,净化心灵,感受美丽学校的生态美。

2012年6月17日,湖南省政协副主席、衡阳市委书记童名谦视察我校评价:"衡阳市八中文化厚重,教育理念先进,素质教育实施好,办学成绩优秀,是一所非常优美的学校。"同年10月16日,湖南省教育厅厅长王柯敏来视察我校评价:"衡阳市八中环境优美,内涵丰富,办学理念先进,是我目前看过的学校中最好的一所。"

2. 发展学校文化之美

文化乃"立校"之魂,"强校"之气,"兴校"之力。学校文化的核心是学校的精神文化,是赋予学校以生命活力,并反映学校办学理念、办学特色、价值追求和历史传统的一种校园精神文化形态。它浸透到校园内各种文化载体及其行为主体上,从而使人时时感觉到它的存在,并常常体验到由它透射出来的那种独特的校园感染力、凝聚力和震撼力。

在人文精神不断滑坡的当今时代,高中教育被科举意识和功利主义逐渐遮蔽。我校固守一方净土,以八中百年文化演绎校园精神文化。学校充分挖掘并扬弃学校的传统文化,整合学校现有资源和先进的现代教育理念,不断丰富"忠信笃敬"的精神文化内涵,形成了"民主团结,务实高效"的领导作风、"严谨精业、合作创新"的教风、"博学慎思、明辨审问"的学风和"从高从严、求真求美"的八中精神。

内化"忠信笃敬"文化价值,建立健康和谐的师生群体。学校以"忠信笃敬"为校园文化的内核,不断丰富"固本尚真,建设美丽学校"的教育思想内涵,有序推进"高质量、有特色、现代型、国际化"全国名校这个奋斗目标的创建,使之成为强烈的向心力、凝聚力和"教育场",从而增强师生对教育思想、办学理念和学校奋斗目标的认同感,以及八中人为之奋斗的归属感、使命感、责任感。

温馨浓郁的文化持久地熏陶师生,让他们在人文的氛围下成长,在活动中历练,在历练中享受成功与快乐。我校通过穿校服、升校旗、唱校歌的方式培养师生的爱校情结;通过每期一次校史陈列馆的参观,强化学生对母校发展历程的了解,激发学生的奋斗意志;通过《兰蕙苑》校报、文化橱窗和八中大讲坛,不断强化师生对学校"忠信笃敬"文化的认知和体验。

2012年10月,学校承办了湖南省普通高中校长工作年会,学校教育思想、办学理念、管理机制、办学成绩,特别是学校深厚的文化底蕴,得到了中国教育学会、省教育厅的领导和与会校长们的一致肯定。

3. 享受学校成果之美

在建设美丽学校思想的引领下,我校经过百年的发展,拥有了先进的硬件设施,荟萃了精良的教师队伍,积淀了厚重的校园文化,彰显了鲜明的办学特色,取得了丰硕的办学成果,已成为了一所教风正、学风浓、教学质量高、社会声誉好的学校,被广大家长、师生称为"温馨的家园,成才的摇篮"。师生在丰富的办学内涵和丰硕的办学成果中享受着教育之美。

近十年来,我校还先后被评为全国现代教育技术实验学校、全国百所特色高中建设项目学校、全国重点大学暨"211工程"大学生源基地学校、全国百强中学、全国五四红旗单位、全国群众体育先进单位、全国模范职工之家、全国地理教学先进集体、全国语文教改示范校、湖南省文明单位、湖南省先进基层党组织、湖南省文明卫生单位、湖南省级园林式单位、湖南省安全文明校园、湖南省青少年教育研究基地、湖南省体育传统项目优秀学校、湖南省心理教育先进单位、湖南省艺术工作先进学校、湖南省青少年科技活动示范基地先进单位、湖南省新课程改革样板校、湖南省五四红旗团委、市直年度目标考评先进单位、市普通中学教学质量先进单位、市无烟学校等百余个市级以上荣誉。

近五年来,《光明日报》《中国教育报》《湖南日报》《衡阳日报》《衡阳晚报》和中央电视台、湖南电视台、衡阳电视台等多家主流媒体均对学校进行了办学经验报道和办学特色推介,其中2012年3月《衡阳日报》先后四次深入报道了《衡阳市"八中现象"探秘》,7月《衡阳日报》整版报道《全国百强名校书写育人传奇》,《衡阳晚报》整版报道《市八中:衡阳教育的常青树》,9月湖南《科教新报》整版报道《固本尚真,斐然成章》。这些报道产生了较大的社会影响力,提升了学校声誉。

后记:建设美丽学校的困惑与反思

(一)曾经的困惑与挑战

在"固本尚真,建设美丽学校"的理念和策略引领下,经过多年努力,学校取得了上述诸多的成果,但在此过程中,也遇到了很多的挑战与困惑,主要表现为以下几点:

所坚守的信念曾出现动摇。学校是社会的一部分,受社会的影响较大。面对当今社会上各种形式的道德失守、行为失范的现象,教师无疑也受到一定的影响。有些教师对奖金、津贴斤斤计较,钱多就做,钱少不做;对学生的爱心有所减退,不能公正公平地对待每一个学生。学生无疑也受到社会负面发展信息的影响。有些学生追求一夜成名、一夜暴富,对功成名就的歌星、影星和企业家崇敬有余,对作出巨大贡献的科技工作者和默默无闻的劳动者则白眼有加;有些学生对中华民族所倡导的勤奋、刻苦、坚韧等传统品质,遇到困难就选择放弃……学生读书为了考上大学而轻视能力素质的提升、教师教书为了个人利益而忙于家教家养的现象也曾一度出现;学校师生对"忠信笃敬"的理解和践行有时并没有达到学校的期望。

实践中对教育教学规律的忽视。 在当前功利的评价体制和教育氛围下,出于对学生前途负责的考虑,也为减缓评价带来的自身压力,有些教师为了提高学生成绩,忽视教育教学规律,挤占时间,机械训练,甚至以牺牲学生身心健康、压抑学生个性和特长发展为代价。短期内学生的成绩提高了,但就学生长远发展而言显然是得不偿失的。

审美的扭曲与管理的误解。 受到媒体、影视的影响,有些学生曾一度出现以过于突出自我为美、以叛逆学校和家长的教育为荣、以给学校和老师制造麻烦为乐等现象,甚至以所谓"酷毙了""帅呆了"等扭曲的审美为追求,女生穿露脐装、乞丐装,怪模怪样,尽失女生风范,男生涂油抹脂,讲话嗲声嗲气,失去应有的阳刚之美。

学校管理中,也曾出现过教师以"建设美丽学校"为借口,向学校提出不合理待遇和其他要求的现象。

这些现象的出现都对建设美丽学校提出过严峻挑战,好在学校能够较早发现,及时采取了补救和改正的措施,并没有使不良影响泛化和扩大化。

(二)建设美丽学校的未来展望

为把学校建设得更加美好,在基于固守价值之善、遵循规律之真的基础和前提下,学校还需处理好以下几对关系:

1. 形式美与内在美的统一

建设美丽学校涵盖学校硬件美和软件美两个方面建设。硬件美,大多指学校环境美,只要资金到位,是比较容易创设的。软件美,大多指学校办学理念、学校管理、师生素质、办学成果等,较之前者,创设更为困难。要做到两者和谐统一,需要持之以恒地磨合交融、与时俱进地发展提升。

因而,在建设美丽学校中,优美的办学环境是基础,先进的办学理念是前提,一流的学校管理是保障,过硬的师生素质是关键,丰硕的办学成果是目标。五者之中,提升师生素质是建设美丽学校的重心。建设师生心灵,走进师生心灵世界,引导师生树立正确的人生观、世界观和价值观，养成良好的道德品质，拥有处理困难和挑战的勇气、智慧和才能，建设美丽学校才会更持续、更持久。

2. 校内美与校外美的统一

人有多种不同的身份和角色，师生也不例外。就教师而言，在学校内，教师的角色是教师，其工作是教书育人；在社会上便是公民中的一员；在家，更多是父母和子女的角色。角色和身份的不同决定了人的行为方式有可能表现不一致。

在建设美丽学校的理念和策略引导下，师生在校内的表现是较好的，比较令人满意的。师生一旦走出校园，受到外界的影响和刺激，就可能会表现出不一致的言行。因而，建设美丽学校不仅要让师生在校内有好的表现，走出校园同样有良好的表现，而且要让师生个人良好的表现带动社会其他人群有着更好的表现，实现学校对社会的引领和辐射功能。

3. 结果美与过程美的统一

任何美好东西的呈现都来之不易，有着艰难的过程，需要相关人员做出长期持续的努力和探索。建设好美丽学校，培养好美丽的学生，打造好美丽教师等等，也不例外，它需要学校全体教职员工长期默默的努力和付出。面对外界的诱惑和刺激，坚持按规律办事，坚守应有的价值，也并非易事。在建设美丽学校的过程中，有时也会面对来自师生的误解、埋怨，乃至反对，我们要坚定方向，坚守目标，与此同时，做好沟通与协调，让师生理解结果美与过程美这一辩证关系，取得师生支持和配合。这是建设美丽学校的一项持久的工程。

结语

长风破浪会有时，直挂云帆济沧海。我校认真落实党的教育方针政策，坚持科学发展观，全面实施素质教育，办学思路清晰，办学目标明确。在办学实践中，学校不断提升"固本尚真，建设美丽学校"教育思想内涵，积累了一些经验，摸索了一些方法，也走出了一条符合教育改革方向、凸显时代精神、有效促进学校、教师和学生成长的科学发展之路。我们坚信，只要我们坚守价值的善、遵循规律的真，我校就一定能够建设成为一所享誉省内外的"高质量、有特色、现代型、国际化"的美丽学校。

欣赏教育之美，成就美的教育
——龚彩福校长教育思想感悟

教育部中学校长培训中心　田爱丽

　　刚才听了衡阳市八中龚彩福校长神采飞扬的教育思想的演讲和睿智灵光的互动答问，我深切地感受到龚校长是一位勤于思考、善于学习、敢于实践的校长，教育思想先进，符合中国国情和教育实际，具有理论高度和实践操作性；同时也感受到衡阳市八中在不断完善、丰富和践行"固本尚真，建设美丽学校"教育思想，取得了丰硕的办学成果，成为有口皆碑的美丽学校。

　　龚校长是我们校长培训中心研修班中的优秀学员，在我们与龚校长交流提炼学校教育思想的过程中，我们感受到他对教育的投入与激情，也知道衡阳市八中办学成绩优秀，是一所享誉三湘的百年名校。特别是到衡阳市八中的实地调研中，感受到八中的校园的确是美丽的，在与学校领导，特别是与学校的中层及学生的交流中，我们经常听到的一个词，就是"美丽"，而且八中校门上就有"从高从严，求真求美"的八中精神，于是我们就明晰了"办一所美丽学校"这个教育思想的构想。在今天这个普遍认为比较功利、比较浮躁、过度物质的社会，在学校教育过度强调知识传授的今天，龚校长与我们谈对精神的追求、对美的欣赏与追求是非常可贵的。下面就龚校长的教育思想，从"欣赏教育之美，成就美的教育"的角度谈谈我的一些感悟。

一、教育与美

　　美学家鲍姆嘉通言"人的内心有知、情、意三种活动；社会领域有真、善、美三种价值。求真、向善、爱美是人的三种价值追求"。因而美是精神生活的必需品，而非奢侈品，也是教育所必须的，是涵养人的情操的具体体现。龚校长在发言中强调衡阳市八中"求真求美"的追求与实践是我们应该肯定的。

1. 形成健全人格,陶冶高尚情操

席勒有言:对美的欣赏和创造能够"打通从头脑到心灵的道路"。蔡元培先生也说美"陶养吾人之感情,使有高尚纯洁之习惯"。今天的教育对知识过度重视,对"美"有所忽视,引发有识之士的关注。衡阳市八中能够坚守"学校应当是美丽的"信念,采取切实可行的措施,教育学生,陶冶学生,难能可贵。

2. 激发创造力,丰富想象力

高中生对美的追求是学生成长的必须,艺术作品对涵养学生对美的认识是有着重要作用的。八中的学生演艺中心,学生书画作品展有利于展示学生的创造力与想象力之美。

3. 提升敏感度,增强洞察力

艺术家能发现常人不能发现的,感受到常人不能感受的东西。所以让学生学会欣赏美、追求美能够丰富学生的心灵,提高学生的观察力。

学校作为培养学生追求真知,培养学生良好品德的场所,教育本身应该是美的。有专家认为美是真与善的统一,也是规律性与目的性的统一。我认同这一点,李泽厚也说教育是培养学生追求真知的,她应该是美的。龚校长在文稿中多次提到"教育提升智慧之美、教育塑造品性之美、教育创造生活之美"就是八中办学美的体现。八中校友、家长、学生的发言也充分体现了并使我们感受到了八中在教育之美方面所做的努力与作出的成绩。

二、美的类型

1. 自然美

赏心悦目的自然景观。这几天从各位校长发言中,我们感受到了南方园林的阴柔美,北方小白杨的雄壮美,刚才龚校长教育思想中所说的"霸气"就是阳刚之美。

2. 社会美

是指具有价值认同、情感亲近、符合规律的人和事。我们学校教育主要是体现社会美,比如寻找最美乡村教师就是这种类型。同样,八中在培养美丽教师方面所做的工作也是体现社会美的一方面。

3. 艺术美

是指富有特定理念和内涵的形象作品。图画、雕刻、诗歌、音乐、舞蹈、戏剧、建筑等都是美的范畴。

三、美的内涵

我们说美是客观事物满足主观愉悦的情感体验，不管自然美、社会美、艺术美都是这种体验。

美的特性体现在主观与客观的统一、规律性与目的性的统一（真与善的统一）、感性与理性的统一这三个方面。

这些天从我们交流中可看出，许多学校在教育教学过程中进行的各种实践就是在不断丰富美的内涵。

四、学校教育中的美与不美

我们说自然美体现为环境美，自然美对人的情感陶冶有着重要的价值。比如校园"绿荫连片，四季有花，小桥流水，整洁有序……"就是美的，而"纸屑露脸，灰尘浮层，厕所泛臭……"就是不美的。

我们说社会美体现为心灵美、语言美、行为美。那么对教师而言，美在"爱岗敬业，关爱学生，儒雅专业，精益求精"等，不美在"讽刺挖苦学生，故意冷落学生，敷衍应付，职业倦怠"等。对学生而言，美在"理想高远，意志坚定，青春阳光"等，不美在"不思进取，胸无理想，奇装异服，浓妆艳抹"等。

我们说艺术美体现在体育、音乐、舞蹈、美术、诗歌、雕刻等方面，自不多言。

学校之美还体现在课程之美：课内与课外，书本与实践，动脑、动手与动身体。柏拉图《理想国》有很多关于教育之美的论述，古希腊思想之美，美在简单，美在本质。他曾说过，一个人二十岁之前只需要学两种课程：体操和音乐。有了体操就有了健康的身体，有了音乐就有了和谐的心灵，有了健康的身体与和谐的心灵，什么都能做好。

学校之美还体现在管理之美：价值引领与制度规范，尊重与关怀，支持与服务。龚校长在发言中提到的衡阳市八中价值引领与制度规范的辩证统一、人文关怀与责任担当的辩证统一、服务教学与管理育人的辩证统一，就是美的体现。

五、成就美的教育，享受美丽人生

1. 办学观

遵循美的规律办学，成就美的教育。衡阳市八中遵循美的教育规律，形成了"固本尚真，建设美丽学校"的教育思想，就是美丽的办学观。学校自然美：百年名校建设环境优美的校园。学校社会美："固本尚真"，坚守人类价值之善，遵循教育教学和管理规律办学。学校艺术美：学科课程与艺术课程并重，国家课程与选修课程并重……

2. 教育观

培养和谐人格，提升审美情趣。美的特性有着主观与客观的和谐统一，要感受到美，需要心灵的陶冶和修炼。如果没有美的心灵就可能不会发现美的东西，教育就是要培养美的心灵，强调审美人格的养成、健全人格的养成。普罗亭诺斯说过"假如心灵不美，就看不见美的东西"。龚校长在教育学生中体现的"科学精神、人文素养、审美能力"是值得肯定的。

3. 管理观

关注师生情感体验，引导师生对美的追求和创造。

（1）知识技能发展与积极的情感情绪体验

积极心理学在国内一直被推崇。从学校管理的角度，创设良好的知识技能发展条件是重要的，师生有着积极的情绪情感体验可能更为重要，美学就是感觉学，美和人的愉悦情绪、情感体验密不可分，所有知识技能的获得、外在条件的改善，如果没有和积极的情绪情感体验结合起来也不会产生美，在学校管理方面，除了学生知识技能的获取、教师物质条件的改善之外，关注师生积极的情绪情感体验是我们管理的重点。

（2）物质条件改善与积极的情绪情感体验

人是有功利心的。我们超越功利追求，应该是有取有舍的豁达人生观。我想，成为美的前提是脱离功利，因为美是非功利性的。有着淡泊功利的心态是美的。

4. 价值观

我们所说的办学观、教育观、管理观是建立在价值观上的。价值观本来应该放在首位，但放在最后讲也是凸显她的重要性。

有人抱怨身边没有美景，我想强调的是学会欣赏身边之景，懂得时时感恩他人，才会感受到身边之美。正如一首诗中所云，"尽日寻春不见春，芒鞋踏遍陇头云，归来笑拈梅花嗅，春在枝头已十分。"要学会感恩身边之人，学会欣赏身边之景。

"慢慢走，欣赏啊！"在欧洲阿尔卑斯山的这则广告是提醒开车的人，意在劝告那些匆匆的过客，不要因为无暇欣赏路上的美景而留下遗憾。我也借此劝告我们这些忙碌而又盲目的现代人，请放慢脚步，注意发现身边的美，欣赏身边的美。

用心欣赏教育之美，才能成就美的教育，享受美好教育人生！我们祝福衡阳市八中越办越美丽！

田爱丽，华东师范大学教授，博士生导师，教育部中学校长培训中心副主任，主要研究领域：智能时代教育教学变革与学校组织变革。先后主持国家自然科学基金项目"慕课提升基础教育公平和质量的理论与实证研究"、国家社科基金重点项目"线上与线下教育融合的难点与突破路径研究"、上海市教委委托研究项目"人工智能技术优化高中慕课平台的路径研究"等。出版著作《游戏化学习》《基础教育慕课与翻转课堂教学研究》10 余本，在《教育研究》《教育发展研究》等期刊上发表论文 80 余篇。

教育：永无止境的精神追求

浙江省春晖中学　李培明

李培明，男，汉族，中共党员，1965 年 2 月生，研究生学历，硕士，正高级教师，浙江省特级教师。现任浙江省春晖中学党委书记、校长，上虞区委宣传部副部长，浙江省教育学会历史学分会副会长，浙江省人民政府兼职督学，曾任春晖中学团委书记、学科教研组长、年级组长、政教处主任、教务处主任、教科室主任、校长助理、副校长，上虞中学校长（2002 年 3 月—2004 年 7 月），上虞市（区）人大常委会委员等。主持多个省教育科学规划重点课题、教育部规划课题并获奖，出版多部著作。曾获浙江省"五一"劳动奖章、浙江省劳动模范、浙江省"担当作为好支书"、首届长三角最具影响力校长等荣誉称号，当选浙江省第十二次党代会代表，第十二届、十三届人大代表。

蜿蜒的山路,四座形似卧象的小山,紧紧地将澄澈见底的白马湖围在中心,朱自清先生当年在清华园写的《白马湖》一文中有过这样的描述"今天是个下雨的日子,这使我想起了白马湖……据说从前有个姓周的,骑白马入湖仙去,所以有这个名字""白马湖并非圆圆的或方方的一个湖,如你所想到的,这是曲曲折折、大大小小、许多湖的总名。湖水清极了,如你所能想到的,一点儿不含糊,像镜子""白马湖最好的时候是黄昏。湖上的山笼着一层青色的薄雾,在水里映着参差的模糊的影子""白马湖的春日自然最好,山是青得要滴下来,水是满满的、软软的""在春天,不论是晴是雨,是月夜是黑夜,白马湖都好。雨中田里菜花的颜色最早鲜艳,黑夜虽什么不见,但可静静地受用春天的力量""春晖中学在湖的最胜处,我们住过的屋也相去不远,是半西式。湖光山色从门里、从墙头进来,到我们窗前、桌上"。

这是一个充满诗意的地方,20 世纪早期的春晖园称得上是教育的"理想国",一大批追求新思想和新教育的名师硕彦在这里辛勤劳作,"革故鼎新",使之成为中国现代新教育和新文学的发源地之一。博学睿智的"白马湖文学流派"即孕育于此;曹禺先生的四幕话剧《雷雨》在这里首演;丰子恺先生在这里绘就了他的成名作《人散后,一钩新月天如水》,开创了中国漫画之先河;朱光潜先生在这里写就了其处女作《无言之美》;夏丏尊先生在这里翻译了世界文学史上经久不衰的教育名著《爱的教育》;陈望道的《共产党宣言》的首译本在春晖初创时被收为馆藏,成为"师生不可不读的书"。这里首开浙江省男女同校之先河……

能在这样的学校做校长是一种缘份、一份幸运;但每当我用这些经典来观照当下教育的现实时,在倍感责任重大的同时,也倍感困惑重重。

一、当下的困惑

在教育的实践过程中,工具理性与价值理性、当前利益与长远利益、本土的与世界等关系中,可能永远存在着各种各样的矛盾,因为教育本身是充满矛盾的事业。三十年的教育经历,我和众多的教育者一样,经历了很多教育故事与教育事件,也曾享受过教育的日新月异、高歌猛进之快,也忍受着改革的徘徊不前、积疾难改之痛。在这过程中,我学会了不少,也懂得了一些基本的教育与办学的道理;然而,总体而言,困惑与不懂的东西更多。尤其是在处理一些办学过程中的具体问题时,由理想与现实、懂与不懂、秩序与自由等冲突所产生的困惑更多。下面列举几例：

1. 为了秩序而"放弃"学生？还是"秩序"应该是为学生的发展服务？

故事一：一个"调皮贪玩"的学生

记得还是二十多年前，有一位学生，因为调皮贪玩，不思学习，沦落到没有一个老师愿意"收留"他。当时的学校领导找我商量，说能不能让他转到我的班级里。我了解发现，这名学生其实不存在道德上的问题，就是好玩多动，严重影响他人的学习，学业水平低一点，而且他还很喜欢写写诗歌。

我就与他"约法三章"，其中在课堂上要求他不要讲空话，允许他去看一些自己喜欢的书，做他擅长的事，可以看小说，写他的诗文，实在不行也可以趴着睡，就是别打扰其他同学的听课。他听了很开心，并提出他怕控制不了自己，希望到最后一排独坐。若干年后的某一个晚上，他突然出现在我的办公室，神清气爽的样子，并告诉我他已经从事经贸方面的工作了，去宁波出差途经上虞特地来看望我，并对当年在他没有"容身之地"的时候我所给予的帮助表示感谢。

当所谓的"秩序"遭遇学生成长的"挑战"的时候，我们是"坚决捍卫"还是"退让放弃"？这些现象促使我们重新思考教师的"威严"因何而生，教学的"秩序"为谁设立，为什么设立，应该怎样设立等问题。

英国哲学家怀特海在《教育的目的》中指出："我们中学教育的误区，就是在应该富有弹性的地方僵化刻板，在应该严谨严厉的地方却放任自流。"从现实来看，由于学校把教育的目标定位于考试和分数，必然带来忽视学生个性的发展和成长的需要，尽管普通高中的教育受到高招制度、社会评价乃至教育行政部门考核等多因素的制约和牵绊，但学校自身对教育目标定位不当，教育性质认识不清，学生特征把握不准也是十分重要的原因。当分数成为"标准"、成绩成为"命根"的时候，学校教学秩序设立的中心已然不是学生，一切与这一标准不相吻合的人和事就必须剔除，这样的学校教育必然带来控制倾向的加剧，忽视情感交流，轻视心智开启，从而背离教育的本源。学生对"秩序"挑战的背后实质隐藏着对学校教育动机的拷问和对教育方式的质疑。

2. 选拔适合教育的孩子？还是创造适合儿童的教育？

创造适合儿童的教育，似乎已经成为共认。然而，教育的现实并非如此。

故事二：一个"求学无门"的学生

2005 年暑假的一个黄昏，在春晖外国语学校办公楼的台阶边坐着爷孙俩，看上去爷爷年岁已大，脚上穿着一双破旧的黄布球鞋。我上前询问才知道，爷爷带着孙女为求学已来过学校近二十趟，因为成绩不够格没能录取，但孙女入读"春外"的愿望迫切而强烈。"春外"是春晖中学创办的按"国有民办"方式运行的一所初级中学。在改制前我兼任这所学校的董事长。

面对此情此景，我很感动，感动于这一份执着；我很惭愧，惭愧于教育"有教无类"的丢失。百姓子弟求学的艰难可想而知，作为校长我可以帮助解决个别的问题，然而，我这样处理是不是在用特权？更为深层的是学校为什么而存在，学校教育又是为了谁，这是一个无法回避的问题，但又是一个牵涉教育体制的深层次问题。现实中，教育的"公正""公平"常常成为了学校滑向精致利己主义的一面大旗，漂亮精致的外壳包裹的是一颗坚硬冰冷的心。在分数面前人人平等的口号下，以培养所谓"高端学生"为幌子，不惜代价想方设法抢夺"优质"生源。教育的口号也越喊越响，越喊越高调，譬如培养领军人才、培养领袖式人物。我们可以仔细地想一想，这些提法可以是教育的目标之一，但作为一所普通高中整体的教育目标是不是有些过了，是否背离了基础教育的基本价值追求？真正优秀的学校和优质的教育，应该适合各类学生，让不同类别、不同性向、不同志趣的学生均有发展。利益驱动下的"精英教育"最终难以培养出社会真正需要的"精英"，因为这样的教育追求已经失去了应有的学校精神！

3. 中考考分偏低就终生"抬不起头"？

故事三：一个"学能低下"的学生

在今年高中录取完毕，事隔两个月也就是即将开学之际，我接待了最后一位因特殊情况而录取的学生。显然这位学生的中考成绩距录取分数的差距比较大，当家长在我办公室叙述有关情况的时候，这位学生一直低着头。我也只是按惯例谈了学校的一些情况以及高中学习生活应该注意的地方，在家长和孩子走出办公室的时候，这名学生突然折返走到我面前，深深鞠了一躬，并说："李校长，谢谢你，我会一辈子记得，在我今后有所成就的时候一定回来报答你！"此后不久，我看到了他在学生会竞选中的自荐及当选干事的情况。

孩子说这句话不管出于怎样的心情,但我还是被深深地震撼了!震撼于这个孩子因考分偏低而产生的强烈自卑和自尊,震撼于傅雷先生曾经说过的"错过中学有点晚",在高中学生处于向"成年人"过渡的时期,如果教育不当或不到位将会产生的后果,震撼于学校教育常常忘了"教育从哪里到哪里去"等诸如此类的问题。玛莎·努斯鲍姆在《告别功利:人文教育忧思录》中指出:"近年来,不管是在美国,还是在世界其他国家,教育的目的走向了令人担忧的方向。急切地想推动经济发展,国家日益将培养学生的经济生产力作为主要目标,而不是培养他们的批判性思维能力,让他们成为有知识、有道德、负责任的公民。""我们应该抵制将教育降格为GDP的工具。""重要的是,教育能培养出使自己的生活有意义的人。"《普通高中课程方案》指出"普通高中教育为学生的终身发展奠定基础",这就要求学校教育必须关注其生命的基础价值,高中学生的身心、认知、行动正处于一个重要的转化时期,学校教育若不能提供与认知相适应的教育内容,不能实施与成长相协调的教育途径,不能推进与志趣相匹配的教育进程,那就无法形成一个让学生发展充分和全面的教育环境和保障体系,学生的健康和成长,生命的独立、自由和发展又何从谈起。

凭着自己的教育良知与教育理解,在种种困惑中,我作出了一些决策,或许,大家会以为面对这些困惑,我的做法还是可行的。但是,相信大家心知肚明,能写出来说出来的困惑,还不能算是真的困惑。

如何在自己感到困惑时,保持一份坚守与清醒?究竟是一种什么力量在支撑着我面对无法说清的困惑?在坚守中探索,在徘徊中追寻,也许是我的主题"教育:永无止境的精神追求"来源的最好的写照。

二、历史的追寻

什么是教育?教育为了什么?教育的终极追求是什么?这是每一个教育者永恒的问题,需要我们潜心思考、不懈追索。如果我们没有在本质意义上真正理解教育,或者不从哲学层面去思考教育的原初意义,那么教育工作仅仅是一份经历和职业而已。雅斯贝尔斯在《什么是教育》中曾经说过:"人在自我的生成上有几种需要尽其全部人性去冲破的阻力:首先,绝对的阻力是每个人在本质上的不可改变性……其次是内在的可塑性;第三重阻力是人的原初自我存在。"雅斯贝尔斯认为教育是为了人能尽其"人性",是"人与人精神相契合,文化得以传递的活动",这种人与人的关系构成"人类历史文化的核心"。"因此,如何使教育的文化功能和对灵魂的铸造功能融合起来,成为人们对人的教育反思的本源所在。"

这里是经亨颐校长"纯正的人格教育"的实验地,为"一洗从来教育之积弊",倡导教育要"培养有健全人格的国民";夏丏尊先生在这里积极实践"爱的教育"的理想,正如他在《爱的教育》译者序言中所说:"教育没有了情爱,就成了无水的池";范寿康校长积极推动个性教育;朱光潜先生提出"文学之所以美,不仅在有尽之言,而尤其在无穷之意","人类的意志,可向两方向发展:一是现实界,一是理想界";丰子恺先生教导学生,艺术能陶冶情操,使生活富有意义;朱自清先生认为"教育有改善人心的使命",因此教育者"须有坚贞的信仰";还有杨贤江的"全人生指导",匡互生的"感化教育"等都曾在这里得以推崇和尝试……

历史是一面镜子。对现实的批判,只是为了让头脑更清醒;对现状的质疑,则是为了把教育做得更好。如果仅仅停止于批判和质疑,那就会陷入虚无主义。教育的责任和使命就是行动的动力。如果说未来就在对历史的理解和现实的把握中的话,那么,学校教育的明天必定植根于优秀的历史文化之中。于是,面对现实的种种困惑,我尝试从春晖的百年历史中来追寻我破解当下难题的智慧。

1. 春晖的"人格教育"

人格教育,是由近代著名教育家经亨颐所提倡的,他为实现"教育救国"的梦想,"以哲人统治之精神自谋进行"的思路办学,"一洗从来铸型教育之积弊"。其兴学目标是"发展平民教育,培养有健全人格的国民"。他常对学生说:"什么是人格?人格是做人的格式。""求学何为? 学为人而已。"他期望弘扬古人修身、齐家、治国、平天下的精神,从改造自我做起,达到改造社会的目的。他在《春晖中学校计划书》中提出:"余为倡人格、英才教育、动的教育之一人,即主张中学毕业生宜多式不宜一式也。""动的教育,非故违部章也……活用部章,实施之所以促其改革……吾国学校,有但计年限不计教材之大弊……对症下药,极宜创教材为主,不拘年限之说。动的教育但问教科修了与否,不问年限满足与否,始业毕业,随时举行,亦无不可。""以能力编制学级,为动的教育之要件。""原夫英才教育亦有二种之研究,教材有限定而时期不限定,或时期有限定而教材不限定,余采后说。假使有一学生,可不必四年而能修了其限定之教科者,既不令其毕业,作何办法。窃谓尽可依其趋向,将中学以上教科,令其加习。盖吾国中学与大学本不衔接,如此英才,且希其出洋留学,其所加习,适可合外国专门以上学校之程度。即不然,中学毕业在社会服务,所需知识,岂不以现行中学毕业程度为囿?"1928年制订的《春晖中学校学则》在第一章"宗旨"中,阐明"本校以实施基础训练,发展个性,增进知能,预备研究高深学问,并适应社会生活为宗旨"。第三章"学程"对小学、初中、高中的课程作出规定,其中"第八条 高中之必修课程为党义、国文、外国语、数学、文化史、人文地理、生物学、论理学、心理学、人生哲学、化学、物理、经济概论、法学概论、美术及用器画、体育;其选修课程为哲学、文学概论、史学概论、科学概论、政治概论、高等化学、高等物理、微积分大意等"。

经亨颐先生以西方教育思想和教育实践反观中国教育,认为中国的教育是一种"铸型教育",即教育原则固步不前,教育手段千篇一律,教育方法一成不变,教育对象不分差别,教育目标只顾眼前。针对其弊端,他力行"纯正的教育",革故鼎新,倡导学校教育与社会教育相结合,即"以社会教育个人,以个人教育社会"。春晖"之所以设在白马湖,是想感化乡村""至少,先使闻得你钟声地方,没有一个不识字的人"。为了使自己的教育思想在春晖得以实施,经亨颐尝试推行教员专任,学生自治,教学自主,学制改革,男女同学,还为教师提供了优越的教学环境和优厚的待遇。这一切迥然有别于其他学校的举措,吸引了大批人才汇集。一所好的学校,不仅能使学生得到很好的成长,使教师得到很好的发展,还能在一定程度上影响一个地方的社会文化风尚,生机勃勃的春晖中学,一时间有了很高的社会声誉。

2. 春晖的"爱的教育"

春晖中学开办后,时在湖南一师任教的夏丏尊先生辞职回到家乡,在象山脚下筑屋定居,名曰"平屋"。他为人敦厚,不尚空谈,并自编教材,所选文章除部分优秀古典作品外,大多采自《新青年》《新潮》《创造季刊》。他要求学生做文章要"言之有物,不准讲空话,要老实写",使学生革除了穿靴戴帽、陈陈因袭的积习。教育之余,他翻译了意大利作家亚米契斯的小说《爱的教育》,这本书印行后,一版再版,创下了当时外国译著印数的最高纪录。《爱的教育》译者序言中提到"这书给我以卢梭《爱弥尔》、裴斯泰洛齐《醉人之妻》以上的感动。我在四年前始得此书的日译本,记得曾流了泪三日夜读毕,就是后来在翻译或随便阅读时,还深深地感到刺激,不觉眼睛润湿。这不是悲哀的眼泪,乃是惭愧和感激的眼泪。我在家中早已是二子二女的父亲,在教育界已是执教十余年的教鞭的教师。平时为人为父为师的态度,读了这书好像丑女见了美人,自己难堪起来,不觉惭愧了流泪。书中叙述亲子之爱、师生之情、朋友之谊、乡国之感、社会之同情,都已近于理想的世界,虽是幻影,使人读了觉到理想世界的情味,以为世间要如此才好。于是不觉就感激了流泪"。他以自己的一生,实践了"爱的教育"的理想。有同学回忆他执教春晖的情形:"穿一件竹布长衫,略蓄短须,看到学生眯着眼微笑……"可一旦他察觉到学生有什么不当的言行,就会一遍又一遍地念叨,有人把他的教育方式称为"妈妈式的教育"。他还在《爱的教育》译中序言中指出:"学校教育到了现在,真空虚极了。单从外形的制度上、方法上、走马灯似的更变迎合,而于教育的生命的某物,从未闻有人培养顾及。好像掘池,有人说四方形好,有人又说圆形好,朝三暮四地改个不休,而于池的所以为池的要素的水,反而无人注意。教育上的水是什么? 就是情,就是爱。教育没有了情爱,就成了无水的池,任你四方形也罢,圆形也罢,总逃不了一个空虚。"丰子恺说,凡熟识夏先生的人都知道,夏先生是个先天下之忧而忧的人。学校有了什么问题,别人都当作例行公事处理,他都当作自家的问题,真心地担忧。"国家的事,世界的事,别人当作历史小说看的,在夏先生都是切身的问题……"夏丏尊先生去世后,《新华日报》《中央日报》均发文悼念。其好友王统照在纪念文章中写道:"先生已逝矣! 高山无语,流水不回,人往风微,吾谁与归?"其家人遵其遗嘱,将他安葬于象山之腰,叶圣陶、马叙伦为其撰写碑文和墓志铭。

3. 春晖的"美的教育"

丰子恺先生是春晖的美术、音乐教师。他教导学生,艺术能够陶冶情操,使生活富有意义,能够使人超脱卑微、痛苦、迷茫的生活。春晖的学生有各种艺术团体,"天然图画,点写不尽,音歌啸傲,山谷共鸣"。春晖中学的校歌就是他以孟郊的《游子吟》为词谱写的。在宽松、自由、充满个性色彩的教育氛围里,呼唤出了学生对美的向往和创造的热情。"碧梧何荫郁,绿满庭宇,羽毛犹未丰。飞向何处? 乘车戴笠,求无愧于生。清歌一曲,行色匆匆。"这是当年的毕业歌,唱着这样的毕业歌离开校园的学子,会拥有怎样的世界和心灵? 蔡元培在春晖的演讲中肯定和赞美了春晖中学这种"美的教育"。他说:"美的东西,虽饥不足以为食,寒不可以为良,可是却省不下来……求美也和求知一样,同是要事。"

《人散后,一钩新月天如水》便作于春晖,表达了"小杨柳屋"友人相聚散去后的心境。新月升空,友人退去,月色如水,清幽明净的意境,仿佛冷冷古琴弹奏的高山流水一般,令人心醉神摇。朱自清极为欣赏这幅作品,将其收录进自已主编的《我们的七月》中。这是丰子恺公开发表的第一幅作品,郑振铎见到了,辗转找到了丰子恺,从此,丰子恺的画便经常发表在他主编的《文学周报》上。郑振铎把这些画作冠之以"漫画"，从此，中国才有了"漫画"的名称。

时任英文教师的朱光潜的《无言之美》也诞生于白马湖畔，据朱光潜自己说："佩弦和丏尊子恺诸人都是爱好文艺，常以所作相传视。我无形中受了他们的影响，开始学习写作。我的第一篇处女作——《无言之美》——就是在丏尊佩弦两位先生的鼓励之下写成的。""文学之所以美，不仅在有尽之言，而尤在无穷之意。推广地说，美术作品之所美，不是只美在已表现的一部分，尤其是美在未表明而含蓄无穷的一大部分，这就是本文无言之美。""人类的意志可向两方向发展：一是现实界，一是理想界。""我们处世有两种态度，人所能做到的时候，我们竭力征服现实。人力莫奈何的时候，我们暂时超脱现实，储蓄精力待将来再向他方面征服现实……"

不知是历史的巧合，还是我们自己的主观臆想：人格教育、爱的教育、美的教育，联起来正好是"人爱美"，人们尚美、求美、追美，这或许就是人内在精神最为崇高的追求。这种原初的想法，又从朱自清先生的信仰中得以进一步地确信。

1924 年，一个"微风飘萧的春日"，朱自清来到春晖中学任国文课教员。"走向春晖，有一条狭狭的煤屑路。……山的容光，被云雾遮了一半，映在湖里。我的右手是个小湖，左手是个大湖。湖有这样大，使我觉得自己小了。"

来到春晖不久，朱自清在《春晖》半月刊上发表了《教育的信仰》一文。他在文章中谈到，教育界中人，无论是办学校的、做校长的、当教师的，都应当把教育看成是目的，而不应该把它当作手段。如果把教育当作手段，其目的不外乎名和利；结果不仅不利于学生的"发荣滋长"，而且还会"两败俱伤，一塌糊涂"。那么，什么是教育的目的呢？"教育有改善人心的使命。"他认为，如果学校太"重视学业，忽略了做人"，学校就成了"学店"，教育就成了"跛的教育"，而"跛的教育是不能行远的，正如跛的人不能行远一样"。所以，他说："教育者须先有健全的人格，而且对于教育，须有坚贞的信仰，如宗教信徒一般。"

在这篇文章中，朱自清以自己近五年中学教员生涯的所见所闻，写出了"以教育为手段"的种种行状。教育主管部门以教育为手段，通常会在学校安排自己的亲信熟人，于是学校里就有了许多不学无术的人、蝇营狗苟的人、"又圆又滑又懒惰"的人。学校校长以教育为手段，通常在受命之后，首先忙的是到处拉关系，"串门子"；然后是向什么大学里请几个什么毕业生"装装门面，新新耳目"；第三是算账，看看收入如何；"第四则才是例行公事，所谓教育"。而学校教师以教育为手段，则是"植党"。"有了同类,一面可以辖制校长,一面便可招徕学生。"他们以分数诱惑学生,用好处收买学生,"使本该清净的教育界,成了个浑浊的世界"。当然,教育界的很多问题属于体制的问题,但是任何体制都是通过人来实现的。在一个具体的教育环境中,校长的作为,教师的"师""范"作用,可以在一定程度上改善教育的品质。所以,朱自清对经亨颐校长的"人格教育"思想深以为然。"教育者和学生共在一个情之流中","纯洁之学生,唯纯洁之教师可以训练"。

朱自清在春晖,一反"师道尊严"的传统,要求学生克服见了老师就"矫情饰伪"的毛病,培养做人"纯正的趣味"。无论遇到什么问题,他都和学生平等地讨论。据校刊《春晖》记载,一次,有人报告学生中有几人聚赌。如此公然的违纪事件,朱自清不主张学校处理学生。他和别的教师商量后,采取的做法是:教师先找学生谈话,学生认识到错误后,就交由学生协治会处理。学生协治会是学生自己的组织,他们的处罚方式是,罚犯错误学生写大字和打扫学生宿舍卫生一个月。舍务主任匡互生则认为学生犯错与自己监管不力有关,自罚一个月薪俸并每天和学生一起做劳务。

朱自清的教学,是系统知识的浸润,是现身说法的影响,其方式是民主的、平等的。这一年,俞平伯应邀来到春晖,他在当天的日记里写道:"他(指朱自清)去上课,我旁听了一堂,学生颇有自动的意味,胜第一师范(指浙江第一师范)及上海大学也。"

一次,朱自清的学生王福茂写了一篇作文,题目是《可笑的朱先生》。文章写道:"他是一个肥而且矮的先生,他的脸带着微微的黄色,头发却比黑炭更黑。近右额的地方有个圆圆的疮疤,黄黄的显出在黑发中;一对黑黑的眉毛好象两把大刀搁在他微凹的眼睫上……他的耳圈不知为何,时常同玫瑰色一样。当他在黑板上写字的时候,看了他的后脑,似乎他又肥胖了一半。最可笑的,就是他每次退课的时候,总是像煞有介事的从讲台上大踏步地跨下去,走路也很有点滑稽的态度……"朱自清在这篇作文下面画了许多双圈,并在课堂上读给大家听。他说,我平时教大家怎样写作,王福茂给大家一个榜样,这就是描写人要让人读后如见其人,最好还应如临其境,如闻其声。

三、追求的确信

时光任苒,百年风雨,也许像二十世纪二三十年代教育的"神话"不复存在,但其精神却能永恒!

1. 春晖历史的精华

历史是对我们最好的馈赠,回顾历史,不是为了陶醉于昨天的辉煌,而是为了寻求历史中蕴含的精神力量与教育发展的基本规律。

历史上的春晖中学之所以流光溢彩,熠熠生辉,那是因为有着经亨颐、夏丏尊、朱自清等一大批教育先辈的实践和主张,这种主张其本质就是一种无止境的精神追求。

这里有对理想人格的追求,这里流淌着爱的溪流,这里奏响着美的旋律,这里有对个性与自由的褒扬,这里有对时世和民间的关切……春晖早年的先哲和大师们的璀璨思想中无不包含着教育人本的立场、教育人文的精神和对教育人性的追求!无论是"爱的教育""美的熏陶",还是"感化教育""纯正的教育",其目的是为了"感化人性""改善人心""健全人格""发展个性",这就是"教育的信仰"。先贤们睿智的思想光芒让后来者浸淫其中,江泽民为春晖中学百年校庆题写的"春风夏雨,晖光日新"足以说明。

2. "教育:永无止境的精神追求"的确立

百年历史的回顾,三十年教育工作经历的体悟,让我顿悟到我们面对困惑时作出决择的内在力量,就是对"教育:永无止境的精神追求"的确信。一代又一代春晖人秉承着"与时俱进"校训,历久弥新,续写着教育的华章,心血的激荡、探索的足迹、追求的脚印汇集成百年春晖的历程,这种历程留下的就是一步步精神追求的脚印。

3. "教育:永无止境的精神追求"的理解

(1) 教育关乎人的精神成长

丰子恺先生认为人生有三种境界,一是物质生活,二是精神生活,三是灵魂生活,朱光潜先生也认为人类意志发展的第二个方向是理想界。西方客观主义价值论的重要代表人物德国哲学家舍勒就提出了五个层次的价值:最下层是感官知觉、愉快和不愉快的价值;第二层次是实用价值;第三层次是生命价值;第四层次是精神价值;第五层次是宗教价值。我国国学大师张岱年在《文化与价值》一书中也提出了价值的层次:价值是客体满足主体的需要,凡能满足主体需要的,即有价值的。这是价值的第一层次。对于需要也有一个评价的问题。有的需要有较高的价值,有的需要有较低的价值。对于需要的评价,即确定需要的价值的高低。衡量需要的价值的高低,这是价值的第二层含义。既然对于需要有评价问题,对于具有需要的主体也可以进行评价。主体本身的价值,这是价值的第三层含义。主体本身的价值,就是人之所以为人的价值,人之所以作为人的存在,是因为人是具有精神的。雅斯贝尔斯说:"教育是人的灵魂的教育,而非理智知识和认识的堆集。"

（2）健全人格、发展个性是精神追求的内核

精神无限,追求无止境。这里的精神追求,就是春晖的主流价值追求。《中国大百科全书》对价值观是这样定义的:主体对客观事物按其对自身及社会的意义或重要性进行评价和选择的标准。教育作为一种社会现象,每一个主体必定会有所选择。教育的方向决定教育的方式,不同的教育价值观对教育内容、教育行为的评价和选择也会不同,这就是教育价值观的取向,并决定最终把学生引向何方。

百年春晖的历史告诉我们,教育就是要健全人格、发展个性。张岱年在《文化与价值》一书中指出:"价值观的最根本的问题是个人与群体(社会、国家、民族)的关系及物质生活与精神生活的关系问题。"我们的教育,就是要以国家与民族的利益来引领我们学生的成长,用高尚的精神生活指引人的物质生活。

（3）高尚的精神追求需要完美的教育内容的支撑

我们讲精神追求,并非是脱离物质的精神追求。高尚精神的培育需要我们坚守教育理想,呵护生命成长,让教育绽放出更加绚烂的人性之美。雅斯贝尔斯说:"全部教育的关键在于选择完美的教育内容和尽可能使学生之'思'不误入歧途,而是导向事物的本源。"怀特海指出:"不管学生对你的课程有什么样的兴趣,这种兴趣必须在此时此刻被激发;不管你要加强学生的何种能力,这种能力必须在此时此刻得到练习;不管你想怎样影响学生未来的精神世界,必须现在就去展示它——这是教育的金科玉律,也是很难去遵循的一条规律。"

正是在这样的理解下,"注重德育,形成传统,联系大众,服务社会,严谨治学,教学相长,守望理想,勇于革新"已成为春晖教育发展的现实基础。

四、学校的实践

（一）"文化德育"引领学生精神成长

一种有生命力的德育必定植根于儿童生活、校本实践和地方文化传统。长期以来,学校普遍存在着德育内容单一化、片面化和德育方式活动化、形式化等问题,

在实践中一味强调对学生进行道德判断、道德认知的教育和行为规范的训练，忽视学生认知体验与所寄寓的价值内涵在实践中的践行。为探索一条更具活力和推动力的德育新路，我们从学校文化的传承、研究与创新入手，将学校德育工作置于学校文化的整体背景下，试图挖掘文化与德育的内在联系，并从教育的实践与认知层面探索学校文化德育的新模式，提高德育的针对性、有效性。

1. 文化德育的基本含义

文化德育在学校教育中的实践，旨在进一步探求教育本身所具有的文化道德意义。它具有三层基本的含义：

第一，教育既传承文明，又发展文明。我们的一切教育活动都是在人类已有文明的基础上来进行的，文化创新引领教育的创新，教育是文化的载体。同时，教育又丰富着、创新着文化，教育文化力通过文化创造力、价值形成力作用于人，并促进人才的成长。如以"刚毅艰卓"为核心的"茅屋草舍育英才"的西南联大精神；"囊括大典，网罗人才，兼容并包，思想自由"的北大精神，不仅培养一大批杰出英才，而且还影响了政治、文化乃至中国历史进程。最终教育所要表现的是一种文化、一种精神。正如黑格你在《小逻辑》中所论述的"精神之所以能达到这种从自然的无知状态和自然的迷失错误里解放出来而得到新生，正是由于教育的力量"。

第二，课程是学校教育的核心，文化是人类活动的一切方式的总和。从广义上讲，文化是人类创造的物质文明与精神文明的总和，从这一角度论学校教育，我们有理由坚持对学校各种资源进行有效的整合，并对一切活动开展课程化的教育。文化德育就是基于文化创造意义的德育课程化实践：一堂课的道德影响有多大？一门学科的道德感染有多深？一项活动的道德意义有几许？

第三，道德无疑是人的主要品质。对于中国传统的"德"乃至人之为人及如何为人的根本，由于我们长期机械而片面的理解，人为分解的实践，道德的含义越来越狭隘、教条和庸俗，致使对道德的解读成为反道德的理由，致使德育实践从教育过程中被剥离、与社会发展相脱离的现象。经亨颐校长的"读书何为？学为人而已"即是广义的道德，"道德文章千古传"，同样是此意。道德是不可拆卸的，正如教育应是完整的一样，如影随形。

2. 文化德育的主要特点

文化德育试图从教育理念、策略架构、实施路径等方面进一步厘清学校文化与德育的辩证关系，提高学校德育水平、发展学生的德性，并为学生的终身发展奠定坚实的道德基础,形成具有学校特色和行之有效的德育体系。根据文化的全息性、体验的主体性、过程的浸润性、影响的深层性等相关特征,突出教育渗透、实践体验、环境熏陶,并以学校课程的形式呈现。

3. 文化德育的实践

学校独特的自然环境,成为了学生学习的"植物园",如《春晖家园·植物篇》课程的开设;深厚的人文积淀,悠久的办学历史,璀璨的文化思想,《百年春晖》成为了学生的必读;"人生如同一首乐曲",从"如诗如画"的丰子恺谱曲的"谁言寸草心,报得三春晖",到李叔同的"长亭外,古道边……"《音乐与人生》《人生导航》从这里开篇,《春晖先贤研究》在这里沉淀。还有如每周的《春晖讲坛》《春晖广播》,已坚持八年人手一册每月一期的《春晖读本》《春晖报》等。这里摘录两段我为《春晖读本》写的序言:"教育是把人引入世界、使人与世界联结起来的纽带,是构筑主体自我的活动,是精神经验的体悟,是形成自我生命的历程,所以说教育的本质是对人的生命、价值的尊重。""读书不仅仅是为了获取知识,真正的读书是自我砥砺、自我欣赏的过程,是体验生命的活动,是自由精神的展现,我想,这样的读书才能提升对人生价值的感悟,才能获得精神的自由,才能构建我们的精神家园,才能满足真正意义上的幸福。""人生在世,除了物质生活之外还应有精神生活。读书,应当是精神生活的重要部分。如果说,读书是为了让人的思想开窍,那么,对于多数人,文学才是最好的首选。在信息爆炸时代,我们的文学面临着巨大的挑战,受到传媒电子化、市场化的冲击。但另一方面,人们又有特别的心理焦虑,有心灵无依的危机,许多人在自觉或不自觉地寻找有意义的生活。人要过一种智慧而不愚蠢、真实而不虚伪、美好而不丑恶的生活,仍需要文学的滋润。生活中没有文学,就好比天空中没有云彩,就好似大海中没有浪花,就好如夜空中没有星月,就好像空气中没有氧气。"

"春晖一月"始业教育、"扬青春·展才华"校园文化科技节、"三室文化"创建评比活动、"红红火火迎新年"游园活动、"让您心中满春晖"社会实践活动、"雷锋在身边"新风月活动、"红五月"班级合唱比赛、"传统文化节日"纪念活动、"百名春晖学子"评比活动、"社团嘉年华"学生才艺展示等成为学校德育工作的"十大活动主题",并逐步转化为学校德育课程主题:"习惯养成""责任培养""感恩教育""礼仪素养""传统文化""生命意识""人生导航""艺术盛典""探究实践""理想信念",在不断拓展德育内容、丰富德育文化的过程中,实现学校德育工作的主题化、系列化、课程化。

无论环境、历史、活动还是阅读、实践、课程无一不是基于学校、源于传统，然而又与学生的经验有机联系，不乏时代气味。每一个春晖学子在这里感受浓郁的人文气息，在这里呼吸一种清新，更从这里获得锤炼与陶怡，让心飞翔！这种文化的感染已经浸润到每一个学子的骨子里血液中，1937 年秋，14 岁的谢晋在春晖就读一年，却对母校钟情一生。在电影《春苗》《启明星》中，他两度把春晖、白马湖、象山的景致搬上银幕，谢导的长子谢衍执导《女儿红》，也在春晖拍摄"毕业典礼"等镜头，电视剧《围城》在春晖取景 17 天，部分师生参演，向黄蜀芹导演推荐外景地的人还是他。在每一次学校庆典和重大校事活动的时候，谢导都会带着他的团队及文艺界著名人士来到春晖，然后自豪地向客人介绍"这就是我的母校"！2008 年 10 月 18 日在母校百年庆典那一天，谢导带着这一份深深的眷恋之情安详地走了。徐光宪，北京大学教授，中科院院士，获国家最高科学技术奖。严格地说他只是春晖中学一名准校友，但他一直视其为母校。因为他不仅仰慕春晖，而且因为春晖先贤的思想、人格深深地激励着他。

　　可见，一所学校的文化一旦上升为一种精神，无疑有着很大的感染力和很强的穿透力，它能穿越时空，它会绵延不绝！朱永新说："教育在本质上是对于人类所创造的思想文化的自觉传承活动……每个民族在不同的历史时代，都必须对自己的思想文化进行重新审视……我们有一个共同的认知：教育必须服务于社会进步和人的精神发展。我们要为当今时代'失魂落魄的教育'重新召回神圣的灵魂，使人类不断走向崇高。这是我们以教育为目的，对人类过往文明进行重新梳理的最根本的原则，也是我们发表此宣言的目的所在……教育的终极目的是以文化人，培养具备理想追求和高尚道德的优秀人类。"如今，成千上万的春晖学子遍布海内外，然后他们的心中装着一个永远的"春晖"！正如我校近年毕业的刘丹青同学在中央戏剧学院毕业的时候，以一篇饱含深情的《名湖三咏》作为他的代表作。在这篇电视散文中，我们依然可以感觉与触摸到如朱自清《白马湖》一文中的那般韵味，更加可以感受与体会到在时光穿梭中那渗入春晖人血液中的涓涓清泉与精神之源，那"高挂在我们心中的精神之钟"！

　　走进春晖，你会感到，朝暮下，那于纤尘不染中传来的朗朗书声，是一种美；夜露中，"人散后，一钩新月天如水"的高远意境，是一种美。天地之灵秀，人文之景观，教育之追寻，人性之光芒，让你处处感受到百年名校的"一致的真诚，一致的美"。

（二）课程教学滋养师生精神生活

1. 构建"三层五性"课程体系

课程是师生共同成长的有效载体，学校着力于把课程建设与社会进步、科技发展、学生经验有机结合。致力于研发适应时代需要，符合学校特点、学生个性和社会特征的校本课程。学校出台了《春晖中学校本课程开发规范》，建立申报、编制、实施、审议、评估和奖励的校本课程规范，学校课程从单一的"忠实取向"转变为"创生取向"。目前，学校已开设160多门校本课程，学校课程体系日趋完善，为每个学生构建了一种开放的学习环境，提供了一个多渠道获取知识并综合实践知识的机会，为其个性化的充分发展提供了广阔空间，促进了师生生命的共同成长。

作为学校课程的总体设计，在分析历史与传承、现实与发展、教师与学生的基础上，首先必须确立教育的总目标，并分层实施、逐步递进。遵循学生成长需求、社会发展需要与现代教育规律，我们提出层次有别又浑然一体的课程目标：

健康·健全

求真·崇善·尚美

学得活泼·活得自由

学生的健康成长与发展，是教育最基本的目标，也是教育的出发点和目的地。一个人的健全无外乎由两部分组成：一是身体和生命，二是思想与情感。前一部分是外显的，后一部分是内隐的。标志生命意义的健康体魄和培养稳定的个性心理特征是学校课程建设必须遵循的最基本准则。

学校是学生学知识、学做人的地方，学校负有培养学生科学素养和科学精神、熏染人文气息和仁爱情怀的责任，学校更应该践行和追求真与善的统一、自然与人文的一致、感性与理性的和谐的教育。培养学生的求真之心、崇善之情、尚美之性不仅是春晖的历史传统，而且是现代教育的必由之路，丰富多样的课程、缤纷多姿的活动、宽松自由的氛围，使学校成为学生成长的学园、乐园和精神家园！

这样的教育目标，既是学校人文精神的演绎，又是学校"以人为本，重在发展"和"教学相长、德才并美"办学思想的显现；既符合国家对教育的基本要求，又适应学生成长的实际；既能反映社会对人才的呼唤，又能彰显学校办学特色，从行动上回答"教育为了什么"的终极追问。周国平说："我相信,人生问题和教育问题是相通的,做人和教人根本上是一致的,人生中最值得追求的东西,也就是教育上最应该让学生得到的东西……人生的价值,可用两个词来代表,一是幸福,二是优秀。优秀就是人之为人的精神禀赋良好,成为人性意义上真正的人。幸福最重要的成份也是精神上的享受,因而是以优秀为前提的。由此可见,二者皆取决于人性的健康生长和全面发展,而教育的使命即在于此。"

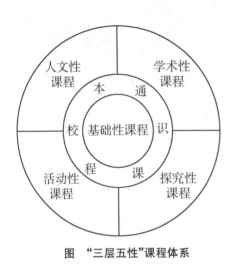

图 "三层五性"课程体系

根据多样选择、继承发展、动态激励、规范有序、自主创新等原则设计学校课程,分为基础性、人文性、学术性、探究性和活动性等五类课程(见下列图表),着力于学生基础性学力的培养,着力于学生基础性素养的优化,从而培养其自主(独立发展)的品格和能力,着力于学生全面素质的提升,满足其发展的需要,丰富其内心世界,保护和激发其内在的自由和创新源。在时间和空间上,在资源和管理上,在课程和教学上,全方位为学生提供生长的强有力的支撑,从而让学生的身心、学习、生活和精神成长获得良好的环境。

表 课程内容总述

课程类别	课程性质	课程功能	课程子类	
			A类	B类
基础性课程	是春晖学生成长和发展所必须的课程,包括国家必修课程和校本通识课程	为学生修习选修课程和促进学生全面发展、提高未来发展奠定基础	国家必修课程	校本通识课程
人文性课程	学校依托学校深厚的文化底蕴,发挥语文、政治、历史、英语等人文学科的优势开发开设的课程	滋养学生人文情怀,生发和生长学生的崇善、向美之心,让学生有一颗宁静和强大的内心	国家选修课程及依托必修课程拓展的人文性课程	依托学校和社会资源开发开设的人文性课程

课程类别	课程性质	课程功能	课程子类	
			A类	B类
学术性课程	针对春晖学生都要进入大学进一步深造，而开设的为他们大学学习和研究学术作准备的课程	增强学生的学术意识，初步养成学术研究的习惯和能力	国家选修课程及依托必修课程拓展的学术性课程	依托学校和社会资源开发开设的学术性课程
探究性课程	针对经济社会的发展对学生的动手操作能力、自主创新能力的要求而开设的课程	提升学生动手操作、自主创新能力的实践能力	国家选修课程及依托必修课程拓展的探究性课程	依托学校和社会资源开发开设的探究性课程
活动性课程	适应学生走向高校、进入社会的需要而提供的学生参加各种活动、处理人与人之间的关系的知识和能力的课程	提升学生的活动素养，一方面能够通过活动提升学生全面素质，另一方面通过各类活动展示学生才能、提升学生的领导能力	依托必修课程拓展的活动性课程	依托学校和社会资源开发开设的活动性课程

目前学校的课程虽然大而全，但是从我校课程开设的情况来看，仍然存在着嫁接与添加的情况。如何从学生的需要、教育的规律、社会的发展出发，形成必修与选修共融、基础与个性兼顾、差异与全面一体且具有鲜明学校特色的课程体系仍是当下的主要任务。借力深化新课程改革的大背景，在有关专家的指导下，循着"学科课程建设"的脉络，围绕提升学生"学习力"这一中心，也许能让学校的课程建设在拓宽深化之路上走得更加稳实和有效，从而更好地贴近学校教育目标。首先是做好必修课程的校本化开发，借此实现普通高中教育的基础性和全面性，重在教学内容的设计与选择、课堂教学的变革与创新；其次是以学科课程的顶层设计为指导，做好相关选修课程的开发与开设，重点制订好课程目标和课程纲要；第三是重点研究学科课程体系如何促进"学习力"的提升，即学生学习的生长力问题，这里既有对学生"学习力"维度的重新认识和界定的问题，又有对提升"学习力"途径的实践探索问题，不仅有"教"的方式问题，而且有"学"的策略问题；第四是探索分类分层的课程体系，并逐步实现教学资源进入课程；最后是通过学科课程建设实现师生的共同成长。

2. 培育人文课堂

课程改革的基本理念是使每一所学校成功,使每一位学生成功,使每一位教师成功。"三维目标"是新课程推进素质教育的根本体现。"知识和技能"维度的目标立足于让学生学会,"过程和方法"维度的目标立足于让学生会学,"情感、态度和价值观"维度的目标立足于让学生乐学。所以说,课堂从本质上说是师生生命的精神对话;教师的工作不是教学,而是发展每个学生的学习能力。英国哲学家怀特海说:"不能让知识僵化,而要让他生动、活泼起来——这是所有教育的核心问题。"根据情况的变化不断调整"学科建设"的着力点。

课程改革的关键在教学改革,而教学改革的关键是课堂,课堂不只是教师的舞台,而且是师生互动的场所;课堂不只是训练学生的营地,而且是学生学会学习的场所;课堂不只是传授知识的书院,而且是学生学会合作探究的场所;课堂不是教学行为的模式化的车间,而是学与教智慧充分发展的场所。坚持教学反思的基本策略,从关注教师的"有效备课"逐渐转移到关注充满生命意义的课堂"专业化讨论"。加强对教师课堂观察与评价的指导,引导教师关注学生,关注课堂,提高效率,让课堂催生师生的智慧。从专业的视角讨论教学,对课堂教学进行分析是促进教学变革、提高教学质量的重要途径,只有这样才能重建课堂。

教学是艺术化、个性化的东西,面对复杂的课堂教学,必须克服分析教学中的简单、客套、俗气。明确听评课的目的是改进教学,明确听评课的主体是教师,明确听评课关注的重点是学生的有效学习。从某种程度来说,听评课的成效如何是学校专业精神的集中表现。要把备课组作为听评课的合作体来建设。从计划入手、共同策划(主体意愿)、分解任务、最终实现互惠与共享。

为此,学校根据定量评价和定性评价相结合的思路,从"学生学习""教师教学""课程性质""课堂文化"等四个维度设计课堂观察的视角和观察点,课前分工,课堂跟进,课后讨论。如"维度四 课堂文化"就有"思考·民主·创新·关爱·特质"等五个视角,以下又设立16个观察点,各备课组可以根据学科性质选取相应的视角或观察点。这种课堂观察和评价的行为活动,其实质是一种校本化的专业活动,也是对教师进行集体互助的行为跟进的引导。把改变教师作为课堂重建的逻辑起点,要实现课堂的不断变革和创新,教师还必须坚持自我学习和修正。一个人的精神发展史就是他的阅读史,一个书香充盈的校园才是一个美丽的校园,阅读应该成为教师的一种习惯,"白马湖教师读书小组"以"读书即生活,教育即创造"为宗旨,

"阅读写作,提升自我,交流分享,引领成长",以教学个案分析和教育随笔撰写为路径,定期组织"学术主报告",从而学会以理智的思考和批判的态度和方法审视教学,反思实践,积累经验。

"基于学校,为了学校,在学校中"的教师个体研修和共同体建设,实现了教师与自我的对话、教师与同伴的对话、实践与理论的对话,这是春晖教师改善心志、转变行为、不断超越的"第五项修炼",从而有力助推教师从历练"教学基本功"的"外环"到锤炼"教学策略"的"中环",再到提炼"教学思想"的"内环"的转变,实现一个教师成长从"入格"到"升格"直至形成自我"风格"的目标。2013 年 07 月号的《教育家》杂志用近 40 页的篇幅从一个侧面介绍了春晖教育,其中提到,在目前的高考之下,诗教的传统丧失殆尽,今天春晖的语文教师如何在有限的课堂中培养学生的诗歌欣赏能力,怎样通过编写校本教材,指导学生社团等工作留存早年春晖"白马湖作家群"的流风余韵。在中国知名高中里,春晖中学由李叔同、丰子恺师徒奠定的美育传统曾经高蹈无二。他们的风华留在了白马湖畔,正如董妍老师所说的"我们这一代老师,不敢讲继承前辈的衣钵,只是尽力,为春晖存续这一点灯火"。有这一点灯火,一盏灯点燃另一盏灯,应该不会太难。

为了这"白马湖边的画意和乐声","唯人至上"应该成为一切教学经纬交织的核心,今天的教育更加迫切地呼唤课堂的人文和人性,我在《教育呼唤"人文课堂"》一篇短文中对其特征作了如下的描述:

"人文课堂"是适合的教学:这样的教学必定从学生实际(身心、认知、兴趣)出发,合乎教育规律、循循善诱、深入浅出,"目中有人",以学为主,欣喜于学生的点滴进步,牵挂于学生的成长烦恼。

"人文课堂"是完整的教学:教学的科学与完整得到充分的体现,呈现教书与育人的统一、科学与人文的和谐、学习与生活的结合,真正做到"读书与做人"相一致,"教学相长、德才并美",教育的文化功能与对灵魂的铸造功能有机融合。

"人文课堂"是灵动的教学:课堂教学重视情感交互,教学内容丰富,教学方法多样,教学实施依据教学目标又不拘泥于此,以激发兴趣,唤醒心灵为主要追求,课堂充满了生气与活力。

"人文课堂"是智慧的教学:在情感交互的基础上,课堂呈现高立意、高思辩的特征,突出关键能力,善于捕捉和激活学生智慧的火花,使教学在启迪和促进学生心智的健全中发挥重要的作用。

"人文课堂"是创造的教学：教学的目的在于明天的创造与生活，课堂首先是呵护学生创造源的基地，在教学与实践、生活的结合中不断催生学生的创造力。"读书即生活，教育即创造"，一切的美好，首先从课堂开始。

（三）"管理创新"保障"永无止境的精神追求"

组织变革是学校管理体制的基本部分，也是保证学校机制正常运作、教育活动正常开展的重要条件，同时它又是建筑在一定的学校文化之上并反过来促进组织文化的变革。所谓学校组织变革，是指学校组织根据其外部环境和内部情况的变化，对自身的内部结构进行调整、修正和革新的过程，其目的是增强学校组织的活力和效率，并使其适应形势发展的需要。

随着学校办学规模的扩大和社会对教育要求的提高，以及教育自身的特质规定，学校组织机构日趋增多，分工也越来越具体。从线上看，有传统的德育、教学、后勤之分；从面上看，有年级、教学部、信息中心等；有的因事业发展还设有国际部、装备部、服务公司等。可谓部门林立，纵横交叉，校长的很多精力牵制于部门工作的协调。一方面人与事很多，但另一方面又缺乏必要的检查、评估；同时，由于机构繁多，整个管理组织貌似严密，分工很细，但实际上反应迟笨，效能低下；而且存在德育与教学分离、教学与管理分割、教育与服务脱节等问题。管理学家西蒙认为，"有效开发社会资源的第一个条件是有效的组织机构"，因此实施组织机构变革是提高学校管理效能的首要条件。

在系统分析传统文化的基础上，学校确立了现代学校大文化、大教育的观念，提出了一整套具有春晖特色、适合时代特征的办学思想。按照"理顺关系、革新设置、转变职能"的基本思路，逐步改革学校内部管理机构，提高部门管理水平和服务质量，实现了教育管理的扁平化——横向到边，纵向到底，服务到位。教育理念的制度转化是变革教学、提高效能的重要保证，学校机构的设置和职能必须在服务教学的前提下有利于推进理制的一致，从而实现教学领导的学术化。实现计划和指导、管理和协调、检查和评估的同步，实现资源配置的一体共享。一是精简部门，办公室、教导处、教育服务公司为学校层面的三个部门，教导处下设三个中心，后勤部门实施社会化管理，以公司形式操作；二是理顺条块关系，教导处在线上强化对全校各学科组、班级、三个中心的计划、指导、协调、检查和评估的功能，年级教育处在面上突出教育、管理职能，使之职能明确，彼此协调；三是人、财、物统一配置，使学校资源高度共享。

教育评价与学校组织变革相适应,并对组织变革起着保证和引领方向的作用,在对教师的评价上,学校出台了《春晖中学优秀学科团队评选办法》,从质与量的整合评价学科团队建设。量化考核包括常规管理工作、学科质量建设、师资队伍建设、校本课程开发等四部分;质的评价则从学科特色建设入手,引导各学科组积极营建教学特色,创建学科组品牌。每年举办优秀学科团队建设考核评估会议,由各学科组长集中汇报,根据年初规划、过程推进和年终总结,邀请省、地、市级专家组成专家委员会进行评估,确保学科建设的正确方向,提升学科的持久发展力。

教师个人评价实行常态考核与多元发展有机结合,以发展性评价凸显教师发展和学校发展的融合。通过教代会颁布并实施《春晖中学教职工结构(绩效)工资制实施方案》和《春晖中学先进工作者暨"阳光"教育奖评选办法》,在物质利益分配上,坚持优质多劳、多劳多得和绩效优先、兼顾公平的原则。在教师考核评价机制上,打破论资排辈的传统观念,确立"德才兼备,重在实绩"的评价标准,采用个人申报、学校审核的评价方式,从而体现崇德尚绩的正确导向,助推青年教师成长,鼓励中老年教师突破发展瓶颈,培养教育个性。获取和内化是知识建构的前提和基础,但必须经过实践、总结、反思、提炼等行为,教师才能真正完成知识的生成,有效的教育评价是教师知识的生长点。

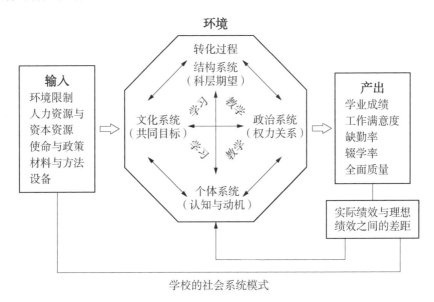

学校的社会系统模式

根据韦恩·K·霍伊和塞西尔·G·米斯克尔的学校的社会系统模式,"组织绩效至少取决于四个要素:结构、个体、文化与氛围、权力与政治。它们与教学过程相互影响。这些要素从环境中输入资源并加以转化。这些要素本身以及它们之间的相互作用构成了转化系统,并受到来自环境的机遇与要求的限制。另外,内部的与外部的反馈机制也能使系统评价其自身的所有要素及输入要素的质量。由于期望中的绩效与实际绩效之间存在着差异,反馈机制能使系统进行自我调节"。组织的变革及其与之适应的教育评价必定会影响学校中个体的需要、目标和信念,从而使教师更好地理解自己的角色,确立合适的发展方向,同时催生相应的组织文化,实现对组织目标的共同理解,产生凝聚力,即学校的发展观划和方向上,最终达成使命。

五、未来展望

教育是一种理想,没有理想的教育是没有创造的教育;教育是一种追求,没有追求的教育是没有生命的教育。"读书即生活,教育即创造"是春晖人的誓言,"学在春晖""与时俱进"是春晖人的使命。尽管,我们的工作还不尽完美,但我们依然执着追寻;虽然,我们还会面对许多困难乃至曲折,但我们决然奋勇前行。我们将用自己坚定的信念、勇气和智慧为未来作证。

追求无止境,思考无穷尽。

教育的本质是什么?古今中外的哲学家和教育家有过众多的阐述,他们的真知灼见,为我们理解当下的教育具有重要的启示作用,但是究竟如何把我们自己的教育办得更好,我们的思索将永无止境、也永无穷尽!

无论何种对教育真谛的追索都无法脱离"人",教育作为"经验"在人与人的活动中传递的过程,不仅在于"积累",更在于"生长"。因此,教育的人本、人文和人性无时不在启发我们:只有洞察人性,才能真正理解教育,搞好教育。怀海特指出:"学生是有血有肉的人,教育的目的是引导他们的自我发展之路。"

由此,我们认为,教育是为了点亮学生心中的那盏灯,只有植根文化,才能培育品质,让每个生命体绽放光彩。但作为教育媒介之一的教育内容都是人类的"过去"或"遗产",如何面对人生世界的"未来"或"创造"以及塔勒布所说的"黑天鹅"现象,是教育必须面对的永久难题。

如何更好地传承历史的智慧,呵护师生的生命,保护童真、童心,激发师生的创造力等等,对这些问题的思考需要我们与时俱进,需要吾日三省:我想做什么? 我能做什么? 我该怎么做?

主要参考文献

[1] 陈玉琨. 课程改革与课程评价[M]. 北京:教育科学出版社,2001.

[2] 张俊华. 教育领导学[M]. 上海:华东师范大学出版社,2008.

[3] 李培明. 守望教育的理想[M]. 北京:人民出版社,2008.

[4] 潘其勇,钱国庆. 高山仰止——春晖中学的教育"理想国"[J]. 新教育,2011(5).

[5] 彼得·圣吉. 第五项修炼——学习型组织的艺术与实务[M]. 上海:三联书店,1998.

[6] 朱永新. 我的教育理想[M]. 广西:漓江出版社,2009.

[7] 黄向阳. 德育原理[M]. 上海:华东师范大学出版社,2000.

[8] 张健伟,陈琦. 从认知主义到建构主义[J]. 北京师范大学学报,1996(4).

[9] 崔允漷. 有效教学[M]. 上海:华东师范大学出版社,2009.

[10] 中华人民共和国教育部. 普通高中课程方案[M]. 北京:人民教育出版社,2003.

[11] 春晖中学. 浙江省春晖中学深化普通高中高中课程改革方案,2013.

[12] 潘守理. 中国名校丛书·浙江省春晖中学[M]. 北京:人民教育出版社,2008.

[13] 王建华,王晓初. "白马湖文学"研究[M]. 上海:三联书店,2007.

[14] 《春晖》半月刊(1922—1928).

[15] 李兴洲. 大师铸就的春晖[M]. 北京:人民出版社,2008.

[16] 汪涤. 百年春晖[J]. 焦点,2007(5).

[17] 刘冬梅. 百年春晖[J]. 中华英才,2008(19).

[18] 雅斯贝尔斯. 什么是教育[M]. 上海:三联书店,1991.

[19] 贾超英. 一次里程碑式的尝试[J]. 《教学月刊》,2012(4).

[20] 严禄标. 早期春晖的素质教育.

[21] 陈玉琨. 一流学校的建设[M]. 上海:华东师范大学出版社,2008.

[22] 胡金波. 高中定位应防止三种倾向. 孙先亮. 高中教育需要关注生命的基础价

值. 程斯辉. 简单定位背离了高中复杂本性[N]. 中国教育报,2012 - 8 - 31.

[23] 怀特海. 教育的目的[M]. 上海：三联书店,2002.

[24] 周国平. 周国平论教育[M]. 上海：华东师范大学出版社,2009.

[25] 韦恩·K.霍伊,塞西尔·G.米斯克尔. 教育管理学：理论·研究·实践[M].
北京：教育科学出版社,2007.

[26] 托尼·瓦格纳. 教育大未来[M]. 海口：南海出版公司,2013.

[27] 纳西姆·尼古拉斯·塔勒布. 黑天鹅[M]. 北京：中信出版社,2008.

[28] 文迪,何永志. 春晖语文的流风余韵[J]. 教育家,2013(7).

[29] 朱永新. 用文化为学校立魂[N]. 中国教育报,2011 - 12 - 5(2).

[30] 玛莎·努斯鲍姆. 告别功利：人文教育忧思录[M]. 北京：新华出版社,2010.

[31] 王玉梁. 21 世纪价值哲学：从自发到自觉[M]. 北京：人民出版社,2006.

[32] 张岱年. 文化与价值[M]. 北京：新华出版社,2004.

"教育：永无止境的精神追求"分析

教育部中学校长培训中心　张俊华

首先我想用三句话来总结我对春晖中学的理解：我觉得春晖中学是中国基础教育的一个坐标；是一朵奇葩；是一座顶峰。

今天我想从李培明校长的主题，我用八个字，**四个主题词：批判、坚守、践行和追寻**，来谈一谈我对李校长教育思想的理解。我认为他的思想有四点价值，我分别来谈一谈可能是非常肤浅的认识。

一、批判现实主义

李培明校长的思想从哪里来？他对当下教育以及基于自身教学管理当中的问题做了深层次的反思。任何一种思想、一种观念的产生必须要基于现实，必须要基于问题，而这种反思应该是深刻的，应该是反求诸己。今天我们在谈教育思想研讨会时我不想只是仅仅局限于谈校长对自身教育的一种反思，我想和大家一起来反思或者来批判一下我们当下的教育。我们看看挪威。挪威称得上是世界上福利程度最高的国家。高收入、高消费、高税收，它应该说是人间的天堂，但是就在这人间天堂完美制度建构的一个从出生到死亡完全由政府来买单的这么一个完备的社会保障机制的情况下，居然也在本土培养出这么一个人：

惨剧一来自挪威：布雷维克于 2011 年 7 月 22 日在奥斯陆市中心制造爆炸案，再于特岛开枪行凶，共致死 77 人、伤 80 多人。他坚称自身举动旨在惩罚政府制定支持移民的政策。他坚持自己是无罪的。由此反思我们的教育怎么了，我们的现实怎么了，教育和现实的关系是什么呢？

第二个惨剧来自美国：美国是世界头号强国，"世界警察"。美国梦曾经是很多年轻人心中的一个追求。2012 年在《蝙蝠侠前传 3：黑暗骑士崛起》首映当天，詹姆斯·霍姆斯,身高1.9米,白人,知识结构也非常完备,先前在读神经科学博士学位,进入电影院放映厅,用所携半自动步枪、霰弹枪和手枪射杀观众,致12人死亡,58人受伤。

如果我们从全球来考察,像这样的例子是不胜枚举的。这样的例子我认为可能只是冰山一角。然后回归到我们的本土,回归到我们的当下,我们也发生了一些让人很遗憾的恶性事件。今天我们的主题是爱,我们都在讲爱,但是这些都是爱的表现吗?我们期望这些只是冰山一角,所以由此我说,当我们谈思想时,我们必须要有批判现实的精神。

我的问题是:这本来应该是一个充满爱的世界,为什么总有那么多的戾气?仇恨?暴虐?第二个问题:教育为了什么?第三个问题:什么才是正确的教育?难道只是传递知识、传递技能吗?第四,理想的教育是什么?最后一个问题,教育的终极目标是什么?这些都是李校长对他教学经历的拷问,然后上升引发出来的思考。请我们校长一起来拷问,一起来批判我们的现实。当然,不仅是批判,更重要的是重建。

二、坚守理想主义

李校长谈了一句话:"教育是一种理想,没有理想的教育是没有创造的教育。"学校应该是个充满理想主义的地方,而这个理想主义的地方应该是有理想的校长带领一群有理想的老师才能培养一群有理想的学子。那么在春晖有过哪些有理想的教育呢?在我看来春晖中学的人格教育就是正确的、合适的教育。

什么是人格?人格是做人的格式。难道做人就是仇恨就是杀戮吗?就是防人、害人和整人吗?"求学何为?学为人而已"(经亨颐)还是为人的问题,夏老先生提出了爱的教育(夏丏尊)。本次论坛主题是"爱的教育",什么是爱?我们的经典中有两句话:第一,爱人如己是爱,第二,爱人胜己是另外一种境界,还是爱。当然最简单的一句话是"绝不损害他人"。这给我们校长、老师的启示是:我们应该思考在自己的管理过程中说的话、做的事是否伤害了某一个人呢?我是否因为我的眼神、言语、不经意的某个态度伤害某个人呢?这就是爱的底线,这也是爱的表现。当然还有美的教育与丰子恺、朱光潜、朱自清谈的信仰教育。我非常喜欢这段话,所以我把它摘录了下来:"教育者须对教育有信仰心,如宗教徒对他的上帝一样;教育者须有健全的人格,尤须有深广的爱;教育者须能牺牲自己,任劳任怨。我斥责那班以教育为手段的人!我愿我们都努力,努力做到那以教育为信仰的人。"

教育需要创造吗?需要变革吗?我个人的浅见是不要那么多的变革,不要那么多的改革,重建,教育更需要的是继承。基于朱老先生的话而引发出来的是:我们的校长,我们的老师应该持有什么样的教育信仰:第一,本质观:育人为本。我们的目的永远是人,培养善人。第二,使命观:传道为先,也就是传递价值。中国传统文化中的两个字"忠孝",把2500年所有人的思维和行为都凝聚在一起,这就是价值观。今天我们都在谈文化,文化的核心就两个词:精神和价值观。第三,社会责任:兼济天下。中国传统的知识分子用的是仕。仕的精神价值内涵就是一句话:以天下为己任。社会责任感不只是我们国家提的,全世界都在谈,不要问这个国家能够为你做什么?而要思考你能够为这个国家做什么?第四,文化境界:学术至上。《中共中央关于全面深化改革关于若干重大问题的决定》当中有一句话,要扩大学校的自主权,所谓要扩大学校的自主权,就意味着学校要强调自主。所谓的自主就是要学术高于行政,这恐怕是我们中国未来发展的方向。这是我们所应该秉持的一种信仰。

三、践行人文精神

李校长不仅是在传承坚守着春晖的理想主义,更重要的是他的践行,践行人文精神。他的具体举措有这么几项:

1. 管理变革

管理就是把事情干好。什么是领导?领导就是做正确的事。所谓正确的事回到春晖中学就是:人格教育,信仰教育,爱的教育,这些在我理解就是正确的事。而他的任务就是通过组织机构的变革,予以落实。

2. 课程文化(基础性、人文性、学术性、探究性和活动性等五类课程)

一所学校的特色体现在课程。哈佛、耶鲁、MIT的很多网络课程都已经公开了,这是一种开放的态度,面向全球的心态。我们春晖中学单从课程体系的这一方面还是可以进一步探究的。

3. 人文课堂

4. 文化德育

今天我们谈教育的时候都在讲两个层面要结合起来,第一是科学精神,第二是人文精神。我们现在经常重视科学而忽视了人文。我认为人文精神主要应关注以下几点:

1. 己所不欲,勿施于人:恕。你自己不愿做的事情,也别让别人去做。

2. 与人为善,从善如流:善。不伤害他人,善的一种品质,尚的追求。

3. 爱人如己,推己及人:爱。能够学会爱他人,不仅仅爱自己。我们这个世界需要爱。

4. 舍生取义,浩气长存:义。这是我对人文精神肤浅的认识。这也正在我们春晖中学实践着。

回到课堂层面,我把春晖中学目前他们做的工作,结合我自己的实践,总结下来,人文精神在课堂中的实践主要体现在:一,态度亲和。我自己研发出来的课堂十四问,其中第一个问题,你微笑了吗?不是让你傻笑,他映射出我们的教育精神,教育情绪,教育态度,影响力很重要的一点是亲和力。二,语言简练。三,方法多样。探究式,情景式,目标教学法,问题为中心,案例教学的方法等等,能够综合运用。四,理念清晰。少教多思,先学后教,人格优先,兼顾智力,这些理念我们具备吗?我们实践了吗?五,价值传递。六,目标达成。我想这六个层面可以作为我们检验人文精神是否落实的依据。

四、追寻精神境界

李校长有一句话:"教育是一种(精神)追求,没有(精神)追求的教育是没有生命的教育。"由此可见,精神应该是我们校长,我们老师,我们学生永恒的价值追求。丰子恺说过人生的三种境界:一,物质生活。日出而作,日落而息,每天吃吃喝喝,纯粹为了生活,很简单。二,精神生活。知识分子运用自己的智力在创造。三,灵魂生活。他所说的灵魂生活指的是宗教徒的生活。但是请大家注意,今天我不是和你在宣讲宗教。宗教其实仅仅只是代名词而已。他强调的是人要有一种信仰,所以由此我要表达的是这句话:我们如何建构我们的精神家园。今天我们的教育领导者,我们的校长,当要讲精神追求的时候,我们的精神应该如何呢?我认为要追求四种境界:

境界一:与人为善,从善如流

境界二:道心惟微,反求诸己。什么含义,我们多反思我们自己而不是客观从体制去找原因。

境界三:克己复礼,忍辱负重。克制自己不良的情绪。

境界四:责备贤者,致虚守静。修为的最高境界就是道德经最后的四个字:致虚守静,让自己能够静下来,让自己能够心静。我在我们校长中心评点的时候,我说你看一个人心静不静你看他一天看几次手机。离不开手机的人,人家在讲话的时候,不管这个人重不重要,都在看手机玩手机的,这个人是有点问题的。如何提升我们的精神境界？我说：精神危机是一个人最大的危机也是一个民族一个社会最严重的危机，在物欲横流的今天，在成王败寇的当下，该如何建构我们的精神世界？如何重建我们的精神家园？如何提升我们的精神境界？

- 心存善念
- 摒弃贪欲
- 胸怀正义
- 兼济天下
- 敬畏生命
- 尊重律法

张俊华，英国伯明翰大学教育学哲学博士，华东师范大学教育学部副教授、研究生导师，教育部高校思想政治队伍培训研修中心（华东师范大学）副主任兼全国高校思政课教师研修基地负责人、上海市大中小思政课一体化建设教师实训基地负责人，上海市党建研究会特邀研究员，教育部学位论文评审专家。历任教育部中学校长培训中心主任助理，上海市委党校培训处挂职副处长，华东师范大学党校副校长兼高级研修学院副院长。

主要从事教育领导与管理、学校文化研究、领导干部培训、高等教育教学、国际交流与合作等工作。兼任英文学术刊物《教育行政及历史杂志》国际顾问，南非比勒陀比亚教育学院博士论文校外评审。出版中文专著《教育领导学》，出版英文专著《中国农村校长的生活史与专业发展史研究》，在国内外学术刊物发表中英论文多篇。

曾应邀赴芬兰、挪威、南非、美国等大学访问讲学。应邀出席澳大利亚教育领导委员会（ACEL）、国际校长联盟（ICP）等国际教育学术机构举办的国际学术会议并作主旨或特邀发言。

让每一个人的生命绽放光彩

——个性发展教育思想与实践探索

福建省泉州第一中学　赖东升

赖东升校长，男，1963 年 6 月出生，籍贯福建省德化县，中共党员，大学本科，研究员，现任泉州幼儿师范高等专科学校党委委员、副书记。

　　其教育主张是"教育应让每一个生命绽放光彩"，办学理念是"个性发展、全面发展、和谐发展"，有明确的教育理念、成功的教育实践，在基础教育、职业教育领域，均取得丰硕的办学成果。

　　先后担任德化一中与泉州一中校长书记、泉州经贸职业技术学院副院长等，先后获得福建省"十佳"大学生、福建省精神文明建设先进个人、福建省优秀中小学校长、泉州市劳动模范、福建省首批中小学名校长（名校长工作室领衔人）、泉州市第三层次高级人才等。主持十多个省级及以上课题研究，公开发表 30 多篇论文。

在每一个学生的成长路上，中学教育究竟能为学生做些什么？做了些什么？做得如何？这些问题始终是我在教育教学实践过程中常常思考的问题。

引言：形成教育思想过程中的关键人物与关键事件

（一）一位教师与三位工艺美术大师的故事

1982年大学毕业后，我被分配到德化一中，从初中一年级开始，担任两个班的语文老师、一个班的班主任。当时，我任教班上有三名同学，分别是许瑞锋、郑少伟、苏献忠，学业成绩都比较一般。但是他们都有一个共同的特点，有自己的特长：或动手能力很强，或爱好书法，或喜欢阅读。作为班主任兼语文教师的我，非常尊重他们的个性特长，还想方设法保护、发展好他们的特长、优势。特别巧合的是，其他几名刚毕业的青年教师也都赞同我的看法与做法，摒弃教育的唯功利性，尊重学生个性，充分肯定学生的优点、特长，然后以此激发、激励学生增强克服困难的信心，进而促进学生的全面发展。经过三年时间的努力，其中郑少伟、许瑞锋同学均考上德化一中高中部，苏献忠同学也考上了德化职业中专，为今后成为陶瓷工艺美术大师打下了基础。如今，他们均事业有成，被评为"中国陶瓷工艺美术大师""中国陶瓷工艺设计大师"等，许多雕塑作品被国内外知名博物馆收藏，他们的生命绽放出绚丽的光彩。在自己首届任教班级学生中走出了三名国家级工艺美术大师，也许是一种巧合，但仔细思考，虽然不能说他们现在的光彩是我们老师的功劳，但这与当时我在任教时尊重、保护、发展学生的个性特长，并以此促进学生的全面发展的做法不无关系。

在自己长期的教育教学实践生涯中，因为个性特长发展得好，最终成就事业，让生命绽放光彩，这样的事例不胜枚举，这一切也都促使我越来越坚定自己对教育的理解。

（二）一位校长与两所名校的故事

走上教育工作岗位，至今已近33年，担任校长职务，也已近17年。回眸自己走过的教育旅程，难免百感交集，思绪万千。这就得说说我与两所名校的缘分。

先说说我与德化一中的缘分。德化一中曾经是县里最优质的学校，后来由于种种主客观原因,致使学校发展出现重大困难。考风考纪出现问题,1993年出现小范围考生作弊问题,1994年作弊现象蔓延,1995年高考出现雷同卷,被省教育厅通报批评。硬件条件严重滞后,连省级二级达标学校的标准都达不到,连年被省教育厅黄牌警告,险些被摘去省二级达标学校的牌子。学风、教风、考风与校风质量严重下降,许多有能力的家长都把孩子转学至外地就读。我从1982年进入德化一中到2001年底离开将近20年,前14年担任老师、班主任、年段长,后6年担任副校长、书记、校长。我是1997年担任德化一中校长的,当时学校处于发展困难阶段。面对种种困难,带领班子与全体教职员工,坚持"以学生发展为本"的办学理念,弘扬优良办学传统,坚持尊重学生个性,并想方设法保护好、发展好学生的个性特长,经过五年时间的艰难拼搏,使凤凰山下的凤凰重新焕发出生机与活力,重新振翅高飞,到2001年底,因工作变动我离开德化一中时,学校发生了翻天覆地的变化,软硬件均跃升了一个大台阶,以高分通过了省一级达标学校的验收,得到各级领导与全县百姓的高度赞扬。

2002年底,组织把我调到了泉州一中,先担任书记一职,2004年4月担任校长。非常巧合的是,这个阶段的泉州一中,也处于发展困难阶段(原来是泉州最优质的学校),举个大家都很容易理解的例子,就是2002年泉州市区4所一级达标学校高一年级的录取分数线,一中居然比五中要低55分,比七中低14.5分,比二中也要低2.5分,更为难堪的,竟然未完成招生计划。学校生源质量的大幅下降,以及由此而引发的系列问题,如教学问题、管理问题,以及在教师中不断蔓延的"贫穷文化",直接影响了工作积极性、自尊心、自信心。经过10年时间的卧薪尝胆,凝练并践行"以人为本、个性发展、全面发展"的办学理念,负重拼搏,使百年老校焕发出青春活力,铸就新的辉煌。

我经常想,自己何等幸运,与两所名校结缘,有幸与两校师生一起拼搏,帮助学校摆脱困境、重铸辉煌,除了地方党委、政府及主管部门领导的关心、社会各界的支持、全体教职员工的努力等诸多要素之外,我以为与自己对教育尤其对基础教育的本质理解密切相关,那就是学校教育应该让每个人的个性充分发展,为每个人的生命绽放光彩奠基。

在长期的教育实践过程中,在不断实现教育理想的同时,我更加体会到教育的本质,逐步坚定自己的教育追求。

(三) 一位学员与众多师长、校长的故事

我能够幸运地抓住机遇，把这两所名校带出困境，重铸辉煌，说心里话，要特别感谢一路走来给予我巨大帮助的众多师长与校长朋友。因为上岗培训、省骨干培训、市优秀中青年校长培训、全国骨干高中校长培训、全国高中新课程样本校校长培训、全国教育家型校长培训、福建省名校长培养人选培训等等，每一次的培训，总能聆听专家的教诲，得到导师的指点，及时汲取精神养料，不断更新教育观念，逐步提升教育思想力，逐渐唤醒生命力。特别是以陈玉琨教授、代蕊华教授、黄家骅教授为代表的一大批专家给予我谆谆教诲，悉心指导，令自己受益终身，自己的教育理解、见解总能得到导师的肯定与鼓励，让我有了不断前行的动力。在每一次的培训中，还能够与来自省内各地市、来自国内各省市的优秀校长交流、碰撞、学习、借鉴，总能够找到志同道合的同伴，或者在观点交锋、思想碰撞中，使自己受益匪浅。这一切都让我对教育的理解逐步走向深刻，并在长期的实践中不断地反思、沉淀，进而能够越来越坚定自己的教育理解、教育追求。

一、学校教育的使命：让每一个人的生命绽放光彩

学校教育应该启蒙学生生命，启迪学生智慧，让每一个人的生命光彩；同时，也应该让我们校长、教师在感受学生生命活力、生命成长的过程中，享受教育的幸福。也就是说，教育应当"让每一个人(师生)的生命绽放光彩"。关键人物、关键事件的印记让我体验教育，促使自己逐渐形成对教育的理解，而当下教育的过度功利让我反思教育，两所历史名校厚重文化的传承让我感恩教育，地方文化的博大精深让我感悟教育，当下教育的改革诉求则让我追问教育。这33年中，自己总是在不断地体验、反思、感恩、感悟与追问教育，逐步形成了自己的教育思想。

(一) 功利教育对生命的漠视

长期以来，我们学校努力在做的就是希望学生全面发展(德智体美劳)，特别是以学生学力发展为主的全面发展，可事实表明：许多学生在中学阶段不但没有能够实现我们期待的全面发展，反而呈现出种种厌学、逃学等消极放弃的状态。集中表现为两大情形：

情形之一：由于没有正确地理解个性发展与全面发展的关系，学校往往按全

面发展的"一把尺子"（德智体美等各个方面）衡量，从而出现了越来越多的"问题学生"。这些"问题学生"常常先是被学校、被老师、被家长放弃，而后只能自我放弃。

情形之二：学校按照全面发展的"一把尺子"（语数外理化生政史地等各个学科总分，至少语数外理化生或者语数外政史地的各个学科总分）衡量，从而出现了越来越多的"差生"，这些"差生"的"差"在不断地被放大，信心在不断地被蚕食，直至丧失殆尽，沦为地地道道的差生。

这些学生或者身上存在不良习惯，或者个性特点鲜明如张扬，或者不很听话，即不是传统意义上的乖孩子，或者对某一学科老师教的内容不感兴趣，或者不喜欢某一学科老师，或者某一学科的基础不佳，或者某一类学科的思维能力较弱，以致成绩不理想。他们每天都在一种应试升学的环境中备受煎熬，个性特长不被重视，自身特点无处张扬，始终处于一种被压抑状态，从而产生自卑心理，毫无自信可言，只能虚度光阴，甚至放纵自我。处于青春期的孩子，需要不断建立强烈的自信心，可现实生活对他们的自信心却毫不留情地进行蚕食；处于青春期的孩子，内心的热情、朝气需要得到释放的渴望是那么的强烈，可现实留给他们的往往是强制性压制，于是，他们往往容易以放弃来对待、以叛逆来宣泄，以致于与我们的努力目标"全面发展"背道而驰、渐行渐远。

现实生活中存在的种种问题，集体暴露出学校教育对学生生命的漠视，暴露出过度强调学生全面发展，却往往忽略了学生个性发展的不足，甚至扼杀了学生的个性，结果与全面发展的育人目标渐行渐远，令人扼腕。这是对我最好的提醒。种种残酷的现实时时敲打着我的神经，我们需要追寻教育的本质，追求理论的支撑，努力改进我们的教育教学实践，真正让我们的教育尊重每个人的个性特长，尊重人成长的规律，真正让我们的教育尊重社会发展的规律。

（二）历史名校对生命的关怀

如何消解这种教育的弊端？从历史中寻求智慧，是很重要的思考视角。

德化一中创办于1923年，其前身为德化县立培凤初级中学，取"培才树凤"之意，历任校长始终坚持"以学生发展为本"的教育理念。

泉州一中办学历史更加悠久，其办学前身可追溯至明成化二年（公元1466年），至今已有549年的历史。从明成化二年江西籍状元罗伦（号一峰）在此开坛讲学始，直至1942年创立晋江县立初级中学，1952年正式命名为泉州第一中学，一路走来,薪传不绝,书香绵远,文化积淀极其深厚,而贯穿其间的,就是始终坚持对生命的关怀。据史料记载,罗伦(号一峰)其人学识非常渊博,个性鲜明,"生性纯孝,热心文教,非圣贤之说不讲";因人施教,"与人子言依孝,与人臣言依忠,与居官者言民所疾苦""四方士人从学如流",影响深远。自一峰书院举办以后,泉人中举人、进士者名以数百,人才辈出。新中国成立以来,学校更是传承了先贤严谨治学、注重生命关怀的优良传统,培养出了一大批以王启明、吴新涛、欧阳钟灿、李爱珍、陈化院士,蔡国强艺术大师等为代表的优秀人才,他们都是个性鲜明、事业有成、造福人类的栋梁之材。这一切均得益于立学先立品、因材而施教的历史传承。在学校深厚的文化积淀和众多的优良传统中,"梅筋石骨"的文化特质是其中的代表。我们发现其鲜明的特点是特别注重品德教育,又能充分尊重学生的个性差异,特别注重对学生的因材施教,特别注重对学生生命的关怀,真正为学生的生命绽放光彩奠基。

在这两所底蕴厚重的历史名校担任校长,既是一种荣誉,更是一种担当,还有无限的感恩,需要承担起在办学中传承、光大这些优良传统的责任。

(三) 地方文化对生命的滋养

一方山水养一方人士。泉州是著名的侨乡和台胞祖籍地,福建省的经济中心(经济总量连续 16 年列全省第一)。作为古代"海上丝绸之路"的起点,宋、元时期的"东方第一大港口",泉州是国务院首批公布的 24 个历史文化名城之一,享有"多元文化宝库,海峡西岸名城"的美誉,近年又获"东亚文化之都"等殊荣。

泉州的文化具有鲜明的个性。它不是一个单一体,而是复合多元文化体。它以中原文化为主体,兼容土著文化和外来文化多元积聚,由此形成了以中华民族文化为根基的具有自己特色的泉州文化。泉州的先民从中原南迁,需要自强不息;尔后拓殖南洋,也需要自强不息;在竞争激烈的现代社会里,他们仍然强调"输人不输阵",强调"爱拼才会赢"。在他们的性格当中,又具有坚强必胜的信念、排除万难的决心、充满冒险的品性、无比顽强的精神、执着追求美好的理想。长期以来,不屈不挠的精神意志、乐观向上的拼搏精神、大无畏的冒险精神,都表现得很突出,这又构成了他们另一层——"敢为天下先"的文化心理素质。

这种以"输人不输阵""爱拼才会赢""敢为天下先"为主要性格特点的区域性文化特质,成为滋养泉州特色教育的良田,成为滋养自己教育思想的沃土。在自己的眼里，在自己的脑海中，个性鲜明的人物形象群无时不在、无处不有，总在闪现。

（四）当前教育改革的诉求

教育是什么？教育的使命是什么？对于这一问题的看法，历来是仁者见仁，智者见智。大多数人认为，教育最根本的特点就在于和人的发展紧密相关。著名哲学家康德就曾指出：在世间万物中，"人是唯一需要教育的一种存在"。教育使人与其他存在（包括动物）区分开来，它的使命就是"人的完成"。

基础教育不仅要把握学生作为人的身心发展的阶段性规律，还要适应循序渐进的教育规律，以此科学地促进学生的健康发展。党的十八大报告，第一次提出"立德树人是教育的根本任务"（党的十八大报告第七部分第一点）。除了知识的传授、能力的提升、审美品格的培养之外，德性的培养是非常重要的，是"人的完成"过程中重要的内容。教育要使人成为真正意义上的人，或者说，使人本身达到"完成"的状态。

在这个"人的完成"过程中，需要把人的个性发展作为追求目标。教育的生机与活力，就在于促进学生个性的健康发展、充分发展。"让每个人的个性得到充分自由发展"是马克思主义学说中的重要观点。

我们必须看到社会的发展需要各行各业、各个层次的人才，这需要注重个性发展的教育，即在个人先天禀赋的基础上，培养出有特长的人，这不仅有益于个性的发展与完善，也有利于促进社会的发展，正如苏霍姆林斯基所说：最主要的是在每个孩子身上发现他最强的一面，找出他作为人发展根源的"机灵点"，做到使孩子在能够最充分地显示和发展他的天赋素质的事情上，达到他的年龄可能达到的最好成绩。这也正是注重培养个体特长的个性发展教育的根本所在。

新课程改革的理论基础是多元智能理论、建构主义理论、人本主义学习理论，要求我们要实现观念创新（新的课程功能观、教学观、教师观、学生观、质量观）、教与学方式创新与评价创新。

《国家中长期教育改革和发展规划纲要》指出："要以学生为主体，以教师为主导，充分发挥学生的主动性，把促进学生健康成长作为学校一切工作的出发点和落脚点。关心每个学生，促进每个学生主动地、生动活泼地发展，尊重教育规律和学生身心发展规律，为每个学生提供适合的教育……"

在中学阶段，更应该把教育的着眼点和立足点聚焦在人的个性发展上，以教育者特别能发现的眼光去发现学生身上的闪光点、优点、优势、特长、潜能,并创造条件促其充分发展,从而让学生充满自信,达到"以长促短",进而促进人的全面发展,并在这样一种良性的循环中,达到个性发展、全面发展互相促进,齐头并进,不断实现螺旋式提升,最终实现人的和谐发展,实现"人的完成",让每一个人的生命绽放应有的精彩! 这就是我所主张的"让每一个人的生命绽放光彩"的核心内涵。

要让每一个人的生命绽放光彩,就应当让学生个性能得到充分的发展,这应当是一切教育教学活动的终极目标。

二、"让每一个人的生命绽放光彩"的基点:让每一个人的个性充分发展

(一) 个性与个性发展

1. "个性"的基本认识

相对于人的共性而言,个性是指个体的人的特殊性。从心理学的角度看,个性是指个体的稳定的心理特征,即个性是在遗传、环境、成熟度和学习等因素的作用下,个体在需求、生活习惯、性格、能力、兴趣、价值观念等方面表现出的稳定的心理特征。

我国心理学界对个性的概念尚无一致看法。我国第一部大型心理学词典——《心理学大词典》中的"个性"定义反映了多数学者的看法,即"个性,也可称人格。指一个人的整个精神面貌,即具有一定倾向性的心理特征的总和"。因此,所谓个性,就是在一定的社会条件和教育影响下,形成一个人比较固定的心理特征的总和。个性一般包括两个方面:一是个性倾向性,主要包括兴趣、爱好、世界观等;二是个性心理特征,主要包括气质、性格和能力等方面的特点。

2. "个性发展"的内涵

鉴于对个性的概念理解,我以为,个性发展是指人类个体出生后直到终身,尤其是学前教育、基础教育时期个性(即人格)的形成和发展过程。

首先,个性发展的前提是要尊重人们个性中的某些遗传特点。个性的某些要素具有先天的基础,例如,性别会影响个性中的需求、性格、兴趣等;先天的身体特点有可能使一些人擅长音乐、运动或其他技能;先天的脑生理特点可能使一些人擅长于形象思维或逻辑思维。因此,在上述前提下,个性发展主要表现在:为个体发展其所具有的某些先天的生理优势创造条件,促进个体形成在相应领域的特殊技

能或能力；根据能够提供的可能性，激发个体的需求并提高需求的层次；在考虑社会和国家需求的背景下，尊重和培养个体的兴趣；努力创造良好的环境，提高个体的能力并使其能力得到充分发挥；引导个体在尊重并遵守人类共同的基本价值规范、遵守国家宪法和法律的基础上进行多元价值选择等。

其次，个性发展应符合人类基本价值准则。不同的个体在个性的某些方面如需求、能力等有发展水平高低的差异，在个性的另一些方面如性格、价值取向等则有性质上的好坏区别。例如，有的人性格残忍、暴戾，有的人崇尚无政府主义、享乐主义等，它们都是个性中的消极方面。对个性中消极方面的判断，要以人类共有的基本价值准则如法律准则和道德准则等为依据。所以，个性并不脱离人类基本价值准则。也就是说，教育所培养的创新人才虽然都具有鲜明的个性，但是，他们的个性仍应符合人类基本价值准则，在当下，我们学校教育就应该符合社会主义核心价值准则。

(二)"个性发展"与"全面发展"的关系

人的差异性、独特性是客观存在的，应当承认并予以充分的尊重。不讲个性的全面发展是不人道的，因为它无视甚至扼杀客观存在于个体身上的独特品质。反之，不讲全面发展的个性发展有可能塑造出极端个人主义的自私自利之徒，或者是不能与他人交往、沟通与共处的怪物，这样的人最终必然被社会所拒绝。因此，探讨个性发展与全面发展的辩证关系对于最终促进人的和谐发展具有异常重要的意义。

其一，人的个性发展是其全面发展的本质特征。马克思主义关于人的全面发展的学说认为，人的全面发展的本质内涵是在健康素质的基础上，人的各种能力素质都得到协调发展和充分展现，进而促使人与自然、人与社会和人与自身的关系也得到和谐发展，并且在处理与自然、社会和自身的关系中，摆脱和超越各种限制，特别是摆脱对"人"和"物"的依赖，即作为主体的人自觉、自愿、自主地发展。就学生个人来讲，个性特长的发展才是全面发展的核心所在。事实上，学生的全面发展中也包含着个性特长的发展。一个全面发展的学生，同时也应该是具有个性特长的学生。个性的发展是马克思主义关于人的全面发展的本质内容，个性的充分发展，是人的全面发展的综合表现和最高目标。

其二，个性发展是在基本素质全面发展基础上的各种特长爱好的和谐发展。"教育的全部任务就在于有效地促使受教育者的社会化和个性化，但注意的中心应该是形成受教育者的个性,帮助他们发展自己的兴趣、爱好、特长、自主性和创造性。"[2]在全面发展的同时,强调对个体健康个性的培养是社会发展对教育的必然要求。对个性束缚的教育,将使人类在未来的社会中丧失应对能力和生存能力。于每一个个体而言,绝不是在德、智、体、美、劳诸方面平均地发展,而是某一方面,或几个方面突出地、和谐地发展。因为个体是千差万别的,人的个性发展教育其实就是对个性的解放,即个人的一切才能和精神力量的发展和解放,使个体所具有的天赋、志趣、才能和性格特征得到充分自由地发展。

因此,全面发展与个性发展内在的关系是辩证统一的关系,即全面发展教育为学生的个性发展创造了良好的客观条件,反过来,只有使学生的个性得到发展,全面发展的要求才能逐步达到。

(三)"个性充分发展"的要义

个性充分发展是一种充分承认个体差异,注重发挥个体潜能,重视个性,发展个性,实现个性充分发展,促进学生的全面发展,不断循环往复,最终达到和谐发展的教育活动。

个性充分发展的前提是承认个体的差异性。学校教育要想方设法使学生的主体差异性得到尊重和保护,而不是被抹杀或忽视。因此,教育的实质是以个性差异为依据,让每一个个体找到自身才能发展的独特领域,从而充分发展个性,形成健全人格。

个性充分发展的根本是发现、激励与发展。这就要求学校、教师要有尊重生命成长规律的胆识,要有尊重教育教学规律的策略,要有独特的思维,发现、呵护每个个体的闪光点,激发每个个体的潜能,发挥每个个体的个性特长,扬长避短,因势利导,从而调动学生成长的积极性,保持学生的自信心,激发学生不断前行的内驱力,进而开发学生的潜能,促进学生个性的发展,促进学生的全面发展,形成良性循环,最终促进学生的和谐发展。

当然,个性充分发展绝对不是听之任之,撒手不管,也绝对不是只发展某一方面而忽略其他方面,更不是只发展偏离社会主义核心价值观的所谓的个性。

(四)促进人的个性的充分发展:为了每个人的生命绽放光彩

促进每一个人的个性充分发展,最终的目的是为每一个人的生命绽放光彩奠基。

1. 人的生命成长的关键是实现人的个性充分发展

古今中外的教育家都特别倡导教育应该顺应人的天性、实现人的个性充分发展。孔子早在两千多年前就提出了因材施教的教育教学思想，我国近代教育家蔡元培大力提倡教育应尚自然、展个性。西方的教育家也非常崇尚人的个性发展。夸美纽斯把"教育适应自然"作为创设新学校的主导原则，杜威的"儿童中心"教育思想、加德纳的"多元智能"理论等都是其中的代表。

人最宝贵的东西是生命，教育的起点是人的生命，其归宿也是为了人的生命。长期以来，我们的教育却过分关注学生的物质生命，忽视其生命的另外一个重要的维度——人文性。个性充分发展，是旨在提升人的优良个性，其目的是在发现和尊重受教育者现有个性，以及在有利的物质条件基础上，最大限度地促进受教育者的体能智能、活动能力、道德品质、情感意志等素质自主、和谐、能动地发展，从而实现人的全面发展，促进人的生命成长。

叶澜教授指出，要把学生当作"具体个人"去认识和研究，那就是"要承认人的生命是在具体个人中存活、生长、发展的"[3]。从中可以看出，在具体生命的成长历程中，个性充分发展是人的生命成长的关键。

我们主张个性充分发展的教育，就应正本清源，回归本真，深刻理解人生命的成长性，尊重人生命潜能的发展性，把接受教育的主动权交给人本身。从人的个性出发，以"促进个性充分发展"为目的，及时发现每个学生的特点、优点和闪光点，在新课程改革理念的引领下，采取因人施教、因势利导的教育原则，注重尊重、鼓励和发展个体独特性和智能优势的教育，尽可能实现教育的个别化，发展人健康向上的个性品格和兴趣特长，从而实现个性充分发展教育的目标。所以，个性充分发展的教育必须致力于促进学生生命自由而充分、独特而富有个性发展、和谐发展，使学生生命的灵性舒畅流淌，生命的激情充分呐喊，生命的潜能足够激扬，生命的个性精彩飞扬，学校的一切教育教学活动都要紧紧围绕满足学生生命发展的需要，为学生的生命发展提供可能、创造条件，让师生共同实现精神生命的和谐发展。

2. 素质教育的核心指向人的个性充分发展

素质教育的本质，就是让每个学生能按自己的特点受到教育并得到充分的发展。素质教育是全面发展教育和个性发展教育和谐统一的现代教育，它是面向全体学生的一种发展性教育，它不仅要追求全体学生全面发展，还要追求发展过程和方式的生动活泼,充分开发和培养学生的个性特长。它所追求的就是使学生个性得到充分发展,形成良好的人格,成为富有个性特长且各方面素质较高的人才。《基础教育课程改革纲要(试行)》明确指出:"教师应尊重学生的人格,关注个体差异,满足不同学生的学习需要,创设能引导学生主动参与的教育环境,激发学生的学习积极性,培养学生掌握和运用知识的态度和能力,使每个学生都能得到充分的发展。"由此,我们认为素质教育是"尊重个性、发展个性"的教育,是激发学生潜能、张扬学生个性的教育。个性充分发展是素质教育的重要内容。

实施促进个性充分发展的教育是深化素质教育的必然要求。只有在加大素质教育实施力度的基础上,个性充分发展的教育才能生根、开花,且结出丰硕的果实。个性充分发展的教育又是素质教育发展和丰富的因素,在素质教育目标和要求的引领下,个性充分发展的教育才具有勃勃的生命力。

3. 时代和社会发展需要人的个性充分发展

对于一个人来说,没有个性就没有创造性,没有个性,人就不能成其为人;对于一个国家来说,人的个性的充分发展是这个国家和民族富有生气的表征,也是一个社会文明进步的客观要求。

21世纪是一个尊重个性、弘扬个性的世纪。个性发展是当代教育理论和实践的前沿问题,重视个性发展已成为教育改革的主流,因为个性充分发展符合人类愿望——充分、自由地发展。注重人的个性自由发展,培养主体意识,形成创造才能,提高个人价值,是时代精神的体现。一个社会,如果人们没有个性,没有特长,没有优势,这是教育的悲哀,是教育的失败。个性充分发展的教育对于当前我国的教育改革,深化素质教育,推进新课程改革,实现教育现代化,都具有十分重要的理论价值和现实意义。

三、"让每一个人的生命绽放光彩"的实践探索

陶行知曾说:"人生天地间,各自有禀赋。"每个孩子都是金子。爱因斯坦直到三岁时还不会讲话,曾因朗读障碍而学习倍感吃力;列夫·托尔斯泰在读书期间在维持注意力上出现过问题。未来拔尖人才可能出自现在的超常儿童,也可能出自现在的普通儿童,甚至可能出自现在的障碍儿童。教育就是要帮助每个孩子寻找他们的个性支点,创造适合每个学生发展的条件。多年来,我们为了实现"让每一

个人的生命绽放光彩"的教育理想,在"促进每一个人的个性充分发展"方面进行了许多有益的实践。

(一) 凝炼"以人为本、个性发展、全面发展"的办学理念

1. "以人为本、个性发展、全面发展"办学理念的确立

一所学校的办学理念,应该是学校历史的传承、学校文化的积淀、现实经验的总结、传统特色的创新、发展目标的前瞻、科学理论的支撑和校长办学追求的提炼,应该是有利于学生成长、有利于教师的发展、有利于教学相长、有利于学校发展,能为广大师生所接受,并且能用以指导学校教育教学和行政管理各项实践的应用理论。

马克思"人的全面发展学说"是我们确立办学理念的理论指南。同时,多元智能理论也为我校的办学理念提供了理论支撑。不同的人会有不同的智能组合。这为我们如何更好地理解那些学生中的"短板现象"提供了极大的启发。我们借助多元智能理论从人的智能分布去了解学生,提升资优者,发掘普通人的优势,并为他们提供合适的发展机会,使他们茁壮成长,让他们人人都能实现自己的理想、目标。另外,新课程改革强调"促进学生全面而有个性的发展"进一步坚定我们的办学理念。

基于上述认识,泉州一中秉承"敦品力学"的校训,不断深化"全面发展打基础,发展个性育人才"的办学特色,明确"面向世界发展,着眼学生未来,办'第一'的中学"的办学目标,坚持"内涵发展"的办学思路,弘扬"艰苦奋斗、立志成才"的学校精神,在传承学校文化传统的基础上,结合当今教育发展趋势,凝炼并确立了"以人为本、个性发展、全面发展"的办学理念。

2. "以人为本、个性发展、全面发展"诠释

办学理念是关于学校整体发展的价值追求和理性认识,它决定着学校群体的教育行为,指导学校的办学方向,决定着学校特色建设,定位学校的品牌形象。在长期的办学实践过程中,它以一种精神力量、一种文化氛围、一种理性目标熏陶着学校的群体成员。它指导着学校快速健康地发展,也体现出对学校未来发展方向的一种期待。

"以人为本",要求我们在教育教学活动中,坚持人是根本,坚持一切从人出发,从实际出发,从人的本质出发,顺应人的禀赋,提升人的潜能,研究人的需要,譬如

尊重的、认可的、求知的、发展的需要等,以调动人的积极性和创造性为手段,达到使人不断实现个性发展的目的,进而有效促进人的全面发展。

"个性发展",这是教育的根本目的——实现个体社会化,实现社会成员个性的充分发展。"个性发展",正是在对人的发展和社会发展客观需要深刻认识基础上的自觉选择。

个性充分发展是一种充分承认个体差异,注重发挥个体潜能,重视个性,发展个性,实现个性充分发展,促进学生的全面发展,不断循环往复,最终达到和谐发展的教育活动。个性充分发展的前提是承认个体的差异性。个性充分发展的根本是发现、激励与发展。

"全面发展",是指使学生的身心得到全面、协调、自由的发展。教育既要促进学生心理的健康发展,又要促进学生生理的健康发展,不能偏颇一方,不能因为发展学生的智力而以牺牲学生的身体健康为代价;教育要促进学生智力和情感的全面、协调、自由发展,成为智力健全、人格完整的人。"全面发展"就是让学生的身心得到全面的、均衡的、协调的、自由的发展,使其拥有健壮的体魄和健康的人格,成为一个有个性特长的人、一个素质全面的人。

(二) 促进人的个性充分发展需要不断创新

1. 坚定理念,思路创新

理念是行动的先导,思路决定着出路。当今学校之间的竞争异常激烈,传统名校形成具有本校特色的办学理念就显得尤为重要。于校外而言,办学理念是一面旗帜;对校内来说,它是一个纲领;对历史是一个深刻总结,对未来是一个奋斗目标。经过全体师生充分酝酿讨论,2004年,学校确立了"以人为本,个性发展,全面发展"的办学理念。办学理念的确立,不仅弥补了传统名校长期办学的一个缺憾,更重要的是为学校进一步提升办学质量奠定了坚实的基础,为学校摆脱困境实现持续发展提出了一个行动指南与纲领。

理念需要坚守,思路需要创新。从2004年开始,根据实际情况——即学校虽然已经实现国家级示范性高中的创建目标,但因为长期缺乏危机意识,未能及时调整管理策略,致使生源素质长时间大幅度下滑,学校的声誉地位受损,竞争力、吸引力下降,更雪上加霜的是,初中部停办以后,学校高中部已然成了"空中楼阁"。再加上传统体制自身的局限,学校发展举步维艰,有鉴于此,学校充分尊重事物规律,从基本的工作抓起,制定并实施了"321"办学思路,即大力抓好制度、管理、队伍三大建设,不断推进学校内部管理体制和高中新课程两大改革,最终实现"办'第一'的中学"这一奋斗目标。有了先进的办学理念,有了明确的工作思路,学校才可能实现促进人的个性充分发展、进而促进人的全面发展、最终实现人的和谐发展的目标。

2. 科学规划,制度创新

科学制定学校的中长期发展规划至关重要。从"十一五"的五年发展规划,到"十二五"的新的五年发展规划,我们都经过认真研讨,科学论证,制定切实可行的策略、措施与办法,并在实施过程中,阶段性地进行调整、完善,以确保发展规划的科学实施。

为了更好地践行办学理念,落实科学规划,制度创新是必然要求。在制度创新中我们明确了三个问题。

首先,明确制度与个性的关系。制度是用来形成共同行动规范的,而不是用来约束个性发展的。当前,管理制度往往关注社会需要、"公共"需要较多,而对人的个性发展需要则关注较少。制度往往把社会的、"公共"的内容安排得过满,而忽视给师生留出自我教育、自我调整、自我发展的时间和空间,制度中充斥着"管"与"被管"的关系,气氛紧张、沉闷压抑。处于这样的制度氛围中,师生难有个性充分发展可言。为此,我们一方面强调制度本身的规定性,另一方面则在设计制度、落实制度时特别注重师生个性发展的伦理考量。

其次,明确制度的制定模式。提供新鲜的制度资源和宽松的制度制定环境,是当前制度建设的关键点。在制度建设中,我们关注学生、教师以及教育管理者处于人格平等的地位,师生有权自由地表达自己的想法,这样,他们对于制度颁布的条文规范有了切身的体验,遵守制度不再出于"违心"、免受惩罚或获得赞赏,更多的是出于对制度的认同与尊重。

再次,明确制度的执行和实施方式。在制度实施过程中,我们强调避免实行"一刀切"的模式,改变制度的低效率运作及非人性化执行对个性充分发展的制约。在这样一个时代,学生的个性也在不断生长而渐次分化,向新的维度、新的方向、新的境界蔓延扩展,教育改革制度的执行和实施,也必须针对这种趋势及时提供可供选择、可为引导的内容。这就要求制度必须具有一定的伸缩性,留有余地,适度灵活,以适应师生个性充分发展的需要。

因此，需要着力于管理制度创新，也就是重建管理制度，譬如重建新的课程管理制度、教学管理制度、校本研修制度、学生管理制度、学生选课制度、教学评价制度等，所有制度的重建，都以有利于教师、学生的个性充分发展、全面发展为宗旨、为目标。譬如，建立学生个性信息档案制度。新生刚一入学，就安排进行一项信息调查，即由新生填写个性特长调查表，建立学生个性特长信息档案。建立学生成长导师制。在学生入学之后，在经过个性特长信息收集的基础上，介绍教师的个性特长，每位学生经过自己的了解，实行双向选择的方式，确定学生成长导师对象，建立师生的共同成长机制。

3. 健康发展，机制创新

学校管理机制是指学校管理系统的结构及其运行机理。学校管理机制本质上是学校管理系统的内在联系、功能及运行原理，主要是一种运行方式，是决定管理功效的核心问题。在学校管理机制的建设过程中，着力创新激励机制。遵循以下五个基本原则：即以人为本、公平、物质奖励与精神激励、正激励与负激励、内在激励与外在激励原则。

学校从 2006 年推进高中新课程改革以来，即建立每位教师每年制定专业成长计划的制度，以三到五年为一个周期，坚持每年考核评价分析，促使教师不断地进行自我反思、自我评价、自我践行，真正形成专业成长的内在激励机制。搭建各种平台，例如十佳青年教师评选、教坛新秀评选、名师评选、命题大赛、课件制作比赛、教学比武、论文评优、课题研究等，为教师的更好发展创设条件。此外，自 2005 年底学校董事会成立以来，学校已先后筹集基金 1 600 多万元，建立了以出资人命名的奖教奖学、助教助学基金 20 多个，从而收到了良好的激励效应。

（三）促进学生的个性充分发展需要不断发展教师的个性

有好的教师，才有好的教育。有个性的教师，才能育出有个性的学生。在长期管理学校过程中，我深深地体会到：只有保证教师的个性充分发展，才有可能保证学生的个性充分发展；只有师生的个性充分发展，才有学校的特色发展、可持续发展、和谐发展。

1. 理念引领，统一认识

在"管理人即发展人""教育人即发展人"的引领下，在教育教学过程中对全体教职员工提出三个方面的具体要求：

一是要求全体教职员工都要尊重每个独特的生命体。每个生命体都是独特的，都是不可重复、不可替代的。因此对人的尊重，也就是对人的独特性的尊重，包括尊重生命遗传的独特性，尊重个体生命成长的独特经验，尊重张扬个体独特的表现方式。作为教育者须尊重每位学生的尊严和价值，尤其是智力发育迟缓的学生、学业成绩不良的学生、被孤立和拒绝的学生、曾经有过错的学生、有严重缺点和缺陷的学生、和自己意见不一致的学生，更需要我们的关爱和尊重。让我们以个性的发展性、生命的成长观去看待学生，给我们的学生多一份宽容、多一份理解、多一份期待、多一份鼓励，善待孩子的过错和失败，使每个独特的生命体变得有理想、有信心、有信念、有毅力、有追求，使每个生命体的个性得以更好地体现，得到更好的发展，使他们的人生变得更有意义、更有价值。

二是全体教职员工都要树立个性充分发展的教育意识。强调个性充分发展教育，首先要摒弃那种统一规格的教育模式，不受"集中、大型、同步、标准"之类概念的影响，不能备课用一种模式、上课用一种方法、考试用一把尺子、评价用一种标准。而是要充分研究学生的差异性，并依据个性的自动性、独特性、可爱性、双重性、整体性等性质与特点而实施教学。美国心理学家罗杰斯说过："成功的教学依赖于一种真诚的尊重和信任的师生关系，依赖于一种和谐安全的课堂气氛。"可见民主、和谐、宽松的课堂氛围，有利于学生的个性自由发展。作为教师的我们也不应久立于三尺讲台，而应走下来，深入学生，甚至蹲下身来与学生平等交流，成为学生学习中的一员，真正成为学生的"良师益友"。要允许学生对教材的个性化理解，允许有不同的表达方式、不同的解题思路、不同的解答结果，以激发学生的好奇心，养成质疑的习惯。要让学生多问、多想、多说，从不给学生一个标准答案，允许学生保留自己独树一帜的观点，培养学生敢想、敢说、敢做、敢争论的精神。要保证学生有质疑问难的时间，提供学生有交流探讨的机会，创设学生有个性表现的氛围。

三是要求全体教职员工都要培养良好的个性品质。良好的个性品质是创新的需要，没有个性的人就没有创新能力。如果缺乏个性，固步自封，人云亦云，那是绝对没有创新能力的。我们所要求的创新能力，主要包括创新意识、创新思维和创新精神。它要求学习者具有发现的眼光，具有不从众的意识、思维和行动，有独到的眼光、独特的想象、独具一格的表达方式、独树一帜的风格，能见人之所未见，思人之所未思，或者对同一问题，能从另一角度去审视和思考。因此，我们开设梅石论坛、班主任论文交流、课堂教学创新、校本课程开发等，让能人充分展示自我，让具有良好个性品质与创新能力的人脱颖而出。

2. 立足校本，主动发展

大力加强校本化建设，目的就是要不断加强、凸显学校特点，通过教师队伍的校本培训与培养，从而更好地做到"生本"。在反思中学习，在行动中学习，在交流中学习，是我校教师校本研修的主要特点。我们学校的教师校本培训始终是基于主动式的校本学习，而非被动式"受训"。始终以"以人为本、个性发展、全面发展"的办学理念为指导，并坚持两个原则：其一是坚持在教学反思活动中促进教师反思性学习；其二是坚持反思性学习的基础——教育或教学问题的发现与探究。近几年来，我们是这样引领教师在实践中反思的：以建立学习型校园为推手，创新激励反思的校本教研方式，创造合作、自由的对话方式、氛围，满足每个教师个体的发展需求，鼓励、要求教师把自己作为学生来反思，通过对比同行中的榜样、对自己教学的回顾（如写教后反思记、阶段教学回顾、课堂教学录像自我分析等）、学生的反应（如学生的课堂言行神态、思维状态、学习成绩变化等）、课堂教学观察与诊断技术（通常通过同事教学小组观察课堂教学实况，并通过录像进行微格教学技术分析与诊断）等来反思，并在此过程中推动、促进每位教师实现自己个性化的专业成长。

3. 加强研究，提升智慧

教育科研是一种高层次的创造性的学习、研究活动，开展教育科研可以促进教师对教育理论的钻研，推动理论和教育实践的结合，是提高教师教育理论水平的有效途径。

学校建立了鼓励教师进行教育科研的管理与导向机制，并依靠专家及教育科研部门的专业引领，建立了以校级课题研究为基础，包括市级、省级、国家级课题研究的教育科研课题体系。近年来，我校先后开展了"发展学生个性，教会学生做人"与"青少年健康个性的形成和发展"课题研究，全国教育科学"十五"规划课题"中学生自主学习与个性发展研究""发展性课堂教学手段与学生个性发展的实验研究""十五"规划课题"激励和促进学生个性最优化发展的研究""课程资源开发促进学生个性发展研究""高中语文课堂教学中因材施教发展学生个性的研究""在分层教学中发展学生个性的研究课题""学校文化浸润下师生个性发展的实验研究""构建数学和谐课堂促进学生个性发展研究""小升初电脑排位背景下教育教学问题与对策研究"等等。实践证明，我们大力加强教育科研工作，对于提高学校的整体办学水平，促进教师业务水平的提高，对于践行先进办学理念，培养学生个性充分发展，有着事半功倍的作用。

4. 关注青年教师,增强队伍活力

在新课程背景下,着力让以中青年为主体的教师队伍的工作学习化,引领他们以实际的教育教学行动践行"以人为本、个性发展、全面发展"的办学理念,"学会反思,学会合作",促使他们转型为"研究者",实现自我更新取向、形成个性特点的专业化发展,特别注重保护并发展青年教师的个性特长、个性风格。

学校的主要做法有:首先是"出点子",即学校先后出台了一系列鼓励青年教师成长的措施,包括建立青年教师成长档案、建立各级骨干教师及学科带头人选拔机制、定期举行轮训及业务比武、定期评选"十佳"优秀青年教师等。在这些措施实施过程中,我们特别注重对青年教师个性特长、教育教学个性风格的保护与发展,明确培养青年教师的价值取向。其次是"引路子",即在学校内建立"以老带新"的导师制,让一批具有鲜明特点、个性风格的优秀中老年教师,积极承担起"传、帮、带"好年轻人的任务,并聘请专家学者以确保专业引领,使每个青年教师都明确自己在师德、师能、师艺等方面的努力目标,明确自己的优势在哪里,特长是什么,应该努力追求何种风格。第三是"压担子",具体的做法是定目标、搭舞台、给任务,使青年教师在努力中健康成长。第四是"要果子",即特别关注青年教师的成长过程,定期向青年教师"要果子",并及时将青年教师的阶段性成绩加以宣传和肯定,以激励其向更高的目标努力。

教育家乌申斯基指出:"在教育中,一切都应当以教育者的个性为基础……教师的个性对学生心灵的影响所形成的力量,是教科书、道德说教和规章制度无法取代的。"可见,促进学生的个性发展,必然要求教师要有自己的个性特长,要勇于创新,树立特色意识,只有形成个性化教学,才能培养个性化人才。

(四) 促进学生的个性充分发展需要不断加强课程体系建设

近年来,我校在"敦品力学"的校训和"以人为本,个性发展,全面发展"办学理念的指引下,不断加强、深化、凸显"全面发展打基础,发展个性育人才"的办学特色。学校通过大力加强建立与自身特色建设相适应的新的课程体系,创造丰富多彩的课程资源,以实现学生的个性充分发展,并进而促进其全面发展、和谐发展。

学校要有个性发展,需要以课程体系为支撑。丰富学校课程,为学生多元选择创造条件。在落实办学理念的过程中,我们打破了以课堂教学为单一形式、以传授

书本知识为单一内容的课程结构体系,以社会需要、学科体系和学生和谐发展为三个基本点,构建了与学校办学理念、特色建设相适应的课内与课外、必修与选修、学科性课程、活动性课程、综合实践课程、校园文化及德育隐性课程、校本课程等组成的具有本校特色的课程体系。

我们着力打破那种"唯学力是图"的传统框架,力图构建多元化可选择的课程体系,让学生可以自由地张扬个性,释放光彩,体验成功,增强自信,健全人格,全面发展。经过深刻的思考与大量的调查,我们提出"个性而全面发展模型"(承认并尊重个体差异——构建多元化校本课程体系,让学生学会选择,张扬个性;让学生体验成功,增强自信;促学生健全人格,全面发展),构建多元化校本课程体系促进每一位学生有个性且全面的发展。我们的主要做法是:

(1)调整优化学科课程。在不增加学生负担的前提下,我们适当压缩了语文、数学、英语等学科课时,为校本选修课程及其他活动课程提供了基本的时间保障。

(2)改革强化活动课程。建立了以"培养个性,发展特长"为目的,全方位开展的课外活动体系。组织开展科技、文体等课外兴趣小组活动,举行校园科技节活动和青少年科技创新大赛等,努力培养青少年的创新精神和实践能力,不断提升学生的科学素养及综合素质。

(3)高度重视落实综合实践课程。学校制订了《泉州第一中学研究性学习学分认定方案》等,把研究性学习纳入规范管理范畴;重视学生社会实践活动的落实,与市各社会实践基地建立起长期密切的联系,并积极、充分发挥德育基地的育人成效。学校还坚持引导同学利用寒暑假、节假日参加所在社区的环保卫生、板报制作、科普宣传、拥军拥属等公益活动,促使学生主动、积极参与社区的服务、建设。

(4)开发校园文化、德育等隐性课程。学校每年均举行"校园文化艺术节"系列活动。如在去年为期两周的时间里,一系列以"美"为关键词的活动"依次上演",引导同学去感受生活的美,鼓励学生去发现美、展现美、创造美,进而共同营造高雅和谐的校园文化氛围。同时,学校始终关注广大同学的健康素质,要求认真实施《国家学生体质健康标准》,强调上好"两课两操两活动",组织一年一度的"体育节",深入开展"阳光体育与祖国同行"学生长跑活动,引导学生树立"每天锻炼一小时,健康工作五十年,幸福生活一辈子"的成长理念。一系列校园文化活动的开展,提高了广大师生的文化素养,丰富了校园文化的既有内涵,进一步营造了生动、活泼、个性、多元的校园文化氛围,促进身心的和谐成长。

值得一提的是,为引导全体学生寻找自身的潜力,找到成长中的自信;引导广大教师不断调整教育者的视角,挖掘学生的闪光点,从而进一步激励学生文明、健康、快乐成长。我们立足原有办学特色,改革传统单一评价方式,于 2011 年 3 月起开展一年一度"校园之星"评选活动。"阅读之星""自强之星"等 12 项校园之星的评选,让每一个个性突出的学生都能得到充分的肯定,并促使其在个性发展的同时全面发展。

(5) 大力开发校本课程。实施高中新课程以来,学校组织全体教师开发出 110 多门校本课程,例如《心理健康教育与辅导》《课本剧编演》《美的欣赏(旅游、建筑、电影等)》《趣味语言文字》《地球探索》《机器人设计》《营养与健康》《围棋与诗歌》《泉州宗教探微》《安溪铁观音茶道》《天文学基础》《高中生职业规划建议》等,让所有学生都有充分的选择机会,促使其在真正保持兴趣爱好的同时,能够不断实现个性充分发展。

作为我市最早成立心理咨询中心的学校,我们始终高度重视师生心理健康,常年在初一、高一开设心理健康教育校本课程,并开展新生心理普查工作,建设新生心理档案,建立心理咨询常态制度,开展团体心理健康辅导讲座,建立心理危机干预应急预案等。作为一项科学性、实践性很强的教育工作,我校心理健康教育始终以学生为主体,关注个别差异,注重生命关怀,面向全体学生,从而获得广大学生、家长、老师的信任及社会各界的认可。学校心理咨询中心获得良好的社会声誉,在福建省已产生一定影响。2012 年 8 月,我校心理咨询中心正式升格为"泉州市未成年人心理辅导站",继续发挥在泉州市的引领示范辐射作用。

(五) 促进学生的个性充分发展需要不断加强课堂教学改革

1. 培育学科教学特色,引领学生个性成长

要"让每一个人的生命绽放光彩",就必须促使每一个人的个性充分发展,这不仅仅是指向于学生,还包含教师、校长等学校的管理者、服务者。而教师的个性充分发展,最主要的就是体现在学科课堂教学上。

要实现学生的个性充分发展,必须促使教师学科教学风格的形成。教师能否形成学科教学风格至关重要,这是能否践行办学理念的核心。我所期待的是,学校的绝大多数学科教师都能具有自己的教学风格,那么学校的教育教学将呈现花团锦簇、争奇斗艳的可观景象。

例如:我校的地理教研组全体教师,勇于进取,团结一致,不断加强校本教研,

在青年教师的专业成长、教学改革创新、教学实效等方面取得突破性发展。我校地理学科青年教师已经连续 5 年获得泉州市学科教学比武一等奖第一名,连续 4 年获得福建省学科课堂教学比赛一等奖。地理组教师人人都有自己的特点,整个队伍实力增强,被评为市先进教研组,被省教育厅确定为"福建省基础教育实践研究学科基地校",发挥着引领、示范、辐射作用。

例如:我校的初中部老师,从九年义务教育阶段电脑排位背景下学生群体的实际出发,加强研究,根据因材施教、合作学习等理论,实施分层教学实践改革,做到学生分层、目标分层、教学分层(备课、授课、练习与反馈检测)、作业分层、评价分层,建立激励机制,一方面极大地促进了学生优势特长的发展,另一方面又促使教师形成自己的教学风格,收到了良好的效果。2009 年我校复办初中部,在 2012 年、2013 年、2014 年中考中,数学、语文、英语等多数学科达 A 率、及格率、平均分连续高居第一,学生个性特长得到充分发展。

在鼓励教师发挥特长、形成个性化教学特色的同时,学校积极为其创造展示的平台和机会。每学期均举办校级、市级教学公开周观摩活动,让有特色具风格的教师担任主角,让其特长充分展示,充分发展。在此基础上,促使教师从自身的个性特长出发,利用自身的能力、人格因素的魅力,一方面培养了学生的个性特长,另一方面又有助于教师形成自己独特的教育思想与教学风格。学校涌现出了苏建伟、吴小凰、陈华彪等一大批特级教师、教育教学名师,更是成长起了刘剑平、邵晏、陈志文等一大批教坛新秀,他们都充满个性特点,逐渐形成自己的教育教学风格,在本地区学科的教育教学工作中发挥着引领的作用。

案例一:摘自《教师专业成长文集》的谢贵荣《我成长》

在"以人为本,个性发展,全面发展"办学理念的引领下,"让每一个人的生命绽放光彩"的教育思想深入人心,就是在这样的学校氛围中,我快乐成长着、幸福发展着。

从走上讲台的那一刻,经过学校培养青年教师"出点子""引路子"系列活动,我渐渐地确立了自己的教书口号:即"教书死,但决不教死书,更不死教书","个性""自信""效率""成就"一直是我专业成长关键词。我的语文教学总是充满个性,"花样百出":课堂上,一定要有学生欢愉的应和声音,最不能忍受的是学生趴伏课桌、心猿意马;其他老师的"课前三分钟"仅仅就三五分钟,我的"课前三分钟"却鼓励学生"课前十分钟""二十分钟"甚至整节课。课堂外，我的语文作业是展现学生个性的《个人周刊》，除了"每周一文""个性展台"，还要求设计封面、编排版面、美化插图等等。另外，每届学生必定开展"课本剧展演""中秋诗会""美文荐读"等语文活动……尽管我的语文教学个性十足，但在学校"教师没有个性学生就不会有个性"的"怂恿"和支持下，我一路走来，泉州一中第二届"十佳"青年教师、泉州市首批骨干教师、首届"教坛新秀"，中语会"全国优秀教师"，福建省中小学教学学科带头人培养对象……我在语文教育教学的道路上一步一个台阶地前行着。

如今，我喜欢被学生亲切地称呼为"谢老""老谢""荣哥"；而曾经的"绝对"：你我有缘成师徒谢天谢地谢贵荣十余年迄今未有人应征出上联；学生毕业留言曰"信荣哥　得高考"，有生如此，夫复何求？

案例二：摘自《教师专业成长文集》的邵晏老师《让每个人的生命更精彩》

在这所名校毕业生云集的名校，我的起点低之又低。但这所学校不拘一格、自由宽松的人文氛围和充分促进个性发展的教育理念使我在这里如鱼得水，从一个普通的老师成长为学校教学骨干、市级学科带头人乃至省学科专家库成员，形成了自己个人鲜明的教学风格。

我喜欢在学生的笑声中传授知识。"亲其师则信其道。"了解学生需要什么、喜欢什么很重要。泉州是李贽的故乡，以"赤子"之心投入教育是积淀的文化传承之所在。生动的课堂离不开教师的童心，放下架子，装傻卖萌，主动"矮锉穷"，失去的不是为师的尊严，而收获的则是学生的亲近。我的课堂历来轻松：每一届学生毕业留言总离不开"老师，你的幽默是我们课堂兴趣的发源""在轻松的说笑中，枯燥的政治道理在您的口中熠熠生辉，妙趣横生……"

我喜欢在闲聊中夯实学生的文化底蕴。"我不同意你的观点，但我誓死捍卫你说话的权利。"我的课堂总是散文式的，围绕主题，天南海北、信马由缰。久而久之，学生也形成类似的风格。在我设计的课堂新闻分析环节，总有学生语惊四座的宣讲以及师生激辩的场面。学生也有自己的见解、经历、优点和劣势，思想的碰撞才会产生火花，才会照亮自己和别人的心灵。我的课堂充满名著、电影、诗词和时政语言。不读死书，不死读书，是我的理念，也是一中的传统，更是学生个性充分发展、和谐共进的必需。

教育是长远的事业,抛却功利的成分才有教育的本质所在。让每个生命精彩,让每个个性酣畅淋漓地展现,是一中一贯的理念,也是我始终的追求。

来自毕业校友的心声:

"语文老师谢贵荣老师,给我的第一印象就是——文学大师的典范呀,一行字一句诗,课堂形式新颖,对学生思想的开发,那气场能镇得住一个时代。我用了一个学期零一个月跟您学习,需用尽余生回味。"(摘自陈志凯校友的《一中回忆录》,考入北京理工大学,现为清华大学博士)

"高中三年的学习中,对我影响最深的是我们的班主任—邵晏老师。一个严厉且带有深刻哲学思考力的老师……我后来反思自己的成长,发现身上许多能力的形成与发展,如学习意识、逻辑思考能力,以及对待事物的判断能力都来源于他的启发。"(摘自赖琳娟校友的《最忆是梅石》,2005 年进入北京大学深造,硕士毕业后留校工作)

"高中那会儿,最喜欢上的莫过于王进兴老师的政治课,枯燥的政治课,在老王的演绎下是那样的生动。每次上课,王老师总会把许多自己经历过的实例带到课堂,并很自然地和书本上的知识点结合起来,一堂或将单调的课,在老王的'表演'下,俨然成了一峰园里的'故事会'。"(摘自倪俊峰校友《泉州一中 我可爱的家》,2007 年考入福建师大,现为中学教师)

"泉州一中的老师是整个泉州最敬业最有奉献精神最可爱的老师。我们的老师教学经验丰富,备课一丝不苟,有的上课风趣幽默,比如被称作肉燕的邵晏老师,有的严谨专注比如郭天生老师,有的亲切关怀比如有着可爱外号mimi 姐的徐秀珍老师……"(摘自蒋智智校友《再续一峰书 不败梅石花》,2008 年考入国际关系学院,现为公务员)

"刚刚进入一中的时候,我听到过一个词,叫做'个性'。确实,老师的个性在潜移默化地影响着我们。我清晰地记得,语文老师——'戴着镣铐跳舞'的游侠,他教会我们怎么感知语文;数学老师——'纪律是铁的,数学思维是美的',你可能惧怕其严父般呵斥,但一定不会拒绝与其兄弟般一起嬉笑怒骂的爽朗;英语老师——品位与智慧的女士,是'移动的语法词典',也是格调生活的导师;政治老师——'多看书做一个博学的人',他的个人书房就是我们的图书馆;历史老师——从他那儿,我们知道了历史脉络,更懂得细节之美。这就是一中老师的个性,他们给我留下了极其深刻的印象。"(摘自陈志凯校友《我们的青春在那里》,2008 年考入北京理工大学,现为清华大学博士)

"记得以前每节语文课的前十五分钟,倪宁馥老师都会给我们讲讲时下的社会热点,他在讲台上风趣幽默、声情并茂地评议时事的样子,仍然历历在目。即使是最忙碌的高三年,这十五分钟也一直是保留节目,他帮助我们不时跳脱出象牙塔,告诉我们生活不只在眼前,还有远方。"(摘自朱蕴儿校友《梅石之上春常在》,2009 年考入中国科技大学)

"高中时,我的语文成绩就不错,一直都是语文科代表。一路走来,真的受到了语文老师格外的关心与教导,正是老师的引导让我渐渐张开了向往文学的翅膀,拥有了一颗渴望用文字表达自己、传递责任的心。……也正是老师的引导,我才义无反顾地选择了文学院,选择了能将文字付诸于社会责任,实现像邵飘萍一样'铁肩道义,妙手文章'的新闻学。"(摘自蔡楚泓校友《长满故事的参天古榕》,2008 年考入山西大学,现在申请进入香港中文大学深造)

来自在校生的心声:

高二年 12 班陈晓艳同学《关于奇葩老师谢贵荣和邵晏的故事》

一年多前的夏天,从一中校门口经过,我便深深地被它吸引住了,它散发着一种特殊的气息,直觉告诉我那种气息就是我一直所寻找的。于是中考填报志愿的时候我便抛开家里考虑到的种种不便,"固执己见"地选择了一中。时至今日,我仍常常设想如果当初我没有坚持自己的选择,于我十七八的花样年华是一种怎样的缺憾,真的无法可想。也许每个人离开学校,到后来回忆起来都会对母校产生深深地喜爱和怀念之情,但如果是不论当你身在其中或晚年回想起来,都能面带微笑滔滔不绝地谈起学校的人和事,那是不是更发人深思:这是一所魅力多么强大的学校!

高一一进一中,我就被我们语文老师——谢贵荣老师雷到了。你绝对想不到有老师是这么"教书育人"的。第一节语文课他跟我们说当他的学生身上必须要有两个跟胎记一样的标志性特征,那就是自信跟个性。知道这一点后,你便不会对他接下去的做法太惊讶。

我们的语文课有一个跟《新闻联播》一样固定的环节，那就是课前演讲。谢老师给它取了一个寓意深刻的名字叫"蛙眼看天"，每天一个同学自主选择一个热点话题或古代成语、寓言故事，简述一下基本内容，亮点在于提出自己的观点，即"我认为……"很多同学上语文课都"如鱼得水"。个人周刊是我们为数不多的语文作业之一，它给我们提供了自由生长的土壤。透过个人周刊，你一定能看到或想象到一张张鲜活独特的面孔。有的同学在个人周刊上刊登了自己创作的连载漫画，更有甚者在周刊上写了一百多集的电视剧剧本。个人周刊秀出的是我们的个性，那是我们三年高中生涯最珍贵的财富。那是最费脑力和体力的活计，可是竟然没有把它当成作业，一年下来创作热情居高不下，因为有谢老师的大力支持——学期末会举办一个个人周刊"贵荣杯"颁奖典礼。

谢老师离开了学校，换了新单位。他的离开让大家伤心不已，但我们始终不会忘记我们是谢老师的学生，因为，我们身上有两个"胎记"——自信和个性。

政治老师邵晏老师也很奇葩。

政治课堂也是"海阔凭鱼跃"，邵老师很早就跟我们说："每个人真正应该奋斗的目标是唯一，而不是第一。你们本来都是孤品，千万不要奔着一个样子活。"所以班上的同学该张扬的一点也不收敛，连检讨书都成了展示个性的平台。邵老师也是正宗文科生出身，他非常反对文科生一股脑投进教科书中去而"两耳不闻窗外事，一心只读教科书"，他一直努力拓宽我们的视野，开阔我们的眼界，用他的文学素养来熏陶我们，并且把自己家中的小书库向同学们开放，让同学们去借书，各种各样的书都有人借，同学们实在是被他"我以我书荐人文"的大气所感染。

进了一中，才知道当初是被它身上的什么魅力深深吸引住了。

——是自由欢快，在这里连空气中都充斥着自由欢快的气息。

——是人文情怀，在这里同学之间、师生之间真诚美好的感情，让人无时无刻都能感受到温暖，空气中都充满着温情。

2. 推进高效课堂教学改革，引领学生个性成长

当前学校教育改革进入关键阶段，聚焦课堂教学改革是必然要求。尤其是我

校在践行促进学生个性充分发展办学理念的过程中,越来越强烈地感到只有真正推进高效课堂教学改革,才能真正落实学生的主体地位,才能真正促进学生的个性充分发展。

2013年秋季,我校正式推行"两环三案六步"高效课堂教学模式。

"两环三案六步"高效课堂教学改革模式的指导思想:遵循我校"以人为本、个性发展、全面发展"的办学理念,以实现学校持续发展、特色突破为宗旨,以深化课程改革、推进素质教育为核心,以转变教师教学方式和学生学习方式为重点,以充分发挥学生学习的主观能动性作用为核心着眼点,结合学校实际,全面落实新课程教学理念,深入推进课堂教学改革,规范教学行为,优化课堂教学过程,提高课堂教学效率,为师生健康成长和学校科学发展奠定坚实基础,全面提升学校办学水平。

"两环三案六步"高效课堂教学改革模式的内涵:指的是在课前指导与预习(一读二看三练)和课堂讨论与总结两个大环节(四构五评六提)中,以"三案"("学案""练案"与"教案")为载体,分别实施完成预学、讨论与总结提升的教学过程。"两环"即课前预习与教学推进两个环节。第一环节为课前指导与预习环节,指第一学习时间学生预习的三个步骤,具体分"三步":一读,通读教材,把握梗概;二看,精看教辅,知识提炼,由厚到薄;三练,填写学案,边填边记。第二环为课堂讨论与总结环节,指第二学习时间教学的三个步骤,具体分"三步":四构,教师提供知识体系,帮助学生构建知识体系;五评,学生小组内部质疑对抗,合作学习,展示成果,教师及时点评;六提,教师帮助学生总结提炼。

实施高效课堂教学改革以来,极大地改善课堂教学生态,极大地促进教师专业成长,迅速地扩大学校积极影响。更重要的是极大地调动了师生的学习积极性、主动性与创造性,促使师生的个性得到充分发展,学校的办学理念紧接地气,生根、发芽、开花、结果。

(六) 促进人的个性充分发展需要注重校园文化建设

1. 宣讲

利用教职员工大会、学生大会对办学理念进行宣讲,通过大量的古今中外教育家的理论与实践事例、大量的现实教育教学实践中成功与失败的事例,让全体师生具体理解、深切感受到办学理念的科学性、合理性。目的在于形成共识。

2. 诠释

向全体师生、校友征集办学理念显性化文本，人人参与对办学理念的诠释。学校举办为期近半年的办学理念显性化文本征集活动，经过初选、推荐、终选，结合网上投票数与专家评委意见，最终"如梅之韧，似石斯坚"等10件作品获一等奖，24件作品获二等奖，33件作品获三等奖。获奖者中有教师、职员、校长，也有学生、家长、校友。"办学理念显性化文本征集"活动的成功开展，进一步丰富、提升我校既有"三风"（校风、教风、学风）的内涵，促其发挥应有的引领和激励作用，并积极、有力地推动了"校园文化建设先进学校"的创建工作，为将办学理念从意识转化为行动奠定了坚实的基础。

3. 践行

建立学生个性信息档案。新生刚一入学，就安排进行一项信息调查，即由新生填写个性特长调查表，建立学生个性特长信息档案。

建立学生成长导师制。在学生入学之后，在经过个性特长信息收集的基础上，介绍教师的个性特长，每位学生经过自己的了解，实行双向选择的方式，确定学生成长导师对象，建立师生共同成长机制。

同时，在开展课题研究、开发校本课程构建课程体系、教师队伍建设培育学科教学特色、推进高效课堂教学改革等过程中，强调个性发展教育的重要，让教师与学生在参与、开发的过程中体验感悟自身个性发展、全面发展。

4. 熏陶

创建个性鲜明的校园文化，以文化浸润师生，让师生共同发展。首先是理念文化。凝练确定学校的办学理念之后，就要将办学理念显性化，第一步是由全体师生共同创作办学理念显性化文本，第二步将这些师生智慧结晶上墙，让每一名师生都做到心知肚明，促使师生将办学理念化为具体的行为，成为行动的指南，成为共同的价值取向。其次是制度文化。重新修订原有的系列管理制度，将办学理念作为制定管理制度的指导思想，并将之具体体现在每一个管理制度里。第三是行为文化。以理念文化、制度文化为衡量标准，具体规范全体师生的行为。第四是硬件文化。不仅仅是将办学理念显性化文本上墙，更重要的是从师生的实际需要出发，建设学校的硬件设施，充分关注师生个性充分发展的需要，为师生个性充分发展创造优越的条件。

四、"让每一个人的生命绽放光彩"的实践成效

1. 多元化成才成为常态

在德化一中五年,学校在短时间里重振雄风,学校发生了翻天覆地的变化,走上了持续健康发展的快车道。

在泉州一中十年,学校从低谷处不断攀爬,取得了突出的办学业绩,培养出了近万名优秀毕业生,实现了"高进优出、中进高出、低进中出"的办学目标,也就是学校不仅会培养高起点的优秀学生,还能培养普通起点的一般学生,让每一个选择学校的学生都能够获得进步,实现自己的梦想。

可以说,在"以人为本、个性发展、全面发展"的办学理念引领之下,学校发生了显著的变化。学生自信成长,个性充分发展,进而促进学生的全面发展,带动学校的办学质量大幅提升和各项事业蓬勃发展。也就是说,多元成才已经成为一种常态,一种办学特色,一种学校文化。近年来,不管是哪一方面,还是哪个项目,我们学校的学生都有最优秀、最出色的表现。

升学成绩方面表现突出。高考方面,每年都取得显著的进步,一大批优秀学生进入北京大学、清华大学等一流高校深造,本一批、本二批升学率直线上升。中考方面,2009 年复办初中部以来,同样是电脑派位的学生群体,在已经毕业的三届毕业生的中考成绩,我校学生在优秀率、及格率、平均分等主要评价指标中名列泉州市公办学校综合成绩第一名,包括在个人总分、单科最高分上均遥遥领先。

学科竞赛方面实现突破。即使我校生源起点一般,可我校学生在学科竞赛方面却取得突出的成绩,在数学、化学、信息技术等奥赛科目中均实现重大突破,其中刘家昌同学、黄培钧同学获得全国信息技术、化学奥赛的金牌、铜牌,另有一大批学生获得省赛区一等奖;更为值得关注的是我校学生在非奥赛科目频频获奖,每年在声乐、器乐、合唱、美术、科技创新、平面设计、航海模型、机器人、征文、演讲、体育等各种比赛中获奖近千人次,呈现出个性充分发展、进而促进全面发展、最终达到和谐发展的喜人景象。

更重要的是,越来越多的学生庆幸自己是泉州一中的学生,感恩自己的个性特长能够被发现、被保护并得到充分的发展,哪怕它与高考无关或相关度很低,感恩能够在泉州一中这个充满人文关怀的校园里自信而健康快乐地成长。譬如平面设

计"狂人"2007届的黄何同学、计算机高手2008届的李烨晨同学、2013届天文社社长黄俊博同学、高一获得全国青少年魔术大赛金奖现高二的许栩同学、初二举办个人国画作品展现高一年的陈锦钰同学等等，不胜枚举。下面列举几个案例：

案例一： 2007届的黄何同学是我们学校促使学生个性充分发展、进而促进全面发展、实现和谐发展的一个典型事例。刚入学时，黄何同学文化课成绩比较一般，是一些老师眼中不爱读书的"差生"。但他非常积极地参与各项活动，参加创立了学生会网络部，学校电脑设计社团，以及进行机器人研发。其中学时创办的学生网站51FLY，更是全市中学生必上的网络社区。他敢于有梦想，发现了自己的优势潜能，并努力付出，以长促短。在全国中学生电脑制作比赛中，连续两届获得高中设计组福建省冠军（全国第12、13名）的佳绩。因为他的特长优势得以充分展现，他获得了东华大学莱佛士国际设计学院一等奖学金，进入大学深造。在大学期间，他与朋友一道制作了一个网络视频节目《一日一囧》，用搞怪和笑话作为节目主题和特色，其层出不穷的创意和幽默竟吸引了200万中国网民每天定时前来观看，成为中国最受欢迎的网络播客之一。3年时间即完成本科学业，之后他获得了香港理工大学设计学院课程主管辛向阳教授的青睐，与来自清华美院、中国美院、加州艺术学院等知名设计院校的本科毕业生一起入读交互设计硕士课程，只用1年时间即完成硕士学业（世界排名前30的知名设计学院硕士学位）。硕士毕业后，他加入了香港TalkBox公司担任中国地区经理，参与设计开发了世界第一款智能手机语音对讲应用程序，吸引了亚太地区数千万用户使用。现在已经率领一个创业团队在美国硅谷创业。

案例二： 2008届学生李晔晨学习成绩好，但不善于跟他人沟通、交流，是典型的智商高、情商较低的学生。经过老师的鼓励与动员，他参加了信息学奥赛兴趣小组。信息学兴趣小组都是利用寒、暑假外出培训或比赛，在这个过程中，需要不断地与其他学校的高水平选手进行交流，他意识到自己的不足，于是在平时的学习生活中不断加强锻炼。在兴趣小组里，因为他每次练习都完成得很好，老师就动员他辅导较差的学生，甚至要求他走上讲台，给同学开"讲座"。在参加信息学奥赛兴趣小组以后，他获得了更多的自信，并有效地促使他克服了自身的不足，懂得了与他人交流、分享，成为一名品学兼优、全面发展的学生。该生后来获得信息学奥赛和数学奥赛两项一等奖,并保送进北京大学深造。大三时即赴香港大学交流学习,大四则代表北大参加在波兰举行的ACM大赛(即全球大学生程序设计大赛),荣获大奖。现已保送北大研究生,并担任老师的助教。

案例三:2012届学生陈伟城,从小喜欢数学,逻辑思维好,但是偏科严重,语文和英语均是薄弱科目,总分很不理想。老师在信息技术课上发现该生适合参加信息学竞赛。于是,从高一开始鼓励该生参加学校组织的信息学奥赛兴趣小组,并且利用寒暑假将其带出学习。在培训学习信息学知识与能力的同时,也就是其不断获得自信心的同时,老师要求其撰写培训心得、感想、总结等文章,还经常鼓励其写些小论文,如解题报告等,并推荐发表在各种学生杂志上。经过两年多时间的努力,该生的文、理科成绩稳步提升,在竞赛中获得省一等奖,获得参加保送生选拔,最后被保送同济大学深造。

案例四:2014届的刘家昌同学又是一个个性充分发展、实现全面发展的典型例子。他从2008年通过电脑派位进入我校初中部,如果从各学科的总分来看,他并不是出色的学生,但其在计算机方面有超出常人的优势,初一年时参加学校的信息学社团,到初二年时即已崭露头角,参加福建省初中信息学奥赛,获得二等奖,到初三年时获得一等奖。此后保送进入我校高中部学习,因为在信息学方面屡获佳绩,使他建立起了足够的自信心,促使他各方面全面发展,他是竞赛老师的得力助手,是班长,是学生会主席,是学生志愿者社团的社长。可以说,他做到了个性发展、全面发展两不误。在高一又获福建省赛区信息学奥赛一等奖,高二在获得一等奖的基础上进入福建省集训队,并在最后的淘汰赛中胜出,代表福建省参加第30届全国青少年信息学奥林匹克竞赛,勇夺金牌,在比赛现场被清华大学保送录取。他还先后被授予2013年度"福建省十佳共青团员"称号、"福建省小科学家"称号、2014年"庄采芳·庄重文奖学金"、荣获"第九届中国青少年科技创新奖"等。

案例五:2014届的黄培钧同学的例子更加典型。2011年的中考,对于他来说,无疑是残酷的。在语数英三科总分只有390.8分的情况下,只能被我校录取为择校生。他进入我校高中部学习以后,刚开学自信心不足,情绪低落,担心自己跟不上同学们。开学后不到一个月,他抱着试试看的心态参加了学校组织的化学学科竞赛社团,经过老师的悉心指导,初中部并没有任何竞赛基础的他,对化学学科产生了浓厚的兴趣,也逐渐取得一些成绩,获得了一些奖项,此后,他更加地投入,利用节假日,利用其他同学休息的时间,投入到化学学科的竞赛学习之中,随着自信心的逐渐增强,他获得的奖项也越来越高,到高二时获得泉州市赛区一等奖,此后又获得福建省赛区一等奖,到高三时又获福建省赛区一等奖,并且进入福建省集训队,经过集训残酷的PK,获得了代表福建省参加全国总决赛,获得铜牌,获得了清华大学的加分奖励,最后通过全国普通高考被清华大学录取。可以说,他自从被发现了自己的个性特长、天赋优势,自从建立了自信,一路走来,生命的鲜花不断绽放。由于他的个性特长得到充分发展,随着自信心的不断增强,对他的全面发展起到了极为重要的促进作用,最后成为一名具有鲜明个性特长又全面发展的品学兼优的学生。今年寒假,他组织在京各高校的优秀学生回母校开展系列讲学活动,充分展示其综合素质。

案例六:2014届初中毕业生吕陈力同学,爱好画画,学校专门为其配备专业指导老师,经过三年时间的努力,通过素描、速写、色彩、书法等专业课测试科目,以优异成绩被中央美术学院附中录取为2014届高一新生(泉州市近10年唯一)。

2. 办学个性日趋鲜明

十年来,泉州一中以"敦品力学"为校训,在此基础上,校长牵头凝练学校的办学理念,即以"以人为本,个性发展,全面发展"为办学理念,不断加强、深化、凸显"全面发展打基础,发展个性育人才"的办学特色。以构建具有泉州一中特色的课程体系为办学个性之一,这是创建特色学校的第一支撑点,学校大力加强建立与学校特色建设相适应的新的课程体系,做到国家课程校本化、地方课程特色化、校本课程个性化,全面实施新课程实验,开足开齐课程。以创建学生"社团群"为办学个性之二,加强学生社团的建设与管理,指导学生科学合理开展活动,彰显学生个性。以加强心理健康教育为办学个性之三,加强师生心理健康教育,实现心理健康教育课程化、常态化,促进学生健康快乐成长,我校心理健康教育中心被泉州市委宣传部、文明办确定为泉州市青少年心理辅导站,在泉州市发挥示范辐射作用。以加强科技艺术教育为办学个性之四,加强科学、艺术教育工作,强化科学与人文并重,科技、文学艺术特色项目众多,提升学生的科学与人文素养。以彰显各学科教师教学特色为办学个性之五,大力开展学科教学特色建设,以教师的个性培养学生的个性,注重学生合作、探究能力的培养,注重学生动手实践能力、创新能力的培养。以彰显课堂教学改革为办学个性之六,积极探索教与学方式的转变,把提高教学质量的着眼点放在提高课堂教学效率上,真正实现减负增效的目标。以彰显德育特色为办学个性之七,全面推行"体验式主题班会"实践,注重德育创新,培养学生健全人格。以彰显多元评价为办学个性之八,大力重视改革学生评价工作,扎实落实综合素质评价改革工作,开展评选"校园之星"活动,以实现学生个性发展促全面发展。多一把衡量的尺子,就会多出一批好学生。评价不是为了排队,而是为了促进学生个性发展、全面发展。"没有最好,只有更好",教育评价的意义在于实现"更好"。

3. 办学前景值得期待

师资队伍实力雄厚。经过十年时间的精心打造,在鼓励教师形成教育教学个性风格的指导思想影响下,如今的学校名师荟萃,一批学者型、专家型的教师已构成师资的核心力量,他们师德高尚、师能精湛,他们个性鲜明、风格各异,深受学生喜欢、家长信任,可以说师资力量雄厚。现有国家级名师、名校长 3 人,省特级教师 3 人,省市学科带头人 22 人,省市骨干教师 63 人,省市教坛新秀 35 人;30%的教师具有研究生学历;超过 50%的教师在市级及以上教学比武中获奖。

办学硬件条件一流。泉州一中学府路校区(旧校区)的硬件条件得到巨大改善,学生公寓一号、二号先后投入使用;校园主干网升级,录播系统、白板多媒体、安全监控系统等建成正式投入使用;理化生实验仪器、设备齐全,运动场、体育馆、多功能教室应有尽有,能够满足教育教学需要。泉州一中东海校区(新校区)建设,完全按照福建省一级达标学校的最高标准进行,政府投入五亿多元,为学校硬件建设提供保障。

品牌名校重铸辉煌。泉州一中学府路校区(旧校区)的初中部虽然复办仅仅只有六年时间,2012、2013、2014届中考成绩,在所有电脑派位的公办学校中,在优秀率、及格率、平均分等各项指标中稳居第一位,且遥遥领先,已经发展为泉州市区最优质的、最受学生家长喜欢的公办学校初中部。高中部办学竞争力连续大幅上升,仍然保持大面积丰收的传统优势。

东海校区值得期待。泉州一中东海校区(新校区)建设进度正常,将于 2015 年正式招生,开门办学。初一年级开设 8 个班,招收 400 名学生。东海湾必将是泉州市未来政治、经济、文化的中心,随着泉州市各项事业的健康快速发展,新校区的发展前景令人振奋、令人期待。

4. 引领作用日益凸显

理念引领。泉州一中作为省首批一级达标学校、省首批示范性高中,在长期的教育教学实践中,能够提炼出"以人为本、个性发展、全面发展"的办学理念,本人多次在全国高中教育委员会、教育部中学校长培训中心、福建省教育厅等主办的校长教育思想研讨会上作专题发言,在泉州市教育局主办的校长读书班上多次作专题发言,在泉州市基础教育领域具有引领作用,在省内甚至省外也有一定影响,引领了一大批校长更加关注学生的个性发展问题。本人已担任我省多期骨干校长的指导导师。

实践引领。经过长期的教育教学实践,能够把办学理念落到实处,生根、发芽、成长、结果,办学硕果累累。在课程体系建设、学生社团建设、心理健康教育、科学艺术教育、学科教学个性培养、高效课堂教学改革、德育工作新模式探索、学生多元评价改革等方面均有比较成功的实践,取得比较显著的成效,发挥突出的区域性引领作用。十年间,学校先后获得国家级、省级、市级各种集体荣誉30多项。

5. 社会反响越来越好

(1)来自毕业学生的心声

"十年前,我幸运地选择了泉州一中,又遇见了那里敬业的老师们,他们因材施教,不仅能够容忍学生们屡次犯错,而且引导他们向感兴趣的学科发展。"(摘自陈焕阳校友的《十年》,2001年考入上海交通大学、硕士、博士,26周岁即被苏州大学聘为特聘教授、博导)

"十年荏苒,铁打的营盘流水的兵,一群又一群的我们昂首离开,都怀带着母校授予的精神财富。"(摘自曾石铭校友的《梅石三记》,考入北京大学,现在北京工作)

"六年一中,六年北大。从一峰楼、梅石花,到未名湖、博雅塔,正是母校一中为我们播下了理想的种子,滋养着我们卖力地生长着,是我们梦开始的地方。"(摘自陈坚校友《一中,梦开始的地方》,2006年考入北京大学,现北大硕士在读)

"其实,泉州一中和清华大学的校训是相近的,'敦品力学'与'自强不息,厚德载物'都注重学生的'德'与'志'。"(摘自林燕梅校友《梅石学子圆梦清华》,2006 年考入清华大学,现在北京航空航天大学工作)

　　"在一中的三年中,我们一起踏青,一起歌唱,一起交换喜欢的漫画,一起分享心仪的音乐……同学们爱好广泛,多才多艺,个性特长突出,学校为我们搭建了许多展示才华的平台,无论是红五月合唱比赛、趣味运动会,还是每年的文化艺术节,在运动场上,在舞台上,都能看到同学们活跃的身影。"(摘自黄绮媚校友《不可复制的时光》,2007 年考入华东政法学院,现在英国留学)

　　"高中三年生活对我而言是多彩多姿的,我们参加运动会、英语联欢会、辩论赛、艺术节……都是我记忆中抹不去的一笔。……我很庆幸自己选择了泉州一中,我在这儿度过了生命中最难忘的三年。"(摘自许宜滢校友《一路成长一路收获》,2007 年考入上海海事大学,现在上海海事大学硕士在读)

　　"刚入泉州一中时,我的语文成绩总是较差,老师总是不厌其烦地鼓励我,给予我悉心指导,从前文笔生涩的我,现也不时有生花妙笔。这一切都是老师们无微不至的关怀和帮助的结果。在我困惑时,他们是一盏指路明灯;在我进步时,他们是我继续前进的助推器;在我成功时,他们却是幕后为我默默鼓掌的'英雄'。"(摘自翁泽斌校友《我爱一中》,2008 年考入北京师范大学,现在福州海关)

　　"一中课堂外的生活是令我最怀念的。每年的红五月,当大家登上舞台,几十个人的声音凝成一首歌回荡在体育馆上空,我们发现这个夜晚多么美妙,歌声多么令人陶醉。每年的夏末初秋的运动会也给我们留下了美好的回忆,飘扬的班旗、擦不完的汗水、埋头写通讯稿的女生以及最后凝固在快门里的集体照,将它们仔细地放入自己青春的纪念册,留下那年我们的绿色光华……"(摘自蒋智智校友《再续一峰书　不败梅石花》,2008 年考入国际关系学院,现在国安局工作)

　　"是老师们悉心关心,耐心帮助,认真指导,使我重新燃起了希望之火,重新充满了自信,成绩在不断地进步。当我收获北京师范大学的录取通知书时,我心里最想说的,就是感谢我的老师们!"(摘自郑良宏校友《一中情:忘不了的踏实》,2008 年考入北京师范大学,现台湾大学中文系硕士在读)

　　"我们写小说,开诗社,填词写诗,交流文学。我们会怀念那时的'一品诗社',会怀念我们创作的那部还没完成的武侠小说,以及里面顽强无敌的'一峰派';我们一同在红五月里唱响了'二十年后再相会',一举拿下了全场最高分；我们在体育课挥汗打球,让汗水和激情浸泡青春的种子；我们在卡斯奥课本剧大赛的历史纪元中留下了一颗璀璨的明珠……我们还有各种各样的人才,说也说不完,他们不仅优秀地完成了基本的学习,同时还发展了属于自己的个性与特长,成就了自己。这就是我们大家共同认同的,且为一代代一中人所传承的。"(摘自陈志凯校友《我们的青春在那里》,2008 年考入北京理工大学,现为清华大学博士)

"从一峰书到博雅塔,从梅石花开到未名清歌,截然不同的生活环境,不一样的校园风貌,不一样的认知体味,都深深地震撼着我。北大是一个崇尚自由、民主的学校,这里的学生有着自己独特的思考和睿智的判断,在与一群群优秀的同学交往中我享受着交流和学习的快乐,而每当这时我总要想起一中,想起我们那个温馨快乐的校园,那个滋养我们生命成长的美丽校园。"(摘自龚玉婷校友《从一中到北大,一段不一样的征程》,2010 年考入北京大学,现在日本留学)

以上例举的仅仅只是一小部分学生的心声,虽然他们毕业的时间还不长,但年轻的生命已然绽放出耀眼的光彩:2001 届毕业生陈焕阳 26 周岁便成为苏州大学特聘教授、博导；同样毕业于 2001 年的吴泽源同学(现改名吴欣鸿),已经成为中国最流行的图片软件"美图秀秀"的创始人、美图网董事长兼 CEO；毕业于 2001 年的陈剑瑜同学,是飞鱼科技(上市公司)的总裁；毕业于 2007 年的黄何同学,是美国硅谷创业团队的"领头人"……还有更多的年轻生命,尽管现在还谈不上怎样的成就,但他们健康的心态和进取的精神让他们为自己的未来奠定了良好的发展势头。我们坚信,他们在未来的生命旅途中,一定会绽放出更加璀璨的光彩!

（2）来自社会的认同

近年来,学校荣获全国教育科研先进学校、全国特色学校、福建省文明学校等10 多项省部级及以上集体荣誉。重要媒体如《中国教育报》《香港商报》《泉州晚报》、泉州电视台"泉州新闻联播"与"名城群英会"、《东南早报》《海峡都市报》等均有专版报道。现在的泉州一中已经行进在重铸辉煌的征途上,重新焕发青春活力,重新成为学生向往的学校。它是福建省首批一级达标学校、省示范性高中、省高中新课程改革样本校等。更重要的是经过几年时间不懈努力,学校重新回到第一层面优质教育资源行列,得到全市人民的高度认同,获得了新的发展机遇,在泉州新的政治、经济、文化中心区域——东海湾再建一所泉州一中,即泉州一中东海新校区。

促进每一个人的个性充分发展,让每一个人的生命绽放光彩,是我们基于对历史与现实、功利与伦理、共性与个性、理论与实践等关系不断理性思考基础上的教育追寻与感悟,也是我们对教育本质的理解与追求。由于自身视野、积淀的局限,难免失之于偏颇,也可能显得肤浅,肯定不够全面,也不够深刻。但是,她已经成为我与泉州一中的教育追求,我将尽我所能,与全校师生一起,进一步坚定信仰,不懈追求。那就是:教育的终极目标就是让每一个人的个性充分发展,进而促使每一个人的全面发展,为每一个人的生命绽放光彩奠基,从而让每一个人生命绽放出夺目的光彩!

参考文献

[1] 伊曼努尔·康德. 论教育学[M]. 上海:上海世纪出版集团,2005:3.

[2] 马克思,恩格斯. 马克思恩格斯全集(第3卷)[M]. 北京:人民出版社,2002:303.

[3] 叶澜. 教育创新呼唤"具体个人"意识[J]. 中国社会科学,2003(1).

教育：让每个人的生命绽放光彩

——赖东升校长教育思想有感

教育部中学校长培训中心 代蕊华

非常高兴能够与各位校长一起聆听赖东升校长教育思想的报告,聆听了校友代表、家长代表、学生代表的发言,从我个人来讲,让我对赖东升校长教育思想的认识更加全面与系统。应该说,赖东升校长的教育思想,看似十分平凡,教育促进每一个人的个性充分发展,让每一个人的生命绽放光彩。实际上,平凡之中蕴含非常丰富的道理,这是在我们国家强调全面发展的背景下,强调坚持党的教育方针,强调培养社会主义建设者和接班人的大的背景下,来谈学校教育要促进每一个人的个性充分发展,就显得特别富有意义。

下面,我想从感受、感悟与感想这几个方面来谈。

一、感受

(一)思想与文化的交融

赖东升校长的教育思想不是凭空产生的,也不是单纯基于理论上的思考演绎而来的,而是基于他所在的地区——泉州,这一非常具有文化底蕴的区域文化背景下产生的,"敢为天下先"也好,"爱拼才会赢"也好,泉州这一区域文化长期的深厚的积淀,孕育了赖东升校长的教育思想。当然,这种思想与文化的交融,还包括与赖东升校长所在学校的文化积淀的交融,无论是德化一中,还是泉州一中,都是历史名校,都有悠久的历史、深厚的文化,我们能够深切地感受到赖东升校长的教育思想与泉州、与德化一中、与泉州一中的文化是密切交融的。

(二)思想与经历的统一

赖东升校长的教育思想与其经历是非常统一的。他谈了很多的故事,很多的关键的事件、关键的人物,这些都能够让我们鲜明地感受到,就是在他的成长经历中,就是在他的每一个具体的事件、具体的人物,和接触到的每一个师生的生活中,逐步地形成、构建了他的教育思想。

（三）思想与性格的吻合

赖东升校长的教育思想与其性格是特别吻合的。赖东升校长给人们的感觉是温文尔雅、富有内涵,在这样的一个性格下面,能够提出"促使每一个人的个性充分发展,让每一个人的生命绽放光彩"这样的教育思想,是非常贴切的一种思想表达,感到这也是充满智慧的,他所主张的"让每一个人的生命绽放光彩"的教育思想是非常柔和的、富有内涵的。

二、感悟

（一）每个生命是多彩的

这一句话看起来是很平凡的,但在办学过程中能够真正呈现出来并不简单。能够不用同一把尺子衡量所有的学生,这是非常难以做到的。我以为,赖东升校长的教育思想非常朴素地揭示了这样一个事实,每一个生命都是非常鲜活的,都是富有个性的,我们的学校教育,我们生活在这样一个多姿多彩的世界上,需要面对着每一个多彩的生命,需要基于每一个多彩生命的表现来思考问题,这是我们谈以人为本也好,还是促使人的发展也好的一个前提。有一个基本命题——"人是教育的对象",这看是一个多余的问题,在我们理论界争论已久,相互之间冲突的观点,可以说是伴随这理论的发展而不断地深入和改进的,这是一句非常通俗的话,却恰恰揭示了一个最简单、最朴素的真理。

（二）多彩的生命需要多彩的教育

应该说,过去的学校教育更多强调的是谈选拔、甄别的功能,也就是选择那些适合进一步接受教育的学生,而现在的教育更多的不是强调其选拔、甄别的功能,更多的是强调我们要创造一种适合学生发展的教育。那么,什么样的教育才是适合学生发展的教育?应该说,学校教育在一个人生命绽放光彩的过程中发挥着积极重要的作用,这个作用不仅仅体现在使人逐步实现社会化的过程,同时还体现在使人逐步实现个性化的过程,我们过去的教育,更多的是强调社会化的功能,而忽略了或者说没有特别关注教育同时还是使人实现个性化的过程,使人的兴趣、爱好、特长不断彰显的过程。因此,的确是需要有这样一种多彩的教育来适应多彩的生命的发展。

（三）多彩的教育是生命绽放光彩的过程

我们的学校教育在促使每一个人的生命绽放光彩的过程中怎么样发挥作用？我想从三个方面来谈这个问题。

首先，教育是生命与生命交流的过程。

在这个过程中，无论是师生之间，还是生与生之间，都存在这样一种生命的关怀、生命的互动，而且在这个过程中，我们如何能够用生命去温暖生命、用生命去呵护生命、用生命去灿烂生命，我想这是当下教育应该思考非常重要的一个问题。赖东升校长谈到他们学校，其中自信是非常重要的，快乐是非常重要的，而我们怎么样才能在这样一个生命与生命的交流、互动中，给学生以自信，给学生以快乐，让学生具有成就感，感到具有生命的尊严，我想，这是我们教育的一个前提。应该说，任何的教育都是从热爱生命开始的，就是从对生命的关注入手开始来发挥我们应该有的一种作用。在这个过程中间，怎么样使我们的教育更加富有人情味，更加让学生感受到这就是一个生命的成长过程，感受到教育的一种温暖、一种温情，在这样的温暖与温情中间，逐步培养出他们责任感、同情心，而在生命与生命的交流、互动过程中，让这些没有受过教育的人和受过教育的人体现出明显的不同，这恰恰是我们教育所缺失的。我经常会思考这个问题，我们从幼儿园，到小学、中学，再到大学，我们所受过的教育，除了知识、技能的掌握之外，我们有没有获得作为一个人人格魅力中应该具备的东西，或者是简单来讲，我们受过的教育的人与没有受过教育的人，在外表上能看出来吗，能不能体现出这样一种生命绽放光彩的一面，我想这是我从赖东升校长教育思想得到的一个很重要的启示。

其次，教育是生命质量提升的过程。

应该说，我们的教育强调学会生存的要素要多于生命价值提升的关注，我们学会了很多的知识、很多的技能，学会在社会能够生存的、能够活下来的本领，能够就业，能够在生存中间超越别人的一些能力，但是我想，我们真正的教育是不是能够发挥生命价值提升这样的一个作用，而在生命价值提升的过程中，有以下三个方面特别值得关注：一是珍惜生命，是不是关爱自己的生命，以及关爱他人的生命，这一点，我想在学校教育中，生命教育也好，安全教育也好，关怀教育也好，都能够发挥积极的作用。这是我们特别关注的一个话题，也就是我们在开研讨会期间，有一位校长不得不离开会场，回到学校去处理一个学生跳楼的事情，这就是这两天发生的事情。怎么样珍惜生命至关重要，因为生命是可贵的，是唯一的，对每个人来讲，生命只有一次。二是尊重生命，尊重自己的生命、他人的生命，包括自然界其他物种的生命，怎么样来爱护环境，保护大自然，这是我们应该有的一种态度。三是敬畏生命，我是感觉对生命有一种敬畏之情，也是我们教育应该有的一种最高的境界。我为什么会认为敬畏生命是最高境界呢？我曾在多种场合引用过原上海市教委主任后担任上海市分管教育的副市长沈晓明博士的话，他是一名儿科医生，他就谈到了自己成长的一个经历，当年的导师告诉他，你作为一个儿科医生是有不同层次的，作为一名合格的儿科医生，你要懂得儿童；作为一名好的儿科医生，你要爱儿童，从内心对儿童充满爱；如果你想做一名杰出、优秀的儿科医生，那么你一定要敬畏儿童，作为儿童身上体现出来的东西，我们成年人是无法企及的，他们的想象力、思维的品质，很多是成年人应该向儿童学习的。我想引用他的话，是说我们学校教育，要作为一名合格的教师的话，我们要懂学生；作为一名好的教师，要爱学生；要成为一名杰出的、优秀的教师，我们要敬畏学生。"敬畏"这个词体现出一种对生命的态度，对我们学校教育过程中间应该有的一种比较高的境界。

第三，教育是师生共同享受生命的过程。

在现实教育生活中，存在许多学生苦学、教师苦教、校长苦管的"三苦"教育状况，怎么样在"三苦"教育中间来享受生命的过程、感受生命的美好与未来生命的灿烂？在这个过程中，也是学校教育应该思考的话题。那么，什么样的学校教育才能让学生享受生命的过程、感受生命的美好、体验生命应有的一种价值呢？一是适时，是不是一定要不输在起跑线上，我们过去讲，我们是赢在起点输在终点。从另一个角度讲，从人的生命的价值来讲，不可能存在这样的一种状况，实际上，我们在起点上就已经输了，昨天陈小平校长展示了很多不输在起点线上的做法，我们都会心一笑，但在笑之余应该都有许多无奈，感受到是不是在一个恰当的时间给学生以恰当的教育。所以，心理学里面讲，最近发展区的问题，是值得我们关注的。二是适度，这里谈的不是过度课业负担的问题，我们陈主任经常讲的是善意的摧残问题，过度的教育并不能带来生命价值的提升。三是适应，适应每个人的个性，适应每个人的需要和特长。这是我想谈的，在我们的学校教育中间，在"让每一个人的生命绽放光彩"过程中，怎样充分体现我们学校教育的功能。

三、感想

围绕促使每个人的个性充分发展，让每个人的生命绽放光彩这一教育思想，怎么样进行更加深入地思考。刚才，赖东升校长在报告中已经做了一些回答，更多的需要我

们一起来探索,怎么样让每一个人的生命在现实中能够绽放光彩。下面谈三点感想:

（一）多彩的个体与统一的要求

怎么样来处理他们之间的关系？个体的需求是多样的,学校的条件也是千差万别的,教师的需要也是各有不同的,但是外界的一些规定、外界的一些规范,甚至是一些指挥棒的统一的要求,我们怎么来适应？这里谈的还不仅仅是规范办学、依法治校的问题,更多谈论的是个性充分发展如何与全面发展协调、统一,尽管说一个人的自由充分发展是全体人充分发展的前提,但这句话如何在现实中来落实、如何来体现全面发展是在人的个性充分发展基础上的全面发展,这个全面发展如何做到不是平均的发展,在德智体之间的全面发展还是在德育的、智育的、体育的所有方面的全面发展,这个要求是不是恰当,或者说这样讲的全面发展与我们讲的个性充分发展是不是一致,我们现在特别推崇的多元智能理论是不是一致的,这些问题,还需要我们在理论上再做一些探讨,在实践中在讲两者进行协调统一。甚至,在理论上,有人讲,在社会上绝大多数杰出的人才可能都不是全面发展的人,他们在某一点是比较突出的,而在另一点就比较弱的,如果按照我们有些人理解的全面发展的概念的话,比尔盖茨也好,乔布斯也好,霍金也好,都不是全面发展的人,都会有一些缺陷,怎么来理解。

（二）今日的光彩与明日的灿烂

我们过去推崇的是"吃得苦中苦,方为人上人"的观念,是以牺牲当下的幸福为代价而换来明日的光彩,这个是否恰当,我们必须思考。而刚才校友代表来自中山大学的硕士生王樾同学说的一句话我特别深刻,她讲到:"生活不仅有眼前还有远方",这句话非常有道理。的的确确,我们在关注眼下幸福生活的同时,更要关注远方的未来的幸福生活。那么,怎么样来关注"远方的未来的幸福生活"？ 实际上,当我们一谈到目前我们的新课改的时候,特别强调学生的体验,强调学生的快乐学习的时候,我们会忽略一个问题,你要想获得明天灿烂的生活,是不是轻而易举都能够获得,事实上并不是这样的。丹尼尔·科伊尔提出的"一万小时定律"可以说明这个问题。而且最近网上也特别流行,谈到了哈佛大学图书馆墙上的20条训律,每一条都特别的严厉,也不知道是真是假,因为我们并没有亲眼所见,但是都特别有道理,也就说明了要想获得明天光彩的生活,那么今天你只有努力,需要不断地努力、刻苦地学习。但我们需要思考如何把握住不以牺牲当下的幸福为代价。用运动项目打个比喻,并不是简单的百米冲刺,它是一个马拉松式的需要长期坚持的一项活动,而且还有类似110米栏这样布满障碍的,还需要姿势和行为上的调整,这种调整,在我们教育行为中如何来体现,这是需要我们探索的。

（三）光彩的理想与严峻的现实

这两者之间如何很好地协调的问题,赖东升校长在其微信的个性签名中写道:"理想在天,现实在地,我在天地之间。"事实上并不是每个人都能绽放光彩的,或者说,这种光彩并非我们所理解的光彩。我们都看到今天的基础教育还存在许多问题,例如在生命教育方面正面临着严峻的形势。在这个严峻现实的背景下,我们如何来适应、来创造让每个人生命绽放光彩的教育?我们的学校教育如何来体现?如何在现实与理想之间有矛盾的状态下加以落实?在这个过程中,有几点值得我们关注,在课堂上,如何真正体现让学生生命绽放光彩的一面,让课堂充满着师生的活力;在校园生活中间,如何基于师生生命质量提升的角度来构建我们的校园文化,来提升我们校园师生的生活质量,这需要关注。再如,教育评价也是制约、影响我们生命绽放光彩的很重要的要素,如何在办学中体现多元的评价,通过这种多元评价来促进每个人充分而自由的发展?这些东西都需要在实践与理论中进一步探索,当然,这种探索在短期内很难让人得到特别满意的答案,但是,我想作为教育工作者,应该要有这样的理想,我们的教育在每个人的生命绽放光彩的过程中间,应该发挥它的作用。虽然教育不是万能的,在生命绽放光彩的过程中的作用是有限的,但是即使有限,我们也应该坚持教育的理想,让我们的教育做到像赖校长所讲的那样:教育让每个人的生命绽放光彩!这是赖校长的教育思想,也是我们在座各位校长的共同期待!

代蕊华,男,1969年10月出生,华东师范大学教授、博士生导师,现任教育部中学校长培训中心主任。兼任教育部普通高等学校师范类专业认证专家委员会委员、教育部高等学校中学教师培养教学指导委员会委员、全国中小学校长和幼儿园园长培训专家工作组副组长、全国中小学校长培训工作研究会理事长、上海市政府督学、河南省和郑州市教育督学。入选"上海市浦江人才计划"、教育部"新世纪优秀人才支持计划"和教育部"国培计划"首批专家库人选。曾担任学院院长助理、人力资源开发与管理研究室主任、校长办公室副主任、培训中心常务副主任、公共管理学院副院长、教育学部副主任等职。研究领域主要集中在教育领导、教育评价、校长与教师专业发展。